# python
# referenz

# python referenz

**standard-bibliothek und erweiterungen**

**Mit einem Vorwort von
Guido van Rossum**

**David M. Beazley**

**Übersetzt von
Dinu C. Gherman**

new technology

Markt+Technik Verlag

Die Deutsche Bibliothek – CIP-Einheitsaufnahme

Ein Titeldatensatz für diese Publikation ist bei
Der Deutschen Bibliothek erhältlich.


Die Informationen in diesem Produkt werden ohne Rücksicht auf einen
eventuellen Patentschutz veröffentlicht.
Warennamen werden ohne Gewährleistung der freien Verwendbarkeit benutzt.
Bei der Zusammenstellung von Texten und Abbildungen wurde mit größter
Sorgfalt vorgegangen.
Trotzdem können Fehler nicht vollständig ausgeschlossen werden.
Verlag, Herausgeber und Autoren können für fehlerhafte Angaben
und deren Folgen weder eine juristische Verantwortung noch
irgendeine Haftung übernehmen.
Für Verbesserungsvorschläge und Hinweise auf Fehler sind Verlag und
Herausgeber dankbar.

Autorisierte Übersetzung der amerikanischen Originalausgabe:
Python Essential Reference © 2000 by New Riders Publishing

Umwelthinweis:
Dieses Buch wurde auf chlorfrei gebleichtem Papier gedruckt.
Die Einschrumpffolie – zum Schutz vor Verschmutzung – ist aus
umweltverträglichem und recyclingfähigem PE-Material.

10  9  8  7  6  5  4  3  2  1

04   03   02   01


ISBN 3-8272-5959-2


© 2001 by Markt+Technik Verlag,
ein Imprint der Pearson Education Deutschland GmbH,
Martin-Kollar-Straße 10–12, D 81829 München/Germany
Alle Rechte vorbehalten
Übersetzung und fachliches Lektorat: Dinu C. Gherman, gherman@europemail.com
Erstellung der PDF-Version: Dinu C. Gherman, gherman@europemail.com
Lektorat: Boris Karnikowski, bkarnikowski@pearson.de
Herstellung: Anna Plenk, aplenk@pearson.de
Satz: reemers publishing services gmbh, www.reemers.de
Druck und Verarbeitung: Freiburger Graphische Betriebe
Printed in Germany

# Inhaltsverzeichnis

# Vorwort

Als Erfinder von Python bin ich sehr glücklich, dass dieses Buch erschienen ist. Es markiert einen Zeitpunkt, zu dem Python eine Mainstream-Sprache mit einer rasch wachsenden Zahl von Benutzern geworden ist. Falls Sie sich selbst als (etabliertes oder angehendes) Mitglied dieser Gemeinde sehen, brauchen Sie keine weitere Reklame oder Bekehrungseifer, sondern Sie kennen Python bereits gut genug, um es zum unentbehrlichen Bestandteil Ihres Werkzeugkastens gemacht zu haben.

Dieses Buch möchte Ihr Begleiter auf dem Rest Ihrer Reise durch die Python-Welt sein. Es dokumentiert jedes Detail der Syntax und Semantik der Sprache, stellt Referenzdokumentation und Beispiele für die meisten Module der Standardbibliothek bereit und enthält sogar eine kurze Referenz über das Schreiben von Erweiterungsmodulen. All diese Information ist umfassend indiziert und mit Kreuzverweisen versehen und enthält, wo notwendig, Hinweise auf weiterführende Online-Dokumentation bei obskuren Details.

Sie mögen denken, dass all diese Information bereits gratis auf der Python-Website (*http://www.python.org*) verfügbar ist. Richtig – dort ist alles vorhanden! Tatsächlich bin ich sicher, dass der Autor, mein guter Freund David Beazley, die Website viele Male besucht hat. Er wäre ein Idiot, wenn er es nicht getan hätte!

Aber, bei allem angebrachten Respekt für die Autoren von Pythons Online-Dokumentation (mich selbst inbegriffen!), dieses Buch hat einen großen Vorteil gegenüber der Website: Sie können es sehr einfach auf einen Trip mit in die Wüste nehmen. Ganz ernsthaft: David hat die gesamte Information mit Blick auf maximale Klarheit aufbereitet und neu geschrieben, verschiedene Quellen kombiniert, Wiederholungen entfernt, Unklarheiten beseitigt, bessere Beispiele geschrieben und so weiter. Er hatte auch einen Vorteil, den wenige Leser der Website haben: direkten Zugriff auf mein Gehirn! Im Sommer 1999 besuchte David für einige Wochen als Gast das CNRI, das Forschungslabor in Reston (Virginia, USA), wo Python zu Hause ist. Während dieser Zeit hatten wir viele interessante und fruchtbare Diskussionen über Python, dieses Buch, den Sinn des Lebens, die Küche des amerikanischen Südwestens, die Freuden und Qualen, Informatik an Nicht-Informatiker zu vermitteln, und über die Spanische Inquisition (Sie erinnern sich? *Niemand* rechnet mit der Spanischen Inquisition!).

Ich hoffe, dass Sie Freude an diesem Buch haben werden und dass es Ihnen von großem Nutzen sein wird. Ebenso hoffe ich, dass Sie weiterhin Freude an Python haben werden und dass die Sprache selbst für Sie ebenfalls von großem Nutzen sein wird. Python ist eine großartige Programmiersprache und ich möchte diese Gelegenheit nutzen, der gesamten Python-Gemeinde dafür zu danken, dass sie das aus Python gemacht hat, was es heute ist. Ohne die Tausenden von Überzeugten, Benutzern, Helfern, Unternehmern und Entwicklern, die die Python-Gemeinde ausmachen, wäre meine eigene in Python eingebrachte Energie schon vor langer Zeit versiegt. Ich sehe genau darin die Quintessenz von Open-Source-Projekten: Die geballte Energie und Kreativität von vielen Menschen mit vielfältigen Zielsetzungen kann Wunder bewirken!

Guido van Rossum, Baltimore, Maryland, USA, 13. 9. 1999

# Danksagung

Dieses Buch wäre ohne die Beiträge und die Unterstützung von vielen Menschen nicht möglich gewesen. Zunächst möchte ich meinen Fachlektoren David Ascher und Paul Dubois für ihre wertvollen Kommentare und unablässigen Ratschläge danken. Ich möchte auch Guido van Rossum, Jeremy Hylton, Fred Drake, Roger Masse und Barry Warshaw danken, sowie allen weiteren Entwicklern von Python am CNRI für ihr Feedback während meines Besuches dort. Besonderer Dank gebührt Allen und Joan Sears, die mir einen Ort zur Verfügung gestellt haben, wo ich für einige Wochen hereinplatzen durfte.

Ich möchte auch Katie Purdum, Louisa Klucznik und dem restlichen Personal von New Riders dafür danken, dass sie dieses Buch ermöglicht haben. Einen besonderen Dank hat auch Robin Drake durch ihre verblüffenden Textbearbeitungsfähigkeiten und ihren besonderen Einsatz bei diesem Projekt verdient.

Es gibt viele andere Menschen, denen ich ebenfalls danken muss. Ich möchte Peter Lomdahl, Tim Germann, Niels Jensen, Brad Holian, Zhujia Zhou und der restlichen SPaSM-Gruppe am Los Alamos National Laboratory für ihre über Jahre hinweg anhaltende Unterstützung danken und auch dafür, sich auf eine riskante Idee einzulassen: gegen die herrschende Macht anzukämpfen. Ich möchte auch allen meinen Freunden an der Universität von Utah dafür danken, dass sie sich meine begeistert-pathetischen Ausführungen haben gefallen lassen und mir einen Platz für meine Skier zur Verfügung gestellt haben. Außerdem gebührt den Lehrern des Fort Lewis College, die mir das Vertrauen gegeben haben, irgendetwas zu erreichen, besonderer Dank. Schließlich möchte ich ganz beonders meinen Eltern für ihre anhaltende Liebe, ihr Verständnis und ihre Unterstützung bei all meinen Unterfangen danken – ohne Euch wäre ich nicht, wo ich heute bin.

Ach, und zu guter Letzt möchte ich Commonwealth Edison für den ununterbrochenen Strom danken, der meine Klimaanlage während der Hitzewelle 1999 betrieben hat.

# Einleitung

Dieses Buch ist als kompakte Referenz zur Programmiersprache Python gedacht. Obwohl ein erfahrener Programmierer Python vermutlich anhand dieses Buches lernen kann, ist es nicht als erweiterte Einführung oder als Abhandlung über Software-Design gedacht. Das Ziel ist vielmehr, die Programmiersprache Python, den Inhalt der Python-Bibliothek und das Erweiterungs-API von Python in einer präzisen und prägnanten Weise vorzustellen. Das Buch geht davon aus, dass der Leser bereits über Programmiererfahrung in Python oder anderen Sprachen wie C oder Java verfügt. Darüber hinaus kann weitergehende Erfahrung im Bereich Systemprogrammierung (z.B. grundlegende Betriebssystemaufrufe, Prozessverwaltung und Netzwerkprogrammierung) beim Verständnis einiger Teile der Bibliotheksreferenz nützlich sein.

Python ist gratis verfügbar und kann unter *http://www.python.org* heruntergeladen werden. Es sind Versionen für Unix, Windows, Macintosh und Java verfügbar. Weiterhin finden sich dort Verweise auf Dokumentation, sogenannte How-To-Anleitungen und ein breites Sortiment an Erweiterungsmodulen.

Der Inhalt dieses Buches basiert auf Python 1.5.2. Die Leser sollten jedoch wissen, dass sich Python kontinuierlich weiterentwickelt. Die meisten hier angesprochenen Themen werden sehr wahrscheinlich in kommenden Versionen 1.x von Python anwendbar sein. Außerdem sind die meisten Themen auch für vorhergehende Versionen gültig. In geringerem Ausmaß gelten sie auch für JPython, eine komplette Implementierung von Python in Java. Allerdings befindet sich JPython zu dem Zeitpunkt, an dem dieses Buch geschrieben wird, noch im Beta-Stadium und wird noch aktiv weiterentwickelt, was es zu einem schwierigen Gegenstand für eine aktuelle Referenz macht.

Letztlich sollte erwähnt werden, dass Python mit über 500 Seiten Referenzdokumentation verbreitet wird. Der Inhalt dieses Buches basiert zum großen Teil auf dieser Dokumentation, allerdings mit Verbesserungen, Ergänzungen und Auslassungen. Erstens stellt diese Referenz einen Großteil der gleichen Information in kompakterer Form dar, mit anderen Beispielen und alternativen Beschreibungen vieler Themen. Zweitens wurden viele Themen der Bibliotheksreferenz um Informationsmaterial von anderen Quellen erweitert. Das gilt besonders für grundlegende System- und Netzwerkmodule, deren effizienter Einsatz nur mit unzähligen Optionen möglich ist, die in Unix-eigener Online-Dokumentation (sog. man-Seiten) und außerhalb von sonstiger Referenzdokumentation beschrieben werden. Um zusätzlich eine noch kompaktere Referenz zu erstellen, wurde eine Reihe von Bibliotheksmodulen ausgelassen, die entweder als obskur gelten oder von deren Benutzung allgemein abgeraten wird. Zu guter Letzt versucht dieses Buch erst gar nicht, große Rahmenwerke (engl. frameworks) wie Tkinter oder die COM-Erweiterungen zu behandeln, da diese Themen den Rahmen dieses Buches sprengen würden und außerdem in anderen Büchern beschrieben werden.

Beim Schreiben dieses Buches war es mein Ziel, eine Referenz zu erstellen, die gewissermaßen alles enthält, was ich je brauchte, um Python und seine große Sammlung von Modulen zu benutzen. Dazu habe ich eine ansehnliche Menge Information aus man-Seiten, Online-Dokumentation und einige tausend Seiten aus Büchern über Systemprogrammierung zusammengefasst. Obwohl dieses Buch auf gar keinen Fall eine behutsame Einführung in die Programmiersprache Python darstellt, hoffe ich, dass Sie dessen Inhalt für viele weitere Jahre als nützliche Erweiterung Ihrer Programmierbibliothek betrachten werden. Ich freue mich auf Ihre Kommentare.

# 1 Ein einführendes Tutorium

Dieses Kapitel bietet eine schnelle Einführung in Python. Das Ziel ist, die grundlegenden Eigenschaften von Python darzustellen, ohne sich zu sehr in speziellen Regeln oder Details zu verstricken. Dazu behandelt dieses Kapitel kurz die wesentlichen Konzepte wie Variablen, Ausdrücke, Kontrollfluss, Funktionen sowie Ein- und Ausgabe. Es erhebt nicht den Anspruch, umfassend zu sein. Auch behandelt es viele der fortgeschritteneren Eigenschaften von Python nicht. Aber erfahrene Programmierer sollten in der Lage sein, aus dem Material dieses Kapitels zu extrapolieren und daraus weiterführende Programme zu erstellen. Einsteiger werden ermutigt, einige Beispiele auszuprobieren, um ein Gefühl für die Sprache zu bekommen.

## Python starten

Python-Programme werden von einem Interpreter ausgeführt. Auf Unix-Rechnern wird der Interpreter gestartet, indem `python` eingegeben wird. Auf Windows oder Mactintosh wird der Interpreter als Anwendung (entweder aus dem Start-Menü oder durch Doppelklicken der Ikone des Interpreters) gestartet. Wenn der Interpreter startet, erscheint eine Eingabeaufforderung (engl. prompt), wonach man Programme in eine einfache Lese- und Auswerteschleife tippen kann. In der folgenden Ausgabe gibt der Interpreter seine Copyright-Meldung aus, gefolgt von der Eingabeaufforderung >>>. Anschließend gibt der Benutzer das vertraute »Hello World« ein.

```
Python 1.5.2 (#0, Jun 1 1999, 20:22:04)
Copyright 1991-1995 Stichting Mathematisch Centrum, Amsterdam
>>> print "Hello World"
Hello World
>>>
```

Programme können auch in einer Datei abgelegt werden, etwa wie folgt:

```
# helloworld.py
print "Hello World"
```

Python-Quelldateien haben die Erweiterung `.py`. Das Doppelkreuz (#) in der Zeile zuvor bezeichnet einen Kommentar, der bis zum Zeilenende gilt.
Um die Datei `helloworld.py` auszuführen, übergibt man den Dateinamen folgendermaßen an den Interpreter:

```
% python helloworld.py
Hello World
%
```

Auf Windows kann man Python-Programme starten, indem man eine `.py`-Datei doppelt anklickt. Dies startet den Interpreter und führt das Programm in einem Konsolenfenster aus. In diesem Fall verschwindet das Konsolenfenster sofort wieder, nachdem das Programm abgearbeitet wurde (oft noch, bevor man dessen Ausgabe lesen kann). Um dies zu verhindern, werden Sie vielleicht eine integrierte Entwicklungsumgebung wie Idle oder Pythonwin verwenden wollen. Alternativ dazu kann man das Programm über eine `.bat`-Datei starten, die etwa folgenden Befehl enthält: `python -i helloworld.py`, der den Interpreter anweist, in den interaktiven Modus überzugehen, nachdem die Abarbeitung beendet wird.

Auf dem Macintosh können Programme aus der mitgelieferten integrierten Entwicklungs-umgebung ausgeführt werden. Außerdem kann eine kleine Anwendung namens `BuildApplet` (ebenfalls Teil der Distribution) ein Python-Programm in ein Dokument umwandeln, das automatisch den Interpreter aufruft, wenn man es öffnet.

Innerhalb des Interpreters führt die Funktion `execfile()` ein Programm wie im folgenden Beispiel aus:

```
>>> execfile("helloworld.py")
Hello World
```

Auf Unix kann man Python auch über #! zu Beginn eines Shell-Skriptes aufrufen:

```
#!/usr/local/bin/python
print "Hello World"
```

Der Interpreter läuft so lange, bis er das Ende der Eingabedatei erreicht. Im interaktiven Modus kann man ihn beenden, indem man das EOF-Zeichen (end-of-file) eingibt oder indem man »Be-enden« in einem Menü auswählt (sofern vorhanden). Auf Unix ist EOF gleich Strg+D, auf Windows Strg+Z. Ein Programm kann sich auch selbst beenden, indem es die Funktion `sys.exit()` aufruft oder, was äquivalent ist, die Ausnahme `SystemExit` auslöst.
Beispiel:

```
>>> import sys
>>> sys.exit()
```

oder

```
raise SystemExit
```

# Variablen und arithmetische Ausdrücke

Das Programm in Listing 1.1 zeigt die Verwendung von Variablen und Ausdrücken, indem es eine einfache Zinseszins-Rechnung ausführt:

```
principal = 1000        # Anfangssumme
rate = 0.05             # Zins
numyears = 5            # Anzahl von Jahren
year = 1
while year <= numyears:
    principal = principal*(1+rate)
    print year, principal
    year = year + 1
```

**Listing 1.1: Einfache Zinseszins-Rechnung**

Das Programm gibt folgende Tabelle aus:

```
1 1050.0
2 1102.5
3 1157.625
4 1215.50625
5 1276.2815625
```

Python ist eine Sprache mit dynamischen Datentypen, in der Namen Werte von verschiedenen Typen während der Programmabarbeitung repräsentieren können. Tatsächlich sind die Namen eines Programmes lediglich Etiketten für verschiedene Mengen und Objekte. Der Zuweisungsoperator erzeugt nur eine Zuordnung zwischen einem Namen und einem Wert. Das unterscheidet sich beispielsweise von C, wo ein Name für einen nach Größe und Ort fixen Speicherbereich steht, in den Ergebnisse abgelegt werden. Das dynamische Verhalten Pythons kann in Listing 1.1 bei der Variable `principal` beobachtet werden. Zuerst wird ihr ein ganzzahliger Wert zugewiesen. Später jedoch wird ihr folgendermaßen neu zugewiesen:

```
principal = principal*(1+rate)
```

Diese Anweisung wertet den Ausdruck aus und weist dem Namen `principal` ein neues Ergebnis zu. Sobald dies passiert, geht die ursprüngliche Bindung von `principal` an die Ganzzahl 1000 verloren (wobei die Ganzzahl sogleich zur weiteren Speicherbereinigung freigegeben werden könnte). Darüber hinaus kann das Ergebnis einer Zuweisung den *Typ* einer Variablen ändern. In diesem Fall wechselt der Typ von `principal` von einer Ganzzahl (engl. integer) zu einer Fließkommazahl, da `rate` eine Fließkommazahl ist.

Ein Zeilenende beendet jede einzelne Anweisung. Man kann auch ein Semikolon verwenden, um Anweisungen wie folgt voneinander zu trennen:

```
principal = 1000; rate = 0.05; numyears = 5;
```

Die `while`-Anweisung testet den unmittelbar folgenden Bedingungsausdruck. Falls der getestete Ausdruck wahr ist, wird der Rumpf der `while`-Anweisung ausgeführt. Die Bedingung wird dann so lange erneut getestet und der Rumpf ausgeführt, bis die Bedingung falsch wird. Da der Rumpf der Schleife durch Einrückung bezeichnet wird, werden die drei Anweisungen nach dem `while` in Listing 1.1 in jeder Iteration ausgeführt. In Python ist keine bestimmte Größe für die Einrückung notwendig, solange sie innerhalb eines Blocks konsistent ist.

Ein Problem mit dem Programm in Listing 1.1 ist, dass die Ausgabe nicht besonders hübsch ist. Um das zu verbessern, könnte man die Spalten rechtsbündig machen und die Genauigkeit von `principal` auf zwei Nachkommastellen reduzieren, indem man das `print` so ändert, dass es einen *Formatierungsstring* verwendet, etwa so:

```
print "%3d  %0.2f" % (year, principal)
```

Nun sieht die Ausgabe des Programmes wie folgt aus:

```
1  1050.00
2  1102.50
3  1157.63
4  1215.51
5  1276.28
```

Formatierungsstrings enthalten normalen Text sowie besondere Sequenzen von Formatierungszeichen wie "%d", "%s" oder "%f". Diese Sequenzen spezifizieren die Formatierung von speziellen Datentypen, nämlich jeweils der einer Ganzzahl, eines Strings oder einer Fließkommazahl. Sequenzen von Spezialzeichen können auch Modifikatoren enthalten, die eine Breite und Genauigkeit angeben. So formatiert "%3d" eine Ganzzahl rechtsbündig in einer Spalte der Breite 3 und "%0.2f" formatiert eine Fließkommazahl so, dass nur zwei Ziffern nach dem Dezimalkomma auftauchen. Das Verhalten von Formatierungsstrings ist fast identisch mit denen der C-Funktion `printf()` und wird detailliert im Kapitel 4, »Operatoren und Ausdrücke« beschrieben.

# Bedingungen

Mit den Anweisungen if und else können einfache Tests durchgeführt werden:

```
# Berechne das Maximum (z) von a und b.
if a < b:
    z = b
else:
    z = a
```

Die Rümpfe der if- und else-Klauseln werden durch Einrückung angegeben, wobei die else-Klausel optional ist.
Um eine leere Klausel zu erhalten, verwendet man die pass-Anweisung wie folgt:

```
if a < b:
    pass        # Tue nichts.
else:
    z = a
```

Boolesche Ausdrücke können mit Hilfe der Schlüsselwörter or, and und not gebildet werden:

```
if b >= a and b < c:
    print "b liegt zwischen a und c."
if not (b < a or b > c):
    print "b liegt immer noch zwischen a und c."
```

Für Mehrfachtests verwendet man die elif-Anweisung wie folgt:

```
if a == '+':
    op = PLUS
elif a == '-':
    op = MINUS
elif a == '*':
    op = MULTIPLY
else:
    raise RuntimeError, "Unbekannter Operator."
```

# Dateiein- und -ausgabe

Das folgende Programm öffnet eine Datei und liest deren Inhalt Zeile für Zeile:

```
f = open("file")        # Ergibt ein Datei-Objekt.
line = f.readline()     # Rufe Methode readline() auf Datei auf.
while line:
    print line,         # ',' am Ende unterbindet Zeilenvorschub.
    line = f.readline()
f.close()
```

Die Funktion open() gibt ein neues Dateiobjekt zurück. Man kann verschiedene Operationen auf Dateien ausführen, indem Methoden auf diesem Objekt ausgeführt werden. Die Methode readline() liest eine einzelne Eingabezeile inklusive des Zeilenendezeichens. Am Ende der Datei wird der leere String zurückgegeben. In ähnlicher Weise kann man die Methode write() verwenden, um beim Zinseszins-Programm die Ergebnisse in eine Datei zu schreiben:

```
f = open("out", "w")     # Öffne Datei zum Schreiben.
while year <= numyears:
    principle = principle*(1+rate)
    f.write("%3d   %0.2f\n" % (year, principle)) # Datei-Ausgabe.
    year = year + 1
f.close()
```

# Strings

Um *String-Literale* zu erzeugen, schreibt man sie wie folgt innerhalb von einfachen, doppelten oder dreifachen Anführungszeichen:

```
a = "Hello World"
b = 'Python ist toll!'
c = """"Was ist Fußnote 5?"""
```

Die gleiche Sorte von Anführungszeichen, die als Anfangsmarkierung eines Strings verwendet wird, muss auch als Endmarkierung verwendet werden. Strings in dreifachen Anführungszeichen beinhalten den gesamten Text bis vor den dreifachen Abführungszeichen (inkl. Zeilenenden). Im Gegensatz dazu müssen Strings in einfachen und doppelten Anführungszeichen in einer einzigen logischen Zeile stehen. Strings in dreifachen Anführungszeichen sind nützlich, wenn sich der Inhalt eines Strings über mehrere Zeilen erstreckt wie im folgenden Fall:

```
print '''Content-type: text/html

<h1> Hello World </h1>
Click <a href="http://www.python.org">here</a>.
'''
```

*Strings* sind Zeichen-Sequenzen, die mit ganzen Zahlen, beginnend bei Null, indiziert werden. Um auf ein einzelnes Zeichen davon zuzugreifen, verwendet man den Index-Operator s[i] wie folgt:

```
a = "Hello World"
b = a[4]               # b = 'o'
```

Um einen *Teilstring* zu erhalten, benutzt man den *Teilbereichsoperator* (engl. slice) s[i:j]. Dieser extrahiert alle Elemente von s, deren Index k im Intervall i <= k < j liegt. Falls einer der beiden Indizes weggelassen wird, so wird entweder der Anfang oder das Ende des Strings angenommen:

```
c = a[0:6]             # c = "Hello"
d = a[7:]              # d = "World"
e = a[3:8]             # e = "lo Wo"
```

Strings werden mit dem Plus-Operator (+) zusammengesetzt, d.h. verkettet:

```
g = a + " Dies ist ein Test."
```

Andere Datentypen können mit den Funktionen str() oder repr() oder mit einfachen Rückanführungszeichen (`) als Abkürzung für repr() in einen String umgewandelt werden. Beispiel:

```
s = "Der Wert von x ist " + str(x)
s = "Der Wert von y ist " + repr(y)
s = "Der Wert von y ist " + `y`
```

In vielen Fällen geben str() und repr() identische Werte zurück. Es gibt jedoch subtile Unterschiede in der Semantik, die in späteren Kapiteln beschrieben werden.

# Listen und Tupel

So wie Strings Sequenzen von Zeichen sind, so sind Listen und Tupel Sequenzen von beliebigen
Objekten. Eine Liste wird wie folgt erzeugt:

```
names = ["Dave", "Mark", "Ann", "Phil"]
```

Listen werden mit ganzen Zahlen, beginnend bei Null, indiziert. Man verwendet den Index-
Operator, um auf einzelne Elemente der Liste zuzugreifen und solche zu ändern:

```
a = names[2]        # Ergibt das dritte Element der Liste, "Ann".
names[0] = "Jeff"   # Ändert das erste Element auf "Jeff".
```

Um einer Liste neue Elemente hinzuzufügen, verwendet man die Methode append():

```
names.append("Kate")
```

Mit dem Teilbereichsoperator greift man auf Unterlisten zu oder weist ihnen einen neuen Wert
zu:

```
b = names[0:2]      # Ergibt ["Jeff", "Mark"].
c = names[2:]       # Ergibt ["Ann", "Phil", "Kate"].
names[1] = 'Jeff'   # Ersetze zweites Element in names mit 'Jeff'.
names[0:2] = ['Dave', 'Mark', 'Jeff']
                    # Ersetze die beiden ersten Elemente der Liste
                    # mit der rechten Unterliste.
```

Der Plus-Operator (+) fügt Listen zusammen, d.h. er verkettet Listen:

```
a = [1, 2, 3] + [4, 5]   # Ergebnis ist [1, 2, 3, 4, 5].
```

Listen können beliebige Python-Objekte enthalten, so auch andere Listen wie im folgenden Beispiel:

```
a = [1, "Dave", 3.14, ["Mark", 7, 9, [100, 101]], 10]
```

Auf solche verschachtelte Listen greift man wie folgt zu:

```
a[1]          # Ergibt "Dave".
a[3][2]       # Ergibt 9.
a[3][3][1]    # Ergibt 101.
```

Das Programm in Listing 1.2 illustriert einige fortgeschrittenere Eigenschaften von Listen, indem es eine Folge von Zahlen aus einer Datei liest und die minimalen und maximalen Werte ausgibt.

```
import string              # Lade das string-Modul.
import sys                 # Lade das sys-Modul.
f = open(sys.argv[1])      # Dateiname in der Kommando-Zeile.
svalues = f.readlines()    # Lies alle Zeilen in eine Liste.
f.close()

# Wandle alle Werte von Strings in Fließkommazahlen.
fvalues = map(string.atof, svalues)

# Gebe Minimum und Maximum aus.
print "Das Minimum ist ", min(fvalues)
print "Das Minimum ist ", max(fvalues)
```

**Listing 1.2: Fortgeschrittenere Eigenschaften von Listen**

Die ersten beiden Zeilen dieses Programmes verwenden die import-Anweisung, um die string- und sys-Module der Python-Bibliothek zu laden.
Die Methode readlines() liest alle Eingabezeilen und gibt eine Liste von Strings zurück.
Die Funktion map() wendet eine Funktion auf alle Elemente einer Liste an und gibt eine neue Liste zurück. In diesem Fall wird die Funktion string.atof() auf alle Zeilen in values angewandt, um eine Liste von Fließkommazahlen zu erzeugen. Danach werden die eingebauten Funktionen min() und max() verwendet, um das Minimum und Maximum zu berechnen.
Eng verwandt mit Listen ist der Datentyp Tupel. Tupel werden erzeugt, indem eine Gruppe von Werten in runde Klammern eingeschlossen wird oder als durch Kommata getrennte Aufzählung wie folgt:

```
a = (1, 4, 5, -9, 10)
b = (7,)                           # Singleton (beachte extra ,).
person = (first_name, last_name, phone)
person = first_name, last_name, phone    # Entspricht vorheriger Zeile.
```

Tupel unterstützen die meisten derselben Operationen die auch auf Listen erlaubt sind, so z.B. Indizierung, Teilbereichsbildung (engl. slices) und Verkettung. Der einzige Unterschied ist, dass man den Inhalt eines Tupels nicht ändern kann, nachdem es erzeugt wurde (d.h. man kann einzelne Elemente nicht ändern oder neue Elemente hinzufügen).

# Schleifen

Die einfache Schleife aus dem vorigen Beispiel verwendete die while-Anweisung. Die andere Möglichkeit ist die for-Anweisung, die über die Elemente einer Sequenz iteriert wie z.B. einen String, eine Liste oder ein Tupel. Hier ein Beispiel:

```
for i in range(1, 10):
    print "2 hoch %d ist %d." % (i, 2**i)
```

Die Funktion `range(i, j)` erzeugt eine Liste von ganzen Zahlen mit Werten von i bis j-1. Falls der Startwert weggelassen wird, wird Null dafür angenommen. Eine Schrittweite kann als optionales drittes Argument angegeben werden, z.B. so:

```
a = range(5)          # a = [0, 1, 2, 3, 4]
b = range(1, 8)       # b = [1, 2, 3, 4, 5, 6, 7]
c = range(0, 14, 3)   # c = [0, 3, 6, 9, 12]
d = range(8, 1, -1)   # d = [8, 7, 6, 5, 4, 3, 2]
```

Die for-Anweisung kann über beliebige Sequenz-Typen iterieren und ist nicht etwa nur auf Ganzzahlen beschränkt:

```
a = "Hello World"
# Gib die Zeichen in a aus.
for c in a:
    print c

b = ["Dave", "Mark", "Ann", "Phil"]
# Gib die Elemente einer Liste aus.
for name in b:
    print name
```

`range()` funktioniert so, dass es eine Liste erzeugt und mit Zahlenwerten gemäß den Angaben für Start, Ende und Schrittweite füllt. Für große Intervalle ist dies sowohl mit Blick auf den Hauptspeicher wie auch auf die Laufzeitperformanz ein kostspieliger Prozess. Um diese Kosten zu vermeiden, kann man die Funktion `xrange()` verwenden, wie hier gezeigt wird:

```
for i in xrange(1, 10):
    print "2 hoch %d ist %d." % (i, 2**i)

a = xrange(0, 100000000)   # a = [0, ..., 99999999]
b = xrange(0, 100000, 5)   # b = [0, 5, 10, ..., 99995]
```

Anstatt eine vollständige Liste von Werten zu erzeugen, berechnet die mit `xrange()` erzeugte Liste ihre Werte gemäß den Angaben für Start, Ende und Schrittweite immer dann, wenn auf sie zugegriffen wird.

# Dictionaries

Ein *Dictionary* ist ein assoziatives Feld bzw. eine Hash-Tabelle, wobei Objekte mit Schlüsseln indiziert werden. Dictionaries werden erzeugt, indem deren Werte in geschweifte Klammern gesetzt werden, und zwar so:

```
a = {
    "username" : "beazley",
    "home" : "/home/beazley",
    "uid" : 500
    }
```

Um auf die Elemente eines Dictionarys zuzugreifen, verwendet man den Schlüsselindex-Operator wie folgt:

```
u = a["username"]
d = a["home"]
```

Objekte werden wie folgt eingefügt oder geändert:

```
a["username"] = "pxl"
a["home"] = "/home/pxl"
a["shell"] = "/usr/bin/tcsh"
```

Obwohl Strings der gebräuchlichste Typ von Schlüsseln sind, können viele andere Python-Objekte dazu verwendet werden, etwa Zahlen und Tupel. Einige Objekte, darunter Listen und Dictionaries, können jedoch nicht als Schlüssel verwendet werden, weil ihre Inhalte sich ändern dürfen.

Das Enthaltensein in einem Dictionary wird wie im folgenden Beispiel mit der Methode has_key() getestet:

```
if a.has_key("username"):
    username = a["username"]
else:
    username = "Unbekannter Benutzer"
```

Diese spezielle Folge von Anweisungen kann auch kompakter wie folgt durchgeführt werden:

```
username = a.get("username", "unknown user")
```

Um eine Schlüssel-Liste des Dictionarys zu erhalten, verwendet man die Methode keys():

```
k = a.keys()        # k = ["username", "home", "uid", "shell"]
```

Um Elemente eines Dictionarys zu entfernen, benutzt man die del-Anweisung:

```
del a["username"]
```

# Funktionen

Eine Funktion wird mit der def-Anweisung definiert, wie im folgenden Beispiel gezeigt wird:

```
def remainder(a, b):
    q = a/b
    r = a - q*b
    return r
```

Um eine Funktion aufzurufen, schreibt man einfach den Namen der Funktion gefolgt von deren Argumenten in runden Klammern, wie in result = remainder(37, 15). Man kann ein Tupel verwenden, um aus einer Funktion mehrere Werte zurückzugeben, z.B.:

```
def divide(a, b):
    q = a/b                 # Wenn a und b Ganzzahlen sind, ist q ganzzahlig.
    r = a - q*b
    return (q, r)
```

Bei der Rückgabe mehrerer Werte in einem Tupel ist es oft nützlich, die Funktion wie folgt aufzurufen:

```
quotient, remainder = divide(1456, 33)
```

Man kann einem Parameter mit dem Zuweisungsoperator einen Standardwert zuweisen:

```
def connect(hostname, port, timeout=300):
    # Funktionsrumpf
```

Standardwerte in einer Funktionsdeklaration können beim Aufruf der Funktion weggelassen werden, z.B.:

```
connect('www.python.org', 80)
```

Funktionen können auch mit Schlüsselwort-Argumenten in beliebiger Reihenfolge aufgerufen werden:

```
connect(port=80, hostname="www.python.org")
```

Variablen, die in einer Funktion erzeugt oder denen in einer Funktion zugewiesen wird, haben einen lokalen Geltungsbereich. Um den Wert einer globalen Variablen innerhalb einer Funktion zu ändern, verwendet man die global-Anweisung wie folgt:

```
a = 4.5
...
def foo():
    global a
    a = 8.8     # Ändert die globale Variable a.
```

# Klassen

Die class-Anweisung wird verwendet, um neue Typen von Objekten zu definieren sowie allgemein beim objektorientierten Programmieren. Im folgenden Beispiel wird ein einfacher Stapel definiert:

```
class Stack:
    def __init__(self):              # Initialisiere Stapel.
        self.stack = [ ]
    def push(self, object):
        self.stack.append(object)
    def pop(self):
        return self.stack.pop()
    def length(self):
        return len(self.stack)
```

In einer Klassendefinition werden Methoden mit der def-Anweisung definiert. Das erste Argument jeder Methode bezieht sich dort immer auf das Objekt. Gemäß einer Konvention wird der Name »self« für dieses Argument verwendet (ähnlich wie sich »this« in C++ auf ein Objekt bezieht). Alle Operationen auf den Attributen eines Objektes müssen sich explizit auf die Variable `self` beziehen. Methoden mit doppelten Unterstrichen am Anfang und Ende im Namen sind spezielle Methoden. So wird z.B. `__init__()` verwendet, um ein Objekt zu initialisieren, nachdem es erzeugt wurde.

Um eine Klasse zu benutzen, schreibt man etwa Code wie diesen:

```
s = Stack()              # Erzeuge einen neuen Stapel.
s.push("Dave")           # Lege ein paar Dinge drauf.
s.push(42)
s.push([3, 4, 5])
x = s.pop()              # x enthält [3, 4, 5].
y = s.pop()              # y enthält 42.
del s                    # Zerstöre s.
```

# Ausnahmen

Falls in Ihrem Programm ein Fehler auftritt, wird eine Ausnahme ausgelöst und eine Fehlermeldung ähnlich der folgenden erscheint:

```
Traceback (innermost last):
  File "<interactive input>", line 42, in foo.py
NameError: a
```

Die Fehlermeldung zeigt den Typ des Fehlers an, der auftrat, sowie den Ort, wo er auftrat. Normalerweise führen Fehler zum Programmabbruch. Man kann Ausnahmen jedoch mit den `try`- und `except`-Anweisungen abfangen und behandeln, etwa so:

```
try:
    f = open("file.txt", "r")
except IOError, e:
    print e
```

Falls ein `IOError` auftritt, werden Details über die Fehlerursache in `e` übergeben und der `except`-Block übernimmt die Fortsetzung des Programmes. Falls eine andere Art von Fehler auftritt, wird die Ausführung an einen übergeordneten Code-Block weitergereicht (falls vorhanden). Falls keine Fehler auftreten, wird der Code im `except`-Block ignoriert.

Die `raise`-Anweisung wird verwendet, um eine Ausnahme auszulösen. Beim Auslösen kann auch eine der eingebauten Ausnahmen wie folgt angegeben werden:

```
raise RuntimeError, "Fataler Fehler"
```

Oder aber man kann seine eigenen Ausnahmen erzeugen wie im Abschnitt »Definition neuer Ausnahmen« in Kapitel 5, »Kontrollfluss« definiert.

# Module

Sobald Ihr Programm an Länge zunimmt, werden Sie es vermutlich in mehrere Dateien aufspalten wollen, damit es leichter gewartet werden kann. Dazu erlaubt es Python, Definitionen in eine Datei zu setzen und sie als *Modul* zu benutzen, das in anderen Programmen und Skripten verwendet werden kann. Um ein Modul zu erzeugen, legen Sie die relevanten Anweisungen und Definitionen in eine Datei ab, die denselben Namen trägt wie das Modul. (Bemerkung: Die Datei muss die Erweiterung `.py` haben.) Beispiel:

```
# Datei: div.py
def divide(a, b):
    q = a/b         # Wenn a und b Ganzzahlen sind, ist q ganzzahlig.
    r = a - q*b
    return (q, r)
```

Um Ihr Modul in anderen Programmen zu verwenden, können Sie die import-Anweisung benutzen:

```
import div
a, b = div.divide(2305, 29)
```

import erzeugt einen neuen Namensraum, der alle im Modul definierten Objekte enthält. Um auf diesen Namensraum zuzugreifen, verwendet man einfach den Namen des Moduls als Präfix wie in div.divide() im vorherigen Beispiel.

Um spezielle, einzelne Definitionen in den aktuellen Namensraum zu importieren, benutzt man die from-Anweisung:

```
from div import divide
a, b = divide(2305, 29)    # Kein Präfix div. mehr nötig.
```

Um den gesamten Inhalt eines Moduls in den aktuellen Namensraum zu importieren, kann man auch Folgendes benutzen:

```
from div import *
```

Die Funktion dir() zählt den Inhalt eines Moduls auf und ist ein hilfreiches Werkzeug beim interaktiven Experimentieren:

```
>>> import string
>>> dir(string)
['__builtins__', '__doc__', '__file__', '__name__', '_idmap',
 '_idmapL', '_lower', '_swapcase', '_upper', 'atof', 'atof_error',
 'atoi', 'atoi_error', 'atol', 'atol_error', 'capitalize',
 'capwords', 'center', 'count', 'digits', 'expandtabs', 'find',
 ...
>>>
```

# 2 Lexikalische Konventionen und Syntax

Dieses Kapitel beschreibt syntaktische und lexikalische Konventionen eines Python-Programmes. Die Themen umfassen den Aufbau einer Zeile, die Gruppierung von Anweisungen, reservierte Wörter, Literale, Operatoren und Token.

## Zeilenaufbau und Einrückung

Jede Anweisung in einem Programm wird durch ein Zeilenendezeichen beendet. Lange Anweisungen können sich über mehrere Zeilen erstrecken, indem das Zeilenfortsetzungszeichen (\) wie im folgenden Beispiel verwendet wird:

```
a = math.cos(3*(x-n)) + \
    math.sin(3*(y-n))
```

Das Zeilenfortsetzungszeichen wird bei der Definition von Strings in dreifachen Anführungszeichen, Listen, Tupeln oder Dictionaries über mehrere Zeilen nicht benötigt. Allgemein kann sich jeder Programmteil in runden, eckigen oder geschweiften Klammern oder in dreifachen Anführungszeichen ohne Zeilenfortsetzungszeichen über mehrere Zeilen erstrecken.

Zur Bezeichnung von Code-Blöcken wird Einrückung benutzt, so z.B. für die Rümpfe von Funktionen, Bedingungen, Schleifen und Klassen. Bei der Einrückung ist die Einrückungstiefe der ersten Anweisung beliebig, aber die Einrückung des gesamten Blocks muss in sich konsistent sein, z.B:

```
if a:
    statement1     # Konsistente Einrückung.
    statement2
else:
    statement3
      statement4   # Inkonsistente Einrückung (Fehler).
```

Falls der Rumpf einer Funktion, Bedingung, Schleife oder Klasse kurz ist und nur wenige Anweisungen enthält, können diese auf der gleichen Zeile platziert werden, z.B. so:

```
if a: statement1
else: statement2
```

Werden Tabulatoren zur Einrückung verwendet, so werden diese in genau jene Anzahl von Leerzeichen umgewandelt, die benötigt wird, um bis zur nächsten Spalte zu gelangen, die eine Vielfaches von 8 ist. Ein Tabulator in Spalte 11 fügt genau so viele Leerzeichen ein wie notwendig sind, um bis zur Spalte 16 zu kommen. Der Interpreter ignoriert Leerzeilen, außer wenn er im interaktiven Modus läuft.

Um mehr als eine Anweisung in einer Zeile unterzubringen, trennt man die Anweisungen mit einem Semikolon (;). Eine Zeile mit nur einer Anweisung kann ebenfalls mit einem Semikolon beendet werden, obwohl dies eigentlich unnötig ist.

Das Doppelkreuz (#) bezeichnet einen Kommentar, der bis zum Zeilenende geht. Innerhalb eines Strings in Anführungszeichen beginnt ein # jedoch keinen Kommentar.

# Bezeichner und reservierte Wörter

Ein *Bezeichner* ist ein Name, der zur Identifikation von Variablen, Funktionen, Klassen, Modulen und anderen Objekten benutzt wird. Bezeichner können aus Buchstaben, Zahlen und dem Unterstrich-Zeichen (_) zusammengesetzt sein, müssen jedoch immer mit einem nicht-numerischen Zeichen beginnen. Buchstaben sind momentan auf die Zeichen A-Z und a-z des ISO-Latin-Zeichensatzes beschränkt. Da Groß- und Kleinschreibung bei Bezeichnern von Bedeutung ist, ist F00 verschieden von f00. Besondere Zeichen wie $, % und @ sind in Bezeichnern nicht erlaubt. Außerdem sind Wörter wie if, else und for reserviert und können nicht als Bezeichner verwendet werden. Folgende Liste enthält alle reservierten Wörter:

| | | | | |
|---|---|---|---|---|
| and | del | for | is | raise |
| assert | elif | from | lambda | return |
| break | else | global | not | try |
| class | except | if | or | while |
| continue | exec | import | pass | |
| def | finally | in | print | |

Bezeichner, die mit Unterstrichen beginnen haben oft eine besondere Bedeutung. Solche z.B., die mit einem einzigen Unterstrich anfangen, etwa _foo, werden durch die Anweisung from module import * nicht geladen. Bezeichner, die mit doppelten Unterstrichen beginnen und enden, etwa __init__, sind für besondere Methoden reserviert, und solche mit doppelten Unterstrichen nur am Anfang, etwa __bar, werden zur Implementierung von privaten Klassenmitgliedern benutzt. Vermeiden Sie es, ähnliche Bezeichner für andere Zwecke zu verwenden!

# Literale

Python kennt vier eingebaute Typen von Zahlen:

- Ganzzahlen (Integer)
- lange Ganzzahlen
- Fließkommazahlen
- komplexe Zahlen

Eine Zahl wie z.B. 1234 wird als dezimale (ganze) Zahl interpretiert. Um Ganzzahlen oktal oder hexadezimal anzugeben, stellt man ihnen entsprechend 0 oder 0x voran, z.B. 0644 oder 0x100fea8. Schreiben Sie eine lange Ganzzahl mit einem l (kleines L) oder L am Ende wie in 1234567890L. Im Gegensatz zu Ganzzahlen (auch: Integer-Zahlen), die durch die Rechengenauigkeit beschränkt sind, können lange Ganzzahlen beliebig lang werden (beschränkt nur durch den Hauptspeicher). Zahlen der Form 123.34 und 1.2334e+02 werden als Fließkommazahlen interpretiert. Ganze Zahlen sowie Fließkommazahlen mit einem j oder J am Ende, wie in 12.34J, sind imaginäre Zahlen. Komplexe Zahlen mit Real- und Imaginärteil können erzeugt werden, indem man eine Realzahl und eine Imaginärzahl addiert, wie etwa in 1.2 + 12.34J. Stringliterale werden in einfachen ('), doppelten (") oder dreifachen (''' oder """) Anführungszeichen eingeschlossen. Die gleichen Anführungszeichen müssen verwendet werden, um einen String zu beginnen und zu beenden. Nebeneinander stehende Strings, die durch Leerzeichen oder Leerzeilen getrennt sind, wie "hello" 'world' werden zu einem einzigen String zusammengefügt: "helloworld". Der Rückwärtsschrägstrich (\) (engl. backslash) wird verwendet, um besondere Zeichen auszumaskieren (engl. escape), wie z.B. ein Zeilenende, den Rückwärtsschrägstrich selbst, Anführungszeichen und nicht druckbare Zeichen. Tabelle 2.1 listet die erlaubten Maskierungscodes auf. Unbekannte Maskierungscodes werden im String nicht verändert, wozu auch der erste Rückwärtsschrägstrich gehört.

Dreifache Anführungszeichen können mehrere Zeilen umfassen und unmaskierte Zeilenenden und Anführungszeichen enthalten.

| Zeichen | Beschreibung |
| --- | --- |
| \ | Zeilenfortsetzung |
| \\ | Rückwärtsschrägstrich |
| \' | Einzelnes Anführungszeichen |
| \" | Doppeltes Anführungszeichen |
| \a | Glocke |
| \b | Rückschritt |
| \e | Ausmaskieren |
| \0 | Null |
| \n | Zeilenvorschub (engl. linefeed, LF) |
| \v | Vertikaler Tabulator |
| \t | Horizontaler Tabulator |
| \r | Wagenrücklauf (engl. carriage return, CR) |
| \f | Seitenvorschub |
| \0XX | Oktaler Wert |
| \xXX | Hexadezimaler Wert |

Tabelle 2.1: Zeichen-Maskierungscodes

Optional kann man einem String ein r oder R unmittelbar voranstellen wie in r"\n\"". Diese Strings werden *rohe Strings* genannt, da alle Rückwärtsschrägstriche darin unangetastet bleiben, d.h. der String enthält buchstäblich den angegebenen Text, inklusive Rückwärtsschrägstrichen. Rohe Strings können nicht in einem einzelnen Rückwärtsschrägstrich enden wie in r"\".

Werte in eckigen [...], runden (...) und geschweiften Klammern {...} bezeichnen jeweils Listen, Tupel und Dictionaries wie im folgenden Beispiel:

```
a = [1, 3.4, 'hallo']        # Eine Liste.
b = (10, 20, 30 )            # Ein Tupel.
c = {'a': 3, 'b':42}         # Ein Dictionary.
```

# Operatoren, Begrenzungszeichen und spezielle Symbole

Folgende Token werden als Operatoren erkannt:

```
+      -      *      **     /      %      <<     >>     &
|      ^      ~      <      >      <=     >=     ==     !=     <>
```

Folgende Token fungieren als Begrenzungszeichen in Ausdrücken, Listen, Dictionaries und verschiedenen Teilen einer Anweisung:

```
(    )    [    ]    {    }
,    :    .    `         =         ;
```

Das Gleich-Zeichen (=) dient z.B. als Begrenzungszeichen zwischen dem Namen und Wert einer Zuweisung, während das Komma (,) dazu dient, Argumente einer Funktion zu trennen. Der Punkt (.) wird auch in Fließkommazahlen und eine Auslassung (engl. ellipsis) (...) bei Operatoren der erweiterten Teilbereichsnotation verwendet.

Schließlich werden auch folgende spezielle Symbole verwendet:

```
'       "      #       \
```

Die Zeichen @, $ und ? können innerhalb eines Programmes nicht auftreten, außer in Stringliteralen in Anführungszeichen.

# Dokumentations-Strings

Falls die erste Anweisung eines Moduls, einer Klasse oder einer Funktion ein String ist, so wird aus diesem String ein *Dokumentations-String* des entsprechenden Objektes, wie im folgenden Beispiel:

```
def fact(n):
    "Diese Funktion berechnet eine Fakultät."
    if (n <= 1):
        return 1
    else:
        return n*fact(n-1)
```

Werkzeuge zur Navigation im Quellcode bzw. zur Erstellung von Dokumentation benutzen manchmal solche Dokumentations-Strings. Diese Strings sind als Attribute namens __doc__ eines Objektes verfügbar, wie hier gezeigt:

```
>>> print fact.__doc__
Diese Funktion berechnet eine Fakultät.
>>>
```

Die Einrückung des Dokumentations-Strings muss konsistent sein mit der aller anderen Anweisungen der Definition.

# 3 Typen und Objekte

Alle Daten eines Python-Programmes basieren auf dem Konzept eines Objektes. Objekte umfassen grundlegende Datentypen wie Zahlen, Zeichenketten, Listen und Dictionaries. Es ist auch möglich, benutzerdefinierte Datentypen in Form von Klassen oder Erweiterungstypen zu erstellen. Dieses Kapitel beschreibt das Objektmodell von Python und gibt eine Übersicht der eingebauten Datentypen. Kapitel 4, »Operatoren und Ausdrücke«, beschreibt weitere Operatoren und Ausdrücke.

## Terminologie

Jedes Datum im Speicher ist ein *Objekt*. Jedes Objekt hat eine Identität, einen Typ und einen Wert.

Wenn man z.B. a = 42 schreibt, wird ein Ganzzahl-Objekt mit dem Wert 42 erzeugt. Man kann die Identität eines Objektes als Zeiger auf einen Platz im Hauptspeicher betrachten. a ist der Name dieses Platzes.

Der *Typ* eines Objektes (der seinerseits eine spezielle Art von Objekt ist) beschreibt die interne Repräsentation des Objektes wie auch die Methoden und Operationen, die es unterstützt. Wird ein Objekt eines bestimmten Typs erzeugt, so wird dieses Objekt manchmal als eine *Instanz* dieses Typs bezeichnet (obwohl eine Instanz eines Typs nicht mit einer Instanz einer benutzerdefinierten Klasse verwechselt werden sollte). Nachdem ein Objekt erzeugt wurde, können dessen Identität und Typ nicht mehr verändert werden. Falls dessen Wert jedoch verändert werden kann, so sagt man, das Objekt ist *veränderlich*. Falls der Wert nicht verändert werden kann, so spricht man entsprechend von einem *unveränderlichen* Objekt. Ein Objekt, das Verweise auf andere Objekte enthält, bezeichnet man als Container oder Sammlung.

Zusätzlich zum Wert, den sie repräsentieren, definieren viele Objekte eine Anzahl von Datenattributen und Methoden. Ein Attribut ist eine mit dem Objekt assoziierte Eigenschaft oder ein Wert. Eine *Methode* ist eine Funktion, die eine gewisse Operation auf einem Objekt ausführt, sobald sie angestoßen wird. Attribute und Methoden werden mit dem Punkt-Operator (.) angesprochen, wie im folgenden Beispiel gezeigt wird:

```
a = 3 + 4j    # Erzeuge eine komplexe Zahl.
r = a.real    # Hole den Realteil (ein Attribut).

b = [1, 2, 3] # Erzeuge eine Liste.
b.append(7)   # Füge ein neues Element an b
              # mit der Methode 'append' an.
```

## Identität und Typ von Objekten

Die eingebaute Funktion id() gibt die Identität eines Objektes als ganzzahligen Wert zurück. Dieser entspricht normalerweise dem Platz des Objektes im Hauptspeicher, was aber abhängig von der Implementierung ist. Der Operator is vergleicht die Identität zweier Objekte. Die eingebaute Funktion type() gibt den Typ eines Objektes zurück, z.B:

```
# Vergleiche zwei Objekte.
def compare(a, b):
    print 'Die Identität von a ist ', id(a)
    print 'Die identität von b ist ', id(b)
```

```
    if a is b:
        print 'a und b sind dasselbe Objekt.'
    if a == b:
        print 'a und b haben den gleichen Wert.'
    if type(a) == type(b):
        print 'a und b haben den gleichen Typ.'
```

Der Typ eines Objektes ist seinerseits ein Objekt. Das Standardmodul types beinhaltet die Typ-Objekte für alle eingebauten Typen und kann für eine Typ-Prüfung verwendet werden, z.B. so:

```
import types
if isinstance(s, types.ListType):
    print 'Ist eine Liste.'
else:
    print 'Ist keine Liste.'
```

Die Funktion isinstance() testet ein Objekt, um festzustellen, ob es eine Instanz eines speziellen Typs ist. (Diese Funktion wird auch im Zusammenhang mit benutzerdefinierten Klassen verwendet, wie im Kapitel 7, »Klassen und objektorientierte Programmierung«, beschrieben.)

# Referenzzählung

Für alle Objekte gilt, dass alle Referenzen auf sie gezählt werden. Der Referenzzähler eines Objektes wird immer dann erhöht, wenn das Objekt einem Namen zugewiesen oder in einen Container gelegt wird, wie z.B. in Listen, Tupeln oder Dictionaries:

```
a = 3.4       # Erzeugt ein Objekt '3.4'.
b = a         # Erhöht Referenzzähler von '3.4'.
c = []
c.append(b)   # Verringert Referenzzähler von '3.4'.
```

In diesem Beispiel wird ein einzelnes Objekt mit dem Wert 3.4 erzeugt. a ist lediglich ein Name, der das gerade erzeugte Objekt referenziert. Wenn a an b zugewiesen wird, dann wird b zu einem neuen Namen für dasselbe Objekt und der Referenzzähler des Objektes wird um eins erhöht. Genauso erhöht sich der Referenzzähler dann, wenn b an eine Liste angefügt wird. Im gesamten Beispiel gibt es genau ein Objekt mit dem Wert 3.4. Alle anderen Operationen erzeugen lediglich neue Namen für dasselbe Objekt.

Der Referenzzähler eines Objektes verringert sich bei Benutzung der Anweisung del oder dann, wenn eine lokale Referenz den Gültigkeitsbereich verlässt (oder neu zugewiesen wird). Beispiel:

```
del a         # Verringere Referenzzähler von '3.4'.
b = 7.8       # Verringere Referenzzähler von '3.4'.
c[0] = 2.0    # Verringere Referenzzähler von '3.4'.
```

Sobald der Referenzzähler eines Objektes auf Null sinkt, wird es speicherbereinigt. In einigen Fällen jedoch kann es zu zirkulären Abhängigkeiten zwischen einer Menge von Objekten kommen, die nicht mehr in Gebrauch sind. Beispiel:

```
a = {}
b = {}
a['b'] = b         # a enthält Referenz auf b.
```

```
b['a'] = a          # b enthält Referenz auf a.
del a
del b
```

In diesem Beispiel verringern die del-Anweisungen die Referenzzähler von a und b und vernichten damit die Namen, die auf die entsprechenden Objekte zeigen. Da aber jedes Objekt eine Referenz auf das jeweils andere hat, wird der Referenzzähler nicht Null und die Objekte damit nicht speicherbereinigt. Als Ergebnis bleiben die Objekte im Speicher alloziiert, obwohl der Interpreter keine Möglichkeit mehr hat, darauf zuzugreifen, d.h. die Namen für den Zugriff darauf sind verschwunden.

# Referenzen und Kopien

Wenn ein Programm eine Zuweisung wie in a = b vornimmt, wird eine neue Referenz auf b erzeugt. Für einfache Objekte wie Zahlen und Strings erzeugt diese Zuweisung eine Kopie von b. Für veränderliche Objekte wie Listen und Dictionaries ist dieses Verhalten jedoch gänzlich verschieden:

```
b = [1, 2, 3, 4]
a = b               # a ist eine Referenz auf b.
a[2] = -100         # Ändere ein Element in 'a'.
print b             # Ergibt '[1, 2, -100, 4]'.
```

Da a und b in diesem Beispiel dasselbe Objekt referenzieren, macht sich eine Änderung der einen Variablen bei der anderen bemerkbar. Um dies zu vermeiden, muss man eine Kopie des Objektes anfertigen und nicht nur eine neue Referenz darauf.

Es gibt zwei verschiedene Möglichkeiten, Objekte wie Listen und Dictionaries zu kopieren: eine flache und eine tiefe Kopie. Eine *flache Kopie* erzeugt ein neues Objekt, füllt es jedoch mit Referenzen auf die Elemente des ursprünglichen Objektes. Beispiel:

```
b = [1, 2, [3, 4]]
a = b[:]            # Erzeuge eine flache Kopie von b.
a.append(100)       # Füge Element an a hinzu.
print b             # Ergibt '[1, 2, [3, 4]]'. b unverändert.
a[2][0] = -100      # Ändere ein Element von a.
print b             # Ergibt '[1, 2, [-100, 4]]'.
```

In diesem Fall sind a und b eigenständige Listenobjekte, aber beide teilen sich die Elemente darin. Daher wird bei jeder Änderung der Elemente von a auch ein Element in b verändert, wie man sieht.

Eine *tiefe Kopie* erzeugt ein neues Objekt und kopiert rekursiv alle darin befindlichen Objekte. Es gibt keine eingebaute Funktion, um tiefe Kopien von Objekten anzufertigen, aber die Funktion copy.deepcopy() aus der Standardbibliothek kann dazu wie folgt benutzt werden:

```
import copy
b = [1, 2, [3, 4]]
a = copy.deepcopy(b)
```

# Eingebaute Typen

Der Python-Interpreter kennt ungefähr zwei Dutzend Typen, die in verschiedene Kategorien eingeteilt werden können, wie sie Tabelle 3.1 beschreibt. Einige der Kategorien beinhalten schon bekannte Objekte wie Zahlen und Sequenzen. Andere werden zur Laufzeit benutzt und sind von geringem praktischem Nutzen für die meisten Programmierer. Die folgenden Abschnitte beschreiben die meistverwendeten eingebauten Typen.

| Typ-Kategorie | Typ-Name | Beschreibung |
|---|---|---|
| None | `NoneType` | Das Null-Objekt |
| Zahlen | `IntType` | Ganzzahl |
| | `LongType` | Ganzzahl unbegrenzter Genauigkeit |
| | `FloatType` | Fließkommazahl |
| | `ComplexType` | Komplexe Zahl |
| Sequenzen | `StringType` | String |
| | `ListType` | Liste |
| | `TupleType` | Tupel |
| | `XRangeType` | Ergebnis von `xrange(i, j, k)` |
| Abbildung | `DictType` | Dictionary |
| Aufrufbar | `BuiltinFunctionType` | Eingebaute Funktion |
| | `BuiltinMethodType` | Eingebaute Methode |
| | `ClassType` | Klassen-Objekt |
| | `FunctionType` | Benutzerdefinierte Funktion |
| | `InstanceType` | Instanz-Objekt einer Klasse |
| | `MethodType` | Gebundene Klassen-Methode |
| | `UnboundMethodType` | Ungebundene Klassen-Methode |
| Module | `ModuleType` | Modul |
| Klassen | `ClassType` | Klassen-Definition |
| Klassen-Instanz | `InstanceType` | Instanz-Objekt einer Klasse |
| Dateien | `FileType` | Datei |
| Intern | `CodeType` | Byte-übersetzter Code (auch: Byte-kompilierter Code) |
| | `FrameType` | Ausführungs-Frame |
| | `TracebackType` | Stack-Traceback einer Ausnahme |
| | `SliceType` | Ergebnis von erweiterten Teilbereichen |
| | `EllipsisType` | Benutzt in erweiterten Teilbereichen |

**Tabelle 3.1: Eingebaute Datentypen in Python**

*Bemerkung:*

`ClassType` und `InstanceType` kommen in Tabelle 3.1 doppelt vor, weil Klassen und Instanzen beide unter besonderen Umständen aufrufbar sind.

## Der Typ None

Der Typ None bezeichnet ein Null-Objekt. Python stellt genau ein Null-Objekt zur Verfügung, das in einem Programm als None geschrieben wird. Dieses Objekt wird von Funktionen zurückgegeben, die keinen Wert explizit zurückgeben (man kann es auch an Funktionen und Methoden übergeben, um eine leere Argumentliste anzuzeigen). None hat keinerlei Attribute und wird in allen Ausdrücken immer zu logisch falsch ausgewertet.

## Numerische Typen

Python verwendet vier verschiedene numerische Typen: Ganzzahlen (Integer), lange Ganzzahlen, Fließkommazahlen und komplexe Zahlen. Alle numerischen Typen sind vorzeichenbehaftet und unveränderlich.

Ganzzahlen repräsentieren ganze Zahlen im Intervall zwischen -2147483648 und 2147483647 (die Spanne kann auf einigen Rechnern auch größer sein). Intern werden ganze Zahlen als Binärzahlen im Zweierkomplement mit 32 oder mehr Bits dargestellt. Falls das Ergebnis einer Operation außerhalb des erlaubten Wertebereichs liegt, wird ein OverflowError ausgelöst. Lange Ganzzahlen repräsentieren ganze Zahlen unbegrenzter Größe (d.h. begrenzt nur durch den verfügbaren Hauptspeicher).

Fließkommazahlen werden mit Hilfe der rechnerinternen doppelten Genauigkeit (64 Bit) repräsentiert. Normalerweise folgt diese dem Standard IEEE 754, der ungefähr 17 Stellen Genauigkeit bietet sowie einen Exponenten zwischen -308 und 308. Python unterstützt keine 32-Bit-Fließkommazahlen einfacher Genauigkeit.

Komplexe Zahlen werden als Paar von Fließkommazahlen repräsentiert. Auf den Real- und Imaginärteil einer komplexen Zahl z kann jeweils mit z.real und z.imag zugegriffen werden.

## Sequenztypen

*Sequenzen* repräsentieren geordnete Mengen von Objekten, die mit nicht-negativen ganzen Zahlen indiziert werden, und beinhalten Strings, Listen und Tupel. Strings sind Sequenzen von Zeichen, Listen und Tupel sind Sequenzen von beliebigen Python-Objekten. Strings und Tupel sind unveränderlich, Listen erlauben das Einfügen, Löschen und Ersetzen von Elementen.

Tabelle 3.2 gibt die Operatoren und Methoden an, die man auf alle Sequenztypen anwenden kann. Ein Element i einer Sequenz s wird mit dem Indexoperator s[i] und eine Untersequenz wird mit dem Teilbereichsoperator s[i:j] ausgewählt (diese Operationen werden in Kapitel 4 weiter beschrieben). Die Länge jeder Sequenz wird mit der eingebauten Funktion len() bestimmt. Minimum bzw. Maximum einer Sequenz können mit den eingebauten Funktionen min(s) bzw. max(s) ermittelt werden, vorausgesetzt, die Elemente der Sequenz können geordnet werden.

| Operation/Methode | Beschreibung |
| --- | --- |
| s[i] | Ergibt Element i einer Sequenz. |
| s[i:j] | Ergibt einen Teilbereich (engl. slice). |
| len(s) | Ergibt Anzahl der Elemente in s. |
| min(s) | Ergibt Minimum von s. |
| max(s) | Ergibt Maximum von s. |

**Tabelle 3.2: Operationen und Methoden auf Sequenzen**

Zusätzlich verfügen Listen über die in Tabelle 3.3 aufgeführten Methoden. Die eingebaute Funktion list() wandelt jeden Sequenztyp in eine Liste um. Falls s bereits eine Liste ist, gibt diese Funktion eine flache Kopie der Liste zurück. Die Methode s.index(x) sucht in der Liste nach dem ersten Vorkommen von x. Wird ein solches Element nicht gefunden, so löst sie die Ausnahme `ValueError` aus. Ähnlich dazu entfernt die Methode `s.remove(x)` das erste Vorkommen von x aus der Liste. Die Methode `s.extend(t)` erweitert die Liste, indem die Elemente der Liste t angefügt werden. Die Methode `s.sort()` sortiert die Elemente einer Liste und akzeptiert optional auch eine Vergleichsfunktion. Diese Vergleichsfunktion sollte zwei Argumente annehmen und eine negative Zahl, Null oder eine positive Zahl zurückgeben, je nachdem, ob das erste Argument kleiner, gleich oder größer als das zweite ist. Die Methode `s.reverse()` kehrt die Reihenfolge der Listenelemente um. Sowohl `sort()` als auch `reverse()` operieren auf der Liste selbst und geben beide `None` zurück.

| Methode | Beschreibung |
|---|---|
| list(s) | Wandelt Sequenz s in eine Liste. |
| s.append(x) | Fügt ein neues Element x an das Ende von s an. |
| s.extend(l) | Fügt eine neue Liste l an das Ende von s an. |
| s.count(x) | Zählt Vorkommen von x in s. |
| s.index(x) | Ergibt kleinstes i mit: s[i] == x. |
| s.insert(i, x) | Fügt x am Index i ein. |
| s.pop([i]) | Holt Element i und entfernt es aus der Liste. |
| s.remove(x) | Sucht nach x und entfernt es aus s. |
| s.reverse() | Invertiert Reihenfolge der Elemente von s an Ort und Stelle. |
| s.sort([cmpfunc]) | Sortiert Elemente von s an Ort und Stelle. |

**Tabelle 3.3: Methoden auf Listen**

Die eingebaute Funktion `range(i, j [, stride])` erzeugt eine Liste von Ganzzahlen und füllt sie mit Werten k, für die gilt: i <= k < j. Man kann auch eine optionale Schrittweite angeben. Die eingebaute Funktion `xrange()` erfüllt einen ähnlichen Zweck, gibt aber eine unveränderliche Sequenz vom Typ `XRangeType` zurück. Anstatt alle Werte in der Liste abzuspeichern, berechnet diese Liste ihre Werte, wann immer sie angefordert werden. Das ist sehr viel speicherschonender, wenn mit sehr langen Listen von Ganzzahlen gearbeitet wird. `XRangeType` kennt eine einzige Methode, `s.tolist()`, die seine Werte in eine Liste umwandelt.

## Abbildungstypen

Eine *Abbildung* (engl. mapping) repräsentiert eine beliebige Menge von Objekten, die mit einer anderen Menge von nahezu beliebigen Schlüsselwerten indiziert werden. Im Gegensatz zu Sequenzen sind Abbildungen ungeordnet und können mit Zahlen, Strings und anderen Objekten indiziert werden. Abbildungen sind veränderliche Objekte.

*Dictionaries* sind der einzige eingebaute Typ von Abbildungen und stellen in Python eine Variante von Hash-Tabellen oder assoziativen Feldern dar. Man kann jedes unveränderliche Objekt als Schlüssel in einem Dictionary verwenden (Strings, Zahlen, Tupel und so weiter). Listen, Dictionaries oder Tupel, die veränderliche Objekte beinhalten, können nicht als Schlüssel verwendet werden (Schlüssel eines Dictionarys müssen unveränderlich sein).

Zur Auswahl eines Elementes einer Abbildung verwendet man den Schlüsselindexoperator `m[k]`, wobei k ein Schlüsselwert ist. Wird der Schlüssel nicht gefunden, wird die Ausnahme `KeyError` ausgelöst. Die Funktion `len(m)` gibt die Anzahl der Elemente einer Abbildung zurück. Tabelle 3.4 führt Methoden und Operationen auf Abbildungen auf.

| Operation/Methode | Beschreibung |
|---|---|
| len(m) | Ergibt Anzahl der Elemente in m. |
| m[k] | Ergibt Element von m mit Schlüssel k. |
| m[k]=x | Setzt m[k] auf x. |
| del m[k] | Entfernt m[k] aus m. |
| m.clear() | Entfert alle Elemente aus m. |
| m.copy() | Macht eine Kopie von m. |
| m.has_key(k) | Ergibt 1, falls m Schlüssel k enthält, sonst 0. |
| m.items() | Ergibt eine Liste von (Schlüssel, Wert)-Paaren. |
| m.keys() | Ergibt eine Liste aller Schlüssel in m. |
| m.update(b) | Überträgt alle Objekte von b nach m. |
| m.values() | Ergibt eine Liste aller Objekte in m. |
| m.get(k [,f]) | Holt m[k] falls existent, sonst f. |

**Tabelle 3.4: Operationen und Methoden auf Abbildungen**

Die Methode m.clear() entfernt alle Elemente. Die Methode m.copy() erzeugt eine flache Kopie der Elemente einer Abbildung und platziert sie in einer neuen Abbildung. Die Methode m.items() gibt eine Liste mit (Schlüssel, Wert)-Paaren zurück. Die Methoden m.keys() bzw. m.values() erzeugen jeweils eine Liste mit allen Schlüsselwerten bzw. den damit indizierten Werten der Abbildung. Die Methode m.update(b) erneuert die aktuelle Abbildung, indem alle (Schlüssel, Wert)-Paare aus der Abbildung b übernommen werden. Die Methode m.get(k, [, f]) gibt das mit k indizierte Objekt zurück bzw. ein Ersatzobjekt f, falls kein solches Objekt existiert.

## Aufrufbare Typen

Aufrufbare Typen repräsentieren Objekte, die eine Aufruf-Operation unterstützen. Es gibt verschiedene Arten von Objekten mit dieser Eigenschaft, darunter eingebaute Funktionen und mit Klassen assoziierte Methoden.

*Benutzerdefinierte* Funktionen sind aufrufbare Objekte, die auf Modulebene mit der Anweisung def oder der Operation lambda erzeugt werden (Funktionen, die innerhalb von Klassen definiert werden, nennt man Methoden. Sie werden in Kürze beschrieben). In Python sind Funktionen Bürger erster Klasse, die genauso behandelt werden wie alle anderen Python-Objekte. Daraus folgt, dass man sie an Variablen zuweisen oder sie in Listen, Tupel oder Dictionaries unterbringen kann, wie im folgenden Beispiel gezeigt wird:

```
def foo(x, y):
    print '%s + %s ist %s' % (x, y, x+y)

# Weise an eine neue Variable zu.
bar = foo
bar(3, 4)              # Ruft 'foo' auf, oben definiert.

# Setze foo in einen Container.
d = {}
d['callback'] = foo
d['callback'](3, 4) # Ruft 'foo' auf.
```

37

Eine benutzerdefinierte Funktion verfügt über folgende Attribute:

| Attribut(e) | Beschreibung |
|---|---|
| f.__doc__ oder f.func_doc | Dokumentations-String |
| f.__name__ oder f.func_name | Funktionsname |
| f.func_code | Byte-übersetzter Code |
| f.func_defaults | Tupel mit voreingestellten Argumenten |
| f.func_globals | Dictionary, das den globalen Namensraum definiert |

*Methoden* sind Funktionen, die nur auf Objektinstanzen operieren. Üblicherweise werden Methoden innerhalb einer Klassendefinition definiert:

```
# Eine Schlange von Objekten, nach Prioritäten sortiert.
class PriorityQueue:
    def __init__(self):
        self.items = [ ]           # Liste von (priority, item)
    def insert(self, priority, item):
        for i in range(len(self.items)):
            if self.items[i][0] > priority:
                self.items.insert(i, (priority, item))
                break
        else:
            self.items.append((priority, item))
    def remove(self):
        try:
            return self.items.pop(0)[1]
        except IndexError:
            raise RuntimeError, 'Schlange ist leer'
```

Ein *ungebundenes Methodenobjekt* ist eine Methode, die noch nicht mit einem speziellen Instanzobjekt assoziiert wurde. Die Methoden in einer Klassendefinition sind solange ungebunden, bis sie einem speziellen Objekt hinzugefügt werden, z.B.:

```
m = PriorityQueue.insert   # Ungebundene Methode.
```

Um eine ungebundene Methode aufzurufen, übergibt man eine Objektinstanz als erstes Argument:

```
pq = PriorityQueue()
m = PriorityQueue.insert
m(pq, 5, "Python")         # Ruft pq.insert(5, "Python") auf.
```

Ein *gebundenes Methodenobjekt* ist eine Methode, die bereits mit einem speziellen Instanzobjekt assoziiert wurde, z.B.:

```
pq = PriorityQueue()       # Erzeuge eine Instanz von PriorityQueue.
n = pq.insert              # n ist eine an pq gebundene Methode.
```

Eine *gebundene* Methode enthält implizit eine Referenz auf die assoziierte Instanz, so dass man sie wie folgt aufrufen kann:

```
n(5, "Python")            # Ruft pq.insert(5, "Python") auf.
```

Gebundene und ungebundene Methoden sind nicht viel mehr als eine dünne Hülle um ein gewöhnliches Funktionsobjekt. Folgende Attribute sind für Methodenobjekte definiert:

| Attribut | Beschreibung |
|----------|--------------|
| m.__doc__ | Dokumentations-String |
| m.__name__ | Methodenname |
| m.im_class | Klassendefinition, die diese Methode enthält |
| m.im_func | Funktionsobjekt, das diese Methode implementiert |
| m.im_self | Instanz, die zur Methode gehört (None falls ungebunden) |

Bislang konzentrierte sich dieser Abschnitt auf Funktionen und Methoden, aber die gleich beschriebenen Klassenobjekte sind ebenfalls aufrufbar. Wenn eine Klasse aufgerufen wird, wird eine neue Klasseninstanz erzeugt. Falls die Klasse außerdem eine Methode __init__() definiert, so wird sie aufgerufen, um die neu erzeugte Instanz zu initialisieren. Die Erzeugung einer PriorityQueue verdeutlicht dieses Verhalten.

Eine Klasseninstanz ist auch dann aufrufbar, wenn sie eine besondere Methode namens __call__() definiert. Ist diese Methode für eine Klasseninstanz x definiert, so bewirkt x(args) den Aufruf der Methode x.__call__(args).

Der letzte Typ aufrufbarer Objekte besteht aus *eingebauten Funktionen* und *Methoden*. Eingebaute Funktionen bzw. Methoden entsprechen Code, der in Erweiterungsmodulen und damit normalerweise in C oder C++ geschrieben wird. Folgende Attribute sind bei eingebauten Funktionen verfügbar:

| Attribut | Beschreibung |
|----------|--------------|
| b.__doc__ | Dokumentations-String |
| b.__name__ | Funktions- bzw. Methodenname |
| b.__self__ | Zugehörige Instanz |
| b.__members__ | Liste der Namen der Methodenattribute |

Bei eingebauten Funktionen wie len() wurde __self__ auf None gesetzt, was andeutet, dass die Funktion an keinerlei Objekt gebunden ist. Bei eingebauten Funktionen wie x.append(), wobei x eine Liste ist, ist __self__ auf x gesetzt.

## Module

Der Typ des *Moduls* ist ein Behälter, der Objekte enthält, die mit der Anweisung import geladen wurden. Wenn in einem Programm z.B. die Anweisung import foo erscheint, wird der Name foo dem entsprechenden Modulobjekt zugeordnet. Module definieren einen Namensraum, der mit einem Dictionary implementiert wird und über die Variable __dict__ zugänglich ist. Immer wenn ein Attribut des Moduls referenziert wird (mit dem Punktoperator), wird dies in einen Dictionary-Zugriff umgewandelt. So ist z.B. m.x äquivalent zu m.__dict__["x"]. Genauso ist die Zuweisung an ein Attribut, wie etwa m.x = y, äquivalent zu m.__dict__["x"] = y. Folgende Attribute stehen zur Verfügung:

| Attribut | Beschreibung |
|---|---|
| m.__dict__ | Das Dictionary, das zum Modul gehört |
| m.__doc__ | Dokumentations-String des Moduls |
| m.__name__ | Name des Moduls |
| m.__file__ | Datei, aus der das Modul geladen wurde |
| m.__path__ | Vollständig qualifizierter Paketname; definiert, wenn das Modulobjekt sich auf ein Paket bezieht |

## Klassen

Klassen werden mit der Anweisung class definiert, die in Kapitel 7 beschrieben wird. Ebenso wie bei Modulen sind Klassen mit Hilfe eines Dictionarys implementiert, das alle Objekte enthält, die in der Klasse definiert werden, und definieren einen Namensraum. Referenzen auf Klassenattribute, wie z.B. c.x werden in einen Dictionary-Zugriff c.__dict__["x"] umgewandelt. Wird ein Attribut in einem solchen Dictionary nicht gefunden, wird die Suche in der Liste der Oberklassen fortgesetzt. Diese Suche entspricht einer Tiefensuche von links nach rechts, gemäß der Reihenfolge der Oberklassen in der Klassendefinition. Zuweisungen an Attribute wie in c.y = 5 aktualisieren immer das Attribut von __dict__ in c, nicht in den Dictionaries der Oberklassen.

Klassenobjekte definieren folgende Attribute:

| Attribut | Beschreibung |
|---|---|
| c.__dict__ | Das Dictionary, das zur Klasse gehört |
| c.__doc__ | Dokumentations-String der Klasse |
| c.__name__ | Name der Klasse |
| c.__module__ | Name des Moduls, in dem die Klasse definiert wurde |
| c.__bases__ | Tupel mit Oberklassen |

## Klasseninstanzen

Eine *Klasseninstanz* ist ein Objekt, das erzeugt wird, wenn ein Klassenobjekt aufgerufen wird. Jede Instanz verfügt über ihren eigenen Namensraum, der als Dictionary implementiert ist. Dieses Dictionary und das zugehörige Klassenobjekt sind über die folgenden Attribute zugänglich:

| Attribut | Beschreibung |
|---|---|
| x.__dict__ | Das Dictionary, das zur Instanz gehört |
| x.__class__ | Die Klasse, zu der eine Instanz gehört |

Wird das Attribut eines Objektes referenziert, wie in x.a, so sucht der Interpreter zunächst im lokalen Dictionary nach x.__dict__["a"]. Wird der Name nicht lokal gefunden, setzt sich die Suche fort, indem ein Zugriff auf die Klasse erfolgt, die durch das Attribut __class__ definiert ist. Bleibt die Suche erfolglos, wird in den Oberklassen weitergesucht wie zuvor beschrieben. Wird immer noch nichts gefunden, und definiert die Klasse des Objektes eine Methode namens __getattr__(), so wird diese für einen weiteren Suchvorgang benutzt. Die Zuweisung an Attribute wie in x.a = 4 erneuert immer x.__dict__ und nicht die Dictionaries von Klassen oder Oberklassen.

## Dateien

Ein Dateiobjekt repräsentiert eine geöffnete Datei und wird von der eingebauten Funktion open() zurückgegeben (wie auch von einer Anzahl von Funktionen der Standardbibliothek). Für weitere Details zu diesem Typ siehe auch das Kapitel 9, »Ein- und Ausgabe«.

## Interne Typen

Eine Reihe von Objekten, die der Interpreter benutzt, werden dem Benutzer zugänglich gemacht. Dazu gehören Traceback-, Code-, Frame-, Teilbereichs- und das Auslassungsobjekt.

### Code-Objekte

*Code-Objekte* repräsentieren rohen, Byte-übersetzten, ausführbaren Code und werden für gewöhnlich von der eingebauten Funktion compile() zurückgegeben. Code-Objekte ähneln Funktionen, außer dass sie keinerlei Kontext über den Namensraum enthalten, in dem der Code definiert wurde. Code-Objekte speichern auch keinerlei Information über die Standardwerte der Argumente. Ein Code-Objekt c hat folgende Attribute (nur lesbar):

| Attribut | Beschreibung |
| --- | --- |
| c.co_name | Funktionsname. |
| c.co_argcount | Anzahl der Positionsargumente (inkl. Voreinstellungswerte) |
| c.co_nlocals | Anzahl der lokalen Variablen der Funktion |
| c.co_varnames | Tupel mit Namen der lokalen Variablen |
| c.co_code | String mit rohem Byte-Code |
| c.co_consts | Tupel mit Literalen, die von der Funktion benutzt werden |
| c.co_names | Tupel mit Namen, die von der Funktion benutzt werden |
| c.co_filename | Name der Datei, in der der Code übersetzt wurde |
| c.co_firstlineno | Erste Zeilennummer der Funktion |
| c.co_lnotab | String mit Indizes zu den Zeilennummern |
| c.co_stacksize | Benötigte Stack-Größe (inkl. lokaler Variablen) |
| c.co_flags | Ganzzahl mit Flags des Interpreters. Bit 2 ist gesetzt, wenn die Funktion eine variable Anzahl von Positionsargumenten der Form *args hat. Bit 3 ist gesetzt, wenn die Funktion beliebige Schlüsselwort-Argumente der Form **kwargs erlaubt. Alle anderen Bits sind reserviert. |

### Frame-Objekte

*Frame-Objekte* werden verwendet, um Frames der Laufzeitumgebung zu repräsentieren, und kommen meistens in Traceback-Objekten vor (siehe nächsten Abschnitt). Ein Frame-Objekt f hat folgende Attribute (nur lesbar):

| Attribut | Beschreibung |
| --- | --- |
| f.f_back | Vorheriges Stack-Frame (näher am Aufrufer) |
| f.f_code | Gerade ausgeführtes Code-Objekt |
| f.f_locals | Dictionary der lokalen Variablen |
| f.f_globals | Dictionary der globalen Variablen |
| f.f_builtins | Dictionary der eingebauten Namen |
| f.f_restricted | Auf 1 gesetzt, falls in eingeschränktem Modus laufend |

Dateien

**Eingebaute Typen**

| Attribut | Beschreibung |
|---|---|
| f.f_lineno | Zeilennummer |
| f.f_lasti | Aktuelle Anweisung. Dies ist ein Index in den Bytecode-String von f_code. |

Folgende Attribute können verändert werden (und werden von Debuggern und anderen Werkzeugen verwendet):

| Attribut | Beschreibung |
|---|---|
| f.f_trace | Funktion, die am Anfang jeder Zeile des Quellcodes aufgerufen wird |
| f.f_exc_type | Zuletzt aufgetretener Ausnahme-Typ |
| f.f_exc_value | Zuletzt aufgetretener Ausnahme-Wert |
| f.f_traceback | Traceback der zuletzt aufgetretenen Ausnahme |

### Traceback-Objekte

*Traceback-Objekte* werden erzeugt, wenn eine Ausnahme ausgelöst wird, und enthalten Informationen zur Abarbeitung des Stapels. Wird eine Ausnahmebehandlungsroutine aufgerufen, so kann die Stapelinformation mit der Funktion sys.exc_info() abgefragt werden. Ein Traceback-Objekt hat folgende Attribute (nur lesbar):

| Attribut | Beschreibung |
|---|---|
| t.tb_next | Nächste Ebene im Stack-Trace (näher an jenem Ausführungs-Frame, in dem die Ausnahme aufgetreten ist) |
| t.tb_frame | Ausführungs-Frame-Objekt der aktuellen Ebene |
| t.tb_line | Zeilennummer, wo die Ausnahme aufgetreten ist |
| t.tb_lasti | Anweisung, die auf der aktuellen Ebene ausgeführt wird |

### Teilbereichsobjekte

*Teilbereichsobjekte* repräsentieren Teilbereiche (engl. slices), die in der erweiterten Teilbereichssyntax angegeben sind, wie z.B. a[i:j:stride], a[i:j, n:m] oder a[..., i:j]. Teilbereichsobjekte werden auch von der eingebauten Funktion slice([i,] j [, stride]) erzeugt. Folgende Attribute sind verfügbar (nur lesbar):

| Attribut | Beschreibung |
|---|---|
| s.start | Untere Teilbereichsgrenze; keine, wenn weggelassen |
| s.stop | Obere Teilbereichsgrenze; keine, wenn weggelassen |
| s.step | Schrittweite des Teilbereichs; keine, wenn weggelassen |

### Das Auslassungsobjekt

Das *Auslassungsobjekt* wird zur Angabe einer Auslassung (engl. ellipsis) in einem Bereich verwendet. Es gibt ein einziges Objekt dieses Typs, das über den eingebauten Namen Ellipsis angesprochen wird. Es hat keinerlei Attribute und wird zu logisch wahr ausgewertet.

# Spezielle Methoden

Alle eingebauten Datentypen bestehen aus irgendwelchen Daten und einer Ansammlung von besonderen Methoden. Die Namen dieser Methoden beginnen und enden immer mit zwei Unterstrichen (__). Diese Methoden werden automatisch vom Interpreter aufgerufen, während das Programm läuft. Zum Beispiel wird die Operation x + y auf eine interne Methode x.__add__(y) und eine Indexoperation x[k] wird auf x.__getitem__(k) abgebildet. Das Verhalten jedes Datentyps hängt gänzlich von der Menge dieser speziellen Methoden ab, die es implementiert.

Obwohl es nicht möglich ist, das Verhalten von eingebauten Typen zu verändern (oder auch nur irgendeine ihrer besonderen Methoden namentlich aufzurufen, wie gerade vorgeschlagen), so ist es doch möglich, Klassendefinitionen zu benutzen, um neue Objekte zu definieren, die sich wie die vorhandenen eingebauten Typen verhalten. Dazu implementiert man die speziellen Methoden, die in diesem Abschnitt beschrieben werden.

## Erzeugung, Zerstörung und Darstellung von Objekten

Die in Tabelle 3.5 aufgeführten Methoden erzeugen und zerstören Objektr und stellen sie dar. Die Methode __init__() initialisiert die Attribute eines Objektes und wird sofort aufgerufen, nachdem ein Objekt neu erzeugt worden ist. Die Methode __del__() wird aufgerufen, wenn das Objekt im Begriff ist, vernichtet zu werden und wird auch *Destruktor* genannt. Diese Methode wird nur dann aufgerufen, wenn ein Objekt nicht mehr in Gebrauch ist. Es ist wichtig zu betonen, dass die Anweisung del x nur den Referenzzähler eines Objektes verringert und nicht automatisch dazu führt, dass diese Methode aufgerufen wird.

| Methode | Beschreibung |
|---|---|
| __init__(self [,args]) | Wird aufgerufen, um eine neue Instanz zu erzeugen |
| __del__(self) | Wird aufgerufen, um eine Instanz zu zerstören |
| __repr__(self) | Erzeugt eine vollständige String-Repräsentation eines Objektes |
| __str__(self) | Erzeugt eine informelle String-Repräsentation. |
| __cmp__(self, other) | Vergleicht zwei Objekte und gibt negativ, Null oder positiv zurück |
| __hash__(self) | Berechnet einen 32-Bit-Hash-Wert |
| __nonzero__(self) | Ergibt 0 oder 1 beim Testen auf Wahrheitswerte |

Tabelle 3.5: Spezielle Methoden für die Erzeugung, Zerstörung und Repräsentation von Objekten

Die Methoden __repr__() und __str__() erzeugen String-Repräsentationen eines Objektes. __repr__() gibt normalerweise einen String-Ausdruck zurück, der benutzt werden kann, um das Objekt von Neuem zu erzeugen. Diese Methode wird von der eingebauten Funktion repr() und vom Rückanführungszeichen-Operator aufgerufen. Beispiel:

```
a = [2, 3, 4, 5]    # Erzeuge eine Liste.
s = repr(a)         # s = '[2, 3, 4, 5]'.
                    # Bem.: Man kann auch  s = `a` schreiben.
b = eval(s)         # Wandle s in Liste zurück.
```

Falls eine String-Repräsentation nicht erzeugt werden kann, so lautet eine Konvention für repr(), einen String der Form <...meldung...> zurückzugeben, etwa so:

```
f = open("foo")
a = repr(f)        # a = "<open file 'foo', mode 'r' at dc030>"
```

Die Methode __str__() wird von der eingebauten Funktion str() und von der print-Anweisung aufgerufen. Sie unterscheidet sich von __repr__() darin, dass der zurückgegebene String für den Benutzer knapper sein darf. Falls diese Methode nicht definiert ist, wird die Methode __repr__() aufgerufen.

Die Methode __cmp__(self, other) wird von allen Vergleichsoperatoren verwendet. Sie gibt eine negative Zahl zurück, falls gilt: self < other, Null für self == other und eine positive Zahl bei self > other. Ist diese Methode für ein Objekt nicht definiert, wird das Objekt über seine Objektidentität verglichen. Die Methode __nonzero__() wird für Tests auf Wahrheitswerte verwendet und sollte 0 oder 1 zurückgeben. Falls sie nicht definiert ist, wird die Methode __len__() benutzt, um den Wahrheitswert zu ermitteln. Und schließlich berechnet die Methode __hash__() einen ganzzahligen Hash-Schlüssel, der in Operationen auf Dictionaries Verwendung findet (der Hash-Wert wird auch von der eingebauten Funktion hash() zurückgegeben). Der berechnete Wert sollte für zwei Objekte identisch sein, die als gleich gelten, wenn sie miteinander verglichen werden. Außerdem sollten veränderliche Objekte diese Methode nicht definieren, da jede Änderung des Objektes zu einer Änderung des Hash-Wertes führt, was es unmöglich macht, das Objekt in einem Dictionary-Zugriff wiederzufinden. Ein Objekt sollte die Methode __hash__() nur dann definieren, wenn auch die Methode __cmp__() definiert ist.

### Attributzugriffe

Die Methoden in Tabelle 3.6 lesen, schreiben und löschen Attribute eines Objektes mit Hilfe des Punktoperators (.) und der Anweisung del.

| Methode | Beschreibung |
|---|---|
| __getattr__(self, name) | Ergibt Attribut self.name |
| __setattr__(self, name, value) | Setzt Attribut self.name = value |
| __delattr__(self, name) | Löscht Attribut self.name |

**Tabelle 3.6: Spezielle Methoden**

Beispiel:

```
a = x.s        # Ruft __getattr__(x,"s") auf.
x.s = b        # Ruft __setattr__(x,"s", b) auf.
del x.s        # Ruft __delattr__(x,"s") auf.
```

Bei Klasseninstanzen wird __getattr__() nur dann aufgerufen, wenn die Attributsuche im lokalen Dictionary des Objektes oder der entsprechenden Klassendefinition fehlschlägt. Diese Methode sollte entweder den Attributwert zurückgeben oder die Ausnahme AttributeError auslösen.

### Methoden von Sequenzen und Abbildungen

Die Methoden in Tabelle 3.7 werden von Objekten verwendet, die Sequenzen und Abbildungen emulieren wollen.

| Methode | Beschreibung |
|---------|--------------|
| `__len__(self)` | Ergibt Länge von `self` |
| `__getitem__(self, key)` | Ergibt `self[key]` |
| `__setitem__(self, key, value)` | Setzt `self[key] = value` |
| `__delitem__(self, key)` | Löscht `self[key]` |
| `__getslice__(self, i, j)` | Ergibt `self[i:j]` |
| `__setslice__(self, i, j, s)` | Setzt `self[i:j] = s` |
| `__delslice__(self, i, j)` | Löscht `self[i:j]` |

**Tabelle 3.7: Methoden von Sequenzen und Abbildungen**

Beispiel:

```
a = [1, 2, 3, 4, 5, 6]
len(a)                    # __len__(a)
x = a[2]                  # __getitem__(a, 2)
a[1] = 7                  # __setitem__(a, 1, 7)
del a[2]                  # __delitem__(a, 2)
x = a[1:5]                # __getslice__(a, 1, 5)
a[1:3] = [10, 11, 12]     # __setslice__(a, 1, 3, [10, 11, 12])
del a[1:4]                # __delslice__(a, 1, 4)
```

Die Methode `__len__()` wird von der eingebauten Funktion `len()` aufgerufen, um eine nicht-negative Länge zurückzugeben. Diese Funktion bestimmt auch Wahrheitswerte, solange die Methode `__nonzero__()` nicht definiert wurde.

Um einzelne Elemente zu manipulieren, kann die Methode `__getitem__()` ein Element über seinen Schlüssel zurückgeben. Der Schlüssel kann ein beliebiges Python-Objekt sein, ist bei Sequenzen aber üblicherweise eine Ganzzahl. Die Methode `__setitem__()` weist einem Element ein Objekt zu. Die Methode `__delitem__()` wird immer dann aufgerufen, wenn die Operation `del` auf ein einzelnes Element angewendet wird.

Die Teilbereichsmethoden unterstützen den Teilbereichsoperator `s[i:j]`. Die Methode `__getslice__()` gibt einen Teilbereich zurück, der vom gleichen Typ sein muss wie das ursprüngliche Objekt. Die Indizes `i` und `j` müssen Ganzzahlen sein, aber deren Interpretation liegt ganz bei der Methode. Fehlende Werte für `i` und `j` werden jeweils mit 0 bzw. `sys.maxint` ersetzt. Die Methode `__setslice__()` weist einem Teilbereich einen Wert zu. `__delslice__()` löscht alle Elemente eines Teilbereichs.

Zusätzlich zu den beschriebenen Methoden implementieren Sequenzen und Abbildungen eine Reihe von mathematischen Methoden, darunter `__add__()`, `__radd__()`, `__mul__()` und `__rmul__()`, um das Zusammenfügen und Vervielfachen von Sequenzen zu ermöglichen. Diese Methoden werden gleich beschrieben.

Und schließlich unterstützt Python eine erweiterte Teilbereichsoperation, die bei der Arbeit mit mehrdimensionalen Datenstrukturen wie Matrizen und Vektoren nützlich ist. Syntaktisch wird ein erweiterter Teilbereich wie folgt angegeben:

```
a = m[0:100:10]          # Teilbereich mit Schrittweite 10.
b = m[1:10, 3:20]        # Mehrdimensionaler Teilbereich.
c = m[0:100:10, 50:75:5] # Mehrere Dimensionen mit Schrittweite.
m[0:5, 5:10] = n         # Zuweisung an erweiterten Teilbereich.
del m[:10, 15:]          # Löschen eines erweiterten Teilbereichs.
```

Das allgemeine Format für jede Dimension eines erweiterten Teilbereichs ist i:j[:stride], wobei stride optional ist. Wie bei gewöhnlichen Teilbereichen kann man die Start- und Endwerte für jeden Teil eines Teilbereichs weglassen. Außerdem kann ein spezielles, Ellipsis genanntes, Objekt (geschrieben als ...) verwendet werden, um eine beliebige Zahl von Dimensionen zu Beginn oder am Ende zu bezeichnen:

```
a = m[..., 10:20]       # Zugriff auf erweiterten
                        # Teilbereich mit Auslassung.
m[10:20, ...] = n
```

Bei Verwendung von erweiterten Teilbereichen implementieren die Methoden __getitem__(), __setitem__() und __delitem__() zum Zugriff, zur Modifikation und zum Löschen. Allerdings ist der an diese Methoden übergebene Wert statt einer Ganzzahl ein Tupel mit einem oder mehreren Teilbereichsobjekten und höchstens einem Objekt vom Typ Ellipsis. Zum Beispiel ruft folgender Code:

```
a = m[0:10, 0:100:5, ...]
```

die Methode __getitem__() wie folgt auf:

```
a = __getitem__(m, (slice(0, 10, None), slice(0, 100, 5), Ellipsis))
```

Zum gegenwärtigen Zeitpunkt unterstützt keiner der eingebauten Datentypen erweiterte Teilbereiche, und so wird deren Gebrauch sehr wahrscheinlich zu einem Fehler führen. Allerdings könnten spezialisierte Erweiterungsmodule, besonders solche mit einem wissenschaftlichen Hintergrund, neue Datentypen bereitstellen, die die Operation der erweiterten Teilbereichsbildung unterstützen.

## Mathematische Operationen

Tabelle 3.8 listet jene speziellen Methoden auf, die Objekte implementieren müssen, um Zahlen zu emulieren. Mathematische Operationen werden immer von links nach rechts ausgewertet. Wenn ein Ausdruck wie z.B. x + y erscheint, versucht der Interpreter, die Methode x.__add__(y) auszuführen. Spezielle Methoden mit einem r am Namensanfang unterstützen Operatoren mit umgekehrten Operanden. Diese werden nur dann ausgeführt, wenn der linke Operand die spezifizierte Operation nicht implementiert. Falls z.B. in dem Ausdruck x + y der Operand x die Methode __add__() nicht unterstützt, versucht der Interpreter, die Methode y.__radd__(x) auszuführen.

| Methode | Ergebnis |
|---|---|
| __add__(self, other) | self + other |
| __sub__(self, other) | self - other |
| __mul__(self, other) | self * other |
| __div__(self, other) | self / other |
| __mod__(self, other) | self % other |
| __divmod__(self, other) | divmod(self, other) |
| __pow__(self, other [, modulo]) | self ** other, pow(self, other, modulo) |
| __lshift__(self, other) | self << other |
| __rshift__(self, other) | self >> other |
| __and__(self, other) | self & other |

| Methode | Ergebnis |
|---|---|
| `__or__(self, other)` | self \| other |
| `__xor__(self, other)` | self ^ other |
| `__radd__(self, other)` | other + self |
| `__rsub__(self, other)` | other - self |
| `__rmul__(self, other)` | other * self |
| `__rdiv__(self, other)` | other / self |
| `__rmod__(self, other)` | other % self |
| `__rdivmod__(self, other)` | divmod(other, self) |
| `__rpow__(self, other)` | other ** self |
| `__rlshift__(self, other)` | other << self |
| `__rrshift__(self, other)` | other >> self |
| `__rand__(self, other)` | other & self |
| `__ror__(self, other)` | other \| self |
| `__rxor__(self, other)` | other ^ self |
| `__neg__(self)` | -self |
| `__pos__(self)` | +self |
| `__abs__(self)` | abs(self) |
| `__invert__(self)` | ~self |
| `__int__(self)` | int(self) |
| `__long__(self)` | long(self) |
| `__float__(self)` | float(self) |
| `__complex__(self)` | complex(self) |
| `__oct__(self)` | oct(self) |
| `__hex__(self)` | hex(self) |
| `__coerce__(self, other)` | Typ-Umwandlung |

**Tabelle 3.8: Methoden für mathematische Operationen**

Die Konvertierungsmethoden `__int__()`, `__long__()`, `__float__()` und `__complex__()` wandeln ein Objekt in einen der vier eingebauten numerischen Typen um. Die Methoden `__oct__()` und `__hex__()` geben Strings zurück, die jeweils den oktalen bzw. hexadezimalen Wert des Objektes repräsentieren.

Die Methode `__coerce__(x, y)` wird im Zusammenhang mit Arithmetik auf verschiedenen Typen verwendet. Sie gibt entweder ein 2-Tupel zurück, das die Werte von x und y enthält, nachdem sie in einen gemeinsamen numerischen Typ gewandelt wurden, oder None, falls keine solche Konvertierung möglich ist. Um eine Operation x op y auszuwerten, wobei op eine Operation wie z.B. + ist, werden folgende Regeln in dieser Reihenfolge angewendet:

1. Falls x eine Methode `__coerce__()` hat, ersetze x und y mit den Rückgabewerten von x.`__coerce__`(y). Falls das Ergebnis None ist, springe zu Schritt 3.
2. Falls x eine Methode `__op__()` hat, gebe x.`__op__`(y) zurück. Sonst stelle die ursprünglichen Werte von x und y wieder her und fahre fort.
3. Falls y eine Methode `__coerce__()` hat, ersetze x und y mit den Rückgabewerten von y.`__coerce__`(x). Falls das Ergebnis None ist, löse eine Ausnahme aus.
4. Falls y eine Methode `__rop__()` hat, gebe y.`__rop__`(x) zurück. Sonst löse eine Ausnahme aus.

Der Interpreter unterstützt bei eingebauten Typen nur eine begrenzte Anzahl von Operationen mit gemischten Typen, insbesondere folgende:

- Falls x ein String ist, bewirkt x % y den Aufruf der String-Formatierungsoperation, egal, welchen Typ y hat.
- Falls x eine Sequenz ist, bewirkt x + y das Zusammenfügen der Sequenz.
- Falls entweder x oder y eine Sequenz und der andere Operand eine Ganzzahl ist, bewirkt x * y die Vervielfachung der Sequenz.

### Aufrufbare Objekte

Und schließlich kann ein Objekt eine Funktion emulieren, indem es die Methode __call__(self [, args]) bereitstellt. Falls ein Objekt x diese Methode implementiert, kann es wie eine Funktion aufgerufen werden, d.h. x(arg1, arg2, ...) ruft x.__call__(self, arg1, arg2, ...) auf.

# Betrachtungen zu Performanz und Hauptspeicher

Zu jedem Python-Objekt gehört mindestens ein ganzzahliger Referenzzähler, eine Typbeschreibung sowie die Repräsentation der eigentlichen Daten. Tabelle 3.9 gibt den ungefähren Speicherbedarf von verschiedenen eingebauten Objekten an, basierend auf einer Implementierung in C auf einem 32-Bit-Rechner. Die exakten Angaben können davon leicht abweichen, abhängig von der Implementierung des Interpreters und der Rechnerarchitektur (z.B. kann sich der Speicherbedarf auf einem 64-Bit-Rechner verdoppeln). Auch wenn Sie vielleicht nie über Speicherausnutzung nachdenken: Python wird in einer Vielzahl von verschiedenen hochperformanten und speicherkritischen Anwendungen eingesetzt, von Supercomputern bis zu mobilen Computern. Der Speicherbedarf der eingebauten Datentypen wird hier angegeben, um es Programmierern zu erleichtern, die richtige Entscheidung bei speicherkritischen Einstellungen vorzunehmen.

| Typ | Größe |
|-----|-------|
| Ganzzahl | 12 Bytes |
| Lange Ganzzahl | 12 Bytes + (nbits/16 + 1)*2 Bytes |
| Fließkommazahl | 16 Bytes |
| Komplexe Zahl | 24 Bytes |
| Liste | 16 Bytes + 4 Bytes pro Element |
| Tupel | 16 Bytes + 4 Bytes pro Element |
| String | 20 Bytes + 1 Byte pro Zeichen |
| Dictionary | 24 Bytes + 12*$2^n$ Bytes, n = $\log_2$(nitems)+1 |
| Klassen-Instanz | 16 Bytes plus ein Dictionary-Objekt |
| Xrange-Objekt | 24 Bytes |

**Tabelle 3.9: Speicherbedarf von eingebauten Datentypen**

Da Strings so häufig verwendet werden, setzt der Interpreter eine Reihe von Optimierungen bei ihnen ein. Zunächst kann ein String mit der eingebauten Funktion intern(s) »*internalisiert*« werden. Diese Funktion sieht in einer internen Hash-Tabelle nach, ob der Wert des Strings dort schon existiert. Falls ja, so wird eine Referenz auf den String anstatt einer Kopie der String-Daten im Stringobjekt platziert. Falls nicht, so werden die Daten in s zur Hash-Tabelle hinzugefügt. Internalisierte Strings bleiben solange bestehen, bis der Interpreter beendet wird. Wenn Sie um Ihren Hauptspeicher besorgt sind, so sollten Sie selten verwendete Strings nicht internalisieren. Um weiterhin den Zugriff auf Dictionaries zu optimieren, merken sich Strings ihren zuletzt berechneten Hash-Wert.

Dictionaries sind als Hash-Tabellen mit offener Indizierung implementiert. Die Anzahl der für ein Dictionary alloziierten Einträge ist gleich zwei mal der kleinsten Potenz von zwei, die größer als die Anzahl der im Dictionary gespeicherten Objekte ist. Wenn ein Dictionary wächst, verdoppelt sich seine Größe. Im Durchschnitt sind ungefähr die Hälfte der mit einem Dictionary alloziierten Einträge unbenutzt.

Die Ausführung eines Python-Programmes besteht primär aus einer Reihe von Funktionsaufrufen inklusive der zuvor beschriebenen speziellen Methoden. Neben der Auswahl des effizientesten Algorithmus können Performanzsteigerungen auch durch ein besseres Verständnis von Pythons Objektmodell erzielt werden, indem versucht wird, die Anzahl von Aufrufen von speziellen Methoden während der Laufzeit zu minimieren. Dies gilt insbesondere für Namenszugriffe auf Module und Klassen. Man betrachte z.B. den folgenden Code:

```
import math
d = 0.0
for i in xrange(1000000):
    d = d + math.sqrt(i)
```

In diesem Beispiel werden in jeder Schleifeniteration zwei Namenszugriffe durchgeführt. Zuerst wird das Modul math im globalen Namensraum lokalisiert. Dann wird darin das Funktionsobjekt namens sqrt gesucht. Man beachte nun die folgende Änderung:

```
from math import sqrt
d = 0.0
for i in xrange(1000000):
    d = d + sqrt(i)
```

Hier wurde nun ein Namenszugriff in der Schleife eliminiert. Tatsächlich macht diese einfache Änderung den Code auf einem 200-MHz-Pentium mehr als doppelt so schnell.

Unnötige Methodenaufrufe können auch eliminiert werden, indem temporäre Variablen richtig verwendet und unnötige Zugriffe auf Sequenzen und Dictionaries vermieden werden. Man betrachte z.B. die folgenden beiden Klassen:

```
class Point:
    def __init__(self,x,y,z):
        self.x = x
        self.y = y
        self.z = z

class Poly:
    def __init__(self):
        self.pts = [ ]
    def addpoint(self,pt):
        self.pts.append(pt)
    def perimeter(self):
        d = 0.0
        self.pts.append(self.pts[0])        # Schließe Polygon
                                            # vorübergehend.
        for i in xrange(len(self.pts)-1):
            d2 = (self.pts[i+1].x - self.pts[i].x)**2 + \
```

```
                (self.pts[i+1].y - self.pts[i].y)**2 + \
                (self.pts[i+1].z - self.pts[i].z)**2
        d = d + math.sqrt(d2)
    self.pts.pop()      # Stelle Ausgangsliste von Punkten
                        # wieder her.
    return d
```

In der Methode `perimeter()` bringt jedes Vorkommen von `self.pts[i]` zwei Zugriffe auf spezielle Methoden mit sich, einen auf ein Dictionary und einen auf eine Sequenz. Man kann die Anzahl der Zugriffe reduzieren, indem man die Methode wie folgt umschreibt:

```
class Poly:
    ...
    def perimeter(self):
        d = 0.0
        pts = self.pts
        pts.append(pts[0])
        for i in xrange(len(pts)-1):
            p1 = pts[i+1]
            p2 = pts[i]
            d2 = (p1.x - p2.x)**2 + \
                 (p1.y - p2.y)**2 + \
                 (p1.z - p2.z)**2
            d = d + math.sqrt(d2)
        pts.pop()
        return d
```

Obwohl die Performanzsteigerungen durch solche Maßnahmen oft bescheiden sind (15-20 %), kann das richtige Verständnis des darunter liegenden Objektmodells und der Art, wie spezielle Methoden aufgerufen werden, zu schnelleren Programmen führen. Natürlich kann man, wenn die Performanz extrem wichtig ist, die Funktionalität oft in ein Erweiterungsmodul für Python auslagern, das dann in C oder C++ geschrieben ist.

# 4 Operatoren und Ausdrücke

Dieses Kapitel beschreibt die eingebauten Funktionen von Python sowie die Vorrangregeln bei der Auswertung von Ausdrücken.

## Operationen auf Zahlen

Folgende Operationen können auf alle numerischen Typen angewandt werden:

| Operation | Beschreibung |
|-----------|-------------|
| x + y | Addition |
| x - y | Subtraktion |
| x * y | Multiplikation |
| x / y | Division |
| x ** y | Exponential-Bildung ($x^y$) |
| x % y | Modulo (x mod y) |
| -x | Einstellige Negation |
| +x | Einstellige Identiät |

Bei Ganzzahlen ist das Ergebnis einer Division ebenfalls eine Ganzzahl. Daher wird 7/4 zu 1 ausgewertet und nicht zu 1.75. Der Modulo-Operator gibt den Rest der Division x / y zurück. Zum Beispiel ergibt 7 % 4 den Wert 3. Bei Fließkommazahlen gibt der Modulo-Operator den Rest von x / y als Fließkommazahl zurück, die als x - int(x / y) * y berechnet wird. Bei komplexen Zahlen ergibt der Modulo-Operator den Wert x - int((x / y).real) * y.

Folgende Schiebe- und bitweise logischen Operatoren können nur auf Ganzzahlen und langen Ganzzahlen angewendet werden:

| Operation | Beschreibung |
|-----------|-------------|
| x << y | Schieben nach links |
| x >> y | Schieben nach rechts |
| x & y | Bitweises Und |
| x \| y | Bitweises Oder |
| x ^ y | Bitweises Xor (exklusives Oder) |
| ~x | Bitweise Negation |

Die bitweisen Operatoren gehen davon aus, dass Ganzzahlen im binären 2er-Komplement repräsentiert werden. Bei langen Ganzzahlen operieren die bitweisen Operatoren so, als ob das Vorzeichenbit unendlich weit nach links hinaus geschoben wäre.

Zusätzlich können folgende eingebauten Funktionen auf alle numerischen Typen angewandt werden:

| Funktion | Beschreibung |
|----------|--------------|
| abs(x) | Betrag |
| divmod(x, y) | Ergibt (int(x / y), x % y) |
| pow(x, y [, modulo]) | Ergibt (x ** y) % modulo |
| round(x [, n]) | Rundet auf die nächste Ganzzahl (nur bei Fließkommazahlen) |

Die Funktion abs() gibt den Betrag einer Zahl zurück. Die Funktion divmod() gibt den Quotienten und Rest einer Division zurück. Die pow()-Funktion kann anstelle des **-Operators verwendet werden, unterstützt aber auch die dreistellige Modulo-Exponentialfunktion, die oft in kryptographischen Funktionen verwendet wird. Die Funktion round() rundet eine Fließkommazahl x auf das nächste Vielfache von 10 hoch n. Wird n weggelassen, so wird der Standardwert Null angenommen. Falls x von zwei Vielfachen gleich weit entfernt ist, so wird auf den Wert gerundet, der weiter von Null entfernt ist (z.B. wird 0.5 auf 1 und -0.5 auf -1 gerundet).

Folgende Vergleichsoperatoren verfügen über die übliche mathematische Interpretation und geben die Ganzzahl 1 für logisch wahr und 0 für logisch falsch zurück:

| Operation | Beschreibung |
|-----------|--------------|
| x < y | Kleiner als |
| x > y | Größer als |
| x == y | Gleich |
| x != y | Ungleich (auch: x <> y) |
| x >= y | Größer-gleich als |
| x <= y | Kleiner-gleich als |

Vergleiche können wie in w < x < y < z verkettet werden. Solche Ausdrücke werden ausgewertet als w < x and x < y and y < z. Ausdrücke der Form x < y > z sind erlaubt, verwirren aber sehr wahrscheinlich alle anderen, die den Code lesen (es ist wichtig zu wissen, dass in einem solchen Ausdruck kein Vergleich zwischen x und z stattfindet).

Bei Vergleichen von komplexen Zahlen werden erst die Real- und dann die Imaginärteile verglichen. Daher ist 3 + 2j kleiner als 4 + 1000j und 2 + 1j kleiner als 2 + 4j.

Operationen auf Zahlen sind nur dann gültig, wenn die Operanden vom gleichen Typ sind. Bei unterschiedlichen Typen wird eine Konvertierungsoperation durchgeführt, um einen der Typen wie folgt in den anderen umzuwandeln:

1. Falls einer der beiden Operanden eine komplexe Zahl ist, wird der andere in eine komplexe Zahl konvertiert.
2. Falls ein Operand eine Fließkommazahl ist, wird der andere zu einer Fließkommazahl konvertiert.
3. Falls ein Operand eine lange Ganzzahl ist, wird der andere zu einer langen Ganzzahl konvertiert.
4. Sonst müssen beide Operanden Ganzzahlen sein und es erfolgt keine Konvertierung.

# Operationen auf Sequenzen

Folgende Operationen können auf alle Sequenztypen angewandt werden, inklusive Strings, Listen und Tupel:

| Operation | Beschreibung |
|---|---|
| s + r | Verkettung |
| s * n, n * s | Multiplikation |
| s % d | String-Formatierung (nur bei Strings) |
| s[i] | Index |
| s[i:j] | Teilbereich |
| x in s, x not in s | Enthaltensein |
| for x in s | Iteration |
| len(s) | Länge |
| min(s) | Minimum |
| max(s) | Maximum |

Der Operator + verkettet zwei Sequenzen. Der Operator s * n erzeugt n Kopien einer Sequenz. Allerdings sind dies flache Kopien, in denen Elemente nur über Referenzen kopiert werden. Beispiel:

```
a = [3, 4, 5]      # Eine Liste.
b = (a,)           # Ein Tupel (enthält a).
c = 4*b            # Mache vier Kopien von b.

# Verändere nun a.
a[0] = -7

# Gib c aus.
print c
```

Dieses Programm gibt Folgendes aus:

```
([-7, 4, 5], [-7, 4, 5], [-7, 4, 5], [-7, 4, 5])
```

In diesem Fall wird eine Referenz a in das Tupel b platziert. Beim Kopieren von b werden vier weitere Referenzen auf a erzeugt. Wenn a schließlich modifiziert wird, wird diese Änderung in allen »Kopien« von a reflektiert. Dieses Verhalten bei der Multiplikation von Sequenzen ist oft nicht das, was man als Programmierer erwartet. Ein Weg, dieses Problem zu umgehen, ist, den Inhalt von a manuell zu duplizieren, z.B.:

```
a = [3, 4, 5]
b = (a,)
c = []
for i in range(4):
    for item in b:
        c.append(item[:])    # Macht eine Kopie einer Liste.
c = tuple(c)
```

Das copy-Modul der Standardbibliothek kann auch benutzt werden, um Kopien von Objekten anzufertigen.

Der Indexoperator s[n] gibt das n-te Objekt einer Sequenz zurück, wobei s[0] das erste Objekt ist. Negative Indizes können verwendet werden, um auf Objekte vom Ende einer Sequenz ausgehend zuzugreifen. So gibt z.B. s[-1] das letzte Element zurück. Alle Versuche, auf Elemente außerhalb des erlaubten Intervalls zuzugreifen, resultieren in einer IndexError-Ausnahme.

Der Teilbereichsoperator s[i:j] gibt eine Untersequenz von s zurück, die aus allen Elementen mit Index k besteht, für die gilt: i <= k < j. Wird der Anfangs- oder Endindex weggelassen, so wird dementsprechend der Anfang oder das Ende der Sequenz angenommen. Negative Indizes sind erlaubt und beziehen sich relativ auf das Ende der Sequenz. Liegen i oder j außerhalb der erlaubten Teilbereichsgrenzen, so wird angenommen, dass sie sich auf den Anfang oder das Ende einer Sequenz beziehen, je nachdem ob sich der Wert von i bzw. j auf ein Element vor dem ersten bzw. nach dem letzten Element der Sequenz bezieht.

Der Operator x in s testet das Vorhandensein von x in s und gibt 1 bei dessen Vorkommen und 0 bei dessen Abwesenheit in der Sequenz zurück. Ähnlich dazu testet x not in s auf die Abwesenheit von x in s. Der Operator for x in s iteriert über alle Elemente einer Sequenz und wird detailliert in Kapitel 5, »Kontrollfluss«, beschrieben. len(s) ergibt die Anzahl der Elemente einer Sequenz. min(s) und max(s) ergeben das Minimum und Maximum einer Sequenz, obwohl das Ergebnis nur dann Sinn macht, wenn die Elemente mit den Operatoren <= und >= geordnet werden können (es würde z.B. wenig Sinn machen, das Maximum einer Liste von Dateiobjekten zu suchen).

Strings und Tupel sind unveränderlich und können nicht mehr modifiziert werden, nachdem sie erzeugt worden sind. Listen können jedoch mit folgenden Operatoren verändert werden:

| Operation | Beschreibung |
|---|---|
| s[i] = x | Zuweisung an einen Index |
| s[i:j] = r | Zuweisung an einen Teilbereich |
| del s[i] | Löschen eines Elementes |
| del s[i:j] | Löschen eines Teilbereiches |

Der Operator s[i] = x verändert das Element an Position i einer Liste so, dass es auf Objekt x verweist, wobei der Referenzzähler von x um eins erhöht wird. Negative Indizes beziehen sich dabei auf das Ende der Liste. Zuweisungen an Elemente außerhalb des gültigen Indexbereiches führen zu einer IndexError-Ausnahme. Der Teilbereichzuweisungsoperator s[i:j] = r ersetzt die Elemente mit Index k, für die gilt: i <= k < j, durch Elemente der Sequenz r. Indizes dürfen dieselben Werte wie bei der Teilbereichsbildung haben und werden auf den Anfang oder das Ende der Liste abgeändert, falls sie außerhalb der Bereichsgrenzen liegen. Falls notwendig, wird die Sequenz s verlängert oder verkürzt, um alle Elemente von r unterzubringen. Beispiel:

```
a = [1, 2, 3, 4, 5]
a[1] = 6               # a = [1, 6, 3, 4, 5]
a[2:4] = [10, 11]      # a = [1, 6, 10, 11, 5]
a[3:5] = [-1, -2, -3]  # a = [1, 6, 10, -1, -2, -3]
a[2:] = [0]            # a = [1, 6, 0]
```

Der Operator del s[i] entfernt das i-te Element einer Liste und verringert dessen Referenzzähler. del s[i:j] entfernt alle Elemente eines Teilbereichs.

Sequenzen werden mit den Operatoren <, >, <=, >=, == und != verglichen. Beim Vergleich zweier Sequenzen werden zunächst die ersten Elemente beider Sequenzen miteinander verglichen. Falls sie verschieden sind, bestimmt dies das Ergebnis. Sind sie gleich, setzt sich der Vergleich mit den zweiten Elementen beider Sequenzen fort. Dieser Vorgang wiederholt sich, bis entweder zwei verschiedene Elemente angetroffen werden oder kein weiteres Element in einer der beiden Sequenzen existiert. Falls a eine Untersequenz von b ist, so gilt a < b. Strings werden mit Hilfe einer lexikalischen Ordnung verglichen. Jedem Zeichen wird ein eindeutiger Index zugeordnet, je nach Zeichensatz des Rechners (etwa ASCII oder Unicode). Ein Zeichen ist kleiner als ein anderes, wenn sein Index kleiner ist.

Der Modulo-Operator (s % d) erzeugt einen formatierten String aus einem Formatierungsstring s und einer Ansammlung von Objekten in einem Tupel oder einer Abbildung (einem Dictionary). Das Verhalten dieses Operators ist ähnlich zur Funktion printf() in C. Der Formatierungsstring enthält zwei Typen von Objekten: normale Zeichen, die nicht verändert werden, und Konvertierungsbezeichnungen, von denen jede mit einem formatierten String ersetzt wird, das einem Element des zugehörigen Tupels oder der Abbildung entspricht. Wenn d ein Tupel ist, so muss die Anzahl der Konvertierungsbezeichnungen exakt gleich der Anzahl der Objekte in d sein. Falls d eine Abbildung ist, muss jede Konvertierungsbezeichnung einem gültigen Schlüssel der Abbildung entsprechen, indem Klammern verwendet werden, wie in Kürze gleich erklärt wird. Jede Konvertierungsbezeichnung besteht aus einem %-Zeichen gefolgt von einem der Konvertierungszeichen in Tabelle 4.1.

| Zeichen | Ausgabe-Format |
|---|---|
| d, i | Dezimale Ganzzahl |
| u | Vorzeichenlose Ganzzahl |
| o | Oktale Ganzzahl |
| x | Hexadezimale Ganzzahl |
| X | Hexadezimale Ganzzahl (Großbuchstaben) |
| f | Fließkommazahl als [-]m.dddddd |
| e | Fließkommazahl als [-]m.dddddde±xx |
| E | Fließkommazahl als [-]m.ddddddE±xx |
| g, G | Verwende %e oder %E für Exponenten kleiner als -4 oder größer als die Genauigkeit, sonst verwende %f |
| s | String oder beliebiges Objekt |
| c | Einzelnes Zeichen |
| % | Echtes Prozent-Zeichen |

Tabelle 4.1: Umwandlungen bei der String-Formatierung

Zwischen % und dem Konvertierungszeichen können folgende Modifikatoren in dieser Reihenfolge erscheinen:

1. Ein Schlüsselname in Klammern, der ein spezielles Element der Abbildung auswählt. Wenn kein solches Element existiert, wird eine KeyError-Ausnahme ausgelöst.
2. Ein oder mehrere Schalter aus folgender Liste:

   - - für linksbündige Ausrichtung
   - + für rechtsbündige Ausrichtung
   - 0 zum Auffüllen mit Nullen

3. Eine Zahl als Angabe der minimalen Feldlänge. Der konvertierte Wert wird in einem Feld von mindestens dieser Länge ausgedruckt und links mit Leerzeichen aufgefüllt (oder rechts, falls der Schalter - gesetzt wird).

4. Ein Punkt zur Abgrenzung der Feldlänge von der Genauigkeit.

5. Eine Zahl als Angabe der max. auszugebenden Anzahl von Zeichen eines Strings, der max. Anzahl von Ziffern einer Fließkommazahl rechts vom Dezimalkomma oder der minimalen Anzahl von Ziffern einer Ganzzahl.

Zusätzlich kann das *-Zeichen überall dort an Stelle einer Zahl verwendet werden, wo eine Feldlänge angegeben wird. Wenn vorhanden, wird die Länge aus dem nächsten Element des Tupels gelesen.
Folgender Code zeigt ein paar Beispiele:

```
a = 42
b = 13.142783
c = "hello"
d = {'x':13, 'y':1.54321, 'z':'world'}

print 'a ist %d' % a          # "a ist 42"
print '%10d %f' % (a, b)      # "        42 13.142783"
print '%+010d %E' % (a, b)    # "+000000042 1.314278E+01"
print '%(x)-10d  %(y)0.3g' % d # "13          1.54"
print '%0.4s %s' % (c, d['z']) # "hell world"
print '%*.*f' % (5, 3, b)     # "13.143"
```

## Operationen auf Dictionaries

Dictionaries stellen eine Abbildung (engl. mapping) von Namen auf Objekten dar. Folgende Operationen können auf Dictionaries angewandt werden:

| Operation | Beschreibung |
|-----------|--------------|
| x = d[k]  | Schlüssel-Indizierung |
| d[k] = x  | Schlüssel-Zuweisung |
| del d[k]  | Löschen über Schlüssel |
| len(d)    | Anzahl der Objekte im Dictionary |

Als Schlüsselwerte können beliebige unveränderliche Objekte wie z.B. Strings, Zahlen und Tupel verwendet werden.

## Der Attribut-Operator (.)

Der Punkt-Operator wird verwendet, um auf die Attribute eines Objektes zuzugreifen, z.B.:

```
foo.x = 3
print foo.y
a = foo.bar(3, 4, 5)
```

In einem einzigen Ausdruck kann mehr als ein Punkt-Operator vorkommen, wie z.B. in foo.y.a.b. Der Punkt-Operator kann auch auf Zwischenergebnisse von Funktionen angewandt werden, wie in a = foo.bar(3, 4, 5).spam.

# Typ-Konvertierung

Manchmal ist es notwendig, zwischen eingebauten Typen zu konvertieren. Folgende eingebaute Funktionen ermöglichen eine explizite Typ-Konvertierung:

| Funktion | Beschreibung |
| --- | --- |
| int(x) | Konvertiert x in eine Ganzzahl |
| long(x) | Konvertiert x in eine lange Ganzzahl |
| float(x) | Konvertiert x in eine Fließkommazahl |
| complex(real [, imag]) | Erzeugt eine komplexe Zahl |
| str(x) | Konvertiert Objekt x in eine String-Darstellung |
| repr(x) | Konvertiert Objekt x in einen String-Ausdruck |
| eval(x) | Wertet einen String aus und gibt ein Objekt zurück |
| tuple(x) | Konvertiert Sequenz in ein Tupel |
| list(x) | Konvertiert Sequenz in eine Liste |
| chr(x) | Konvertiert eine Ganzzahl in ein Zeichen |
| ord(x) | Konvertiert ein einzelnes Zeichen in dessen Zahlwert |
| hex(x) | Konvertiert eine Ganzzahl in eine hexadezimale String-Darstellung |
| oct(x) | Konvertiert eine Ganzzahl in eine oktale String-Darstellung |

Die Funktion repr() kann man auch mit einfachen Rückanführungszeichen so schreiben: `x`. Man beachte, dass die Funktionen str() und repr() verschiedene Ergebnisse zurückgeben können. repr() erzeugt normalerweise einen String-Ausdruck, der mit eval() ausgewertet werden kann, um das Ausgangsobjekt neu zu erzeugen. str() hingegen erzeugt eine kurze oder schön formatierte Repräsentation des Objektes (und wird von der print-Anweisung verwendet).

Um Strings in Zahlen oder andere Objekte zurück zu konvertieren, verwendet man die Funktionen int(), long() und float(). Die Funktion eval() kann ebenfalls einen gültigen Ausdruck in Form eines Strings in ein Python-Objekt konvertieren. Beispiel:

```
a = int("34")             # a = 34
b = float("3.1415926")    # b = 3.1415926
c = eval("3, 5, 6")       # c = (3, 5, 6)
```

Alternativ dazu konvertieren folgende Funktionen des string-Moduls Strings nach Zahlen:

| Funktion | Beschreibung |
| --- | --- |
| string.atoi(s) | Konvertiert String s in eine Ganzzahl |
| string.atol(s) | Konvertiert String s in eine lange Ganzzahl |
| string.atof(s) | Konvertiert String s in eine Fließkommazahl |

# Boolesche Ausdrücke und Wahrheitswerte

Mit den Schlüsselwörtern and, or und not können boolesche Ausdrücke gebildet werden. Diese Operatoren verhalten sich wie folgt:

| Operator | Beschreibung | | |
|----------|--------------|------|---|
| x or y | Ergibt x, wahr ist, sonst y | falls | x |
| x and y | Ergibt x, falsch ist, sonst y | falls | x |
| not x | Ergibt 1, falsch ist, sonst 0 | falls | x |

Bei Verwendung eines Ausdrucks zur Bestimmung eines Wahrheitswertes werden alle von Null verschiedenen Zahlen und alle nicht-leeren Strings, Listen, Tupel oder Dictionaries als logisch wahr betrachtet. Die Zahl Null, None sowie leere Listen, Tupel und Dictionaries werden logisch falsch ausgewertet.

Die Auswertung eines booleschen Ausdrucks erfolgt von links nach rechts und verwendet den rechten Operanden nur dann, wenn er zur Bestimmung des Ergebnisses notwendig ist. In a and b wird b nur dann ausgewertet, falls a logisch wahr ist.

# Gleichheit und Identität von Objekten

Der Gleichheitsoperator (x == y) testet die Werte von x und y auf Gleichheit. Bei Listen und Tupel werden alle Elemente verglichen und das Ergebnis zu logisch wahr ausgewertet, wenn sie alle gleich sind. Bei Dictionaries liefert der Vergleich nur dann logisch wahr, wenn x und y über exakt die gleiche Schlüsselmenge verfügen und alle Objekte mit gleichem Schlüssel die gleichen Werte haben.

Die Identitätsoperatoren (x is y und x is not y) testen zwei Objekte darauf, ob sie das gleiche Objekt im Hauptspeicher referenzieren. Allgemein gilt, dass sehr wohl x == y gelten kann, aber gleichzeitig auch x not is y.

Vergleiche zwischen Objekten von inkompatiblen Typen, wie z.B. eines Dateiobjektes und einer Fließkommazahl, sind zwar erlaubt, aber das Ergebnis ist beliebig und in der Regel ohne großen Sinn. Außerdem können Erweiterungsmodule bei ungültigen Vergleichen mit Erweiterungstypen eine Ausnahme auslösen.

# Auswertungsreihenfolge

Tabelle 4.2 führt die Auswertungsreihenfolge (Vorrangregeln) von Python-Operatoren auf. Alle Operatoren außer der Exponentenbildung werden von links nach rechts ausgewertet und sind in der Tabelle nach Priorität sortiert aufgeführt (oben höchste, unten geringste Priorität). Das heisst Operatoren, die weiter oben in der Tabelle aufgeführt sind, werden vor solchen ausgewertet, die weiter unten aufgeführt sind. (Man beachte, dass mehrere Operatoren, die innerhalb von Unterausdrücken vorkommen, die gleiche Priorität haben, wie in x * y, x / y und x % y.)

| Operator | Name |
| --- | --- |
| (...), [...], {...}<br>`...` | Tupel-, Listen- und Dictionary-Konversion,<br>String-Konversion |
| s[i],<br>s[i:j]<br>s.attr f(...) | Indizierung und Teilbereiche,<br>Attribute,<br>Funktionsaufruf |
| +x, -x, ~x | Einstellige Operatoren |
| x ** y | Exponential-Bildung (rechts-assoziativ) |
| x * y, x / y, x % y | Multiplikation, Division, Modulo |
| x + y, x - y | Addition, Subtraktion |
| x << y, x >> y | Bitweises Schieben |
| x & y | Bitweises Und |
| x ^ y | Bitweises exklusives Oder |
| x \| y | Bitweises Oder |
| x < y, x <= y,<br>x > y x >= y,<br>x == y, x != y<br>x <> y,<br>x is y, x is not y<br>x in s, x not in s | Vergleichsoperatoren, Identität, Tests auf Enthaltensein in Sequenzen |
| not x | Logische Negation |
| x and y | Logisches Und |
| x or y | Logisches Oder |
| lambda args: expr | Anonyme Funktion |

# 5 Kontrollfluss

Dieses Kapitel beschreibt Kontrollfluss-Anweisungen eines Programmes. Die Themen umfassen Bedingungen, Schleifen und Ausnahmen.

## Bedingungen

Die Anweisungen if, else und elif steuern die bedingte Ausführung des Programmcodes. Das allgemeine Format einer Bedingungsanweisung ist Folgendes:

```
if Ausdruck:
    Anweisungen
elif Ausdruck:
    Anweisungen
elif Ausdruck:
    Anweisungen
...
else:
    Anweisungen
```

Falls keine Aktion ausgeführt werden muss, kann man sowohl die else- als auch die elif-Klausel einer Bedingung weglassen. Man verwendet die pass-Anweisung, wenn eine bestimmte Klausel keine Anweisungen braucht. Beispiel:

```
if Ausdruck:
    pass              # Tue nichts.
else:
    Anweisungen
```

## Schleifen

Schleifen werden mit Hilfe der for- und while-Anweisungen implementiert, z.B.:

```
while Ausdruck:
    Anweisungen
```

```
for i in s:
    Anweisungen
```

Die while-Anweisung wird solange ausgeführt, bis die dazugehörige Bedingung zu logisch falsch ausgewertet wird. Die for-Anweisung iteriert solange über alle Elemente einer Sequenz, bis keine Elemente mehr verfügbar sind. Falls alle Elemente der Sequenz aus Tupeln gleicher Länge bestehen, kann folgende Variante der for-Anweisung benutzt werden:

```
for x, y, z in s:
    Anweisungen
```

In diesem Fall muss s eine Sequenz von dreistelligen Tupeln sein. In jeder Iteration wird den Variablen x, y und z der Inhalt des entsprechenden Tupels zugewiesen.
Um eine Schleife zu beenden, verwendet man die break-Anweisung. Die Funktion im folgenden Beispiel etwa liest solange Eingabezeilen vom Benutzer, bis eine leere Zeile eingegeben wird:

```
while 1:
    cmd = raw_input('Befehl eingeben > ')
    if not cmd:
        break              # Keine Eingabe, beende Schleife.
    # Arbeite Befehl ab.
    ...
```

Um in die nächste Schleifeniteration zu springen (wobei der Rest des Schleifenrumpfes übersprungen wird) verwendet man die continue-Anweisung. Diese Anweisung wird weniger häufig verwendet, ist aber nützlich, wenn die Umkehr des Testes und die Einrückung um eine weitere Stufe das Programm zu sehr verschachteln oder verkomplizieren würde. Als Beispiel gibt die folgende Schleife nur die nicht-negativen Elemente einer Liste aus:

```
for a in s:
    if a < 0:
        continue           # Überspringe negative Elemente.
    print a
```

Die break- und continue-Anweisungen gelten nur in der innersten Schleife, die gerade ausgeführt wird. Falls es notwendig ist, aus einer tief verschachtelten Schleife auszubrechen, kann man eine Ausnahme verwenden. Python stellt keine goto-Anweisung zur Verfügung.
Die else-Anweisung kann auch an Schleifen angefügt werden:

```
# while-else
while i < 10:
    tue etwas
    i = i + 1
else:
    print 'Erledigt.'

# for-else
for a in s:
    if a == 'Foo':
        break
else:
    print 'Nicht gefunden!'
```

Die else-Klausel einer Schleife wird nur dann ausgeführt, wenn die Schleife bis zum Ende ausgeführt wird. Das passiert entweder sofort (wenn die Schleife überhaupt nicht ausgeführt wird) oder nach der letzten Iteration. Falls die Schleife jedoch frühzeitig mit der break-Anweisung beendet wird, wird die else-Klausel übersprungen.

# Ausnahmen

Ausnahmen deuten auf Fehler hin und führen zum Abbruch des normalen Kontrollflusses eines Programmes. Eine Ausnahme wird mit der raise-Anweisung ausgelöst. Das allgemeine Format einer raise-Anweisung ist raise Exception [, value], wobei Exception der Ausnahme-Typ und value ein optionaler Wert mit spezifischen Details über die Ausnahme ist, z.B.:

```
raise RuntimeError, 'Fataler Fehler'
```

Wird die `raise`-Anweisung ohne jegliches Argument verwendet, so wird die zuletzt ausgelöste Ausnahme erneut ausgelöst (obwohl das nur dort funktioniert, wo eine zuvor ausgelöste Ausnahme behandelt wird).

Um eine Ausnahme abzufangen, verwendet man die `try`- und `except`-Anweisungen wie hier gezeigt:

```
try:
    f = open('foo')
except IOError, e:
    print "Kann 'foo' nicht öffnen: ", e
```

Tritt eine Ausnahme auf, hört der Interpreter auf, weitere Anweisungen im `try`-Block auszuführen und sucht nach einer `except`-Klausel, die zu der Ausnahme passt, die ausgelöst wurde. Wenn eine solche Klausel gefunden wird, wird die Kontrolle an die erste Anweisung dieser `except`-Klausel abgegeben. Sonst wird die Ausnahme an den übergeordneten Block weitergegeben, der die `try`-Anweisung enthält, in der die Ausnahme aufgetreten ist. Dieser Code kann seinerseits in einer `try`-`except`-Anweisung vorkommen, der die Ausnahme behandeln kann. Wenn eine Ausnahme bis auf die höchste Programmebene weitergereicht wird, ohne abgefangen zu werden, terminiert der Interpreter mit einer Fehlermeldung.

Das optionale zweite Argument bei der `except`-Anweisung ist der Name einer Variablen, in der das an die `raise`-Anweisung übergebene Argument platziert wird, falls eine Ausnahme auftritt. Ausnahmebehandler können diesen Wert untersuchen, um mehr über die Ursache der Ausnahmen herauszufinden.

Mehrfache Ausnahmebehandlungsblöcke werden mit mehreren `except`-Klauseln angegeben, wie in folgendem Beispiel:

```
try:
    tue etwas
except IOError, e:
    # Behandle I/O-Fehler.
    ...
except TypeError, e:
    # Behandle Typ-Fehler.
    ...
except NameError, e:
    # Behandle Namensfehler.
    ...
```

Eine einzelne Behandlungsroutine kann mehrere Ausnahmetypen wie folgt abfangen:

```
try:
    tue etwas
except (IOError, TypeError, NameError), e:
    # Behandle I/O, Typ-, oder Namensfehler.
    ...
```

Um eine Ausnahme zu ignorieren, verwendet man die `pass`-Anweisung:

```
try:
    tue etwas
except IOError:
    pass            # Tue nichts (nun ja).
```

Um alle Ausnahmen abzufangen, lasse man den Ausnahmenamen und -wert weg:

```
try:
    tue etwas
except:
    print 'Ein Fehler ist aufgetreten.'
```

Die try-Anweisung unterstützt auch eine else-Klausel, die nach der letzten except-Klausel stehen muss. Dieser Code wird ausgeführt, wenn im try-Block keine Ausnahme auftritt. Hier ein Beispiel:

```
try:
    f = open('foo', 'r')
except IOError:
    print 'Kann foo nicht öffnen.'
else:
    data = f.read()
    f.close()
```

Die finally-Anweisung definiert eine Aufräumaktion für Code in einem try-Block. Beispiel:

```
f = open('foo', 'r')
try:
    # Tue irgend etwas.
    ...
finally:
    f.close()
    print "Datei wurde geschlossen, egal was passiert ist..."
```

Die finally-Anweisung wird nicht verwendet, um Fehler abzufangen. Vielmehr wird sie verwendet, um Code anzugeben, der immer ausgeführt werden muss, unabhängig davon, ob ein Fehler auftritt oder nicht. Tritt keine Ausnahme auf, so wird der Code der finally-Klausel sofort nach dem der try-Klausel ausgeführt. Tritt eine Ausnahme auf, wird die Steuerung an die erste Anweisung des finally-Blockes abgegeben. Nachdem dieser Code ausgeführt worden ist, wird die Ausnahme erneut ausgelöst, um von einem anderen Ausnahmebehandler aufgegriffen zu werden. Die finally- und except-Anweisungen können nicht zusammen in der gleichen try-Anweisung auftreten.

Python definiert eingebaute Ausnahmen, wie sie in der folgenden Tabelle aufgeführt sind. (Für spezielle Details zu diesen Ausnahmen siehe Anhang A, »Die Python-Bibliothek«.)

| Ausnahme | Beschreibung |
|---|---|
| Exception | Die Wurzel aller Ausnahmen |
| SystemExit | Erzeugt durch sys.exit() |
| StandardError | Basis aller eingebauten Ausnahmen |
| ArithmeticError | Basis von arithmetischen Ausnahmen |
| FloatingPointError | Fehler bei Fließkomma-Operationen |
| OverflowError | Arithmetischer Überlauf |
| ZeroDivisionError | Division durch oder Modulo-Operation mit 0 |
| AssertionError | Ausgelöst von der assert-Anweisung |
| AttributeError | Ausgelöst, wenn ein Attribut-Name ungültig ist |

| Ausnahme | Beschreibung |
|---|---|
| EnvironmentError | Python-interne Fehler |
| IOError | I/O oder Datei-bezogener Fehler |
| OSError | Betriebssystem-Fehler |
| EOFError | Ausgelöst, wenn das Dateiende erreicht ist |
| ImportError | Fehler bei der import-Anweisung |
| KeyboardInterrupt | Erzeugt von der Abbruch-Taste (normalerweise Strg+C) |
| LookupError | Fehler bei Index- und Schlüsselindex-Operationen |
| IndexError | Überschreitung von Bereichsgrenzen |
| KeyError | Nicht-existenter Dictionary-Schlüssel |
| MemoryError | Ungenügender Hauptspeicher |
| NameError | Fehler bei Zugriff auf lokalen oder globalen Namen |
| RuntimeError | Ein generischer allgemeiner Fehler |
| NotImplementedError | Nicht implementierte Funktion |
| SyntaxError | Parsing-Fehler |
| SystemError | Nicht-fataler System-Fehler |
| TypeError | Falscher Typ bei einer Operation |
| ValueError | Ungültiger Wert |

Alle Ausnahmen in einer speziellen Gruppe können abgefangen werden, indem der Gruppenname in einer except-Klausel angegeben wird, z.B.:

```
try:
    Anweisungen
except LookupError:    # Fange IndexError oder KeyError ab.
    Anweisungen
```

oder

```
try:
    Anweisungen
except StandardError:  # Fange alle eingebauten Ausnahmen ab.
    Anweisungen
```

# Definition neuer Ausnahmen

Alle eingebauten Ausnahmen sind als Klassen definiert. Um eine neue Ausnahme zu generieren, erstelle man eine Klassendefinition, die von exceptions.Exception erbt, wie im folgenden Beispiel:

```
import exceptions

# Ausnahme-Klasse
class NetworkError(exceptions.Exception):
    def __init__(self, args=None):
        self.args = args
```

```
# Löse eine Ausnahme aus.
def error1():
    raise NetworkError, 'Falscher hostname'

# Fange eine Ausnahme ab.
try:
    error1()
except NetworkError, e:
    print e.args        # Gibt obige Fehlermeldung aus.
```

Wenn eine Ausnahme ausgelöst wird, wird der optionale Wert der raise-Anweisung als Argument für den Konstruktor der Ausnahmeklasse verwendet. Falls der Konstruktor einer Ausnahme mehr als ein Argument benötigt, kann sie auf zwei verschiedene Arten ausgelöst werden:

```
import exceptions

# Ausnahme-Klasse
class NetworkError(exceptions.Exception):
    def __init__(self, errno, msg):
        self.errno = errno
        self.errmsg = msg

# Löse eine Ausnahme aus (mehrere Argumente).
def error2():
    raise NetworkError(1, 'Datei nicht gefunden')

# Löse eine Ausnahme aus (mehrere Argumente).
def error3()
    raise NetworkError, (1, 'Datei nicht gefunden')
```

Klassenbasierte Ausnahmen erlauben es, Hierarchien von Ausnahmen zu erzeugen. Die zuvor definierte NetworkError-Ausnahme zum Beispiel könnte als Oberklasse für eine Reihe von spezifischeren Fehlern dienen:

```
class HostnameError(NetworkError):
    pass

class TimeoutError(NetworkError):
    pass

def error3():
    raise HostnameError

def error4():
    raise TimeoutError

try:
    error3()
except NetworkError:
    import sys
    print sys.exc_type     # Gibt Ausnahme-Typ aus.
```

In diesem Fall fängt die Anweisung except NetworkError jede von NetworkError abgeleitete Ausnahme ab. Um den spezifischen Typ der Ausnahme zu bestimmen, die ausgelöst wurde, inspiziert man den Wert der Variablen sys.exc_type. Entsprechend enthält die Variable sys.exc_value den Wert der letzten Ausnahme. Ähnlich dazu kann die Funktion sys.exc_info() verwendet werden, um auf eine Art Informationen über die Ausnahme zu gewinnen, die sich nicht auf globale Variablen verlässt und Thread-sicher ist.

Ältere Versionen von Python ermöglichten benutzerdefinierte Ausnahmen in Form von Strings, z.B.:

```
NetworkError = "NetworkError"

def error5():
    raise NetworkError, 'Falscher hostname'
```

Obwohl String-basierte Ausnahmen noch immer unterstützt werden (und syntaktisch nicht von Klassen-basierten Ausnahmen zu unterscheiden sind), gelten sie als Python-Anachronismus.

# assert und __debug__

Mit Hilfe der assert-Anweisung kann man Debugging-Code in einem Programm unterbringen. Die allgemeine Form von assert lautet:

```
assert test [, data]
```

wobei test ein Ausdruck ist, der zu logisch wahr oder falsch ausgewertet werden sollte. Falls test zu logisch falsch ausgewertet wird, löst assert die Ausnahme AssertionError mit weiteren Daten aus, wie sie im optionalen Argument data bereitgestellt werden. Beispiel:

```
def divide(a, b):
    assert b != 0, "Kann nicht durch Null teilen."
    q = a/b
    r = a - q*b
    return (q, r)
```

Intern wird die assert-Anweisung in folgenden Code übersetzt:

```
if __debug__:
    if not (test):
        raise AssertionError, data
```

__debug__ ist ein eingebauter Name, der auf 1 gesetzt ist, solange der Interpreter nicht im optimierenden Modus läuft (angegeben durch die Option -O). Obwohl die Variable __debug__ von Zusicherungen verwendet wird, kann man sie selbst benutzen, um jede Art von Debugging-Code zu verwenden. Man kann ihren Wert als Benutzer auch verändern, falls nötig.

# 6 Funktionen und funktionales Programmieren

Umfangreichere Programme werden in Funktionen aufgeteilt, damit sie modularer und einfacher zu warten werden. Python erlaubt es, Funktionen sehr einfach zu definieren, bedient sich aber auch einer Reihe von Ideen aus funktionalen Programmiersprachen, um einige Aufgaben zu erleichtern. Dieses Kapitel beschreibt Funktionen, anonyme Funktionen und Eigenschaften von funktionalen Programmiersprachen. Außerdem werden die Funktionen eval() und execfile() und die Anweisung exec() behandelt.

## Funktionen

Funktionen werden mit der def-Anweisung definiert.

```
def add(x, y):
    return x+y
```

Eine Funktion wird aufgerufen, indem ihrem Namen ein Tupel von Argumenten unmittelbar nachgestellt wird, wie in a = add(3, 4). Die Reihenfolge und Anzahl von Argumenten müssen mit jenen der Funktionsdefinition übereinstimmen. Anderenfalls wird eine TypeError-Ausnahme ausgelöst.

Durch die Zuweisung von Werten können den Parametern einer Funktion Standardwerte voreingestellt werden, z.B.:

```
def foo(x, y, z = 42):
```

Definiert eine Funktion einen Parameter mit einer Voreinstellung (engl. default), so ist dieser Parameter wie auch alle weiteren optional. Falls nicht allen optionalen Parametern der Funktionsdefinition ein Standardwert zugewiesen wird, d.h. eine Voreinstellung, so wird eine SyntaxError-Ausnahme ausgelöst.

Voreinstellungswerte sind immer jene Objekte, die als Wert bei der Funktionsdefinition angegeben worden sind, z.B.:

```
a = 10
def foo(x = a):
    print x

a = 5            # Neue Zuweisung an a.
foo()            # Gibt 10 aus (Voreinstellungswert
                 # wurde nicht verändert).
```

Die Verwendung von veränderlichen Objekten als Voreinstellungswerte kann zu einem unerwarteten Verhalten führen. Beispiel:

```
a = [10]
def foo(x = a):
    print x
a.append(20)
foo()            # Gibt '[10, 20]' aus.
```

Eine Funktion kann eine variable Anzahl von Parametern annehmen, wenn dem letzten Parameternamen ein Stern (*) vorangestellt wird:

```
def fprintf(file, fmt, *args):
    file.write(fmt % args)

# Verwende fprintf. args erhält (42, "hello world", 3.45).
fprintf(out, "%d %s %f", 42, "hello world", 3.45)
```

In diesem Fall werden alle verbleibenden Argumente als Tupel mit der Variablen args übergeben. Um args an eine andere Funktion zu übergeben, verwendet man die Funktion apply(), wie hier gezeigt:

```
def printf(fmt, *args):
    # Erzeuge einen neuen Satz von Argumenten und gebe sie weiter.
    apply(fprintf, (sys.stdout, fmt) + args)
```

Man kann Funktionsargumente auch übergeben, indem jeder Parameter explizit mit einem Namen und Wert versehen wird, wie folgt:

```
def foo(w, x, y, z):
    print w, x, y, z

# Aufruf mit Schlüsselwörtern.
foo(x=3, y=22, w='hello', z=[1, 2])
```

Bei diesen Schlüsselwort-Argumenten spielt die Reihenfolge keine Rolle. Allerdings muss man alle Funktionsparameter namentlich angeben, wenn man keine Voreinstellungswerte benutzt. Wenn man einen der benötigten Parameter weglässt oder wenn der Name eines Schlüsselwortes mit keinem Parameternamen der Funktionsdefinition übereinstimmt, wird eine TypeError-Ausnahme ausgelöst.

Positions- und Schlüsselwort-Argumente können im gleichen Funktionsaufruf vorkommen, solange alle Positionsargumente vor allen Schlüsselwort-Argumenten vorkommen. Beispiel:

```
foo('hello', 3, z=[1, 2], y=22)
```

Wenn dem letzten Argument einer Funktionsdefinition zwei Sterne vorausgehen (**), werden alle weiteren Schlüsselwort-Argumente (jene, die mit keinen Parameternamen übereinstimmen) in einem Dictionary an die Funktion übergeben. Beispiel:

```
def spam(**parms):
    print "Sie haben folgende Argumente angegeben:"
    for k in parms.keys():
        print "%s = %s % (k, str(parms[k]))

spam(x=3, a="hello", foobar=(2, 3))
```

Zusätzliche Schlüsselwort-Argumente können mit Argumentlisten variabler Länge kombiniert werden, solange der Parameter mit dem ** als Letztes erscheint:

```
# Akzeptiere variable Anzahl von Positions-
# oder Schlüsselwort-Argumenten
def spam(x, *args, **keywords):
    print x, args, keywords
```

Schlüsselwort-Argumente können auch mit der `apply()`-Funktion als optionales drittes Argument benutzt werden. Die folgenden zwei Anweisungen bewirken die gleiche Operation:

```
foo('hello', 3, z = [1, 2], y=22)
apply(foo, ('hello', 3), {'z':[1, 2], 'y':22})
```

# Parameter-Übergabe und Rückgabewerte

Wenn eine Funktion aufgerufen wird, werden ihre Parameter als Referenzen übergeben. Falls ein veränderliches Objekt (z.B. eine Liste oder ein Dictionary) an eine Funktion übergeben und darin verändert wird, so werden diese Veränderungen in der aufrufenden Umgebung sichtbar sein. Beispiel:

```
a = [1, 2, 3, 4, 5]
def foo(x):
    x[3] = -55    # Verändere ein Element von x.

foo(a)            # Übergebe a.
print a           # Erzeugt [1, 2, 3, -55, 5].
```

Die `return`-Anweisung gibt einen Wert aus der Funktion zurück. Wird kein Wert angegeben oder wird die `return`-Anweisung weggelassen, so wird das Objekt `None` zurückgegeben. Um mehrere Werte zurückzugeben, setzt man diese in ein Tupel:

```
def factor(a):
    d = 2
    while (d < (a/2)):
        if ((a/d)*d == a):
            return ((a/d), d)
        d = d + 1
    return (a, 1)
```

Mehrere Rückgabewerte in einem Tupel können individuellen Variablen wie folgt zugewiesen werden:

```
x, y = factor(1243)    # Gibt Werte in x und y zurück.
(x, y) = factor(1243)  # Alternative Version. Gleiches Verhalten.
```

# Regeln bei Geltungsbereichen

Jedes Mal, wenn eine Funktion ausgeführt wird, wird ein neuer lokaler Namensraum erzeugt. Dieser Namensraum enthält die Namen der Funktionsparameter sowie die Namen von Variablen, denen im Rumpf der Funktion zugewiesen wird. Bei der Auflösung von Namen sucht der Interpreter zunächst im lokalen Namensbereich. Wenn nichts Passendes gefunden wird, geht die

Suche im globalen Namensraum weiter. Der globale Namensbereich einer Funktion besteht immer aus dem Modul, in welchem die Funktion definiert wurde. Wenn der Interpreter keine Übereinstimmung im globalen Namensbereich findet, führt er eine letzte Suche im eingebauten Namensraum durch. Wenn auch diese fehlschlägt, wird eine NameError-Ausnahme ausgelöst.

Eine Besonderheit von Namensräumen ist die Manipulation von globalen Variablen innerhalb einer Funktion. Man betrachte z.B. folgenden Code:

```
a = 42
def foo():
    a = 13
foo()
print a
```

Wenn dieser Code ausgeführt wird, wird der Wert 42 ausgegeben, obwohl es den Anschein hat, dass wir die Variable a innerhalb der Funktion foo() verändern. Wenn an Variablen in einer Funktion zugewiesen wird, sind diese immer an den lokalen Namensraum der Funktion gebunden. Daher bezieht sich die Variable a im Funktionsrumpf auf ein gänzlich neues Objekt mit dem Wert 13. Um dieses Verhalten zu ändern, verwendet man die global-Anweisung. global markiert lediglich eine Liste von Namen als solche, die zum globalen Namensraum gehören, und wird nur dann gebraucht, wenn globale Variablen verändert werden. Diese Anweisung darf (auch mehrfach) überall im Rumpf einer Funktion vorkommen. Beispiel:

```
a = 42
def foo():
    global a        # 'a' ist im globalen Namensraum.
    a = 13
foo()
print a
```

Python erlaubt die Verwendung von verschachtelten Funktionsdefinitionen. Allerdings bedeutet das nicht, dass damit auch verschachtelte Geltungsbereiche einhergehen. Daher kann ein Programm mit einer verschachtelten Funktion durchaus nicht so funktionieren, wie man es erwarten würde. Das folgende Programm z.B. ist erlaubt, wird aber nicht richtig ausgeführt:

```
def bar():
    x = 10
    def spam():             # Verschachtelte Funktionsdefinition.
        print 'x is ', x    # Sucht nach x im globalen Sichtbarkeitsbereich
                            # von bar().
    while x > 0:
        spam()              # Schlägt mit NameError auf 'x' fehl.
        x = x - 1
```

Wenn die verschachtelte Funktion spam() ausgeführt wird, ist dessen globaler Namensraum genau der Gleiche wie der für bar() (das Modul, in dem die Funktion definiert ist). Aus diesem Grund kann spam() keinerlei Symbole des Namensraumes von bar() auflösen und bricht mit einer NameError-Ausnahme ab. In der Praxis werden verschachtelte Funktionen nur in besonderen Umständen verwendet, etwa dann, wenn ein Programm eine Funktion abhängig vom Ergebnis einer Bedingung anders definieren möchte.

# Die Funktion apply()

Die Funktion `apply(funcname, args [, keywords])` wird verwendet, um eine Funktion indirekt auszuführen, wobei die Argumente in Form eines Tupels oder Dictionarys bereitgestellt werden. `args` ist ein Tupel mit den Positionsargumenten für die Funktion. Falls es weggelassen wird, werden keine Argumente übergeben. `kwargs` ist ein Dictionary mit Schlüsselwort-Argumenten. Die beiden folgenden Anweisungen führen zum gleichen Ergebnis:

```
foo(3,"x", name='Dave', id=12345)

apply(foo, (3,"x"), { 'name': 'Dave', 'id': 12345 })
```

# Der Operator lambda

Man verwendet die `lambda`-Anweisung, um eine anonyme Funktion in Form eines Ausdruckes zu erzeugen:

```
lambda args: expression
```

`args` besteht aus einer durch Kommata getrennten Liste von Argumenten und `expression` ist ein Ausdruck mit diesen Argumenten. Beispiel:

```
a = lambda x, y : x+y
print a(2, 3)            # Gibt '5' aus.
```

Der mit `lambda` definierte Code muss ein gültiger Ausdruck sein. Mehrfach-Anweisungen und solche wie `print`, `for` und `while` dürfen in einer `lambda`-Anweisung nicht vorkommen. Für `lambda`-Ausdrücke gelten die gleichen Sichtbarkeitsbereiche wie für Funktionen.

# map(), reduce() und filter()

Die Funktion `t = map(func, s)` wendet die Funktion `func()` auf alle Elemente in `s` an und gibt eine neue Liste `t` zurück. Für jedes Element von `t` gilt: `t[i] = func(s[i])`. Die an `map()` übergebene Funktion sollte nur ein Argument erwarten. Beispiel:

```
a = [1, 2, 3, 4, 5, 6]
def foo(x):
    return 3*x

b = map(foo,a)    # b = [3, 6, 9, 12, 15, 18]
```

Alternativ dazu könnte dies auch mit einer anonymen Funktion wie folgt berechnet werden:

```
b = map(lambda x: 3*x, a)    # b = [3, 6, 9, 12, 15, 18]
```

Die Funktion `map()` kann auch auf mehrere Listen angewendet werden, wie in `t = map(func, s1, s2, ..., sn)`. In diesem Fall gilt für jedes Element von t: `t[i] = func(s1[i], s1[i], ..., sn[i])` und die an `map()` übergebene Funktion muss die gleiche Anzahl von Argumenten erwarten wie die Anzahl der Listen. Das Ergebnis hat die gleiche Anzahl von Elementen wie die längste Liste in s1, s2, ..., sn. Während der Berechnung werden, falls nötig, kürzere Listen mit Werten von None bis auf die Länge der längsten Liste aufgefüllt.

Falls die Funktion auf None gesetzt ist, wird die Identitätsabbildung angenommen. Wenn mehrere Listen an map(None, s1, s2, ..., sn) übergeben werden, gibt die Funktion eine Liste von Tupeln zurück, wobei jedes Tupel ein Element von jeder Liste enthält. Beispiel:

```
a = [1, 2, 3, 4]
b = [100, 101, 102, 103]
c = map(None, a, b)      # c = [(1, 100), (2, 101), (3, 102), (4, 103)]
```

Die Funktion reduce(func, s) sammelt Daten aus einer Sequenz und gibt einen einzelnen Wert zurück, z.B. eine Summe, ein Maximum usw.). reduce() wendet dabei die Funktion func() auf die ersten beiden Elemente von s an. Das Ergebnis wird mit dem dritten Element von s kombiniert, um zu einem weiteren neuen Wert zu gelangen. Jenes Ergebnis wird wiederum mit dem vierten Element kombiniert usw., bis zum Ende der Sequenz. Die Funktion func() muss genau zwei Argumente erwarten und einen einzelnen Wert zurückgeben. Beispiel:

```
def sum(x, y):
    return x+y

b = reduce(sum, a)    # b = (((1+2)+3)+4) = 10
```

Die Funktion filter(func, s) filtert die Elemente von s mit Hilfe einer Filter-Funktion func(), die logisch wahr oder falsch zurück gibt. Es wird eine neue Sequenz mit all jenen Elementen x von s erzeugt, für die func(x) logisch wahr ist. Beispiel:

```
c = filter(lambda x: x < 4, a)    # c = [1, 2, 3]
```

Falls func() auf None gesetzt ist, wird die Identitätsfunktion angenommen und filter() gibt alle Elemente von s zurück, die zu logisch wahr ausgewertet werden.

## eval(), exec, execfile() und compile()

Die Funktion eval(str [, globals [, locals]]) wertet einen String-Ausdruck aus und gibt das Ergebnis zurück. Beispiel:

```
a = eval('3*math.sin(3.5+x) + 7.2')
```

Ähnlich dazu führt die exec-Anweisung einen String aus, der beliebigen Python-Code enthält. Der an exec übergebene Code wird innerhalb des Namensraumes der aufrufenden Umgebung ausgeführt, ganz so, als ob dort anstelle der exec-Anweisung dieser Code selbst stünde. Beispiel:

```
a = [3, 5, 10, 13]
exec "for i in a: print i"
```

Schließlich führt die Funktion execfile(filename, [, globals [, locals]]) den Inhalt einer Datei aus. Beispiel:

```
execfile("foo.py")
```

All diese Funktionen werden im Namensraum der aufrufenden Umgebung ausgeführt (die zur Auflösung von Namen benutzt wird, die in einem String oder einer Datei vorkommen). eval(), exec und execfile() akzeptieren optional zwei Dictionaries, die jeweils als globaler und lokaler Namensraum für den auszuführenden Code dienen. Beispiel:

```
globals = {'x': 7,
           'y': 10,
           'names': ['Dave', 'Mark', 'Michelle' ]
          }

locals = { }

# Führe Code mit obigen Dictionaries als globalen und lokalen
# Namensräumen aus.
a = eval("3*x + 4*y", globals, locals)

# Beachte ungewöhnliche Syntax:
exec "for n in names: print n" in globals, locals

execfile("foo.py", globals, locals)
```

Falls ein oder beide Namensräume weggelassen werden, werden die aktuellen globalen und lokalen Namensräume benutzt.

Es sollte erwähnt werden, dass die Syntax der exec-Anweisung verschieden von der von eval() und execfile() ist. exec ist eine Anweisung (wie print oder while) während eval() und execfile() eingebaute Funktionen sind.

Wenn ein String an exec, eval() oder execfile() übergeben wird, wird er zunächst in Byte-Code übersetzt. Da dieser Vorgang etwas aufwendig ist, ist es besser, den Code vorher zu übersetzen und den entstandenen Byte-Code in späteren Aufrufen wieder zu verwenden, wenn der Code mehrfach ausgeführt wird.

Die Funktion compile(str, filename, kind) übersetzt einen String in Byte-Code, wobei str den zu übersetzenden String und filename die Datei bezeichnet, in der der String definiert ist (für die Erzeugung von Tracebacks). Das Argument kind gibt den Typ des Codes an, der übersetzt werden soll: 'single' für eine einzelne Anweisung, 'exec' für mehrere Anweisungen oder 'eval' für einen Ausdruck. Das von der compile()-Funktion zurückgegebene Objekt kann auch an die eval()-Funktion und die exec-Anweisung übergeben werden. Beispiel:

```
str = "for i in range(0, 10): print i"
c = compile(str, '', 'exec')     # Übersetze in ein Code-Objekt.
exec c                           # Führe es aus.

str2 = "3*x + 4*y"
c2 = compile(str2, '', 'eval')   # Übersetze in einen Ausdruck.
result = eval(c2)                # Führe es aus.
```

# 7 Klassen und objektorientierte Programmierung

Klassen sind der wesentliche Mechanismus, um Datenstrukturen und neue Datentypen zu definieren. Dieses Kapitel behandelt Details von Klassen, ist aber nicht als Einführung in objektorientiertes Programmieren und objektorientierten Entwurf gedacht. Es setzt voraus, dass der Leser bereits über Erfahrung mit Datenstrukturen und objektorientierter Programmierung in anderen Sprachen verfügt, wie z.B. C, C++ oder Java. (Kapitel 3, »Typen und Objekte«, beinhaltet weitere Informationen über die Terminologie und interne Implementierung von Objekten.)

## Die class-Anweisung

Eine *Klasse* definiert eine Menge von Attributen, die zu einer Menge von Objekten gehören, die auch *Instanzen* genannt werden. Diese Attributen beinhalten normalerweise Variablen, genannt Klassenvariablen, und Funktionen, die auch Methoden genannt werden.

Klassen werden mit der class-Anweisung definiert. Der Rumpf einer Klasse enthält eine Folge von Anweisungen, die ausgeführt werden, wenn die Klasse zum ersten Mal definiert wird. Beispiel:

```
class Account:
    "Eine einfache Klasse."
    account_type = "Basic"
    def __init__(self, name, balance):
        "Initialisiere eine neue Account-Instanz."
        self.name = name
        self.balance = balance
    def deposit(self, amt):
        "Addiere zur Bilanz hinzu."
        self.balance = self.balance + amt
    def withdraw(self, amt):
        "Subtrahiere von der Bilanz."
        self.balance = self.balance - amt
    def inquiry(self):
        "Gib aktuelle Bilanz zurück."
        return self.balance
```

Objekte, die während der Ausführung eines Klassenrumpfes erzeugt werden, werden in ein Klassenobjekt platziert, das als Namensraum dient. Auf die Attribute der Klasse Account kann man wie folgt zugreifen:

```
Account.account_type
Account.__init__
Account.deposit
Account.withdraw
Account.inquiry
```

Es ist wichtig, zu bemerken, dass eine class-Anweisung keine Instanzen einer Klasse erzeugt (d.h. im obigen Beispiel werden keine Konten erzeugt). Stattdessen definiert eine Klasse nur die Menge von Attributen, über die alle Instanzen verfügen, sobald sie erzeugt werden.

Funktionen, die innerhalb einer Klasse definiert werden (d.h. Methoden) operieren immer auf einer Klasseninstanz, die als erstes Argument übergeben wird. Gemäß einer Konvention wird dieses Argument »self« genannt, obwohl jeder erlaubte Bezeichner verwendet werden könnte. Klassenvariablen wie account_type sind solche, die allen Instanzen einer Klasse identisch zur Verfügung stehen, d.h. sie gehören nicht einzelnen Instanzen (für Java- und C++-Programmierer: Klassenvariablen verhalten sich wie statische Variablen).

Obwohl eine Klasse einen Namensraum definiert, stellt dieser Namensraum keinen Sichtbarkeitsbereich für den Code innerhalb des Klassenrumpfes dar. Daher müssen Referenzen auf andere Klassenattribute einen vollständig qualifizierten Namen verwenden. Beispiel:

```
class Foo:
    def bar(self):
        print "bar!"
    def spam(self):
        bar(self)          # Falsch! 'bar' erzeugt einen NameError.
        Foo.bar(self)      # So funktioniert es.
```

Und schließlich: Es ist nicht möglich, Klassenmethoden zu definieren, die nicht auf Instanzen operieren. Beispiel:

```
class Foo:
    def add(x, y):
        return x+y

a = Foo.add(3, 4)          # TypeError. Braucht Klasseninstanz
                           # als erstes Argument.
```

# Klasseninstanzen

Instanzen einer Klasse werden erzeugt, indem ein Klassenobjekt wie eine Funktion aufgerufen wird. Dies erzeugt eine neue Instanz und ruft die Methode __init__() der Klasse auf, falls definiert. Beispiel:

```
# Erzeuge ein paar Konten.
a = Account("Guido", 1000.00)       # Ruft folgendes auf:
                                    # Account.__init__(a, "Guido", 1000.00)
b = Account("Bill", 100000000000L)
```

Nachdem die Instanz erzeugt worden ist, kann mit dem Punkt-Operator wie folgt auf ihre Attribute und Methoden zugegriffen werden:

```
a.deposit(100.00)       # Ruft Account.deposit(a, 100.00) auf.
b.withdraw(sys.maxint)  # Ruft Account.withdraw(b, sys.maxint) auf.
name = s.name           # Hole Namen des Kontos.
print a.account_type    # Gib Typ des Kontos aus.
```

Intern wird jede Instanz mit Hilfe eines Dictionary implementiert, das als Instanz-Attribut namens __dict__ zur Verfügung steht (detailliert in Kapitel 3 beschrieben). Dieses Dictionary enthält die Information, die für jede Instanz individuell verschieden ist. Beispiel:

```
>>> print a.__dict__
{'balance': 1100.0, 'name': 'Guido'}
>>> print b.__dict__
{'balance': 97852516353L, 'name': 'Bill'}
```

Wann immer Attribute einer Instanz geändert werden, ereignen sich diese Änderungen im lokalen Dictionary der Instanz. Innerhalb von Methoden, die in einer Klasse definiert werden, werden Attribute durch Zuweisung an die Variable 'self' verändert, wie in den Methoden __init__(), deposit() und withdraw() der Klasse Account demonstriert wird. Neue Attribute können jedoch zu jedem Zeitpunkt einer Instanz hinzugefügt werden. Beispiel:

```
a.number = 123456    # Füge 'number' zu a.__dict__ hinzu.
```

Obwohl die Zuweisung an ein Attribut immer im lokalen Dictionary der Instanz erfolgt, ist der Zugriff auf Attribute etwas komplizierter. Immer wenn auf ein Attribut zugegriffen wird, sucht der Interpreter zunächst im Dictionary der Instanz. Bleibt dies erfolglos, sucht der Interpreter im Dictionary des Klassenobjektes, mit dem die Instanz erzeugt worden ist. Schlägt dies fehl, so wird eine Suche in den Oberklassen durchgeführt. Geht auch das schief, so wird ein letzter Anlauf unternommen, indem versucht wird, die Methode __getattr__() der Klasse aufzurufen, falls diese definiert ist. Versagt auch dies, wird eine AttributeError-Ausnahme ausgelöst.

## Referenzzählung und Zerstörung von Instanzen

Alle Instanzen verfügen über einen Referenzzähler. Sobald dieser auf Null fällt, wird die Instanz zerstört. Bevor die Instanz jedoch zerstört wird, sieht der Interpreter nach, ob für das Objekt eine Methode namens __del__() definiert ist, und ruft diese gegebenenfalls auf. In der Praxis ist es selten notwendig, in einer Klasse eine __del__()-Methode zu definieren. Die einzige Ausnahme besteht darin, dass bei der Zerstörung eines Objektes eine Aufräumaktion durchgeführt werden muss, z.B. das Schließen einer Datei, die Terminierung einer Netzwerkverbindung oder die Freigabe anderer System-Ressourcen. Selbst in diesen Fällen jedoch ist es gefährlich, sich auf __del__() für eine saubere Terminierung zu verlassen, da es keine Garantie gibt, dass der Interpreter diese Methode auch aufruft, wenn er selbst terminiert. Ein besserer Ansatz dürfte es sein, eine eigene Methode, etwa close(), zu definieren, die eine solche Terminierung explizit durchführt.

Gelegentlich wird ein Programm die del-Anweisung verwenden, um eine Referenz auf ein Objekt zu löschen. Falls dies den Referenzzähler eines Objektes auf Null sinken lässt, wird die Methode __del__() aufgerufen. Im Allgemeinen jedoch wird __del__() nicht direkt von der del-Anweisung aufgerufen.

## Vererbung

*Vererbung* ist ein Mechanismus, um eine neue Klasse zu erzeugen, indem das Verhalten einer existierenden Klasse spezialisiert oder angepasst wird. Die ursprüngliche Klasse wird *Basis*- oder *Oberklasse* genannt. Die neue Klasse wird *abgeleitete* oder *Unterklasse* genannt. Wenn eine Klasse mittels Vererbung erzeugt wird, »erbt« sie die Attribute, die in ihren Basisklassen definiert sind. Allerdings darf eine abgeleitete Klasse beliebige Attribute neu definieren oder neue Attribute selbst hinzufügen.

Vererbung wird in der class-Anweisung mit einer durch Kommata getrennten Liste von Namen von Oberklassen angegeben. Beispiel:

```
class A:
    varA = 42
    def method1(self):
        print "Klasse A : method1"

class B:
    varB = 37
    def method1(self):
        print "Klasse B : method1"
    def method2(self):
        print "Klasse B : method2"

class C(A, B):          # Erbt von A und B.
    varC = 3.3
    def method3(self):
        print "Klasse C : method3"

class D: pass
class E(C, D): pass
```

Die Suche nach einem in einer Oberklasse definierten Attribut erfolgt mittels Tiefensuche und von links nach rechts, d.h. in der Reihenfolge, in der die Oberklassen in der Klassendefinition angegeben wurden. In der Klasse E aus dem vorigen Beispiel werden daher die Oberklassen in der Reihenfolge C, A, B, D abgesucht. Für den Fall, dass mehrere Klassen das gleiche Symbol definieren, gilt, dass das zuerst gefundene Symbol genommen wird. Beispiel:

```
c = C()             # Erzeuge ein 'C'.
c.method3()         # Ruft C.method3(c) auf.
c.method1()         # Ruft A.method1(c) auf.
c.varB              # Greift auf B.varB zu.
```

Falls eine abgeleitete Klasse das gleiche Attribut definiert wie eine ihrer Oberklassen, benutzen Instanzen der abgeleiteten Klasse das Attribut der abgeleiteten Klasse selbst. Falls es wirklich notwendig sein sollte, auf das übergeordnete Attribut zuzugreifen, kann dazu ein vollständig qualifizierter Name wie folgt benutzt werden:

```
class D(A):
    def method1(self):
        print "Klasse D : method1"
        A.method1(self)    # Rufe Methode der Oberklasse auf.
```

Eine besondere Anwendung hiervon ist die bei der Instantiierung von Klasseninstanzen. Wenn eine Instanz erzeugt wird, wird die __init__()-Methode der Oberklassen nicht aufgerufen. Daher bleibt es den abgeleiteten Klassen selbst überlassen, für eine saubere Initialisierung ihrer Oberklassen zu sorgen, falls notwendig. Beispiel:

```
class D(A):
    def __init__(self, args1):
        # Initialisiere Oberklasse.
```

```
A.__init__(self)
# Initialisiere mich selbst.
...
```

Ähnliche Schritte können bei Aufräumaktionen in der Methode __del__() notwendig sein.

# Datenkapselung

Allgemein gilt, dass alle Attribute »öffentlich« sind, d.h. alle Attribute einer Klasseninstanz sind ohne Einschränkungen zugänglich. Das bedeutet auch, dass alles, was in einer Oberklasse definiert wurde, an Unterklassen vererbt wird und dort zugänglich ist. Dieses Verhalten ist in objektorientierten Anwendungen oft unerwünscht, weil es die interne Implementierung eines Objektes freilegt und zu Konflikten zwischen den Namensräumen von Objekten einer abgeleiteten und denen ihrer Oberklassen führen kann.

Um dies zu verhindern, werden alle Namen in einer Klasse, die mit einem doppelten Unterstrich beginnen, wie z.B. __Foo, derart verstümmelt, dass deren Name die Form _Classname__Foo annimmt. Dies erlaubt es einer Klasse, private Attribute zu besitzen, da solche privaten Namen in einer abgeleiteten Klasse nicht mit den gleichen privaten Namen einer Oberklasse kollidieren können. Beispiel:

```
class A:
    def __init__(self):
        self.__X = 3          # Verstümmelt zu self._A__X.

class B(A):
    def __init__(self):
        A.__init__()
        self.__X = 37         # Verstümmelt zu self._B__X.
```

Obwohl dieses Schema der Namensverstümmelung (engl. name mangling) den Eindruck einer Datenkapselung vermittelt, gibt es jedoch keinen streng funktionierenden Mechanismus, um den Zugriff auf »private« Attribute einer Klasse zu verhindern. Insbesondere dann, wenn der Name der Klasse und des entsprechenden Attributes bekannt sind, kann über die verstümmelten Namen darauf zugegriffen werden.

# Überladen von Operatoren

Benutzerdefinierte Objekte können mit allen eingebauten Operatoren von Python verträglich gemacht werden, indem die in Kapitel 3 beschriebenen speziellen Methoden für eine Klasse implementiert werden. Folgende Klasse, zum Beispiel, implementiert komplexe Zahlen mit einigen der üblichen mathematischen und Typ-Umwandlungsoperatoren, damit man komplexe mit Ganz- und Fließkommazahlen mischen kann:

```
class Complex:
    def __init__(self, real, imag=0):
        self.real = float(real)
        self.imag = float(imag)

    def __repr__(self):
        return "Complex(%s,%s)" % (self.real, self.imag)
```

```
def __str__(self):
    return "(%g+%gj)" % (self.real, self.imag)

# self + other
def __add__(self, other):
    return Complex(self.real + other.real, self.imag + other.imag)

# self - other
def __sub__(self, other):
    return Complex(self.real - other.real, self.imag - other.imag)

# -self
def __neg__(self):
    return Complex(-self.real, -self.imag)

# other + self
def __radd__(self, other):
    return Complex.__add__(other, self)

# other - self
def __rsub__(self, other):
    return Complex.__sub__(other, self)

# Konvertiere andere numerische Typen nach Complex.
def __coerce__(self, other):
    if isinstance(other, Complex):
        return self, other
    try:    # Versuche Konversion nach Fließkomma.
        return self, Complex(float(other))
    except ValueError:
        pass
```

Zu diesem Beispiel ist Folgendes zu bemerken:

- Erstens verhält sich __repr__() normalerweise so, dass es einen String erzeugt, der ausgewertet werden kann, um das Objekt daraus neu zu erzeugen. In diesem Fall wird ein String der Form "Complex(r, i)" erzeugt. Auf der anderen Seite erzeugt die __str__()-Methode einen String, der zur schön formatierten Ausgabe gedacht ist (z.B. mit der print-Anweisung).
- Zweitens müssen für alle Operatoren, bei denen komplexe Zahlen links wie auch rechts vom Operator vorkommen können, sowohl die Methode __op__() wie auch __rop__() implementiert werden.
- Und schließlich wird die Methode __coerce__() bei Operatoren mit gemischten Typen benutzt. In diesem Fall werden andere numerische Typen in komplexe Zahlen umgewandelt, damit auf ihnen die Methoden der komplexen Arithmetik angewendet werden können.

# Klassen, Typen und Tests auf Zugehörigkeit

Momentan gibt es eine Trennung zwischen Typen und Klassen. Insbesondere können weder eingebaute Typen wie Listen und Dictionaries mit Hilfe von Vererbung spezialisiert werden, noch definiert eine Klasse einen neuen Typ. Tatsächlich haben alle Klassendefinitionen den Typ ClassType während alle Klasseninstanzen den Typ InstanceType haben. Daher ist der Ausdruck

```
type(a) == type(b)
```

für zwei beliebige Objekte immer logisch wahr, wenn sie Instanzen einer Klasse sind (selbst, wenn sie aus zwei verschiedenen Klassen erzeugt worden sind).

Um auf die Zugehörigkeit zu einer Klasse zu testen, kann die eingebaute Funktion isinstance(obj, cname) benutzt werden. Sie ergibt logisch wahr, falls ein Objekt obj zur Klasse cname oder irgendeiner von cname abgeleiteten Klasse gehört. Beispiel:

```
class A: pass
class B(A): pass
class C: pass


a = A()            # Instanz von 'A'.
b = B()            # Instanz von 'B'.
c = C()            # Instanz von 'C'.

isinstance(a, A)  # Ergibt 1.
isinstance(b, A)  # Ergibt 1, B abgeleitet von A.
isinstance(b, C)  # Ergibt 0, C nicht abgeleitet von A.
```

Entsprechend dazu ergibt die eingebaute Funktion issubclass(A, B) logisch wahr, wenn die Klasse A eine Unterklasse der Klasse B ist. Beispiel:

```
issubclass(B, A)  # Ergibt 1.
issubclass(C, A)  # Ergibt 0.
```

Es sollte auch erwähnt werden, dass die Funktion isinstance() ebenso zur Typprüfung bei allen eingebauten Typen verwendet werden kann. Beispiel:

```
import types
isinstance(3, types.IntType)    # Ergibt 1.
isinstance(3, types.FloatType)  # Ergibt 0.
```

Dies ist die empfohlene Art und Weise, wie man bei eingebauten Typen eine Typüberprüfung vornehmen sollte, da die Trennung zwischen Typen und Klassen in einer zukünftigen Version von Python verschwinden könnte.

# 8 Module und Pakete

Große Python-Programme werden oft als Paket von Modulen organisiert. Zusätzlich ist eine große Anzahl von Modulen in der Standardbibliothek enthalten. Dieses Kapitel beschreibt einige Details davon, wie Module und Pakete aufgebaut sind.

## Module

Man kann aus jeder gültigen Quelldatei ein Modul machen, indem man es mit der import-Anweisung lädt. Man betrachte z.B. folgenden Code:

```
# Datei: spam.py
a = 37                    # Eine Variable.
def foo:                  # Eine Funktion.
    print "Ich bin foo."
class bar:                # Eine Klasse.
    def grok(self):
        print "Ich bin bar.grok."
b = bar()                 # Erzeuge eine Instanz.
```

Um diesen Code als Modul zu laden, verwendet man die Anweisung import spam. Das erste Mal, wenn man mit import ein Modul lädt, passieren drei Dinge:

- Zuerst wird ein neuer Namensraum erzeugt, der als Namensraum für alle Objekte dient, die in der entsprechenden Datei definiert werden. Auf diesen Namensraum wird zugegriffen, wenn im Modul definierte Funktionen und Methoden die global-Anweisung verwenden.
- Zweitens wird der Code des Moduls im neu erzeugten Namensraum ausgeführt.
- Und schließlich wird in der aufrufenden Umgebung ein Name erzeugt, der auf den Modul-Namensraum verweist. Dieser Name entspricht dem des Moduls und wird wie folgt verwendet:

```
import spam           # Importiert Modul 'spam' und führt es aus.
print spam.a          # Zugriff auf Namen des Moduls 'spam'.
spam.foo()
c = spam.bar()
...
```

Um mehrere Module zu importieren, gibt man der import-Anweisung eine durch Kommata getrennte Liste von Modulnamen wie folgt an:

```
import string, os, regex     # Importiert 'string', 'os', und 'regex'.
```

Man verwendet die from-Anweisung, um einzelne Definitionen in den aktuellen Namensraum zu laden. Die from-Anweisung ist identisch mit der import-Anweisung, bis auf die Tatsache, dass, anstatt einen Namen für den neuen Modul-Namensraum zu erzeugen, Referenzen auf ein oder mehrere Objekte des Moduls in den aktuellen Namensraum platziert werden. Beispiel:

```
from string import atoi    # Importiert 'string'.
                           # Übernimmt 'atoi' in aktuellen Namensraum.

print atoi("12345")        # Ruft 'atoi' ohne Modulnamen auf.
string.atoi("45")          # NameError: string.
```

Die from-Anweisung akzeptiert ebenfalls eine durch Kommata getrenne Liste von Objektnamen. Der Stern (*) kann als Joker verwendet werden, um alle Definitionen eines Moduls zu importieren, außer jenen, die mit einem Unterstrich beginnen. Beispiel:

```
from string import atoi, atol, atof
from string import *       # Lade alle Definitionen in aktuellen Namensraum.
```

Die import-Anweisung kann überall in einem Programm auftauchen. Der Code eines Moduls wird jedoch genau einmal geladen und ausgeführt, egal wie oft man die import-Anweisung verwendet. Spätere import-Anweisungen erzeugen lediglich eine Referenz auf das zuvor bereits geladene Modul. Die Variable sys.modules ist ein Dictionary, das alle gerade geladenen Module enthält und die Modulnamen auf entsprechende Modulobjekte abbildet. Der Inhalt dieses Dictionarys wird dazu benutzt, um herauszufinden, ob import eine neue Kopie eines Moduls lädt.

Jedes Modul definiert eine Variable __name__, die den Modulnamen enthält. Programme können diese Variable auswerten, um das Modul zu bestimmen, in dem sie ausgeführt werden. Das oberste Modul des Interpreters hat den Namen __main__. Programme, die auf der Kommandozeile oder interaktiv im Interpreter eingegeben werden, laufen innerhalb dieses Moduls __main__. Manchmal kann ein Programm sein Verhalten ändern, je nachdem, ob es als Modul importiert worden ist oder in __main__ läuft. Man kann dies wie folgt tun:

```
# Prüfe, ob wir als Programm laufen.
if __name__ == '__main__':
    # Ja.
    Anweisungen
else:
    # Nein. Wir müssen als Modul importiert worden sein.
    Anweisungen
```

# Der Modul-Suchpfad

Beim Laden von Modulen sucht der Interpreter in der Liste von Ordnern, wie sie durch sys.path beschrieben wird.

```
['', '/usr/local/lib/python1.5/',
 '/usr/local/lib/python1.5/test',
 '/usr/local/lib/python1.5/plat-sunos5',
 '/usr/local/lib/python1.5/lib-tk',
 '/usr/local/lib/python1.5/lib-dynload',
 '/usr/local/lib/site-python']
```

Der leere String ('') bezeichnet den aktuellen Ordner.
Man kann neue Ordner dem Suchpfad hinzufügen, indem man sie an die Liste anfügt.

# Laden und Übersetzen von Modulen

Bislang hat dieses Kapitel Module als Dateien betrachtet, die Python-Code enthalten. Tatsächlich fallen die mit `import` geladenen Module in vier verschiedene Kategorien:

- In Python geschriebene Programme (`.py`-Dateien).
- Erweiterungen in C oder C++, die als dynamische Bibliotheken oder DLLs übersetzt wurden.
- Pakete, die eine Anzahl von Modulen enthalten.
- Eingebaute Module in C, die in den Interpreter gebunden sind.

Bei der Suche nach einem Modul `foo`, iteriert der Interpreter über die in `sys.path` angegebenen Ordner und sucht darin nach folgenden Dateien (in dieser Reihenfolge):

1. Einen Ordner `foo`, der ein Paket definiert.
2. `foo.so`, `foomodule.so`, `foomodule.sl`, `foomodule.dll` (übersetzte Erweiterungen).
3. `foo.pyo` (nur, wenn die Option `-O` verwendet wurde).
4. `foo.pyc`.
5. `foo.py`.

Pakete werden in Kürze beschrieben. übersetzte Erweiterungen werden in Anhang B, »Erweiterung und Einbettung von Python«, beschrieben. Bei `.py`-Dateien gilt, dass sie beim ersten `import` in Byte-Code übersetzt und in eine neue Datei mit Erweiterung `.pyc` geschrieben werden. Bei einem späteren `import`, lädt der Interpreter diese vorübersetzte Datei, es sei denn, der Zeitstempel der letzten Änderung der `.py`-Datei ist jünger (dann wird die `.pyc`-Datei neu erstellt). Dateien mit Erweiterung `.pyo` werden zusammen mit der Interpreter-Option `-O` verwendet und enthalten Byte-Code ohne Zeilennummern, Zusicherungen und andere Debugging-Information. Daher sind sie etwas kleiner und werden vom Interpreter etwas schneller ausgeführt. Falls keine dieser Dateien in keinem der Ordner in `sys.path` existiert, prüft der Interpreter, ob der Name mit einem eingebauten Modul übereinstimmt. Wird kein solches gefunden, so tritt eine `ImportError`-Ausnahme auf.

Die Übersetzung von Dateien in solche mit Erweiterung `.pyc` oder `.pyo` erfolgt nur in Zusammenhang mit der `import`-Anweisung. Programme, die auf der Kommandozeile oder in der Standardeingabe definiert werden, erzeugen solche Dateien nicht.

# Wiederholtes Laden von Modulen

Die eingebaute Funktion `reload()` kann dazu verwendet werden, ein zuvor bereits mit `import` geladenes Modul erneut zu laden und den Code darin auszuführen. Es erwartet einen Modulnamen als einziges Argument. Beispiel:

```
import foo
... irgend ein Code ...
reload(foo)          # Lädt foo erneut.
```

Alle Operationen auf dem Modul nach Ausführung von `reload()` werden den neu geladenen Code verwenden. Allerdings erneuert `reload()` nicht rückwirkend jene Referenzen, die unter Verwendung des alten Moduls erzeugt wurden. Das heisst es können Referenzen sowohl auf Objekte des alten wie auch des neuen Moduls nebeneinander existieren. Außerdem können übersetzte Erweiterungen in C oder C++ nicht erneut mit `reload()` geladen werden.

Allgemein gilt, dass man auf das wiederholte Laden von Modulen besser verzichten sollte, außer während des Debuggings und der Entwicklung.

# Pakete

Pakete erlauben es, eine Anzahl von Modulen unter einem gemeinsamen Paketnamen zu gruppieren. Diese Technik hilft, Namensraumkonflikte zwischen Modulnamen in verschiedenen Anwendungen aufzulösen. Ein Paket wird definiert, indem ein Ordner gleichen Namens mit einer Datei `__init__.py` darin angelegt wird. Anschließend kann man je nach Bedarf weitere Quelldateien, übersetzte Erweiterungen und Unterpakete in diesen Ordner platzieren. Ein Paket könnte z.B. wie folgt organisiert sein:

```
Graphics/
    __init__.py
    Primitive/
        __init__.py
        lines.py
        fill.py
        text.py
        ...
    Graph2d/
        __init__.py
        plot2d.py
        ...
    Graph3d/
        __init__.py
        plot3d.py
        ...
    Formats/
        __init__.py
        gif.py
        png.py
        tiff.py
        jpeg.py
```

Die `import`-Anweisung wird auf verschiedene Weisen verwendet, um Module aus einem Paket zu laden:

1. `import Graphics.Primitive.fill` – Das lädt das Untermodul `Graphics.Primitive.fill`. Der Inhalt dieses Moduls muss explizit angegeben werden, wie z.B. `Graphics.Primitive.fill.floodfill(img, x, y, color)`.
2. `from Graphics.Primitive import fill` – Das lädt das Untermodul `fill`, macht es aber ohne den Paket-Präfix zugänglich, z.B. `fill.floodfill(img, x, y, color)`.
3. `from Graphics.Primitive.fill import floodfill` – Das lädt das Untermodul `fill`, macht aber die Funktion `floodfill` direkt zugänglich, z.B. `floodfill(img, x, y, color)`.

Immer, wenn ein Teil eines Paketes geladen wird, wird der Code in der Datei `__init__.py` ausgeführt. Im Extremfall ist diese Datei leer, aber sie kann auch Code zur Paket-spezifischen Initialisierung enthalten. Alle während eines Imports angetroffenen `__init__.py`-Dateien werden ausgeführt. Daher würde die vorige Anweisung `import Graphics.Primitive.fill` die Dateien `__init__.py` sowohl im Ordner Graphics wie auch in Primitive ausführen.
Ein spezielles Problem mit Paketen ist die Anweisung

```
from Graphics.Primitive import *
```

Als Ergebnis dieser Anweisung erwartetet man, dass alle zum Paket gehörenden Module in den aktuellen Namensraum geladen werden. Da aber die Konventionen zur Bezeichnung von Dateien von Dateisystem zu Dateisystem verschieden sind (insbesondere, was Groß- und Kleinschreibung angeht), kann Python nicht exakt bestimmen, welche Module das wären. Daher importiert diese Anweisung genau die Referenzen, die in der Datei __init__.py im Ordner Primitive angegeben sind. Dieses Verhalten kann man dahingehend ändern, dass man eine Liste __all__ definiert, die alle zum Paket gehörenden Modulnamen enthält. Diese Liste sollte in der Datei __init__.py des Paketes definiert werden. Beispiel:

```
# Graphics/Primitive/__init__.py
__all__ = ["lines", "text", "fill", ...]
```

Wenn der Benutzer nun die Anweisung from Graphics.Primitive import * eingibt, werden alle aufgelisteten Untermodule wie erwartet geladen.
Das Laden eines Paketnamens allein lädt jedoch nicht alle Untermodule des Paketes. Folgender Code funktioniert daher nicht:

```
import Graphics
Graphics.Primitive.fill.floodfill(img, x, y, color) # Fehler!
```

Da jedoch die Anweisung import Graphics die Datei __init__.py im Ordner Graphics ausführt, könnte die Datei derart verändert werden, dass alle Untermodule automatisch importiert werden:

```
# Graphics/__init__.py
import Primitive, Graph2d, Graph3d
```

```
# Graphics/Primitive/__init__.py
import lines, fill, text, ...
```

Nun lädt die Anweisung import Graphics alle Untermodule und macht sie über den vollständig qualifizierten Namen verfügbar.
Module, die sich im gleichen Ordner eines Paketes befinden, können sich auf einander beziehen, ohne einen vollständigen Paketnamen anzugeben. Zum Beispiel könnte das Modul Graphics.Primitive.fill das Modul Graphics.Primitive.lines einfach mit der Anweisung import lines laden. Wenn sich ein Modul jedoch in einem anderen Unterordner aufhält, muss sein vollständiger Paketname angegeben werden. Wenn z.B. das Modul plot2d in Graphics.Graph2d das Modul lines in Graphics.Primitive benutzen muss, so muss es z.B. die Anweisung from Graphics.Primitive import lines benutzen. Falls notwendig, kann ein Modul seine Variable __name__ inspizieren, um seinen eigenen vollständigen qualifizierten Namen herauszufinden. Folgender Code z.B. lädt ein Modul eines Schwester-Unterpaketes, wobei es nur dessen Eigennamen kennt (aber nicht den des obersten Haupt-Paketes).

```
# Graphics/Graph2d/plot2d.py

# Bestimme den Namen des Paketes, wo mein Paket sich aufhält.
import string
base_package = string.join(string.split(__name__, '.')[:-2], '.')

# Importiere das Modul ../Primitive/fill.py.
exec "from %s.Primitive import fill" % (base_package,)
```

Wenn Python ein Paket lädt, definiert es eine spezielle Variable, `__path__`, die eine Liste von Ordnern enthält, die bei der Suche von Untermodulen im Paket durchsucht werden (`__path__` ist eine Paket-spezifische Version der Variablen `sys.path`). `__path__` ist im Code von `__init__.py`-Dateien zugänglich und enthält ein einziges Element mit dem Ordnernamen des Paketes. Falls notwendig, kann ein Paket weitere Ordner an die Liste in `__path__` hinzufügen, um den Suchpfad zu ändern, der für die Suche nach Untermodulen verwendet wird.

# 9  Ein- und Ausgabe

Dieses Kapitel beschreibt die Ein- und Ausgabe mit Python, wozu Kommandozeilenoptionen, Umgebungsvariablen, Dateiein- und -ausgabe und Persistenz von Objekten gehören.

## Lesen von Optionen und Umgebungsvariablen

Beim Starten des Interpreters werden Kommandozeilen-Optionen in der Liste `sys.argv` platziert. Das erste Element bezeichnet den Namen des Programmes. Die folgenden Elemente stellen die Optionen dar, die in der Kommandozeile *hinter* dem Programmnamen angegeben wurden. Folgendes Programm demonstriert, wie man auf Kommandozeilen-Optionen zugreifen kann:

```
# printopt.py
# Gebe alle Optionen der Kommandozeile aus.
import sys
for i in range(len(sys.argv)):
    print "sys.argv[%d] = %s" % (i, sys.argv[i])
```

Die Ausführung des Programmes ergibt folgende Ausgabe:

```
% python printopt.py foo bar -p
sys.argv[0] = printopt.py
sys.argv[1] = foo
sys.argv[2] = bar
sys.argv[3] = -p
%
```

Auf Umgebungsvariablen kann man mit dem Dictionary `os.environ` zugreifen. Beispiel:

```
import os
path = os.environ["PATH"]
user = os.environ["USER"]
editor = os.environ["EDITOR"]
... etc ...
```

Umgebungsvariablen können auch für spätere Zugriffe sowie zum Gebrauch in Kind-Prozessen verändert werden.

## Dateien

Die eingebaute Funktion `open(name [, mode])` öffnet und erzeugt Dateien wie hier gezeigt:

```
f = open("foo")         # Öffnet 'foo' zum Lesen.
f = open("foo","w")     # Öffnet zum Schreiben.
```

Der Datei-Modus lautet `"r"` zum Lesen, `"w"` zum Schreiben oder `"a"` zum Anfügen. Diesem Buchstaben kann ein `"b"` für Binär-Daten angefügt werden wie in `"rb"` oder `"wb"`. Zusätzlich kann eine Datei für ein Update geöffnet werden, indem ein Plus-Zeichen (+) angegeben wird wie in `"r+"` oder `"w+"`. Wenn eine Datei für ein Update geöffnet ist, kann man sowohl lesend wie auch schreibend darauf zugreifen, solange allen Schreibe- eine flush-Operation auf den Daten vorausgeht, bevor erneut eine Lese-Operation stattfindet. Wenn eine Datei im Modus "w+" geöffnet wird, wird ihre Länge zuallererst auf Null gesetzt.

open() ergibt ein Datei-Objekt, das die Methoden in Tabelle 9.1 unterstützt.

| Methode | Beschreibung |
|---|---|
| f.read([n]) | Liest maximal n Bytes. |
| f.readline() | Liest eine einzelne Eingabezeile. |
| f.readlines([n]) | Liest eine einzelne Eingabezeile mit maximal n Zeichen. Wird n weggelassen, so wird die gesamte Zeile gelesen. |
| f.write(S) | Schreibt String S. |
| f.writelines(L) | Schreibt alle Strings in Liste L. |
| f.close() | Schließt die Datei. |
| f.tell() | Gibt aktuelle Datei-Position zurück. |
| f.seek(offset [, where]) | Sucht eine neue Datei-Position auf. |
| f.isatty() | Ergibt 1 wenn die Datei ein interaktives Terminal ist. |
| f.flush() | Schreibt den Ausgabe-Puffer aus. |
| f.truncate([size]) | Schneidet die Datei auf maximal size Bytes ab. |
| f.fileno() | Ergibt Datei-Deskriptor als Ganzzahl. |
| f.readinto(buffer, nbytes) | Liest nbytes an Daten aus der Datei in ein beschreibbares Puffer-Objekt. Momentan ist dies eine undokumentierte Eigenschaft, die in Python 1.5.2 nicht unterstützt wird. |

**Tabelle 9.1: Methoden von Dateien**

Die Methode read() gibt die gesamte Datei als String zurück, falls der optionale Längenparameter nicht angegeben wird, der die maximale Anzahl zu lesender Bytes bezeichnet. Die Methode readline() ergibt die nächste Eingabezeile inklusive eines Zeilenende-Zeichens. readlines() gibt alle Eingabezeilen als Liste von Strings zurück. Sowohl readline() wie auch readlines() kennen die aktuelle Plattform und können die jeweils verschiedenen Repräsentationen des Zeilenendes (z.B. '\n' und '\r\n') korrekt behandeln.

Die Methoden write() und writelines() schreiben jeweils einen String bzw. eine Liste von Strings in die Datei. In beiden Fällen darf ein String auch Binär-Daten enthalten, inklusive Null-Zeichen.

Die Methode seek() gestattet den wahlfreien Zugriff auf eine Datei, ausgehend von einem Index offset und einer Bezugsposition where. Falls where gleich 0 ist (die Voreinstellung), nimmt seek() an, dass offset relativ zum Dateianfang zu betrachten ist. Falls where gleich 1 ist, wird die Datei-Position relativ zur aktuellen Position verändert. Und wenn where gleich 2 ist, findet die Veränderung relativ zum Dateiende statt. Die Methode fileno() ergibt den ganzzahligen Datei-Deskriptor einer Datei und wird manchmal in systemnahen Ein-/Ausgabe-Operationen bestimmter Bibliotheksmodule verwendet. Die Methode readinto() wird zur Zeit nicht unterstützt und ist für zukünftige Versionen von Python reserviert.

Datei-Objekte haben außerdem noch folgende Attribute:

| Attribut | Beschreibung |
| --- | --- |
| f.closed | Boolescher Wert; gibt den Zustand der Datei an, 0 wenn geöffnet, 1 wenn geschlossen. |
| f.mode | Der Ein-/Ausgabe-Modus der Datei. |
| f.name | Der Name der Datei, falls mit open() erzeugt. Sonst ein String, der die Quelle der Datei angibt. |
| f.softspace | Boolescher Wert; gibt an, ob bei der print-Anweisung ein Leerzeichen vor einem anderen Wert ausgegeben werden muss. Klassen, die Dateien emulieren, müssen ein schreibbares Attribut diesen Namens zur Verfügung stellen, das zu Beginn auf Null gesetzt ist. |

# Standardein-, Standardaus- und Standardfehlerausgabe

Der Interpreter stellt drei Standard-Dateiobjekte zur Verfügung, die als *Standardeingabe*, *Standardausgabe* und *Stadardfehlerausgabe* bekannt sind. Sie sind im Modul sys jeweils als sys.stdin, sys.stdout und sys.stderr verfügbar. stdin ist ein Dateiobjekt, das zum Eingabe-Strom des Interpreters korrespondiert. stdout ist das Dateiobjekt, das die Ausgaben der print-Anweisung erhält. stderr ist eine Datei, an die Fehlermeldungen ausgegeben werden. Meistens wird stdin auf die Tastatur des Benutzers abgebildet, während stdout und stderr Text auf dem Bildschirm ausgeben.

Die im vorhergehenden Abschnitt beschriebenen Methoden können verwendet werden, um eine sehr einfache Ein-/Ausgabe mit dem Benutzer durchzuführen. Die folgende Funktion liest z.B. eine Zeile von der Standardeingabe:

```
def gets():
    text = ""
    while 1:
        c = sys.stdin.read(1)
        text = text + c
        if c == '\n':
            break
    return text
```

Alternativ dazu kann die eingebaute Funktion raw_input(prompt) eine Zeile von der Standardeingabe lesen:

```
s = raw_input("Bitte etwas eingeben: ")
print "Sie haben '%s' eingegeben." % (s,)
```

Schließlich führen Tastatur-Unterbrechungen (oft mit Strg+C erzeugt) zu einer KeyboardInterrupt-Ausnahme, die mit einer Ausnahmebehandlungsroutine abgefangen werden kann.

# Die print-Anweisung

Die print-Anweisung erzeugt eine Ausgabe an die in sys.stdout angegebene Datei. print erwartet eine durch Kommata getrennte Liste von Objekten wie folgt:

```
print "Die Werte sind", x, y, z
```

Für jedes Objekt wird die Funktion str() aufgerufen, um einen Ausgabe-String zu erzeugen. Diese Strings werden dann mit einem Leerzeichen dazwischen verkettet, um den endgültigen Ausgabe-String zu bilden. Die Ausgabe wird mit einem abschließenden Zeilenende-Zeichen versehen, falls die print-Anweisung nicht mit einem Komma abgeschlossen wurde. In diesem Fall wird nur ein abschließendes Leerzeichen ausgegeben. Beispiel:

```
print "Die Werte sind", x, y, z, w

# Gibt exakt den gleichen Text mit zwei print-Anweisungen aus.
print "Die Werte sind", x, y,   # Unterdrückt Zeilenende-Zeichen.
print z, w
```

Um eine formatierte Ausgabe zu erzeugen, verwendet man den String-Formatierungsoperator (%) wie er in Kapitel 4, »Operatoren und Ausdrücke«, beschrieben wird. Beispiel:

```
print "Die Werte sind %d %7.5f %s" % (x, y, z) # Formatierte I/O.
```

Man kann die Ausgabedatei der print-Anweisung verändern, indem der Wert von sys.stdout manipuliert wird. Hier ist ein Beispiel:

```
import sys
sys.stdout = open("output", "w")
print "hello world"
...
sys.stdout.close()
```

Sollte es jemals notwendig sein, den ursprünglichen Wert von sys.stdout wiederherzustellen, sollte man ihn vorher speichern. Die Ausgangswerte von sys.stdout, sys.stdin bzw. sys.stderr beim Start des Interpreters sind auch in sys.__stdout__, sys.__stdin__ bzw. sys.__stderr__ verfügbar.

# Persistenz

Oft ist es notwendig, den Inhalt eines Objektes in eine Datei zu speichern und ihn später von dort wiederherzustellen. Ein Ansatz für dieses Problem besteht darin, zwei Funktionen zu schreiben, die Daten in einem speziellen Format in eine Datei schreiben und von dort wieder lesen. Ein alternativer Ansatz dazu ist, die Module pickle und shelve zu benutzen.

Das Modul pickle serialisiert ein Objekt in einen Byte-Strom, der in eine Datei geschrieben werden kann. Der folgende Code z.B. schreibt ein Objekt in eine Datei:

```
import pickle
object = someObject()
f = open(filename, 'w')
pickle.dump(f, object)      # Speichere Objekt.
```

Um das Objekt zu restaurieren, kann man folgenden Code benutzen:

```
import pickle
f = open(filename, 'r')
object = pickle.load(f)    # Restauriere Objekt.
```

Das Modul shelve ist ähnlich, speichert aber Objekte in einer Dictionary-ähnlichen Datenbank. Beispiel:

```
import shelve
object = someObject()
dbase = shelve.open(filename)     # Öffne eine Datenbank.
dbase['key'] = object             # Speichere Objekt in Datenbank.
...
object = dbase['key']             # Hole es.
dbase.close()                     # Schließe Datenbank.
```

In beiden Fällen können nur solche Objekte abgespeichert werden, die auch serialisierbar sind. Das ist für die meisten Python-Objekte der Fall, aber spezielle Objekte wie z.B. Dateien verfügen über einen internen Zustand, der so nicht abgespeichert und wiederhergestellt werden kann. Für weitere Details zu den Modulen pickle und shelve siehe Anhang A, »Die Python-Standard-bibliothek«.

# 10 Ausführungsumgebung

Dieses Kapitel beschreibt die Umgebung, in der Python-Programme ausgeführt werden. Dazu gehört das Laufzeitverhalten des Interpreters inklusive Programmstart, Rechnerkonfiguration und Programmende.

## Umgebung und Interpreter-Optionen

Das Laufzeitverhalten des Interpreters sowie seine Umgebung wird von einer Reihe von Optionen bestimmt. Auf Unix und Windows werden dem Interpreter Optionen in Form von Kommandozeilen-Optionen wie folgt übergeben:

```
python [options] [-c cmd | filename | - ] [args]
```

Auf dem Mactintosh werden Optionen für den Python-Interpreter mit einem separaten Programm, nämlich EditPythonPref, gesetzt.
Folgende Kommandozeilenoptionen sind verfügbar:

| Option | Beschreibung |
| --- | --- |
| -d | Erzeugt Debugging-Information für den Parser. |
| -i | Geht nach Programmende in interaktiven Modus. |
| -O | Optimierter Modus. |
| -S | Importiert nicht das Site-Initialisierungsmodul. |
| -t | Gibt Warnungen aus bei inkonsistentem Gebrauch von Tabulatoren. |
| -u | Ungepuffertes binäres stdout und stdin. |
| -v | Ausführlicher Modus. |
| -x | Überspringt erste Zeile des Quellprogrammes. |
| -X | Erlaubt keine Klassen-basierten Ausnahmen. |
| -c cmd | Führt cmd als String aus. |

Die Option -d debuggt den Interpreter und ist für die meisten Programmierer nur von beschränktem Nutzen. -i beginnt eine interaktive Sitzung, sofort nachdem das Programm beendet wurde, und ist nützlich bei der Fehlersuche. Die Option -O optimiert einiges bei Byte-übersetzten Dateien und wird im Kapitel 8, »Module und Pakete«, beschrieben. Die Option -S führt das Modul zur Rechnerinitialisierung, später im Abschnitt »Dateien zur Rechnerkonfiguration« beschrieben, nicht aus. Die Optionen -t und -v geben zusätzliche Warnmeldungen und Debug-Informationen aus. -x ignoriert die erste Zeile eines Programmes, was praktisch für den Fall ist, dass es sich nicht um eine gültige Python-Anweisung handelt, z.B. wenn die erste Zeile den Python-Interpreter in einem Skript startet. Und schließlich erlaubt die Option -X eine Rückwärtskompatibilität mit Programmen, die sich auf String-basierte Ausnahmen verlassen.
Der Name des Programmes erscheint nach allen Optionen des Interpreters. Falls kein Name oder ein Bindestrich (-) als Dateiname angegeben wird, liest der Interpreter das Programm von der Standardeingabe. Falls die Standardeingabe ein interaktives Terminal ist, so wird ein Banner mit einer Eingabeaufforderung (engl. prompt) angezeigt. Sonst öffnet der Interpreter die angegebene Datei und führt deren Anweisungen aus, bis eine Dateiende-Markierung gelesen wird. Die Option -c kann verwendet werden, um kurze Programme in Form einer Kommandozeilen-Option auszuführen.

Kommandozeilen-Option, die nach dem Programmnamen oder - erscheinen, werden an das Programm in `sys.argv` weitergereicht, wie in Kapitel 9, »Ein- und Ausgabe«, Abschnitt »Lesen von Optionen und Umgebungsvariablen« beschrieben wird.

Zusätzlich liest der Interpreter folgende Umgebungsvariablen:

| Variable | Beschreibung |
| --- | --- |
| PYTHONPATH | Durch Doppelpunkte getrennter Modul-Suchpfad |
| PYTHONSTARTUP | Auszuführende Datei bei interaktivem Start |
| PYTHONHOME | Ort der Python-Installation |
| PYTHONINSPECT | Impliziert Option -i |
| PYTHONUNBUFFERED | Impliziert Option -u |

PYTHONPATH setzt den Modulsuchpfad `sys.path`, der in Kapitel 8 beschrieben wird. PYTHONSTARTUP gibt eine Datei an, die ausgeführt wird, wenn der Interpreter im interaktiven Modus läuft. Die Variable PYTHONHOME gibt das Installationsverzeichnis von Python an. Wird ein einzelnes Verzeichnis wie `/usr/local` angegeben, erwartet der Interpreter alle Dateien in diesem Verzeichnis. Werden zwei Verzeichnisse angegeben, wie z.B. im Falle von `/usr/local:` `/usr/local/sparc-solaris-2.6`, so sucht der Interpreter im ersten Verzeichnis nach plattformunabhängigen und im zweiten nach plattformabhängigen Dateien. PYTHONHOME hat keinerlei Effekt, falls am angegebenen Ort keine gültige Python-Installation existiert.

Auf Windows werden einige Umgebungsvariablen wie z.B. PYTHONPATH aus Registry-Einträgen in `HKEY_LOCAL_MACHINE/Software/Python` gelesen. Auf dem Macintosh können diese Einstellungen mit dem Programm `EditPythonPrefs` verändert werden.

## Interaktive Sitzungen

Falls kein Programmname angegeben wird und die Standardeingabe des Interpreters ein interaktives Terminal ist, startet Python im interaktiven Modus. In diesem Modus wird eine Nachricht ausgegeben, der eine Eingabeaufforderung (engl. prompt) folgt. Zusätzlich führt der Interpreter das Skript aus, das in der Umgebungsvariablen PYTHONSTARTUP angegeben wird (falls diese definiert ist). Dieses Skript wird ausgeführt, als ob es Teil des Eingabeprogrammes wäre (d.h. es wird nicht mit einer `import`-Anweisung geladen). Eine Anwendung dieses Skriptes könnte es sein, eine Benutzerkonfigurationsdatei zu lesen, etwa `.pythonrc`.

Im interaktiven Modus gibt es zwei verschiedene Eingabeaufforderungen. Zu Beginn jeder neuen Anweisung erscheint >>>, während ... die Fortsetzung einer Anweisung bedeutet. Beispiel:

```
Python 1.5.2 (#1, Feb 27 1999, 15:39:11)  [GCC 2.7.2.3] on linux2
Copyright 1991-1995 Stichting Mathematisch Centrum, Amsterdam
>>> for i in range(0,4):
...     print i
...
0
1
2
3
>>>
```

In eigenen Anwendungen können diese Eingabeaufforderungen über die Werte der Variablen sys.ps1 und sys.ps2 geändert werden.

Auf einigen Systemen kann Python so übersetzt worden sein, dass es die GNU Readline-Bibliothek benutzt. Falls dies der Fall ist, so erlaubt diese Bibliothek die Wiederverwendung von zuvor bereits eingegebenen sowie die Ergänzung von gerade neu eingegebenen Befehlen und bietet darüber hinaus im interaktiven Modus von Python noch einige weitere Merkmale.

## Starten von Python-Anwendungen

In den meisten Fällen möchte man, dass der Interpreter automatisch startet, anstatt dass man ihn manuell starten muss. Bei Unix wird dies unter Verwendung von Shell-Skripten erledigt, indem man die erste Zeile eines Programmes etwa so gestaltet:

```
#!/usr/local/bin/python
# Von hier ab Python-Code...
import string
print "Hello World"
...
```

Auf Windows wird der Interpreter automatisch gestartet, wenn Dateien mit den Erweiterungen .py, .pyw, .wpy oder .pyc doppelt angeklickt werden. Normalerweise laufen Programme in einer Konsole, solange ihre Erweiterung nicht .pyw lautet (dann laufen sie im Hintergrund). Falls es nötig ist, den Interpreter mit Optionen zu versorgen, kann Python auch aus einer Stapeldatei (engl. batch) gestartet werden (mit Erweiterung .bat).

Auf dem Mactintosh führt das Doppelklicken einer Datei normalerweise dazu, dass der Editor gestartet wird, mit dem die Datei erzeugt worden ist. Zwei spezielle Programme der Macintosh-Distribution können jedoch benutzt werden, um Anwendungen zu erzeugen. Zieht man eine Datei mit der Erweiterung .py auf das BuildApplet-Programm, so wird diese automatisch so umgewandelt, dass sie den Python-Interpreter startet, sobald sie geöffnet wird. Die Anwendung BuildApplication wandelt ein Python-Programm in eine eigenständige Anwendung um, die auf andere Rechner ohne vorhandene Python-Installation verbreitet und dort ausgeführt werden kann.

## Site-Konfigurationsdateien

Eine typische Python-Installation kann viele Module und Pakete von Dritten beinhalten. Um diese zu konfigurieren, lädt der Interpreter zunächst das Modul site. Die Aufgabe von site ist es, nach Paket-Dateien zu suchen und zusätzliche Verzeichnisse zum Modulsuchpfad sys.path hinzuzufügen. Für weitere Details siehe Anhang A, »Die Python-Standardbibliothek«.

## Programmende

Ein Programm terminiert, wenn in der Eingabedatei keine weiteren ausführbaren Anweisungen existieren, wenn eine unbehandelte SystemExit-Ausnahme ausgelöst wird (wie sie z.B. von sys.exit() ausgelöst wird) oder wenn der Interpreter ein SIGTERM- oder SIGHUP-Signal (auf Unix) erhält. Bei der Terminierung erniedrigt der Interpreter alle Referenzzähler aller Objekte in allen bekannten Namensräumen (und vernichtet auch alle Namensräume selbst). Wird der Referenzzähler eines Objektes Null, so wird das Objekt über seine Methode __del__() zerstört. Es ist wichtig zu bemerken, dass in einigen Fällen der Destruktor eines Objektes evtl. *nicht* aufgerufen wird. Dies kann speziell dann vorkommen, wenn es gegenseitige Objektabhängigkeiten gibt (wobei dann Objekte alloziiert sind, auf die aber aus keinem bekannten Namensraum zugegriffen werden werden kann).

Da es keinerlei Garantie gibt, dass der Destruktor eines Objektes bei Programmende auch aufgerufen wird, ist es eine gute Idee, einige Objekte explizit aufzuräumen, wie z.B. offene Dateien und Netzwerkverbindungen. Dazu sollte man z.B. für benutzerdefinierte Objekte spezielle Aufräummethoden definieren. Eine andere Möglichkeit ist, eine spezielle Terminierungsfunktion zu schreiben und sie an `sys.exitfunc` zuzuweisen. Wird ein Programm beendet, versucht der Interpreter zuallererst, die an `sys.exitfunc` zugewiesene Funktion auszuführen. Der Benutzer kann dies wie folgt einstellen:

```
import sys
connection = open_connection("bigserver.com")

oldexitfunc = getattr(sys, 'exitfunc', None)
def cleanup(last_exit = oldexitfunc):
    print "Gehe von dannen..."
    close_connection(connection)

sys.exitfunc = cleanup
```

Bei der Zuweisung an `sys.exitfunc` ist es vorteilhaft, vorher definierte Terminierungsfunktionen aufzurufen, wie im Beispiel gezeigt.

Eine letzte Besonderheit bei der Programmterminierung ist, dass die Destruktoren einiger Objekte evtl. versuchen, auf globale Daten oder Methoden in anderen Modulen zuzugreifen. Da diese Objekte evtl. bereits zerstört worden sind, kann dabei eine `NameError`-Ausnahme auftreten und Sie erhalten eine Fehlermeldung wie folgt:

```
Exception exceptions.NameError: 'c' in <method Bar.__del__ \
of Bar instance at c0310> ignored
```

Sollte so etwas passieren, so bedeutet das, dass der Destruktor vorzeitig abgebrochen wurde. Es bedeutet auch, dass der Destruktor evtl. dabei versagt hat, eine wichtige Operation auszuführen (wie z.B. die saubere Terminierung einer Serververbindung). Sollte dies ein Grund zur Sorge sein, dann ist es vermutlich besser, einen expliziten Terminierungsschritt in Ihrem eigenen Code aufzurufen, anstatt sich darauf zu verlassen, dass der Interpreter die Objekte sauber zerstört, wenn er beendet wird. Die spezielle `NameError`-Ausnahme kann auch dadurch beseitigt werden, dass man Standardargumente bei der Definition von `__del__()` angibt. Beispiel:

```
import foo
class Bar:
    def __del__(self, foo=foo):
        foo.bar()                # Benutze etwas aus Modul foo.
```

# Anhang A
# Die Python-Standardbibliothek

Zu Python gehört eine große Sammlung von Modulen, die eine breite Palette von Diensten anbieten, von der Interaktion mit dem Betriebssystem bis hin zur Multimedia-Unterstützung. Diese Module werden für gewöhnlich als die *Python-Bibliothek* bezeichnet. Zurzeit besteht diese Bibliothek aus ca. 180 Modulen, die von Dutzenden von Benutzern beigesteuert worden sind.

In diesem Anhang werden die meisten der am häufigsten benutzten Module dieser Python-Bibliothek beschrieben. Das Augenmerk liegt dabei auf eingebauten Funktionen, Python-Diensten, String-Verarbeitung, Zugang zum Betriebssystem, Threads und Netzwerk-Programmierung. Hintergrundinformation wird, wenn nötig, kurz angegeben, aber vom Leser wird angenommen, dass er über ausreichende Kenntnisse von grundlegenden Betriebssystem- und Programmierkonzepten verfügt. Da weiterhin vieles in dieser Bibliothek auf Programmier-APIs in C basiert, könnte ein gutes C-Programmierbuch bei Details einiger Module von Nutzen sein. Eine ausführliche Online-Dokumentation zur Bibliothek ist auch unter *http://www.python.org/doc/lib* erhältlich.

Dieser Anhang basiert zum größten Teil auf dem Inhalt der Online-Bibliotheksdokumentation der Version 1.5.2 von Python. Es wurde jedoch eine Reihe von bedeutenden Modifikationen gemacht:

* Die Bibliotheksreferenz wurde gekürzt, um in ein kompakteres Format zu passen.
* Zusätzliches Referenzmaterial wurde hinzugefügt, um gewisse Module besser zu beschreiben, insbesondere bei Betriebssystem-Schnittstellen und Netzwerkprogrammierung.
* Einige Module setzen ein ausgeprägtes Verständnis anderer Themengebiete wie grundlegende Netzwerk-Protokolle und Datenformate voraus. In diesen Fällen wird nur eine kurze Beschreibung mit Verweisen auf weitere Information angegeben.
* Zweckspezifische Module, die nur auf einer Plattform benutzt werden können, wurden weggelassen (z.B. Multimedia-Erweiterungen auf SGI-Rechnern).
* Große Rahmenwerke (engl. frameworks) wie Tkinter und die Win32-Erweiterungen wurden weggelassen, da sie den Rahmen dieses Buches sprengen würden (und in eigenen Büchern behandelt werden).
* Überholte Module wurden weggelassen, obwohl diese Module immer noch Teil der Standard-Distribution sind.

Es ist wichtig zu betonen, dass die Python-Bibliothek ständig verbessert und um zusätzliche Funktionalität erweitert wird. Obwohl die hier behandelten Module diesbezüglich sehr stabil sind, werden sich ihre Inhalte mit der Zeit wahrscheinlich dennoch leicht ändern. Im Zweifelsfalls ist es immer am besten, die Online-Dokumentation zu konsultieren.

Schließlich ein paar Worte zur verwendeten Notation. Die Kompatibilität und Verfügbarkeit jedes Moduls und gewisser Funktionen werden in den folgenden Abschnitten meist durch folgende Buchstaben angegeben: A: alle Versionen von Python, J: JPython, M: Macintosh, W: Windows, U: Unix.

Es sollte noch erwähnt werden, dass JPython im Beta-Teststadium war, als dieses Buch in Druck ging. Wo es möglich war, habe ich versucht, eine existierende Kompatibilität zu JPython anzugeben, allerdings mit dem Wissen, dass diese Information etwas unpräzise oder in zukünftigen Versionen von JPython überholt sein würde. Den Benutzern von JPython wird hier geraten, sich unter *http://www.jpython.org* mit den neuesten Informationen zum Thema Kompatibilität zu versorgen.

# Eingebaute Funktionen und Ausnahmen

Dieser Abschnitt beschreibt eingebaute Funktionen und Ausnahmen von Python. Ein großer Teil des hier behandelten Materials wird informell in den Kapiteln dieses Buches behandelt. An dieser Stelle werden weiter gehende Details und einige subtile Aspekte vieler eingebauter Funktionen behandelt.

## Eingebaute Funktionen

Die hier beschriebenen Funktionen sind immer im Interpreter verfügbar und sind im Modul `__builtin__` enthalten. Zusätzlich verweist das Attribut `__builtins__` eines jeden Moduls normalerweise auf dieses Modul (außer wenn der Interpreter in einer eingeschränkten Laufzeitumgebung läuft, wie im Abschnitt »Eingeschränkte Ausführung« beschrieben wird).

`__import__(name [, globals [, locals [, fromlist]]])`
> Diese Funktion wird von der `import`-Anweisung ausgeführt, um ein Modul zu laden. Der String `name` beinhaltet den Modulnamen, das optionale Dictionary `globals` definiert den globalen Namensraum und `fromlist` ist eine Liste von Zielen, die an die `from`-Anweisung übergeben werden. Die Anweisung `import spam` z.B. bewirkt den Aufruf von `__import__("spam", globals(), locals(), [])` während die Anweisung `from spam import foo` den Aufruf von `__import__("spam", globals(), locals(), ['foo'])` bewirkt. Wenn dem Modulnamen ein Paketname vorausgeht wie in `foo.bar` und `fromlist` leer ist, wird das entsprechende Modulobjekt zurückgegeben. Falls `fromlist` nicht leer ist, wird nur das Paket auf der obersten Ebene zurückgegeben.
>
> Diese Funktion dient als einfache Schnittstelle zum Modullader. Sie führt nicht alle Schritte aus, die eine `import`-Anweisung ausführt (insbesondere werden Namen im lokalen Namensraum, die auf Modulinhalte verweisen, nicht aktualisiert). Diese Funktion kann vom Benutzer neu definiert werden, um ein neues Verhalten für `import` zu implementieren. Die Standard-Implementierung übergeht sogar den Parameter `locals`, und `globals` wird nur verwendet, um den Paketinhalt zu bestimmen. Diese Parameter existieren jedoch, um alternativen Implementierungen von `__import__()` vollständigen Zugriff auf die globale und lokale Information des Namensraumes zu gestatten, in dem die `import`-Anweisung auftaucht.

`abs(x)`
> Gibt den Betrag von `x` zurück.

`apply(func, args [, keywords])`
> Führt einen Funktionsaufruf auf einem aufrufbaren Objekt `func` durch. `args` ist ein Tupel mit Positionsargumenten und `keywords` ist ein Dictionary mit Schlüsselwort-Argumenten.

`buffer(object [, offset [, size]])`
> Erzeugt ein neues Puffer-Objekt. Diese Eigenschaft ist für die Version 1.5.2 von Python nicht dokumentiert. Man konsultiere die Online-Dokumentation für weitere Details.

`callable(object)`
> Ergibt 1, falls `object` ein aufrufbares Objekt ist, sonst 0.

`chr(i)`
> Konvertiert einen ganzzahligen ASCII-Wert `i` ($0 <= i < 255$) in einen String der Länge 1.

`cmp(x, y)`
> Vergleicht `x` und `y` und gibt eine negative Zahl zurück, falls $x < y$ ist, 0 falls $x == y$ ist und eine positive Zahl, falls $x > y$ ist. Es können zwei beliebige Objekte verglichen werden, obwohl das Ergebnis bedeutungslos sein kann, wenn die zwei Objekte keine sinnvolle Vergleichsmethode definieren (z.B. wenn eine Zahl mit einem Dateiobjekt verglichen wird).

coerce(x, y)

Ergibt ein Tupel mit den zu einem gemeinsamen Typ konvertierten Werten von x und y. Siehe Abschnitt »Mathematische Operationen« in Kapitel 3, »Typen und Objeke«.

compile(string, filename, kind)

Übersetzt string in ein Code-Objekt für die Verwendung mit exec oder eval(). filename bezeichnet einen String mit dem Namen der Datei, in der der String definiert wurde. kind hat den Wert 'exec' bei einer Sequenz von Anweisungen und 'single' bei einer einzigen ausführbaren Anweisung.

complex(real [, imag])

Erzeugt eine komplexe Zahl.

delattr(object, attr)

Löscht ein Attribut eines Objektes. attr ist ein String. Identisch mit del object.attr.

dir([object])

Gibt eine sortierte Liste von Attributnamen zurück. Diese Namen stammen aus den Attributen __dict__, __methods__ und __members__ des Objektes. Ohne Argument werden die Namen der aktuellen Symboltabelle zurückgegeben.

divmod(a, b)

Gibt Quotient und Rest einer Division langer Ganzzahlen als Tupel zurück. Bei Ganzzahlen wird der Wert (a / b, a % b) zurückgegeben. Bei Fließkommazahlen wird (math.floor(a / b), a % b) zurückgegeben.

eval(expr [, globals [, locals]])

Evaluiert einen Ausdruck. expr ist ein String oder ein mit compile() erzeugtes Code-Objekt. globals und locals bezeichnen den globalen und lokalen Namensraum für die Operation. Falls diese weggelassen werden, wird der Ausdruck im Namensraum der aufrufenden Umgebung ausgewertet.

execfile(filename [, globals [, locals]])

Führt die Anweisungen in der Datei filename aus. globals und locals bezeichnen den globalen und lokalen Namensraum, in denen die Datei ausgeführt wird. Falls diese weggelassen werden, wird die Datei im Namensraum der aufrufenden Umgebung ausgewertet.

filter(function, list)

Erzeugt eine neue Liste aus den Objekten von list, für die function zu logisch wahr ausgewertet wird. Falls function gleich None ist, wird die Identitätsfunktion verwendet, und alle Elemente von list werden entfernt, die logisch falsch sind.

float(x)

Konvertiert x in eine Fließkommazahl.

getattr(object, name)

Gibt ein Attribut eines Objektes zurück. name ist ein String. Identisch mit object.name.

globals()

Ergibt ein Dictionary, das dem globalen Namensraum der aufrufenden Umgebung entspricht.

hasattr(object, name)

Ergibt 1, wenn name der Name eines Attributes von object ist, sonst 0. name ist ein String.

`hash(obj)`

Gibt einen ganzzahligen Hash-Wert eines Objektes zurück (falls möglich). Der Hash-Wert für zwei Objekte ist identisch, wenn diese nach einem Vergleich als gleich gelten. Veränderliche Objekte definieren keinen Hash-Wert.

`hex(x)`

Konvertiert x in einen hexadezimalen String.

`id(object)`

Ergibt die eindeutige, ganzzahlige Kennung eines Objektes.

`input([prompt])`

Identisch mit `eval(raw_input(prompt))`.

`intern(string)`

Prüft, ob `string` in einer internen String-Tabelle aufgeführt ist. Falls ja, wird eine Kopie dieses internalisierten Strings zurückgegeben. Falls nicht, wird `string` in die Tabelle aufgenommen und zurückgegeben. Diese Funktion wird hauptsächlich dazu benutzt, eine bessere Performanz bei Operationen mit Dictionary-Zugriffen zu erreichen. Internalisierte Strings werden niemals speicherbereinigt.

`isinstance(object, classobj)`

Ergibt logisch wahr, falls `object` eine Instanz von `classobj` oder einer Unterklasse von `classobj` ist. Kann auch zur Typ-Prüfung verwendet werden, falls `classobj` ein Typ-Objekt ist.

`issubclass(class1, class2)`

Ergibt logisch wahr, falls `class1` eine Unterklasse von `class2`, d.h. abgeleitet von `class2` ist. Man beachte: `issubclass(A, A)` ist logisch wahr.

`len(s)`

Ergibt die Anzahl von Elementen in s.

`list(s)`

Ergibt eine neue Liste, bestehend aus den Elementen der Sequenz s.

`locals()`

Ergibt ein Dictionary, das dem lokalen Namensraum der aufrufenden Umgebung entspricht.

`long(x)`

Konvertiert eine Zahl oder einen String x in eine lange Ganzzahl.

`map(function, list, ...)`

Wendet `function` auf jedes Element von `list` an und gibt eine Liste von Ergebnissen zurück. Wenn mehrere Listen übergeben werden, wird angenommen, dass `function` ebenso viele Argumente erwartet, wobei jedes Argument einer anderen Liste entnommen wird. Falls `function` gleich `None` ist, wird die Identitätsfunktion angenommen. Falls `None` auf mehrere Listen angewendet wird, wird eine Liste von Tupeln zurückgegeben, in der jedes Tupel ein Element von jeder Liste enthält. Kurze Listen werden, wenn nötig, bis zur Länge der längsten Liste mit `None`-Werten erweitert.

`max(s [, args, ...])`

Ergibt bei einem einzigen Argument s das Maximum der Sequenz s. Bei mehreren Argumenten ergibt es das größte.

`min(s [, args, ...])`

Ergibt bei einem einzigen Argument s das Minimum der Sequenz s. Bei mehreren Argumenten ergibt es das kleinste.

oct(x)

> Konvertiert eine Ganzzahl x in einen oktalen String.

open(filename [, mode [, bufsize]])

> Öffnet die Datei filename und gibt ein neues Dateiobjekt zurück (siehe Kapitel 10, »Ausführungsumgebung«). mode gibt an, in welchem Modus die Datei geöffnet werden soll: 'r' zum Lesen, 'w' zum Schreiben und 'a' zum Anfügen. Ein optionales '+' kann zum Modus hinzugefügt werden, um die Datei zu aktualisieren (was Schreiben und Lesen ermöglicht). Der Modus 'w+' reduziert die Dateigröße auf die Länge 0, wenn sie bereits existiert. Der Modus 'r+' oder 'a+' öffnet die Datei zum Lesen und Schreiben, lässt aber den ursprünglichen Inhalt unverändert, wenn die Datei geöffnet wird. Ein dem Modus angefügtes 'b' bezeichnet einen Binärmodus. Wird der Modus weggelassen, wird 'r' als Voreinstellung angenommen. Das Argument bufsize gibt das Puffer-Verhalten an, wobei 0 für keine und 1 für eine Zeilenpufferung steht. Jede andere positive Zahl bezeichnet eine ungefähre Puffergröße in Bytes. Eine negative Zahl gibt an, dass die Voreinstellung des Systems benutzt werden soll, was auch die Standard-Voreinstellung ist.

ord(c)

> Ergibt den ganzzahligen ASCII-Wert eines einzelnen Zeichens c.

pow(x, y [, z])

> Ergibt x ** y. Wenn z angegeben wird, ergibt es (x ** y) % z.

range([start,] stop [, step])

> Erzeugt eine Liste von Ganzzahlen, von start bis stop. stop bezeichnet eine Schrittweite und ist auf 1 gesetzt, falls sie nicht angegeben wird. Wenn start weggelassen wird, wird als Voreinstellung der Wert 0 verwendet. Ein negativer Wert für step erzeugt eine Liste mit abnehmenden Werten.

*Siehe auch:* xrange

raw_input([prompt])

> Liest eine Eingabezeile von der Standardeingabe (sys.stdin) und gibt sie als String zurück. Wenn eine Eingabeaufforderung prompt angegeben wird, wird diese vorher auf die Standardausgabe (sys.stdout) ausgegeben. Zeilenende-Zeichen am Ende werden weggelassen und falls ein EOF gelesen wird, wird die Ausnahme EOFError ausgelöst. Wenn das Modul readline geladen ist, wird diese Funktion es benutzen, um bei der Eingabe verbesserte Editier- und Fortsetzungsmechanismen zu ermöglichen.

reduce(func, seq [, initializer])

> Wendet eine Funktion func wiederholt auf die Elemente einer Sequenz seq an und gibt einen einzelnen Wert zurück. Von func wird angenommen, dass es zwei Argumente annimmt. func wird zu Beginn auf die ersten beiden Elemente von seq angewendet, dann auf das Ergebnis davon und das jeweils nächste Element von seq, solange bis alle Elemente von seq aufgebraucht sind. initializer ist ein optionaler Startwert, der beim ersten Aufruf sowie dann verwendet wird, wenn seq leer ist.

reload(module)

> Lädt erneut ein bereits importiertes Modul. module muss auf ein bereits existierendes Modul-Objekt verweisen. Vom Gebrauch dieser Funktion wird außer zum Zwecke der Fehlersuche abgeraten. Man beachte dabei Folgendes:
>
> * Wenn ein Modul erneut geladen wird, wird das Dictionary, das seinen globalen Namensraum definiert, beibehalten. Somit werden Definitionen im alten Modul, die nicht Teil des erneut geladenen Moduls sind, beibehalten. Module können das ausnutzen, um zu verifizieren, ob sie bereits geladen wurden.

- Es ist normalerweise nicht erlaubt, zur Laufzeit geladene und in C- oder C++ geschriebene Module erneut zu laden.
- Falls irgendwelche andere Module dieses Modul mit der from-Anweisung geladen haben, werden sie weiterhin die Definitionen des zuvor geladenen Moduls verwenden. Dieses Problem kann vermieden werden, indem entweder die from-Anweisung erneut ausgeführt wird oder indem vollständig qualifizierte Namen verwendet werden wie in module.name.
- Wenn es irgendwelche Instanzen von Objekten gibt, die von Klassen im alten Modul erzeugt worden sind, werden diese weiterhin Methoden benutzen, die im alten Modul definiert wurden.

repr(object)

Gibt eine String-Repräsentation von object zurück. Dies ist der gleiche String, der auch durch Anwendung von Rückwärtshochkommata (``) generiert wird. In den meisten Fällen ist der zurückgegebene String ein Ausdruck, der an eval() übergeben werden kann, um das Objekt erneut zu erzeugen.

round(x [, n])

Ergibt eine gerundete Fließkommazahl, wobei die Fließkommazahl x auf das nächste Vielfache von 10 hoch n gerundet wird. Falls n weggelassen wird, wird der voreingestellte Wert 0 dafür benutzt. Wenn zwei Vielfache gleich weit von 0 entfernt sind, wird von 0 weg gerundet (z.B. wird 0.5 auf 1.0 gerundet und -0.5 auf -1.0).

setattr(object, name, value)

Setzt ein Attribut eines Objektes. name ist ein String. Identisch mit object.name = value.

slice([start,] stop [, step])

Ergibt ein Teilbereichsobjekt, das ganze Zahlen im angegebenen Intervall repräsentiert. Teilbereichsobjekte werden auch durch die erweiterte Teilbereichsnotation erzeugt. Siehe Abschnitt »Methoden auf Sequenzen und Abbildungen« in Kapitel 3 für weitere Details.

str(object)

Ergibt einen String, der die druckbare Form eines Objektes repräsentiert. Dieser ist identisch mit dem String, der von der print-Anweisung ausgegeben wird.

tuple(s)

Erzeugt ein Tupel, dessen Elemente aus der Sequenz s stammen. Falls s bereits ein Tupel ist, wird es unverändert zurückgegeben.

type(object)

Ergibt den Typ von object. Es wird ein Typ-Objekt zurückgegeben, wie er im Modul types definiert ist.

vars([object])

Gibt die Symboltabelle von object zurück (normalerweise in seinem Attribut __dict__ anzutreffen). Ohne Argument wird ein Dictionary zurückgegeben, das dem lokalen Namensraum entspricht.

xrange([start,] stop [, step])

Funktioniert genau wie range(), außer dass ein Objekt vom Type XRangeType zurückgegeben wird. Dieses Objekt erzeugt dieselben Werte wie sie auch in der von range() erzeugten Liste gespeichert sind, aber ohne sie tatsächlich abzuspeichern, sondern nur bei Bedarf. Das ist nützlich, wenn man mit sehr großen Ganzzahl-Intervallen arbeitet, die sonst einen großen Teil des Hauptspeichers verbrauchen würden.

# Eingebaute Ausnahmen

Eingebaute Ausnahmen sind im Modul `exceptions` enthalten, das immer vor der Ausführung eines jeden Programmes geladen wird. Ausnahmen sind als Klassen definiert. Folgende Ausnahmen dienen als Oberklassen für alle anderen Ausnahmen:

Exception
> Die Wurzel-Klasse für alle Ausnahmen. Alle eingebauten Ausnahmen werden von dieser Klasse abgeleitet. Es wird empfohlen, diese Klasse auch für benutzerdefinierte Ausnahmen als Basisklasse zu verwenden.

StandardError
> Die Basisklasse für alle eingebauten Ausnahmen.

ArithmeticError
> Basisklasse für arithmetische Ausnahmen, inklusive `OverflowError`, `ZeroDivisionError` und `FloatingPointError`.

LookupError
> Basisklasse für Index- und Schlüsselwert-Fehler, inklusive `IndexError` und `KeyError`.

EnvironmentError
> Oberklasse für Fehler, die außerhalb von Python entstehen, inklusive `IOError` und `OSError`.

Die bisherigen Ausnahmen werden nie explizit ausgelöst. Sie können jedoch verwendet werden, um gewisse Kategorien von Fehlern abzufangen. Folgender Code würde z.B. jede Art von numerischen Fehlern abfangen:

```
try:
    # Irgendeine Operation.
    ...
except ArithmeticError, e:
    # Mathematischer Fehler.
```

Wenn eine Ausnahme ausgelöst wird, wird eine Instanz einer Ausnahme-Klasse erzeugt. Diese Instanz wird an die optionale Variable übergeben, die der except-Anweisung mitgegeben wird. Beispiel:

```
except IOError, e:
    # Behandle Fehler.
    # 'e' ist eine Instanz von IOError.
```

Die meisten Ausnahmen verfügen über einen zugehörigen Wert, der als Attribut `args` der Ausnahme-Instanz zugänglich ist (etwa `'e.args'` im obigen Beispiel). In den meisten Fällen ist dies ein String, der den Fehler beschreibt. Bei `EnvironmentError`-Ausnahmen ist der Wert ein 2- oder 3-Tupel, das eine ganzzahlige Fehlernummer, einen String als Fehlermeldung und einen optionalen Dateinamen enthält.

Die folgenden Ausnahmen werden von Programmen ausgelöst.

AssertionError
> Fehlgeschlagene assert-Anweisung.

AttributeError
> Attributzugriff oder -zuweisung fehlgeschlagen.

EOFError

Dateiende, wird erzeugt durch die eingebauten Funtionen input() und raw_input(). Man beachte: Eine Reihe von Ein-/Ausgabemethoden wie read() und readline() geben einen leeren String bei EOF zurück.

FloatingPointError

Fehlgeschlagene Fließkomma-Operation.

IOError

Fehlgeschlagene Ein-/Ausgabe-Operation. Der Wert ist ein Tupel (errno, errmsg [, filename]) mit der ganzzahligen Fehlernummer errno, einer Fehlermeldung errmsg und einem optionalen Dateinamen filename.

ImportError

Wird ausgelöst, wenn eine import-Anweisung ein Modul oder die from-Anweisung einen Namen in einem Modul nicht finden kann.

IndexError

Index einer Sequenz außerhalb des gültigen Wertebereichs.

KeyError

Schlüssel wurde in einem Dictionary nicht gefunden.

KeyboardInterrupt

Wird ausgelöst, wenn der Benutzer die Unterbrechungstaste drückt (normalerweise Strg+C).

MemoryError

Wird ausgelöst, wenn der Hauptspeicher erschöpft ist (abfangbar).

NameError

Name wurde im lokalen oder globalen Namensraum nicht gefunden.

NotImplementedError

Nicht implementierte Funktion. Kann von Basisklassen ausgelöst werden, die verlangen, dass abgeleitete Klassen gewisse Methoden implementieren.

OSError

Betriebssystem-Fehler. Vor allem von Funktionen im Modul os ausgelöst. Der Wert ist der gleiche wie bei IOError.

OverflowError

Ergebnis einer arithmetischen Operation ist zu groß und kann nicht dargestellt werden.

RuntimeError

Ein generischer Fehler, der von keiner anderen Kategorie abgedeckt wird.

SyntaxError

Fehler beim Parsen. Instanzen haben die Attribute filename, lineno, offset und text, die verwendet werden können, um weitere Information zu erhalten.

SystemError

Interner Fehler des Interpreters. Der Wert ist ein String, der das Problem beschreibt.

SystemExit

Ausgelöst von der Funktion sys.exit(). Der Wert ist eine Ganzzahl, die den Rückgabewert angibt. Falls es notwendig ist, sofort abzubrechen, kann os.exit() verwendet werden.

TypeError

Ausgelöst bei Anwendung einer Operation oder Funktion auf einen unpassenden Typ.

ValueError
> Ausgelöst, wenn das Argument einer Operation oder Funktion den korrekten Typ, aber einen falschen Wert hat.

ZeroDivisionError
> Division durch Null.

# Python-Dienste

Die Module in diesem Abschnitt dienen hauptsächlich der Interaktion mit dem Python-Interpreter und seiner Umgebung.

····· **copy** ···················

*Verfügbarkeit:* A

Das Modul copy bietet Funktionen zur Anfertigung von flachen und tiefen Kopien von zusammengesetzten Objekten inklusive Listen, Tupeln, Dictionaries und Klasseninstanzen.

copy(x)
> Macht eine flache Kopie von x, indem ein neues zusammengesetztes Objekt erzeugt und mit Verweisen auf den Inhalt von x gefüllt wird.

deepcopy(x [, visit])
> Macht eine tiefe Kopie von x, indem ein neues zusammengesetztes Objekt erzeugt und rekursiv mit Kopien aller Elemente von x gefüllt wird. visit ist ein optionales Dictionary, das intern dazu verwendet wird, um Zyklen in rekursiv definierten Datenstrukturen zu erkennen und zu vermeiden.

Eine Klasse kann ihre eigenen Kopiermethoden implementieren, indem sie die Methoden __copy__(self) und __deepcopy__(self, visit) implementiert. Beide Methoden sollten eine Kopie des Objektes zurückgeben. Außerdem muss die Methode __deepcopy__() ein optionales Dictionary visit als Parameter akzeptieren, wie es bereits bei der Funktion deepcopy() beschrieben wurde. Bei der Implementierung von __deepcopy__() ist es nicht notwendig, visit zu modifizieren. visit sollte jedoch an weitere Aufrufe von deepcopy() übergeben werden, falls solche innerhalb der Methode __deepcopy__() vorkommen.

*Bemerkungen*

- Dieses Modul kann auch mit einfachen Typen wie Ganzzahlen und Strings benutzt werden, aber es gibt kaum einen Grund, das zu tun.
- Die Kopierfunktionen funktionieren nicht bei Modulen, Klassenobjekten, Funktionen, Methoden, Tracebacks, Stapelrahmen, Dateien, Sockets oder ähnlichen Typen.
- Das Modul copy_reg wird nicht von diesem Modul benutzt.

*Siehe auch:* pickle (Seite 113)

····· **copy_reg** ···················

*Verfügbarkeit:* A

Das Modul copy_reg wird dazu verwendet, die Möglichkeiten der Module pickle und cPickle zu erweitern, damit sie die Serialisierung von Objekten bewerkstelligen können, die durch Erweiterungstypen beschrieben werden (wie sie in C-Erweiterungsmodulen definiert werden). Dazu wird das Modul von Autoren von Erweiterungsmodulen benutzt, um Funktionen zur Reduktion und Konstruktion zu schreiben, die benutzt werden, um Objekte jeweils zu serialisieren und zu deserialisieren.

```
constructor(cfunc)
```
> Erklärt `cfunc` zu einer gültigen Konstruktorfunktion. `cfunc` muss ein aufrufbares Objekt sein, das ein Tupel von Werten erwartet, das so von der Reduktionsfunktion zurückgegeben wird, die an die Funktion `pickle()` übergeben wird.

```
pickle(type, rfunc [, cfunc])
```
> Registriert `rfunc` als Reduktionsfunktion für Objekte des Typs `type`. `rfunc` muss ein Objekt des entsprechenden Typs erwarten und ein Tupel mit der Konstruktorfunktion sowie dem Tupel der Argumente zurückgeben, die die Konstruktorfunktion benötigt, um das Objekt wieder herzustellen. `cfunc` ist eine optionale Konstruktorfunktion, die mit der Funktion `constructor()` registriert wird, falls angegeben.

*Beispiel*

Das folgende Beispiel zeigt, wie dieses Modul benutzt werden kann, um komplexe Zahlen (einen eingebauten Datentyp) zu pickeln.

```
# Registriere eine Methode zum pickling von komplexen Zahlen.
import copy_reg

# Erzeuge eine komplexe Zahl aus zwei reellen.
def construct_complex(real, imag):
    return complex(real, imag)      # Eingebaute Funktion.

# Nimm eine komplexe Zahl 'c' und mache daraus zwei Fließkommazahlen.
def reduce_complex(c):
    return construct_complex, (c.real, c.imag)

# Registriere unsere Funktion.
copy_reg.pickle(type(1j), reduce_complex, construct_complex)
```

Wenn komplexe Zahlen gepickelt werden, wird die Funktion `reduce_complex()` aufgerufen. Wenn das Objekt später entpickelt wird, wird die Funktion `construct_complex()` mit dem ursprünglich von `reduce_complex()` zurückgegebenen Tupel von Argumenten.

*Bemerkungen*

- `copy_reg` ist eine Fehlbezeichnung – dieses Modul wird nicht vom Modul `copy` verwendet.
- Man muss dieses Modul nicht verwenden, wenn man Instanzen von benutzerdefinierten Klassen pickeln möchte.

*Siehe auch:* `pickle` (Seite 113)

## marshal

*Verfügbarkeit:* A

Das Modul `marshal` wird zur Serialisierung von Python-Objekten verwendet. `marshal` ähnelt den Modulen `pickle` und `shelve`, ist jedoch weniger mächtig als diese und nur zur Verwendung bei einfachen Objekten gedacht. Es sollte nicht zur Implementierung von persistenten Objekten verwendet werden (dazu dient `pickle`).

```
dump(value, file)
```
> Schreibt das Objekt `value` in das geöffnete Dateiobjekt `file`. Falls `value` ein nicht unterstützter Typ ist, wird die Ausnahme `ValueError` ausgelöst.

`dumps(value)`

Gibt den String zurück, der von der Funktion dump() geschrieben wird. Falls value ein nicht unterstützter Typ ist, wird die Ausnahme ValueError ausgelöst.

`load(file)`

Liest den nächsten Wert vom geöffneten Dateiobjekt file und gibt ihn zurück. Falls kein gültiger Wert gelesen wird, wird eine der Ausnahmen EOFError, ValueError, oder TypeError ausgelöst.

`loads(string)`

Liest den nächsten Wert vom String string und gibt ihn zurück.

*Bemerkungen*

- Daten werden in einem binären, maschinenunabhängigen Format gespeichert.
- Es werden nur folgende Typen unterstützt: None, Ganzzahlen, lange Ganzzahlen, Fließkommazahlen, komplexe Zahlen, Strings, Tupel, Listen, Dictionaries und Code-Objekte. Listen, Tupel und Dictionaries dürfen nur solche unterstützte Objekte enthalten. Klasseninstanzen und rekursive Referenzen in Listen, Tupeln und Dictionaries werden nicht unterstützt.
- marshal ist wesentlich schneller als pickle, aber nicht so flexibel.

*Siehe auch:* pickle (Seite 113), shelve (Seite 138)

····· **new** ···················

*Verfügbarkeit:* U, W, M

Das Modul new wird verwendet, um verschiedene Arten von Objekten zu erzeugen, die vom Interpreter benutzt werden. Der Hauptanwendungsbereich bei diesem Modul liegt bei Anwendungen, die Objekte in einer unregelmäßigen Weise erzeugen müssen (z.B. bei der Konstruktion von Daten mit dem Modul marshal).

`instance(class, dict)`

Erzeugt eine Klasseninstanz von class mit dem Dictionary dict, ohne die Methode __init__() aufzurufen.

`instancemethod(function, instance, class)`

Erzeugt ein an instance gebundenes Methodenobjekt. function muss ein aufrufbares Objekt sein. Falls instance gleich None ist, wird eine ungebundene Instanz erzeugt.

`function(code, globals [, name [, argdefs]])`

Erzeugt ein Funktionsobjekt aus dem angegebenen Code-Objekt und globalen Namensraum. name ist der Name der Funktion oder gleich None (in diesem Fall wird der Funktionsname aus code.co_name übernommen). argdefs ist ein Tupel mit den Voreinstellungswerten der Parameter.

`code(argcount, nlocals, stacksize, flags, codestring, constants, names, varnames, filename, name, firstlineno, lnotab)`

Diese Funktion erzeugt ein neues Code-Objekt. Siehe Kapitel 3 für eine Beschreibung der Argumente.

`module(name)`

Erzeugt ein neues Modulobjekt mit dem Modulnamen name.

`classobj(name, baseclass, dict)`

Erzeugt ein neues Klassenobjekt. name ist der Klassenname, baseclasses ist ein Tupel mit Oberklassen und dict ist ein Dictionary, das den Namensraum der Klasse definiert.

*Siehe auch:* Kapitel 3.

··········( **operator** )····················

*Verfügbarkeit:* A

Das Modul operator stellt Funktionen bereit, mit denen der Zugriff auf eingebaute Operatoren und spezielle Methoden möglich ist (beschrieben in Kapitel 3). So ist z.B. add(3, 4) identisch mit 3+4. Wenn der Name einer Funktion mit dem einer speziellen Methode übereinstimmt, kann sie auch mit ihrem Namen und doppelten Unterstrichen aufgerufen werden, z.B., __add__(3, 4).

| Funktion | Beschreibung |
| --- | --- |
| add(a, b) | Ergibt a + b bei Zahlen. |
| sub(a, b) | Ergibt a - b. |
| mul(a, b) | Ergibt a * b bei Zahlen. |
| div(a, b) | Ergibt a / b. |
| mod(a, b) | Ergibt a % b. |
| neg(a) | Ergibt -a. |
| pos(a) | Ergibt +a. |
| abs(a) | Ergibt Betrag von a. |
| inv(a) | Ergibt Inverses Element von a. |
| lshift(a, b) | Ergibt a << b. |
| rshift(a, b) | Ergibt a >> b. |
| and_(a, b) | Ergibt a & b (bitweises Und). |
| or_(a, b) | Ergibt a \| b (bitweises Oder). |
| xor(a, b) | Ergibt a ^ b (bitweises Xor). |
| not_(a) | Ergibt nicht a. |
| truth(a) | Ergibt 1, falls a wahr ist, sonst 0. |
| concat(a, b) | Ergibt a + b bei Sequenzen. |
| repeat(a, b) | Ergibt a * b bei einer Sequenz a und einer Ganzzahl b. |
| contains(a, b) | Ergibt Ergebnis von b in a. |
| sequenceIncludes(a, b) | Ergibt Ergebnis von b in a. |
| countOf(a, b) | Ergibt Anzahl der Vorkommen von b in a. |
| indexOf(a, b) | Ergibt Index des ersten Vorkommens von b in a. |
| getitem(a, b) | Ergibt a[b]. |
| setitem(a, b, c) | a[b] = c. |
| delitem(a, b) | del a[b]. |
| getslice(a, b, c) | Ergibt a[b:c]. |
| setslice(a, b, c, v) | Setzt a[b:c] = v. |
| delslice(a, b, c) | del a[b:c]. |

*Siehe auch:* Kapitel 3 (spezielle Methoden).

## pickle und cPickle

*Verfügbarkeit:* A

Die Module `pickle` und `cPickle` werden zur Serialisierung von Python-Objekten in einen Byte-Strom verwendet, der in einer Datei gespeichert, in einem Netzwerk übertragen oder in einer Datenbank abgespeichert werden kann. Dieser Vorgang wird manchmal Pickeln (engl. pickle: einlegen), Serialisieren, Einpacken oder »flattening« genannt. Der resultierende Byte-Strom kann mit einem umgekehrten Vorgang auch wieder in eine Folge von Python-Objekten zurück-konvertiert werden.

Der Vorgang der Serialisierung und Deserialisierung wird mit Hilfe von Pickler- und Unpickler-Objekten gesteuert, wie sie von den folgenden beiden Funktionen erzeugt werden:

`Pickler(file [, bin])`

Erzeugt ein Serialisierungsobjekt, das Daten in das Dateiobjekt `file` schreibt. `bin` gibt an, dass die Daten im Binärformat geschrieben werden sollen. Als Voreinstellung wird ein weniger effizientes, aber lesbares Textformat verwendet.

`Unpickler(file)`

Erzeugt ein Deserialisierungsobjekt, das Daten aus dem Dateiobjekt `file` liest. Der Deserialisierer erkennt automatisch, ob die Eingangsdaten im Binär- oder Textformat vorliegen.

Um ein Objekt `x` in eine Datei `f` zu serialisieren, wird die Methode `dump()` des Pickler-Objektes verwendet. Beispiel:

```
p = pickle.Pickler(f)    # Sende serialisierte Daten in Datei f.
p.dump(x)                # Gib x aus.
```

Um später das Objekt aus der Datei zurückzugewinnen, kann man so vorgehen:

```
u = pickle.Unpickler(f)
x = u.load()             # Stelle x aus Datei f wieder her.
```

Mehrfache Aufrufe der Methoden `dump()` und `load()` sind erlaubt, vorausgesetzt, dass die Aufrufreihenfolge von `load()`, mit der eine Ansammlung von zuvor abgespeicherten Objekten geladen wird, der Aufrufreihenfolge von `dump()` entspricht, mit der die Objekte abgespeichert wurden.

Folgende Funktionen stehen als Abkürzung für oft verwendete Pickle-Operationen zur Verfügung:

`dump(object, file [, bin])`

Speichert eine serialisierte Repräsentation eines Objektes in das Dateiobjekt `file` ab. Identisch mit `Pickler(file, bin).dump(object)`.

`dumps(object [, bin])`

Wie `dump()`, gibt jedoch einen String mit den serialisierten Daten zurück.

`load(file)`

Lädt eine serialisierte Repräsentation eines Objektes aus dem Dateiobjekt `file`. Identisch mit `Unpickler(file.load()`.

`loads(string)`

Wie `load()`, liest jedoch die serialisierte Repräsentation eines Objektes aus einem String.

Folgende Objekte können mit dem Modul `pickle` serialisiert werden:

*   None.
*   Ganzzahlen, lange Ganzzahlen, Fließkomma- und komplexe Zahlen.

- Tupel, Listen und Dictionaries mit serialisierbaren Objekten.
- Klassen, die auf der obersten Ebene eines Moduls definiert wurden.
- Instanzen von Klassen, die auf der obersten Ebene eines Moduls definiert wurden.

Wenn Klasseninstanzen serialisiert werden, muss die entsprechende Klassendefinition auf der obersten Ebene eines Moduls vorliegen (d.h. keine verschachtelten Klassen). Wenn Instanzen deserialisiert werden, wird automatisch das Modul importiert, in dem ihre Klassendefinition vorkommt. Außerdem wird die Methode __init__() von derart wiederhergestellten Objekten nicht ausgeführt. Falls es notwendig ist, __init__() bei der Wiederherstellung aufzurufen, muss die Klasse eine spezielle Methode namens __getinitargs__() definieren, die ein Argument-Tupel zurück gibt, das an __init__() übergeben wird. Falls vorhanden, wird pickle diese Funktion aufrufen und die Argumente für den Konstruktor im Byte-Strom kodieren, damit sie bei unpickle verwendet werden.

Eine Klasse kann spezielle Methoden definieren, um den Zustand ihrer Instanzen abzuspeichern und wiederherzustellen, indem sie die speziellen Methoden __getstate__() und __setstate__() implementiert. __getstate__() muss ein serialisierbares Objekt (z.B. einen String) zurückgeben, der den Zustand des Objektes repräsentiert. __setstate__() akzeptiert dieses serialisierte Objekt und stellt dessen Zustand wieder her. Falls die Methode __getstate__() nicht gefunden wird, serialisiert pickle einfach das Attribut __dict__ eines Objektes.

*Ausnahme*

PicklingException
    Wird ausgelöst bei dem Versuch, einen nicht unterstützten Objekttyp zu serialisieren.

*Bemerkungen*

- Rekursive Objekte (Objekte, die Referenzen auf sich selbst enthalten) und gemeinsam benutzte Objekte werden korrekt behandelt. Wird jedoch das gleiche Objekt mehr als einmal von einem Pickler serialisiert, wird nur die erste Instanz abgespeichert (selbst wenn sich das Objekt zwischendurch verändert hat).
- Wenn Klasseninstanzen serialisiert werden, wird ihre Klassendefinition und der Code für die zugehörigen Methoden nicht abgespeichert. Dies erlaubt es, Klassen zu modifizieren und weiterzuentwickeln, während Daten von älteren abgespeicherten Versionen immer noch gelesen werden können.
- pickle definiert Pickler und Unpickler als Klassen, von denen bei Bedarf Unterklassen gebildet werden können.
- Das Modul cPickle ist bis zu 1000-mal schneller als pickle, erlaubt es jedoch nicht, Unterklassen von Pickler und Unpickler abzuleiten.
- Das von pickle verwendete Datenformat ist Python-spezifisch, und man sollte nicht annehmen, dass es zu irgendwelchen anderen externen Standards (z.B. XDR) kompatibel ist.
- Jedes Objekt, dass über die Methoden write(), read() und readline() verfügt, kann an Stelle einer Datei verwendet werden.
- Das Modul copy_reg wird benutzt, um neue Typen beim Modul pickle zu registrieren.

*Siehe auch:* shelve (Seite 138), marshal (Seite 110) , copy_reg (Seite 109)

····· **site** ·················

*Verfügbarkeit:* U, W, M

Das Modul site wird automatisch importiert, wenn der Interpreter startet und dient zur installationsweiten Initialisierung von Software-Paketen. Das Modul arbeitet so, dass es zuerst eine Liste von bis zu vier Verzeichnisnamen aus den Werten von sys.prefix und sys.exec_prefix erzeugt. Unter Windows oder Macintosh lautet die Verzeichnisliste wie folgt:

```
[ sys.prefix,
  sys.exec_prefix ]
```

Unter Unix lauten diese Verzeichnisse:

```
[ sys.prefix + 'lib/<pythonvers>/site-packages',
  sys.prefix + 'lib/site-python',
  sys.exec_prefix + 'lib/<pythonvers>/site-packages',
  sys.exec_prefix + 'lib/site-python' ]
```

Für jedes Verzeichnis in der Liste wird geprüft, ob es existiert. Falls ja, wird es an die Variable sys.path angefügt. Dann wird geprüft, ob es Pfadkonfigurationsdateien enthält (Dateien mit der Endung .pth). Eine Pfadkonfigurationsdatei enthält eine Liste von Verzeichnisnamen relativ zu dem Ort der Datei, die an sys.path angefügt werden sollten. Beispiel:

```
# Paket-Konfiguratonsdatei 'foo.pth' für das Paket foo.
foo
bar
```

Jedes Verzeichnis in der Pfadkonfigurierungsdatei muss auf einer separaten Zeile angegeben werden. Kommentare und Leerzeilen werden ignoriert. Wenn das Modul site die Datei lädt, prüft es, ob jedes der Verzeichnisse existiert. Falls ja, wird es an sys.path angefügt. Doppelt vorkommende Einträge werden nur einmal an den Pfad angefügt.

Nachdem alle Pfade an sys.path hinzugefügt wurden, wird der Versuch unternommen, ein Modul namens sitecustomize zu importieren. Falls dies schiefgeht, wird der Fehler samt ausgelöster ImportError-Ausnahme einfach ignoriert.

*Siehe auch:* sys (Seite 115), Kapitel 8 und 10.

····· **sys** ·················

*Verfügbarkeit:* A

Das Modul sys beinhaltet Variablen und Funktionen, die im Zusammenhang mit dem Interpreter und seiner Umgebung von Bedeutung sind. Folgende Variablen werden definiert:

| Variable | Beschreibung |
|---|---|
| argv | Liste von Kommandozeilen-Optionen, die an ein Programm übergeben werden. argv[0] ist der Name des Programmes. |
| builtin_module_names | Tupel mit den Namen der im Python-Interpreter eingebauten Module. |
| copyright | String mit Pythons Copyright-Meldung. |
| exec_prefix | Ordner, wo Plattform-abhängige Python-Dateien installiert sind. |
| executable | String mit dem Namen der ausführbaren Interpreter-Datei. |
| exitfunc | Funktionsobjekt, das aufgerufen wird, wenn der Interpreter terminiert. Es kann auf eine Funktion ohne Parameter gesetzt werden. |
| last_type, last_value, last_traceback | Diese Variablen werden gesetzt, wenn eine unbehandelte Ausnahme angetroffen wird und der Interpreter eine Fehlermeldung ausgibt. last_type ist der Typ, last_value der Wert der letzten Ausnahme, und last_traceback ist ein Stack Trace. |
| maxint | Die größte vom Typ Ganzzahl erlaubte ganze Zahl. |

| Variable | Beschreibung |
|---|---|
| modules | Dictionary, das Modulnamen auf Modulobjekte abbildet. |
| path | Liste von Strings, die den Modul-Suchpfad angibt. Siehe Kapitel 8. |
| platform | String, der die Plattform angibt wie z.B. `'linux-i386'`. |
| prefix | Ordner, wo Plattform-unabhängige Python-Dateien installiert sind. |
| ps1, ps2 | Strings mit dem Text für die erste und zweite Eingabeaufforderung des Interpreters. Zu Beginn sind ps1 auf `'>>> '` und ps2 auf `'... '` gesetzt. Der Text dieser Eingabeaufforderungen wird erzeugt durch die Methode str() der Objekte, die gerade an diese Werte zugewiesen sind. |
| stdin, stdout, stderr | Dateiobjekte, die der Standardeingabe, -ausgabe und Standardfehlerausgabe entsprechen. stdin wird für die Funktionen raw_input() und input() benutzt. stdout wird für print und die Eingabeaufforderungen bei raw_input() und input() benutzt. stderr wird für die Eigabeaufforderungen und Fehlermeldungen des Interpreters benutzt. Diese Variablen können an ein beliebiges Objekt zugewiesen werden, das die Methode write() unterstützt und ein einziges String-Argument erwartet. |
| __stdin__, __stdout__, __stderr__ | Dateiobjekte mit den Werten von stdin, stdout, und stderr beim Start des Interpreters. |
| tracebacklimit | Maximale Tiefe der bei einer unbehandelten Ausnahme ausgegebenen Traceback-Information. Der voreingestellte Wert ist 1000. Ein Wert von 0 unterdrückt jede Traceback-Information und führt dazu, dass nur der Typ und der Wert einer Ausnahme ausgegeben wird. |

Folgende Funktionen sind verfügbar:

exc_info()
Ergibt ein Tupel (type, value, traceback) mit Information über die gerade behandelte Ausnahme. type ist der Ausnahme-Typ, value ist der Parameter der Ausnahme, wie er an raise übergeben wird, und traceback ist ein Traceback-Objekt mit dem Aufrufstapel zum Zeitpunkt, an dem die Ausnahme auftrat. Gibt None zurück, falls gerade keine Ausnahme behandelt wird.

exit([n])
Diese Funktion beendet Python, indem sie die Ausnahme SystemExit auslöst. n ist ein ganzzahliger Terminierungscode, der einen Status angibt. Der Wert 0 wird als normal betrachtet (Voreinstellung). Werte ungleich Null werden als anormal betrachtet. Falls kein ganzzahliger Wert mit n übergeben wird, wird n auf sys.stderr ausgegeben und der Terminierungscode 1 wird benutzt.

getrefcount(object)
Gibt den Referenzzähler von object zurück (in JPython nicht verfügbar).

setcheckinternal(n)
Setzt die Anzahl der virtuellen Instruktionen, die vom Interpreter ausgeführt werden müssen, bevor er periodische Ereignisse wie z.B. Signale und Kontextwechsel bei Threads prüft.

`setprofile(pfunc)`

    Setzt die systemweite Profile-Funktion, die verwendet werden kann, um einen Quellcode-Profiler zu implementieren. Siehe den späteren Abschnitt »Der Python-Profiler« für weitere Informationen über Pythons Profiler.

`settrace(tfunc)`

    Setzt die systemweite Trace-Funktion, die verwendet werden kann, um einen Debugger zu implementieren. Siehe den späteren Abschnitt »Debugger« für weitere Informationen über Pythons Debugger.

····· **traceback** ···················

*Verfügbarkeit:* A

Das Modul `traceback` wird benutzt, um Stack Traces eines Programmes zu sammeln und auszugeben, nachdem eine Ausnahme aufgetreten ist. Die Funktionen in diesem Modul operieren auf Traceback-Objekten, wie sie z.B. als drittes Element von der Funktion `sys.exc_info()` zurückgegeben werden.

`print_tb(traceback [, limit [, file]])`

    Gibt bis zu `limit` Einträge eines Stack Traces von `traceback` in die Datei `file` aus. Ohne Angabe von `limit` werden alle Einträge ausgegeben. Wird `file` weggelassen, erfolgt die Ausgabe auf `sys.stderr`.

`print_exception(type, value, traceback [, limit [, file]])`

    Gibt Information zu einer Ausnahme und einem Stack Trace in einer Datei namens `file` aus. `type` bezeichnet den Typ und `value` den Wert der Ausnahme. `limit` und `file` sind wie in `print_tb`.

`print_exc([, limit [, file]])`

    Identisch mit `print_exception`, angewendet auf die von der Funktion `sys.exc_info()` zurück gegebene Information.

`print_last([, limit [, file]])`

    Identisch mit `print_exception(sys.last_type, sys.last_value, sys.last_traceback, limit, file)`.

`print_stack([frame [, limit [, file]]])`

    Gibt einen Stack Trace ab dem Punkt aus, wo diese Funktion aufgerufen wird. `frame` gibt den optionalen Stack Frame an, bei dem begonnen wird. `limit` und `file` haben die gleiche Bedeutung wie in `print_tb()`.

`extract_tb(traceback [, limit])`

    Extrahiert die von `print_tb()` benutzte Stack-Trace-Information.

`extract_stack(frame [, limit])`

    Extrahiert die von `print_stack()` benutzte Stack-Trace-Information.

`format_list(list)`

    Formatiert Stack-Trace-Information zur weiteren Ausgabe.

`format_exception_only(type, value)`

    Formatiert Ausnahme-Information zur weiteren Ausgabe.

`format_exception(type, value, traceback [, limit])`

    Formatiert eine Ausnahme und einen Stack Trace zur weiteren Ausgabe.

format_tb(traceback [, limit])
> Identisch mit format_list(extract_tb(traceback, limit)).

format_stack([frame [, limit]])
> Identisch mit format_list(extract_stack(frame, limit)).

tb_lineno(traceback)
> Gibt die in einem Traceback-Objekt gesetzte Zeilennummer zurück.

*Bemerkung*
Weitere Details sind in der Online-Dokumentation verfügbar.
*Siehe auch:* sys (Seite 115), »Debugger« (Seite 255), Kapitel 3 und *http://www.python.org/doc/lib/module-traceback.html*

····· **types** ·····················

*Verfügbarkeit:* A
Das Modul types definiert Namen für alle eingebauten Objekt-Typen. Der Inhalt dieses Moduls wird oftmals im Zusammenhang mit der eingebauten Funktion isinstance() und anderen Typ-orientierten Operationen verwendet. Das Modul definiert folgende Variablen:

| Variable | Beschreibung |
| --- | --- |
| BuiltinFunctionType | Typ eingebauter Funktionen |
| CodeType | Code-Objekt |
| ComplexType | Komplexe Zahlen |
| ClassType | Benutzerdefinierte Klasse |
| DictType | Dictionaries |
| DictionaryType | Alternativer Name für Dictionaries |
| EllipsisType | Typ von Ellipsis |
| FileType | Dateien |
| FloatType | Gleitkommazahlen |
| FrameType | Execution-Frame-Objekt |
| FunctionType | Benutzerdefinierte Funktionen und Lambda-Funktionen |
| InstanceType | Instanz einer benutzerdefinierten Klasse |
| IntType | Ganzzahlen |
| LambdaType | Alternativer Name für FunctionType |
| ListType | Listen |
| LongType | Lange Ganzzahlen |
| MethodType | Benutzerdefinierte Klassenmethoden |
| ModuleType | Module |
| NoneType | Typ von None |
| SliceType | Erweitertes Teilbereichsobjekt, zurückgegeben von slice() |
| StringType | Strings |
| TracebackType | Traceback-Objekte |
| TupleType | Tupel |
| TypeType | Typ von type-Objekten |
| UnboundMethodType | Alternativer Name für MethodType |
| XRangeType | Mit xrange() erzeugte Objekte |

*Beispiel*

```
from types import *
if isinstance(s, ListType):
    print 'Ist eine Liste.'
else:
    print 'Ist keine Liste.'
```

*Siehe auch:* Kapitel 3

····· ● **UserDict und UserList** ● ··················

*Verfügbarkeit:* A

Die Module UserDict und UserList stellen eine Klassenhülle um die eingebauten Typen Dictionary und List dar. Die Hüllen (engl. wrapper) können als Basisklassen für Klassen verwendet werden, die existierende Methoden dieser Typen überschreiben oder ihnen neue Methoden hinzufügen möchten. Jedes Modul definiert jeweils eine einzige Klasse UserDict bzw. UserList.

UserDict()

    Gibt eine Klasseninstanz zurück, die ein Dictionary simuliert.

UserList([list])

    Gibt eine Klasseninstanz zurück, die eine Liste simuliert. list ist eine optionale Liste, die als initialer Wert verwendet wird. Ohne Argument wird die Liste auf [] gesetzt.

In beiden Fällen kann über das Attribut data auf das wirkliche Dictionary- oder Listenobjekt zugegriffen werden.

*Beipiel:*

```
# Ein Dictionary, bei dem Groß-/Kleinschreibung für
# die Schlüssel keine Rolle spielt.
from UserDict import UserDict
import string

class MyDict(UserDict):
    # Führe Zugriff unabhängig von der Schreibweise durch.
    def __getitem__(self,key):
        return self.data[string.lower(key)]
    def __setitem__(self,key,value):
        self.data[string.lower(key)] = value
    def __delitem__(self,key):
        del self.data[string.lower(key)]

# Verwende die neue Dictionary-ähnliche Klasse.
d = MyDict()
d['Content-Type'] = 'text/html'
print d['content-type']        # Ergibt 'text/html'.
```

# Mathematik

Die Module in diesem Abschnitt stellen eine Reihe von mathematischen Funktionen zur Verfügung.

····· **array** ···················

*Verfügbarkeit:* U, W, M

Das Modul `array` definiert den neuen Objekt-Typ `ArrayType`, der fast genauso funktioniert wie andere Sequenztypen, außer dass sein Inhalt auf einen einzigen Typ beschränkt ist. Der Typ eines Feldes (engl. array) wird zum Zeitpunkt der Erzeugung mit Hilfe eines der folgenden Typ-Codes bestimmt:

| Typ-Code | Beschreibung | C-Typ | Min. Größe (Bytes) |
|----------|--------------|-------|--------------------|
| `'c'` | 8-Bit-Zeichen | `char` | 1 |
| `'b'` | 8-Bit-Ganzzahl | `signed char` | 1 |
| `'B'` | 8-Bit-, vorzeichenlose Ganzzahl | `unsigned char` | 1 |
| `'h'` | 16-Bit-Ganzzahl | `short` | 2 |
| `'H'` | 16-Bit-, vorzeichenlose Ganzzahl | `unsigned short` | 2 |
| `'i'` | Ganzzahl | `int` | 4 oder 8 |
| `'I'` | Vorzeichenlose Ganzzahl | `unsigned int` | 4 oder 8 |
| `'l'` | Lange Ganzzahl | `long` | 4 oder 8 |
| `'L'` | Vorzeichenlose lange Ganzzahl | `unsigned long` | 4 oder 8 |
| `'f'` | Fließkommazahl einfacher Genauigkeit | `float` | 4 |
| `'d'` | Fließkommazahl doppelter Genauigkeit | `double` | 8 |

Die Repräsentationen für Ganzzahlen und lange Ganzzahlen werden von der Rechnerarchitektur bestimmt (32 oder 64 Bits). Werte, die mit `'L'` oder `'I'` definiert wurden, werden als lange Python-Ganzzahlen zurückgegeben.

Das Modul definiert folgende Funktionen:

`array(typecode [, initializer])`

Erzeugt ein Feld des Typs `typecode`. `initializer` ist ein String oder eine Liste von Werten, mit denen das Feld initialisiert wird.

Ein Feldobjekt `a` verfügt über folgende Attribute und Methoden:

`a.typecode`

Der Typ-Code (ein Zeichen), mit dem das Feld erzeugt wurde.

`a.itemize`

Größe eines Feldelementes (in Bytes).

`a.append(x)`

Fügt `x` am Feldende an.

`a.buffer_info()`

Gibt ein Tupel (`address`, `length`) zurück mit der Speicheradresse und Länge des zur Speicherung des Feldes benutzten Puffers.

`a.byteswap()`
>Vertauscht die Byte-Ordnung aller Feldelemente von Big-endian nach Little-endian oder umgekehrt. Dies wird nur für ganzzahlige Werte unterstützt.

`a.fromfile(f, n)`
>Liest n Elemente (im Binärformat) aus dem Dateiobjekt f und fügt sie an das Feldende an. f muss ein Dateiobjekt sein. Löst EOFError, falls weniger als n Elemente gelesen werden.

`a.fromlist(list)`
>Fügt die Elemente in list an das Feldende an.

`a.fromstring(s)`
>Fügt die Elemente aus dem String s an das Feldende an, wobei s als String von Binärwerten interpretiert wird (so, als wäre der String mit fromfile() aus einer Datei gelesen worden).

`a.insert(i, x)`
>Fügt x vor Position i ein.

`a.reverse()`
>Kehrt die Reihenfolge der Feldelemente um.

`a.tofile(f)`
>Schreibt alle Elemente in die Datei f. Die Daten werden im nativen Binärformat gespeichert.

`a.tolist()`
>Konvertiert das Feld in eine gewöhnliche Liste von Elementen.

`a.tostring()`
>Konvertiert das Feld in einen String mit Binärdaten (die gleichen Daten, wie sie mit tofile() in eine Datei geschrieben würden).

*Ausnahme*

TypeError
>Wird ausgelöst, wenn Elemente in einem Feld eingefügt werden, falls der Objekttyp nicht mit dem Typ übereinstimmt, mit dem das Feld erzeugt wurde.

*Bemerkungen*

- Dieses Modul wird dazu benutzt, große Listen in einer speichereffizienten Weise zu erzeugen. Die damit erzeugten Felder sind nicht für numerische Berechnungen geeignet. So addiert z.B. der Additionsoperator nicht die entsprechenden Elemente zweier Felder, sondern er fügt ein Feld an das andere an. Um speichereffiziente und für Berechnungen geeignete Felder zu erzeugen, sollte man eine Erweiterung namens Numeric verwenden, die unter *ftp://ftp-icf.llnl.gov/pub/python* verfügbar ist. Man beachte dabei, dass das Numeric-API völlig verschieden ist.
- Der Typ eines Feldobjektes ist array.ArrayType.

*Siehe auch:* struct (Seite 132), xdrlib (Seite 243)

····· **cmath** ··················

*Verfügbarkeit:* U, W, M
Das Modul cmath definiert die mathematischen Standardfunktionen für komplexe Zahlen. Alle Funktionen nehmen komplexe Zahlen als Argument an und geben komplexe Zahlen zurück.

| Funktion | Beschreibung |
|---|---|
| acos(x) | Ergibt Arcuscosinus von x. |
| acosh(x) | Ergibt Arcuscosinus hyperbolicus von x. |
| asin(x) | Ergibt Arcussinus von x. |
| asinh(x) | Ergibt Arcussinus hyperbolicus von x. |
| atan(x) | Ergibt Arcustangens von x. |
| atanh(x) | Ergibt Arcustangens hyperbolicus von x. |
| cos(x) | Ergibt Cosinus von x. |
| cosh(x) | Ergibt Cosinus hyperbolicus von x. |
| exp(x) | Ergibt e ** x. |
| log(x) | Ergibt natürlichen Logarithmus von x. |
| log10(x) | Ergibt Logarithmus zur Basis 10 von x. |
| sin(x) | Ergibt Sinus von x. |
| sinh(x) | Ergibt Sinus hyperbolicus von x. |
| sqrt(x) | Ergibt die Quadratwurzel von x. |
| tan(x) | Ergibt Tangens von x. |
| tanh(x) | Ergibt Tangens hyperbolicus von x. |

Folgende Konstanten sind definiert:

| Konstante | Beschreibung |
|---|---|
| pi | Mathematische Konstante Pi, als Fließkommazahl. |
| e | Mathematische Konstante e, als Fließkommazahl. |

*Siehe auch:* math

····· **math** ··················

*Verfügbarkeit:* A

Das Modul math definiert mathematische Standardfunktionen. Diese Funktionen operieren auf Ganz- und Fließkommazahlen, funktionieren aber nicht mit komplexen Zahlen.

| Funktion | Beschreibung |
|---|---|
| acos(x) | Ergibt Arcuscosinus von x. |
| asin(x) | Ergibt Arcussinus von x. |
| atan(x) | Ergibt Arcustangens von x. |
| atan2(y, x) | Ergibt atan(y / x). |
| ceil(x) | Ergibt nächstgrößere ganze Zahl von x. |
| cos(x) | Ergibt Cosinus von x. |
| cosh(x) | Ergibt Cosinus hyperbolicus von x. |
| exp(x) | Ergibt e ** x. |
| fabs(x) | Ergibt Betrag von x. |
| floor(x) | Ergibt nächstkleinere ganze Zahl von x. |

| Funktion | Beschreibung |
|----------|--------------|
| fmod(x, y) | Ergibt x % y. |
| frexp(x) | Ergibt positive Mantisse und Exponenten von x. |
| hypot(x, y) | Ergibt Euklidischen Abstand, sqrt(x * x + y * y). |
| ldexp(x, i) | Ergibt x * (2 ** i). |
| log(x) | Ergibt natürlichen Logarithmus von x. |
| log10(x) | Ergibt Logarithmus zur Basis 10 von x. |
| modf(x) | Ergibt gebrochenen und ganzzahligen Anteil von x. Beide haben gleiches Vorzeichen wie x. |
| pow(x, y) | Ergibt x ** y. |
| sin(x) | Ergibt Sinus von x. |
| sinh(x) | Ergibt Sinus hyperbolicus von x. |
| sqrt(x) | Ergibt Quadratwurzel von x. |
| tan(x) | Ergibt Tangens von x. |
| tanh(x) | Ergibt Tangens hyperbolicus von x. |

Folgende Konstanten sind definiert:

| Konstante | Beschreibung |
|-----------|--------------|
| pi | Mathematische Konstante Pi, als Fließkommazahl. |
| e | Mathematische Konstante e, als Fließkommazahl. |

····· **random** ··················

*Verfügbarkeit:* A

Das Modul random implementiert eine Reihe von Pseudo-Zufallszahlen-Generatoren mit verschiedenen Verteilungen auf reellen Zahlen. Es exportiert auch die Funktionen choice(), randint(), random() und uniform() aus dem Modul whrandom. Die folgenden Funktionen geben alle reelle Zahlen zurück und verwenden Argumentnamen, die ebenso in der definierenden mathematischen Gleichung der entsprechenden Verteilung vorkommen.

betavariate(alpha, beta)
  Gibt einen Wert zwischen 0 und 1 einer Beta-Verteilung zurück. alpha > -1 und beta > -1.

cunifvariate(mean, arc)
  Winkelgleichverteilung. mean ist der mittlere Winkel und arc ist das Intervall der Verteilung. Beide Werte müssen im Bogenmaß im Bereich zwischen 0 und pi angegeben werden. Die Rückgabewerte liegen im Intervall (mean - arc/2, mean + arc/2).

expovariate(lambd)
  Exponential-Verteilung. lambd ist 1.0 dividiert durch den gewünschten Mittelwert. Gibt Werte im Intervall (0, +unendlich) zurück.

gamma(alpha, beta)
  Gamma-Verteilung. alpha > -1 und beta > 0.

gauss(mu, sigma)
  Gauss-Verteilung mit Mittelwert mu und Standardabweichung sigma. Geringfügig schneller als normalvariate().

`lognormvariate(mu, sigma)`
Log-Normal-Verteilung. Bei Anwendung des natürlichen Logarithmus auf diese Verteilung erhält man eine Normal-Verteilung mit Mittelwert `mu` und Standardabweichung `sigma`.

`normalvariate(mu, sigma)`
Normal-Verteilung mit Mittelwert `mu` und Standardabweichung `sigma`.

`paretovariate(alpha)`
Pareto-Verteilung mit Form-Parameter `alpha`.

`vonmisesvariate(mu, kappa)`
Von Mises-Verteilung mit `mu` als mittlerem Winkel im Bogenmaß zwischen 0 und 2 * pi, `kappa` ist ein nicht-negativer Konzentrationsfaktor. Falls `kappa` gleich Null ist, reduziert sich die Verteilung zu einem gleichverteilten Zufallswinkel im Bereich 0 bis 2 * pi.

`weibullvariate(alpha, beta)`
Weibull-Verteilung mit Skalierungsparameter `alpha` und Form-Parameter `beta`.

*Bemerkung*
Das Erweiterungspaket `Numeric` stellt auch eine Reihe von effizienten Generatoren für große Datenmengen bereit.

*Siehe auch:* `whrandom` (nachfolgend)

····· **( whrandom )** ·····················

*Verfügbarkeit:* A
Das Modul `whrandom` enthält einen Zufallszahlen-Generator für Fließkommazahlen, der mit dem Wichmann-Hill-Algorithmus arbeitet. Wenn das Modul zum ersten Mal importiert wird, wird ein Zufallszahlen-Generator erzeugt und mit Startwerten versehen, die aus der aktuellen Zeit abgeleitet werden. Folgende Funktionen stehen zur Verfügung:

`choice(seq)`
Gibt ein zufälliges Element der nicht-leeren Sequenz `seq` zurück.

`randint(a, b)`
Gibt eine zufällige ganze Zahl `N` zurück, `a <= N <= b`.

`random()`
Gibt die nächste Zufallszahl aus dem Intervall `[0.0, 1.0)` zurück.

`seed(x, y, z)`
Initialisiert den Zufallszahlen-Generator mit den Ganzzahlen `x`, `y` und `z`. Falls gilt: `x = y = z`, wird der Generator mit der aktuellen Zeit initialisiert.

Dieses Modul definiert auch eine Klasse `whrandom`, die verwendet werden kann, um mehrere Zufallszahlen-Generatoren zu erzeugen. Die obigen Funktionen sind gleichzeitig Methoden der Instanzen dieser Klasse.

*Beispiel*
```
g = whrandom.whrandom()
g.seed(1, 2, 3)
n = g.random()
```

*Siehe auch:* `random` (Seite 123)

# Stringverarbeitung

Die Module in diesem Abschnitt dienen der String-Verarbeitung.

..... **re** ...................

*Verfügbarkeit:* A

Das Modul re wird zum Vergleichen und Ersetzen von Mustern in Strings mit regulären Ausdrücken verwendet. Muster regulärer Ausdrücke werden als Strings spezifiziert, die eine Mischung von Text und Sequenzen von Sonderzeichen enthalten. Da solche Muster oft ausgiebigen Gebrauch von Sonderzeichen inklusive Rückwärtsschrägstrich (engl. backslash) machen, werden sie meistens als »rohe« Strings geschrieben wie in r'(?P<int>\d+)\.(\d*)'. Für den Rest dieses Abschnittes werden alle Muster mit regulären Ausdrücken in der Syntax von rohen Strings formuliert.

Folgende besondere Zeichenfolgen werden in Mustern regulärer Ausdrücke erkannt:

| Zeichen | Beschreibung |
| --- | --- |
| text | Passt auf den exakten text. |
| . | Passt auf ein beliebiges Zeichen außer Zeilenvorschub. |
| ^ | Passt auf den Anfang eines Strings. |
| $ | Passt auf das Ende eines Strings. |
| * | Passt auf 0 oder mehr Wiederholungen des vorausgehenden Ausdrucks, so viele wie möglich. |
| + | Passt auf 1 oder mehr Wiederholungen des vorausgehenden Ausdrucks, so viele wie möglich. |
| ? | Passt auf 0 oder 1 Wiederholung des vorausgehenden Ausdrucks. |
| *? | Passt auf 0 oder mehr Wiederholungen des vorausgehenden Ausdrucks, so wenige wie möglich. |
| +? | Passt auf 1 oder mehr Wiederholungen des vorausgehenden Ausdrucks, so wenige wie möglich. |
| ?? | Passt auf 0 oder 1 Wiederholung des vorausgehenden Ausdrucks, so wenige wie möglich. |
| {m, n} | Passt auf m bis n Wiederholungen des vorausgehenden Ausdrucks, so viele wie möglich. |
| {m, n}? | Passt auf m bis n Wiederholungen des vorausgehenden Ausdrucks, so wenige wie möglich. |
| [...] | Passt auf die angegebene Menge von Zeichen, z.B. r'[abcdef]' r'[a-zA-z]'. Besondere Zeichen wie "*" sind innerhalb einer solchen Menge nicht aktiv. |
| [^...] | Passt auf alle Zeichen, die nicht in einer angegebenen Menge enthalten sind, z.B. r'[^0-9]'. |
| A\|B | Passt auf A oder B wobei A und B beide reguläre Ausdrücke sind. |
| (...) | Passt auf den regulären Ausdruck innerhalb der Klammern als Gruppe und speichert den passenden Unterstring. |
| (?iLmsx) | Interpretiert die Buchstaben "i", "L", "m", "s", und "x" als zu den Flaggen-Angaben re.I, re.L, re.M, re.S und re.X korrespondierend, die an re.compile() übergeben werden. |

| Zeichen | Beschreibung |
|---------|--------------|
| `(?:...)` | Passt auf den regulären Ausdruck innerhalb der Klammern, speichert aber den passenden Unterstring nicht. |
| `(?P<name>...)` | Passt auf den regulären Ausdruck innerhalb der Klammern und erzeugt eine mit Namen versehene Gruppe. Der Gruppenname *name* muss ein gültiger Python-Bezeichner sein. |
| `(?P=name)` | Passt auf denselben Text, auf den eine vorherige, *namentlich bekannte* Gruppe passte. |
| `(?#...)` | Ein Kommentar. Der Inhalt zwischen den Klammern wird ignoriert. |
| `(?=...)` | Passt nur dann auf den vorangehenden Ausdruck, wenn ihm das Muster in Klammern folgt. Zum Beispiel passt `r'Hello (?=World)'` auf `'Hello '` nur dann, wenn ihm ein `'World'` folgt. |
| `(?!...)` | Passt nur dann auf den vorangehenden Ausdruck, wenn ihm das Muster in Klammern nicht folgt. Zum Beispiel passt `r'Hello (?!World)'` nur dann auf `'Hello '`, wenn ihm kein `'World'` folgt. |

Sonderzeichen können von Mustern erfasst werden, indem ihnen ein Rückwärtsschrägstrich vorangestellt wird. So passt z.B. `r'\*'` auf das Zeichen `"*"`. Weiterhin haben eine Reihe von Zeichenfolgen mit vorangestelltem Rückwärtsschrägstrich eine besondere Bedeutung:

| Zeichen | Beschreibung |
|---------|--------------|
| `\number` | Passt auf den Text, auf den zuvor eine Gruppe mit der Nummer *number* passte. Gruppen werden von 1 bis 99 von links nach rechts durchnummeriert. |
| `\A` | Passt nur auf den Anfang eines Strings. |
| `\b` | Passt auf den leeren String am Anfang oder Ende eines Wortes. |
| `\B` | Passt auf den leeren String, der nicht am Anfang oder Ende eines Wortes steht. |
| `\d` | Passt auf eine beliebige Dezimalziffer. Identisch mit `r'[0-9']` |
| `\D` | Passt auf jedes von einer Dezimalziffer verschiedene Zeichen. Identisch mit `r'[^0-9]'`. |
| `\s` | Passt auf jedes beliebige leere Zeichen. Identisch mit `r'[ \t\n\r\f\v]'`. |
| `\S` | Passt auf jedes beliebige nicht-leere Zeichen. Identisch mit `r'[^ \t\n\r\f\v]'`. |
| `\w` | Passt auf jedes alphanumerische Zeichen. |
| `\W` | Passt auf jedes Zeichen, das nicht in der durch `\w` bezeichneten Menge liegt. |
| `\Z` | Passt nur am Ende eines Strings. |
| `\\` | Passt auf einen echten Rückwärtsschrägstrich. |

Folgende Funktionen werden zum Vergleichen und Ersetzen von Mustern benutzt:

`compile(str [, flags])`

Übersetzt einen String mit einem regulären Ausdrucksmuster in ein reguläres Ausdrucksobjekt. Dieses Objekt kann als Muster-Argument an alle folgenden Funktionen üergeben werden. `flags` ist die bitweise Oder-Verknüpfung folgender Werte:

| Flagge | Beschreibung |
| --- | --- |
| I oder IGNORECASE | Vergleicht, ohne Unterschiede zwischen Groß- und Kleinschreibung zu machen. |
| L oder LOCALE | Verwendet Lokalisierungsangaben für \w, \W, \b und \B. |
| M oder MULTILINE | Ermöglicht die Anwendung von ^ und $ auf jede Zeile. Normalerweise gelten ^ und $ nur am Anfang und Ende eines gesamten Strings. |
| S oder DOTALL | Ermöglicht die Übereinstimmung von . auf alle Zeichen inklusive Zeilenvorschub. |
| X oder VERBOSE | Ignoriert unmaskierte leere Zeichen und Kommentare. |

search(pattern, string [, flags])

Sucht in string nach der ersten Übereinstimmung mit pattern. flags hat die gleiche Bedeutung wie in compile(). Gibt im Erfolgsfall ein Trefferobjekt zurück, sonst None, wenn keine Übereinstimmung gefunden wurde.

match(pattern, string [, flags])

Prüft, ob Null oder mehr Zeichen am Anfang eines Strings mit dem Muster übereinstimmen. Gibt bei Erfolg ein Trefferobjekt zurück, sonst None.

split(pattern, string, [, maxsplit = 0])

Trennt string an den Stellen auf, wo sich eine Muster-Übereinstimmung ergibt. Gibt eine Liste von Strings zurück, inklusive des Textes, auf den eventuelle Gruppen im Muster passen. maxsplit ist die maximale Anzahl von durchzuführenden Auftrennungen.

findall(pattern, string)

Gibt eine Liste aller nicht-überlappender Muster-Übereinstimmungen inklusive leerer Übereinstimmungen in string zurück. Falls das Muster Gruppen enthält, wird eine Liste der in den Gruppen übereinstimmenden Texte zurückgegeben. Wenn mehr als eine Gruppe verwendet wird, ist jedes Listenelement ein Tupel mit dem Text für jede Gruppe.

sub(pattern, repl, string [, count = 0])

Ersetzt das am weitesten links stehende, nicht-überlappende Vorkommen von pattern in string durch repl. repl darf ein String oder eine Funktion sein. Falls es eine Funktion ist, wird es mit einem Trefferobjekt aufgerufen und sollte den Ersatz-String zurückgeben. Falls repl ein String ist, werden Rückverweise wie z.B. "\6" verwendet, um einen Bezug auf Gruppen im Muster herzustellen. Die Sequenz "\g<name>" wird zum Bezug auf eine mit Namen bekannte Gruppe verwendet. count ist die max. Anzahl von durchzuführenden Ersetzungen.

subn(pattern, repl, string [, count = 0])

Identisch mit sub(), gibt aber ein Tupel mit dem neuen String und der Anzahl der Ersetzungen zurück.

escape(string)

Gibt einen String zurück, in dem alle nicht-alphanumerischen Zeichen mit einem Rückwärtsschrägstrich davor versehen sind.

Ein von der Funktion compile() erzeugtes Objekt r, das für einen übersetzten regulären Ausdruck steht, verfügt über folgende Methoden und Attribute:

r.search(string [, pos][, endpos])

Sucht in string nach einer Übereinstimmung. pos und endpos geben die Start- und Endposition für die Suche an. Gibt bei einer Übereinstimmung ein Trefferobjekt zurück, sonst None.

`r.match(string [, pos][, endpos])`

Prüft, ob Null oder mehr Zeichen am Anfang eines Strings übereinstimmen. `pos` und `endpos` geben den Bereich des Strings an, in dem gesucht wird. Gibt bei einer Übereinstimmung ein Trefferobjekt zurück, sonst `None`.

`r.split(string, [, maxsplit = 0])`

Identisch mit der Funktion `split()`.

`r.findall(string)`

Identisch mit der Funktion `findall()`.

`r.sub(repl, string [, count = 0])`

Identisch mit der Funktion `sub()`.

`r.subn(repl, string [, count = 0])`

Identisch mit der Funktion `subn()`.

`r.flags`

Das Argument `flags`, das verwendet wird, wenn das reguläre Ausdrucksobjekt übersetzt wurde, oder `0`.

`r.groupindex`

Ein Dictionary, das durch `r'(?P<id>)'` definierte, symbolische Gruppennamen auf Gruppennummern abbildet.

`r.pattern`

Der Muster-String, aus dem das reguläre Ausdrucksobjekt übersetzt wurde.

Trefferobjekte, die als Instanzen von `MatchObject` von den Funktionen `search()` und `match()` zurückgegeben werden, enthalten Informationen über die Inhalte der Gruppen wie auch Positionsangaben darüber, wo die Übereinstimmungen aufgetreten sind. Ein Trefferobjekt `m` kennt folgende Methoden und Attribute:

`m.group([group1, group2, ...])`

Gibt eine oder mehrere Untergruppen der Übereinstimmung zurück. Die Argumente geben Gruppennummern oder -namen an. Ohne einen Gruppennamen wird die gesamte Übereinstimmung zurück gegeben. Wenn nur eine Gruppe angegeben wird, wird ein String mit dem zur Gruppe passenden Text zurückgegeben. Sonst wird ein Tupel mit dem zu jeder gewünschten Gruppe passenden Text zurückgegeben. Ein `IndexError` wird ausgelöst, wenn eine ungültige Gruppennummer oder ein ungültiger Gruppenname angegeben wird.

`m.groups([default])`

Gibt ein Tupel mit dem Text zurück, der mit allen Gruppen in einem Muster übereinstimmt. `default` ist der Wert, der für Gruppen zurückgegeben wird, die nicht zur Übereinstimmung beitragen (der voreingestellte Wert ist `None`).

`m.groupdict([default])`

Gibt ein Dictionary mit allen mit Namen versehenen Untergruppen der Übereinstimmung zurück. `default` ist der Wert, der für Gruppen zurückgegeben wird, die nicht zur Übereinstimmung beitragen (der voreingestellte Wert ist `None`).

`m.start([group])`
`m.end([group])`

Gibt den Index von Anfang und Ende des Unter-Strings zurück, auf den eine Gruppe passt. Wenn `group` weggelassen wird, wird der gesamte passende Unter-String verwendet. Gibt `None` zurück, falls `group` existiert, aber nicht zur Übereinstimmung beigetragen hat.

`m.span([group])`

Gibt ein 2-Tupel (`m.start(group)`, `m.end(group)`) zurück. Falls `group` nicht an der Übereinstimmung beteiligt war, wird (`None`, `None`) zurückgegeben. Wenn `group` weggelassen wird, wird der gesamte passende Unter-String verwendet.

`m.pos`

Der Wert von `pos`, der an die Funktion `search()` oder `match()` übergeben wird.

`m.endpos`

Der Wert von `endpos`, der an die Funktion `search()` oder `match()` übergeben wird.

`m.re`

Das reguläre Ausdrucksobjekt, dessen Methode `match()` oder `search()` diese Trefferobjekt-Instanz erzeugt hat.

`m.string`

Der an `match()` oder `search()` übergebene String.

*Ausnahme:*

`error`

Ausgelöst, wenn ein Muster-String kein gültiger regulärer Ausdruck ist.

*Beispiele:*

```
import re
s = open("foo").read()          # Lies irgendeinen Text.

# Ersetze alle Vorkommen von "foo" mit "bar".
t = re.sub("foo", "bar", s)

# Finde den Titel einer HTML-Datei.
tmatch = re.search(r'<title>(.*?)</title>', s, re.IGNORECASE)
if tmatch: title = tmatch.group(1)

# Extrahiere eine Liste möglicher E-mail-Adressen aus s.
pat = re.compile(r'([a-zA-Z][\w-]*@[\w-]+(?:\.[\w-]+)*)')
addrs = re.findall(pat, s)

# Ersetze Strings, die wie URLs aussehen, z.B. "http://www.python.org"
# durch ein HTML-Anker-Tag der Form:
# <a href="http://www.python.org">http://www.python.org</a>

pat = re.compile(r'((ftp|http)://[\w-]+(?:\.[\w-]+)*(?:/[\w-]*)*)')
t = pat.sub('<a href="\\1">\\1</a>', s)
```

*Bemerkungen*

- Detaillierte Informationen über die Theorie und Implementierung von regulären Ausdrücken finden sich in Büchern zum Thema Übersetzerbau. Das Buch *»Reguläre Ausdrücke«* von Jeffrey Friedl, erschienen bei O'Reilly, ist auch sehr hilfreich.
- Das Modul `re` ist 8-Bit-sauber und kann Strings verarbeiten, die Null-Bytes enthalten und Zeichen, bei denen das höchstwertige Bit gesetzt ist. Muster von regulären Ausdrücken dürfen keine Null-Bytes direkt enthalten, sondern nur als `'\000'` kodiert.

- Zwei überholte Module namens `regex` und `regsub` führen ähnliche Operationen durch. Dazu wende man sich an die Online-Dokumentation.

*Siehe auch:* `string` (nachfolgend)

····· **string** ·················

*Verfügbarkeit:* A

Das Modul `string` enthält eine Reihe von nützlichen Konstanten und Funktionen zur Manipulation von Strings. Folgende Konstanten sind definiert:

| Konstante | Beschreibung |
|-----------|--------------|
| `digits` | Der String `'0123456789'` |
| `hexdigits` | Der String `'0123456789abcdefABCDEF'` |
| `letters` | Zusammensetzung von `lowercase` und `uppercase` |
| `lowercase` | String, bestehend aus allen Kleinbuchstaben |
| `octdigits` | Der String `'01234567'` |
| `uppercase` | String, bestehend aus allen Großbuchstaben |
| `whitespace` | String, bestehend aus allen 'leeren' Zeichen, d.h. aus Leerzeichen, Tabulator, Zeilenvorschub, Eingabe, Seitenvorschub und Vertikaltabulator |

Folgende Funktionen sind verfügbar:

`atof(s)`
> Konvertiert String `s` in eine Fließkommazahl.

`atoi(s)`
> Konvertiert String `s` in eine Ganzzahl.

`atol(s)`
> Konvertiert String `s` in eine lange Ganzzahl.

`capitalize(s)`
> Wandelt den ersten Buchstaben des Strings `s` in einen Großbuchstaben.

`capwords(s)`
> Wandelt den ersten Buchstaben eines jeden Wortes im String `s` in einen Großbuchstaben, ersetzt Folgen von leeren Zeichen durch ein einziges Leerzeichen und entfernt solche am Anfang und Ende von `s`.

`count(s, sub [, start [, end]])`
> Zählt die Anzahl nicht überlappender Vorkommen von `sub` in `s[start:end]`.

`expandtabs(s [, tabsize=8])`
> Expandiert Tabulatoren im String `s` mit Leerzeichen. `tabsize` gibt die Anzahl der Zeichen zwischen benachbarten Tabulatoren an.

`find(s, sub [, start [, end]])`
`index(s, sub [, start [, end]])`
> Gibt den ersten Index in `s[start:end]` zurück, an dem der Unterstring `sub` gefunden wird. Wenn `start` und `end` weggelassen werden, wird im gesamten String gesucht. `find()` gibt -1 zurück, falls nichts gefunden wird, während `index()` dann die Ausnahme `ValueError` auslöst.

`rfind(s, sub [, start [, end]])`
`rindex(s, sub [, start [, end]])`

Wie `find()` und `index()`, findet aber den größten Index.

`lower(s)`

Konvertiert in s alle Großbuchstaben in Kleinbuchstaben.

`maketrans(from, to)`

Erzeugt eine Übersetzungstabelle, die jedes Zeichen in `from` auf das Zeichen an derselben Position in `to` abbildet. `from` und `to` müssen die gleiche Länge haben.

`split(s [, sep [, maxsplit]])`
`splitfields(s [, sep [, maxsplit]])`

Ergibt eine Liste von Wörtern in s. Falls `sep` weggelassen wird, werden die Wörter durch Leerzeichen getrennt. Sonst wird der String `sep` als Trennzeichen verwendet. `maxsplit` gibt die maximale Anzahl von erlaubten Trennungen an. Der Rest des Strings wird als letztes Element zurückgegeben.

`join(words [, sep])`
`joinfields(words [, sep])`

Verbindet eine Sequenz von Wörtern zu einem String. Alle Wörter werden durch den String `sep` voneinander getrennt. Ohne Angabe von `sep` werden die Wörter durch Leerzeichen voneinander getrennt.

`lstrip(s)`
`rstrip(s)`
`strip(s)`

Entfernt leere Zeichen zu Beginn und/oder am Ende von s.

`swapcase(s)`

Tauscht Groß- in Kleinbuchstaben um und umgekehrt.

`translate(s, table [, delchars])`

Löscht alle Zeichen in s, die in `delchars` vorkommen, und übersetzt alle verbleibenden Zeichen mit Hilfe von `table`, einem String der Länge 256 (wie von `maketrans()` erzeugt), der Zeichen auf Zeichen abbildet.

`upper(s)`

Konvertiert in s alle Kleinbuchstaben in Großbuchstaben.

`ljust(s, width)`
`rjust(s, width)`
`center(s, width)`

Richtet einen String s in einem aus Leerzeichen bestehenden String der Breite `width` jeweils linksbündig, rechtsbündig oder mittig aus.

`zfill(s, width)`

Füllt einen numerischen String links mit der Ziffer 0 bis zur angegebenen Breite `width` auf.

`replace(str, old, new [, max])`

Ersetzt `max` Vorkommen von `old` mit `new` in `str`. Ohne Angabe von `max` werden alle Vorkommen ersetzt.

*Siehe auch:* re (Seite 125)

##### stringIO und cStringIO

*Verfügbarkeit:* A

Die Module `StringIO` und `cStringIO` definieren ein Objekt, das sich wie eine Datei verhält, aber Daten in und aus einem String-Puffer schreibt und liest.

`StringIO([buffer])`

Erzeugt ein neues `StringIO`-Objekt. `buffer` ist ein Startwert (voreingestellt auf einen leeren String).

Ein `StringIO`-Objekt unterstützt alle Standard-Operationen auf Dateien (`read()`, `write()`, etc.) sowie die folgenden Methoden:

`s.getvalue()`

Gibt den Inhalt des String-Puffers zurück, bevor `close()` aufgerufen wird.

`s.close()`

Gibt den Speicherpuffer frei.

*Bemerkung*

Das Modul `StringIO` definiert `StringIO` als Klasse. `cStringIO` definiert es als einen Erweiterungstyp und ermöglicht eine signifikant höhere Performanz.

*Siehe auch:* Kapitel 9, »Ein- und Ausgabe«, Abschnitt »Dateien« (für Dateimethoden).

##### struct

*Verfügbarkeit:* A

Das Modul `struct` wird verwendet zur Konvertierung von Daten zwischen Python und binären Datenstrukturen (als Python-Strings repräsentiert). Diese Datenstrukturen werden oft in Zusammenhang mit C-Funktionen oder binären Netzwerk-Protokollen verwendet.

`pack(fmt, v1, v2, ...)`

Packt die Werte `v1`, `v2`, usw. in einen String gemäß dem Formatierungsstring in `fmt`.

`unpack(fmt, string)`

Entpackt den Inhalt eines Strings gemäß dem Formatierungsstring in `fmt`. Gibt ein Tupel mit den entpackten Werten zurück.

`calcsize(fmt)`

Berechnet die Größe einer Datenstruktur in Bytes gemäß dem Formatierungsstring in `fmt`.

Der Formatierungsstring ist eine Sequenz von Zeichen mit folgender Interpretation:

| Format | C-Typ | Python-Typ |
|--------|-------|------------|
| `'x'` | Füll-Byte | Kein Wert |
| `'c'` | char | String der Länge 1 |
| `'b'` | signed char | Ganzzahl |
| `'B'` | unsigned char | Ganzzahl |
| `'h'` | short | Ganzzahl |
| `'H'` | unsigned short | Ganzzahl |
| `'i'` | int | Ganzzahl |
| `'I'` | unsigned int | Ganzzahl |
| `'l'` | long | Ganzzahl |

| Format | C-Typ | Python-Typ |
|--------|-------|------------|
| 'L' | unsigned long | Ganzzahl |
| 'f' | float | Fließkommazahl |
| 'd' | double | Fließkommazahl |
| 's' | char[] | String |
| 'p' | char[] | String beliebiger Länge |
| 'P' | void * | Ganzzahl |

Jedem Format-Zeichen darf eine Ganzzahl vorangestellt werden, um eine Anzahl anzugeben (z.B. ist '4i' identisch mit 'iiii'). Beim Format 's' repräsentiert die Anzahl die maximale Länge eines Strings, d.h. '10s' repräsentiert einen String mit 10 Bytes. Das Format '0s' bedeutet einen String der Länge Null. Das Format 'p' wird benutzt, um einen String zu kodieren, dessen Länge im ersten Byte angegeben ist, wonach der eigentliche Inhalt kommt.

Bei Verwendung der Formate 'I' und 'L' zum Entpacken eines Wertes ist der Rückgabewert eine lange Python-Ganzzahl. Weiterhin darf das Format 'P' eine normale oder lange Ganzzahl, abhängig von der Wort-Länge des Rechners, zurückgeben.

Das erste Zeichen einer Formatbezeichnung kann auch die Byte-Ordnung und Ausrichtung der gepackten Daten angeben.

| Format | Byte-Ordnung | Größe und Ausrichtung |
|--------|--------------|----------------------|
| '@' | Native | Native |
| '=' | Native | Standard |
| '<' | Little-endian | Standard |
| '>' | Big-endian | Standard |
| '!' | Netzwerk (Big-endian) | Standard |

Native Byte-Ordnung darf Little- oder Big-endian sein, abhängig von der Rechnerarchitektur. Die Native-Größe und Ausrichtung entspricht den Werten, die der C-Übersetzer benutzt, und sind abhängig von der Implementation. Die Ausrichtung Standard geht davon aus, dass bei keinem Typ eine Ausrichtung notwendig ist. Die Standard-Größe nimmt an, dass short gleich 2 Bytes, int gleich 4 Bytes, long gleich 4 Bytes, float gleich 32 Bits, und double gleich 64 Bits ist. Das Format 'P' kann nur die Byte-Ordnung native haben.

*Bemerkung*
Manchmal ist es notwendig, das Ende einer Datenstruktur gemäß den Ausrichtungsanforderungen eines speziellen Typs auszurichten. Dazu beendet man den Format-String der Struktur mit dem Code dieses Typs mit der Anzahl Null. Das Format 'llh0l' z.B. gibt eine Struktur an, die auf einer 4-Byte-Grenze endet. In diesem Fall würden nach dem durch den Code 'h' angegebenen short-Wert zwei Bytes zum Auffüllen bis zu dieser Grenze eingefügt. Das funktioniert nur, wenn die native Größe und Ausrichtung verwendet werden. Die Standard-Größen und -Ausrichtungen erzwingen keine Ausrichtungsregeln.

*Siehe auch:* array (Seite 120), xdrlib (Seite 243)

# Datenverarbeitung und Objektpersistenz

Die Module in diesem Abschnitt werden zur Speicherung von Daten in einer Reihe von DBM-ähnlichen Datenbankformaten benutzt. Diese Datenbanken funktionieren wie eine große plattenbasierte Hash-Tabelle, in der Objekte mit eindeutigen Schlüssel-Strings abgelegt und von dort wieder geladen werden.

All diese Datenbanken werden mit jeweils einer Variante der Funktion open() geöffnet, die im entsprechenden Modul definiert wird:

open(filename [, flag [, mode]])

> Öffnet die Datenbankdatei filename und gibt ein Datenbankobjekt zurück. flag hat den Wert 'r' für Lesezugriff, 'w' für Lese- und Schreibzugriff, 'c' für die Erzeugung der Datenbank, falls sie noch nicht existiert und 'n' für die erzwungene Erzeugung einer neuen Datenbank. mode gibt den Dateizugriffsmodus an (unter Unix mit 0666 voreingestellt).

Das Objekt, das von der Funktion open() zurückgegeben wird, unterstützt folgende Dictionary-ähnlichen Operationen:

| Operation | Beschreibung |
|---|---|
| d[key] = value | Trägt einen Wert in die Datenbank ein. |
| value = d[key] | Holt Daten aus der Datenbank. |
| del d[key] | Löscht einen Datenbankeintrag. |
| d.close() | Schließt die Datenbank. |
| d.has_key(key) | Prüft die Existenz eines Schlüssels. |
| d.keys() | Gibt eine Schlüsselliste zurück. |

key muss in allen Fällen ein String sein. Zusätzlich muss auch value bei allen Datenbankmodulen mit Ausnahme von shelve ein String sein.

*Bemerkung*
Die meisten der beschriebenen Datenbankmodule sind abhängig von Bibliotheken von Dritten, die zusätzlich zu Python installiert sein müssen.

····· **anydbm** ····················

*Verfügbarkeit:* A
Das Modul anydbm stellt eine generische Schnittstelle bereit, die dazu verwendet wird, eine Datenbank zu öffnen, ohne zu wissen, welches der darunter liegenden Datenbankmodule tatsächlich installiert und verfügbar ist. Sobald es importiert wird, sucht es nach einem der Module bsddb, gdbm oder dbm. Falls keines davon installiert ist, wird das Modul dumbdbm geladen.
Ein Datenbankobjekt wird mit der Funktion open() erzeugt:

open(filename [, flag [, mode]])

> Öffnet die Datenbankdatei filename und gibt ein Datenbank-Objekt zurück. Falls die Datenbank bereits existiert, wird das Modul whichdb benutzt, um ihren Typ und das entsprechende Datenbankmodul herauszufinden. Sonst wird der Versuch unternommen, die Datenbank mit dem ersten der Module, das in der oben angegebenen Liste gefunden wird, neu zu erzeugen. Für flag und mode gilt die gleiche Beschreibung, die bereits in der Einleitung dieses Abschnittes, »Datenverarbeitung und Objektpersistenz«, angeführt wurde.

*Ausnahmen*

error

    Ein Tupel mit den Ausnahmen, die von jedem der unterstützten Datenbankmodule ausgelöst werden können.

Programme, die Fehler abfangen wollen, sollten dieses Tupel als Argument für except verwenden. Beispiel:

```
try:
    d = anydbm.open("foo", "r")
except anydbm.error:
    # Behandle Fehler.
```

*Bemerkung*

Falls das Modul dumbdbm das einzige installierte Datenbankmodul ist, werden alle Versuche scheitern, eine zuvor mit anydbm erzeugte Datenbank erneut zu öffnen. Stattdessen sollte man dumbdbm.open() verwenden.

*Siehe auch:* dumbdbm (Seite 137), whichdb (Seite 138)

····· **bsddb** ··················

*Verfügbarkeit:* U, W

Das Modul bsddb bietet eine Schnittstelle zur Berkeley DB-Bibliothek. Dateien, die auf Hash-Werten, B-Bäumen oder Datensätzen basieren, können mit dem entsprechenden open()-Aufruf erzeugt werden:

hashopen(filename [, flag [, mode]])

    Öffnet die Datei filename, mit einem auf Hash-Werten basierenden Format.

btopen(filename [, flag [, mode]])

    Öffnet die Datei filename, mit einem auf B-Bäumen basierenden Format.

rnopen(filename [, flag [, mode]])

    Öffnet die Datei filename, mit einem auf DB-Datensätze basierenden Format.

Datenbanken, die mit diesem Modul erzeugt werden, verhalten sich wie die in der Einführung beschriebenen Dictionaries und stellen zusätzlich Methoden bereit, um einen »Cursor« zwischen den Einträgen zu bewegen.

| Methode | Beschreibung |
| --- | --- |
| d.set_location(key) | Setzt den Cursor auf den Eintrag, der durch den Schlüssel angegeben wird, und gibt diesen zurück. |
| d.first() | Setzt den Cursor auf den ersten Eintrag in der Datenbank und gibt diesen zurück. |
| d.next() | Setzt den Cursor auf den nächsten Eintrag in der Datenbank und gibt diesen zurück. |
| d.previous() | Setzt den Cursor auf den vorherigen Eintrag in der Datenbank und gibt diesen zurück. Nicht unterstützt bei Datenbanken, die sich mit Hash-Tabellen definieren. |
| d.last() | Setzt den Cursor auf den letzten Eintrag in der Datenbank und gibt diesen zurück. Nicht unterstützt bei Datenbanken, die sich mit Hash-Tabellen definieren. |

| Methode | Beschreibung |
|---------|--------------|
| d.sync() | Synchronisiert die Datenbank auf der Platte. |

*Ausnahme*

error
> Ausnahme, die bei Fehlern auftritt, die nichts mit einem Schlüsselproblem zu tun haben.

*Bemerkungen*

- Dieses Modul verwendet die Version 1.85 des API vom Berkeley DB-Paket, das unter *http://www.sleepycat.com* verfügbar ist.
- Alle open()-Funktionen akzeptieren zusätzlich optionale Argumente, die jedoch selten benutzt werden. Man wende sich an die Online-Dokumentation für weitere Details.

*Siehe auch:* dbhash (nachfolgend), *http://www.python.org/doc/lib/module-bsddb.html*

····· **dbhash** ··················

*Verfügbarkeit:* U, W
Das Modul dbhash wird verwendet, um Datenbanken mit dem Modul bsddb zu öffnen, jedoch mit einer Schnittstelle, die eng an der der anderen Datenbankmodule angelehnt ist.

open(filename, flag [, mode])
> Öffnet eine DB-Datenbank und gibt das Datenbankobjekt zurück.

Ein von open() zurückgegebenes Datenbankobjekt d verfügt über folgende Methoden:

| Methode | Beschreibung |
|---------|--------------|
| d.first() | Gibt den ersten Schlüssel in der Datenbank zurück. |
| d.last() | Gibt den letzten Schlüssel bei einer Datenbank-Suche zurück. |
| d.next(key) | Gibt den nächsten, auf key folgenden, Schlüssel in der Datenbank zurück. |
| d.previous(key) | Gibt den Eintrag vor key bei einer Vorwärts-Datenbanksuche in der Datenbank zurück. |
| d.sync() | Schreibt ungesicherte Daten auf die Platte. |

*Ausnahme*

error

*Bemerkung*
Das Modul bsddb muss installiert sein.

*Siehe auch:* bsddb (Seite 135)

····· **dbm**  ··················

*Verfügbarkeit:* U
Das Modul dbm bietet eine Schnittstelle zur Unix-Bibliothek dbm an.

`open(filename [, flag [, mode]])`

Öffnet eine dbm-Datenbank und gibt ein dbm-Objekt zurück. `filename` ist der Name der Datenbankdatei (ohne die Erweiterungen `.dir` oder `.pag`). Das zurückgegebene Objekt verhält sich wie ein in der Einleitung beschriebenes Dictionary.

*Ausnahme*

`error`

Ausnahme, die bei von `KeyError` verschiedenen dbm-spezifischen Datenbankfehlern auftritt.

*Siehe auch:* anydbm (Seite 134), gdbm (Seite 137)

····· **dumbdbm** ···················

*Verfügbarkeit:* A

Das Modul `dumbdbm` ist eine einfache, in Python implementierte DBM-ähnliche Datenbank. Es sollte nur dann verwendet werden, wenn keine andere dbm-Datenbank verfügbar ist.

`open (filename[, flag[, mode]])`

Öffnet die Datenbankdatei `filename`. `filename` sollte keinerlei Erweiterungen wie `'.dat'` oder `'.dir'` enthalten. Das zurückgegebene Objekt verhält sich wie ein in der Einleitung beschriebenes Dictionary.

*Ausnahme*

`error`

Ausnahme, die bei von `KeyError` verschiedenen Datenbankfehlern auftritt.

*Siehe auch:* anydbm (Seite 134), whichdb (Seite 138)

····· **gdbm** ···················

*Verfügbarkeit:* U, W

Das Modul `gdbm` bietet eine Schnittstelle zur GNU DBM-Bibliothek.

`open (filename, [flag, [mode]])`

Öffnet eine gdbm-Datenbank namens `filename`. Ein `"f"` in `flag` öffnet die Datenbank im Schnellmodus. Dabei werden veränderte Daten nicht automatisch nach jeder Änderung auf die Platte geschrieben, was in einer besseren Performanz resultiert. In diesem Fall sollte die Methode `sync()` benutzt werden, um das Schreiben von ungesicherten Daten auf die Platte zu erzwingen, sobald das Programm terminiert.

Ein gdbm-Objekt `d` verhält sich wie ein in der Einleitung beschriebenes Dictionary, unterstützt jedoch darüber hinaus folgende Methoden:

| Methode | Beschreibung |
| --- | --- |
| `d.firstkey()` | Gibt den ersten Schlüssel der Datenbank zurück. |
| `d.nextkey(key)` | Gibt den bei einem Datenbankdurchlauf auf `key` folgenden Schlüssel zurück. |
| `d.reorganize()` | Reorganisiert die Datenbank und gewinnt ungebrauchten Platz zurück. Das kann verwendet werden, um die Größe der gdbm-Datei zu reduzieren, nachdem eine größere Anzahl von Lösch-Operationen stattgefunden hat. |
| `d.sync()` | Erzwingt das Schreiben von ungesicherten Daten auf die Platte. |

*Ausnahmen*

error

> Ausnahme bei gdbm-spezifischen Fehlern.

*Bemerkung*

Die GNU DBM-Bibliothek ist unter *http://www.gnu.org/software/gdbm/gdbm.html* verfügbar.

*Siehe auch:* anydbm (Seite 134), whichdb (Seite 138)

····· **shelve** ····················

*Verfügbarkeit:* A

Das Modul shelve gestattet es, Objekte persistent zu machen, indem ein spezielles »shelf«-Objekt (engl. shelve: Regal) verwendet wird. Dieses Objekt verhält sich wie ein Dictionary, nur werden alle darin befindlichen Objekte in einer Datenbank wie dbm oder gdbm auf einer Platte gespeichert. Ein Regal wird mit der Funktion shelve.open() erzeugt.

open(filename)

> Öffnet eine Regaldatei. Wenn die Datei nicht existiert, wird sie erzeugt. filename sollte der Dateiname der Datenbank sein und keine Erweiterung enthalten. Gibt ein Regalobjekt zurück.

Nachdem es geöffnet wurde, können folgende Dictionary-Operationen auf einem Regal ausgeführt werden:

| Operation | Beschreibung |
|---|---|
| d[key] = data | Speichert Daten unter Schlüssel key. Überschreibt existierende Daten. |
| data = d[key] | Holt Daten unter Schlüssel key. |
| del d[key] | Löscht Daten unter Schlüssel key. |
| d.has_key(key) | Prüft die Existenz des Schlüssels key. |
| d.keys() | Gibt alle Schlüssel zurück. |
| d.close() | Schließt das Regal (ab). |

Die Schlüsselwerte in einem Regal müssen Strings sein. Die in einem Regal abgelegten Objekte müssen mit dem Modul pickle serialisierbar sein.

*Bemerkung*

Das Modul shelve unterscheidet sich von anderen Datenbankmodulen darin, dass es fast jedes Python-Objekt abspeichern kann.

*Siehe auch:* pickle (Seite 113), Kapitel 9.

····· **whichdb** ····················

*Verfügbarkeit:* A

Das Modul whichdb stellt eine Funktion bereit, die versucht zu erraten, welches der verschiedenen einfachen Datenbankmodule (dbm, gdbm, oder dbhash) zum Öffnen einer Datenbankdatei verwendet werden soll.

`whichdb(filename)`

> `filename` ist ein Dateiname ohne Erweiterungen. Gibt `None` zurück, falls die Datei nicht geöffnet werden kann, weil sie nicht gelesen werden kann oder nicht existiert. Gibt einen leeren String zurück, falls das Dateiformat nicht erraten werden kann. Sonst wird ein String mit dem benötigten Modulnamen, z.B. `'dbm'` oder `'gdbm'`, zurückgegeben.

*Bemerkungen*

- Dieses Modul funktioniert eventuell nicht korrekt mit neueren Versionen der Berkeley-DB.
- Datenbanken, die mit dem `dumbdbm`-Modul erzeugt worden sind, werden nicht erkannt.

*Siehe auch:* `anydbm` (Seite 134)

# Betriebssystemdienste

Die Module in diesem Abschnitt ermöglichen den Zugang zu einer breiten Palette von Betriebssystemdiensten, wobei hier das Augenmerk besonders auf Datei-, Prozess- und Konsolen-Verwaltung liegt.

*Bemerkung:* Im Weiteren wird eine ausreichende Kenntnis grundlegender Betriebssystemkonzepte vorausgesetzt. Außerdem bietet eine Reihe von Modulen eine fortgeschrittene Funktionalität, zu der eine Einführung den Rahmen dieses Buches sprengen würde, die aber dennoch für jene Leser vorgestellt wird, die genau wissen, was sie tun.

Die meisten Betriebssystemmodule von Python basieren auf POSIX-Schnittstellen. Der POSIX-Standard definiert einen Kern von Schnittstellen zum Betriebssystem. Die meisten Unix-Systeme unterstützen POSIX, und andere Plattformen, wie Windows und Macintosh, unterstützen große Teile dieser Schnittstellen.

Der Leser mag das hier präsentierte Material durch weitere Referenzen ergänzen. Das Buch »*The C Programming Language*« (zweite Auflage) von Brian W. Kernighan und Dennie M. Ritchie (Prentice-Hall, 1989, ISBN 0-13-110362-8) gibt eine gute Übersicht über Dateien, Dateideskriptoren und die grundlegenden Schnittstellen, auf denen viele der Module in diesem Abschnitt aufbauen. Erfahrenere Leser mögen z.B. das Buch »*Advanced Programming in the Unix Environment*« von W. Richard Stevens konsultieren (Addison-Wesley, 1992, ISBN 0-201-56317-7). Hintergrundmaterial zum Thema Betriebssystemkonzepte findet man etwa in dem Buch »*Operating Systems Concepts*« (fünfte Auflage) von Abraham Silbersatz und Peter Baer Galvin (Addison-Wesley, 1998, ISBN 0-201-59113-8). Threads und Netzwerkprogrammierung werden in eigenen Abschnitten dieses Anhangs vorgestellt.

····· **cmp** ····················

*Verfügbarkeit:* U, W, M

Das Modul `cmp` wird dazu verwendet, den Inhalt von zwei Dateien effizient zu vergleichen.

`cmp(filename1, filename2)`

> Vergleicht zwei Dateien. Dateien werden dann als gleich betrachtet, wenn ihr Typ, ihre Größe und ihr (Änderungs-)Zeitstempel identisch sind. Der Inhalt von Dateien wird nicht untersucht.

*Siehe auch:* `stat` (Seite 178)

····· **commands** ····················

*Verfügbarkeit:* U

Das Modul `commands` wird dazu verwendet, Systembefehle in Strings auszuführen und ihre Ergebnisse als String zurückzugeben.

**Betriebssystemdienste**

getoutput(cmd)

> Führt den Befehl cmd in einer Shell aus und gibt einen String zurück, der das Ergebnis der Standardausgabe und Standardfehlerausgabe des Befehls enthält.

getstatus(filename)

> Gibt das Ergebnis des Befehls ls -ld filename als String zurück.

getstatusoutput(cmd)

> Wie getoutput(), außer dass ein 2-Tupel (status, output) zurückgegeben wird, wobei status der Rückgabewert der Funktion os.wait() und output der von getoutput() zurückgegebene String ist.

mkarg(str)

> Wandelt str in ein Argument um, das zuverlässig in einem Befehls-String benutzt werden kann, indem die Anführungszeichen gemäß den Zeichensetzungsregeln der Shell benutzt werden.

*Bemerkungen*

- Der Aufruf von os.popen2() wird benutzt, um Befehle auszuführen.
- Die zurückgegebenen Ausgabe-Strings enthalten keine Zeilenvorschub-Zeichen.

*Siehe auch:* os (Seite 159), popen2 (Seite 171)

····· **crypt** ···················

*Verfügbarkeit:* U

Das Modul crypt stellt eine Schnittstelle zum Unix-Befehl crypt() dar, der zur Verschlüsselung von Passwörtern benutzt wird.

crypt(word, salt)

> Verschlüsselt word mit einem modifizierten DES-Algorithmus. salt ist ein Startwert aus zwei Zeichen, zur Initialisierung des Algorithmus. Gibt das verschlüsselte Wort als String zurück. Nur die ersten acht Zeichen von word sind signifikant.

*Beispiel:*

Der folgende Code liest ein Passwort vom Benutzer und vergleicht es mit dem Wert in der Passwort-Datenbank des Systems.

```
import getpass
import pwd
import crypt
uname  = getpass.getuser()        # Hole Benutzernamen aus der Umgebung.
pw     = getpass.getpass()        # Hole eingegebenes Passwort.
realpw = pwd.getpwnam(uname)[1]   # Hole echtes Passwort.
entrpw = crypt.crypt(pw,realpw[:2]) # Verschlüsselung.
if realpw == entrpw:              # Vergleich.
    print "Passwort akzeptiert"
else:
    print "Zugriff verweigert."
```

*Siehe auch:* pwd (Seite 172), getpass (Seite 150)

## errno

*Verfügbarkeit:* U, W, M

Das Modul errno definiert symbolische Namen für die ganzzahligen Fehler-Codes, die von verschiedenen Betriebssystem-Aufrufen zurückgegeben werden. Diese Codes findet man normalerweise im errno-Attribut einer OSError- oder IOError-Ausnahme. Mit der Funktion os.strerror() kann man einen Fehler-Code in eine Fehlermeldung übersetzen. Folgendes Dictionary kann man ebenfalls dazu benutzen, einen ganzzahligen Fehler-Code in den zugehörigen symbolischen Namen zu übersetzen.

errorcode

Ein Dictionary, dass ganzzahlige errno-Werte auf symbolische Namen abbildet, z.B. 'EPERM'.

Folgende Liste gibt die symbolischen Namen in POSIX für viele Systemfehler-Codes an. Nicht alle Namen sind auf allen Rechnern verfügbar. Auf manchen Plattformen können zusätzliche Codes definiert sein. Die Codes U, W, M, bzw. A werden jeweils benutzt, um die Verfügbarkeit auf den Plattformen Unix, Windows, Macintosh und allen (A) anzugeben (ohne JPython):

| Fehler-Code | Plattform | Beschreibung |
|---|---|---|
| E2BIG | A | Die Argumentliste ist zu lang |
| EACCES | A | Zugriff verweigert |
| EADDRINUSE | A | Die Adresse wird bereits verwendet |
| EADDRNOTAVAIL | A | Die angeforderte Adresse kann nicht zugewiesen werden |
| EADV | U | Konflikt mit Bekanntmachung |
| EAFNOSUPPORT | A | Die Adressfamilie wird von der Protokollfamilie nicht unterstützt |
| EAGAIN | A | Erneut versuchen |
| EALREADY | A | Die Operation wird bereits ausgeführt |
| EBADE | U | Ungültiger Austausch |
| EBADF | A | Ungültiger Dateideskriptor |
| EBADFD | U | Die Dateizugriffsnummer ist in schlechter Verfassung |
| EBADMSG | U | Das ist keine »data message« |
| EBADR | U | Ungültiger Aufruf-Deskriptor |
| EBADRQC | U | Ungültiger Aufruf-Code |
| EBADSLT | U | Ungültiger Slot |
| EBFONT | U | Ungültiges Font-Dateiformat |
| EBUSY | A | Das Gerät oder die Ressource ist belegt |
| ECHILD | A | Keine Kindprozesse |
| ECHRNG | U | Die Kanalnummer ist außerhalb des gültigen Bereiches |
| ECOMM | U | Kommunikationsfehler beim Senden |
| ECONNABORTED | A | Das Programm verursachte den Abbruch der Verbindung |
| ECONNREFUSED | A | Verbindungsaufbau abgelehnt |
| ECONNRESET | A | Die Verbindung wurde vom Kommunikationspartner zurückgesetzt |

Betriebssystemdienste

| Fehler-Code | Plattform | Beschreibung |
|---|---|---|
| EDEADLK | A | Eine Verklemmung der Ressource würde auftreten |
| EDEADLOCK | U, W | Verklemmung beim Datei-Locking |
| EDESTADDRREQ | A | Es ist eine Zieladresse notwendig |
| EDOM | A | Mathematisches Argument ausserhalb des Bereichs der Funktion |
| EDOTDOT | U | RFS-spezifischer Fehler |
| EDQUOT | A | Quote überschritten |
| EEXIST | A | Die Datei existiert bereits |
| EFAULT | A | Falsche Adresse |
| EFBIG | A | Die Datei ist zu groß |
| EHOSTDOWN | A | Der Rechner ist nicht aktiv |
| EHOSTUNREACH | A | Keine Route zum Zielrechner |
| EIDRM | U | Bezeichner wurde entfernt |
| EILSEQ | U | Ungültige Byte-Folge |
| EINPROGRESS | U, W | Die Operation ist jetzt in Bearbeitung |
| EINTR | A | Unterbrechung während des Betriebssystemaufrufs |
| EINVAL | A | Ungültiges Argument |
| EIO | A | Ein-/Ausgabefehler |
| EISCONN | A | Der Socket ist bereits verbunden |
| EISDIR | A | Ist ein Verzeichnis |
| EISNAM | U | Ist eine »named type file« |
| EL2HLT | U | Level 2 angehalten |
| EL2NSYNC | U | Level 2 ist nicht synchronisiert |
| EL3HLT | U | Level 3 angehalten |
| EL3RST | U | Level 3 zurückgesetzt |
| ELIBACC | U | Auf eine benötigte Shared Library kann nicht zugegriffen werden |
| ELIBBAD | U | Zugriff auf eine fehlerhafte oder defekte Shared Library |
| ELIBEXEC | U | Eine Shared Library kann nicht direkt ausgeführt werden |
| ELIBMAX | U | Versuch, zu viele Shared Libraries einzubinden |
| ELIBSCN | U | .lib-Sektion in der a.out-Datei ist beschädigt |
| ELNRNG | U | Die Link-Nummer ist außerhalb des gültigen Bereiches |
| ELOOP | A | Zu viele symbolische Links vorgefunden |
| EMFILE | A | Zu viele offene Dateien |
| EMLINK | U | Zu viele Links |
| EMSGSIZE | U | Die Nachricht ist zu lang |
| EMULTIHOP | U | Ein »Multihop« wurde versucht |
| ENAMETOOLONG | U | Der Dateiname ist zu lang |
| ENAVAIL | U | Keine XENIX-Semaphoren verfügbar |
| ENETDOWN | U | Das Netzwerk ist nicht aktiv |

| Fehler-Code | Plattform | Beschreibung |
|---|---|---|
| ENETRESET | U | Das Netzwerk hat die Verbindung nach einem Reset beendet |
| ENETUNREACH | U | Das Netzwerk ist nicht erreichbar |
| ENFILE | U | Überlauf der Datei-Deskriptoren-Tabelle |
| ENOANO | U | Keine Anode |
| ENOBUFS | A | Kein Hauptspeicher für den Puffer verfügbar |
| ENOCSI | U | Keine »CSI«-Struktur verfügbar |
| ENODATA | U | Keine Daten verfügbar |
| ENODEV | A | Kein solches Gerät |
| ENOENT | A | Keine solche Datei oder Verzeichnis |
| ENOEXEC | A | Fehler im Format der Programmdatei |
| ENOLCK | A | Keine Datensatz-Sperren verfügbar |
| ENOLINK | U | Der Link wurde beschädigt |
| ENOMEM | A | Kein freier Speicher mehr verfügbar |
| ENOMSG | U | Keine Nachricht des gewünschten Typs |
| ENONET | U | Die Maschine ist nicht an das Netzwerk angeschlossen |
| ENOPKG | U | Das Zusatzpaket ist nicht installiert |
| ENOPROTOOPT | A | Das Protokoll ist nicht verfügbar |
| ENOSPC | A | Kein Platz mehr auf dem Gerät verfügbar |
| ENOSR | U | Keine Stream-Ressourcen mehr verfügbar |
| ENOSTR | U | Das Gerät ist kein Stream |
| ENOSYS | A | Die Funktion ist nicht implementiert |
| ENOTBLK | U, M | Es ist ein Block-Device notwendig |
| ENOTCONN | A | Der Socket ist nicht verbunden |
| ENOTDIR | A | Ist kein Verzeichnis |
| ENOTEMPTY | A | Das Verzeichnis ist nicht leer |
| ENOTNAM | U | Keine XENIX-»named type«-Datei |
| ENOTSOCK | A | Socket-Operation an einem Nicht-Socket |
| ENOTTY | A | Keine Konsole |
| ENOTUNIQ | U | Der Name ist im Netzwerk nicht eindeutig |
| ENXIO | A | Kein solches Gerät oder Adresse |
| EOPNOTSUPP | A | Die Operation wird am Transport-Endpunkt nicht unterstützt |
| EOVERFLOW | U | Der Wert ist zu groß für den definierten Datentyp |
| EPERM | A | Die Operation ist nicht erlaubt |
| EPFNOSUPPORT | A | Die Protokollfamilie wird nicht unterstützt |
| EPIPE | A | Unterbrochene Pipe |
| EPROTO | U | Protokollfehler |
| EPROTONOSUPPORT | A | Das Protokoll wird nicht unterstützt |
| EPROTOTYPE | A | Das Protokoll passt nicht zu dem Socket |
| ERANGE | A | Mathematisches Ergebnis nicht darstellbar |
| EREMCHG | U | Die Adresse der Gegenstelle hat sich geändert |

| Fehler-Code | Plattform | Beschreibung |
|---|---|---|
| EREMOTE | U, M | Das Objekt ist »remote« |
| EREMOTEIO | U | Ein-/Ausgabefehler der Gegenstelle (remote) |
| ERESTART | U | Der unterbrochene Betriebssystemaufruf sollte neu gestartet werden |
| EROFS | U, M | Das Dateisystem ist nur lesbar |
| ESHUTDOWN | U, M | Ein Senden nach dem Beenden des Sockets ist nicht möglich |
| ESOCKTNOSUPPORT | U, M | Socket-Typ wird nicht unterstützt |
| ESPIPE | A | Nicht erlaubter Seek |
| ESRCH | A | Kein passender Prozess gefunden |
| ESRMNT | U | »Srmount«-Fehler |
| ESTALE | A | NFS Datei-Handle nicht mehr gültig |
| ESTRPIPE | U | Fehler in Stream-Pipe |
| ETIME | U | Der virtuelle Zeitnehmer ist abgelaufen |
| ETIMEDOUT | A | Die Wartezeit für die Verbindung ist abgelaufen |
| ETOOMANYREFS | A | Zu viele Referenzen: can't splice |
| ETXTBSY | U, M | Das Programm kann nicht ausgeführt oder verändert werden (busy) |
| EUCLEAN | U | Die Struktur muss bereinigt werden |
| EUNATCH | U | Das Protokoll ist nicht verfügbar |
| EUSERS | A | Zu viele Benutzer |
| EWOULDBLOCK | A | Die Operation würde blockieren |
| EXDEV | A | Ungültiger Link über Gerätegrenzen hinweg |
| EXFULL | U | Vermittlung ist überfüllt |
| WSAEACCES | W | Erlaubnis verweigert |
| WSAEADDRINUSE | W | Die Adresse wird bereits verwendet |
| WSAEADDRNOTAVAIL | W | Die angeforderte Adresse kann nicht zugewiesen werden |
| WSAEAFNOSUPPORT | W | Die Adressfamilie wird von der Protokollfamilie nicht unterstützt |
| WSAEALREADY | W | Die Operation wird bereits ausgeführt |
| WSAEBADF | W | Ungültiger Datei-Handle |
| WSAECONNABORTED | W | Das Programm verursachte den Abbruch der Verbindung |
| WSAECONNREFUSED | W | Verbindungsaufbau abgelehnt |
| WSAECONNRESET | W | Die Verbindung wurde vom Kommunikationspartner zurückgesetzt |
| WSAEDESTADDRREQ | W | Es ist eine Zieladresse notwendig |
| WSAEDISCON | W | Entferntes System heruntergefahren |
| WSAEDQUOT | W | Der zugewiesene Plattenplatz (Quote) ist überschritten |
| WSAEFAULT | W | Falsche Adresse |
| WSAEHOSTDOWN | W | Der Rechner ist nicht aktiv |
| WSAEHOSTUNREACH | W | Keine Route zum Zielrechner |

| Fehler-Code | Plattform | Beschreibung |
|---|---|---|
| WSAEINPROGRESS | W | Die Operation ist jetzt in Bearbeitung |
| WSAEINTR | W | Unterbrechung während des Betriebssystemaufrufs |
| WSAEINVAL | W | Ungültiges Argument |
| WSAEISCONN | W | Der Socket ist bereits verbunden |
| WSAELOOP | W | Der Name kann nicht übersetzt werden |
| WSAEMFILE | W | Zu viele offene Dateien |
| WSAEMSGSIZE | W | Die Nachricht ist zu lang |
| WSAENAMETOOLONG | W | Der Name ist zu lang |
| WSAENETDOWN | W | Das Netzwerk ist nicht aktiv |
| WSAENETRESET | W | Das Netzwerk hat die Verbindung nach einem Reset verloren |
| WSAENETUNREACH | W | Das Netzwerk ist nicht erreichbar |
| WSAENOBUFS | W | Es seht kein Pufferplatz zur Verfügung |
| WSAENOPROTOOPT | W | Falsche Protokoll-Option |
| WSAENOTCONN | W | Der Socket ist nicht verbunden |
| WSAENOTEMPTY | W | Ein nicht-leeres Verzeichnis kann nicht gelöscht werden |
| WSAENOTSOCK | W | Socket-Operation an einem Nicht-Socket |
| WSAEOPNOTSUPP | W | Die Operation wird nicht unterstützt |
| WSAEPFNOSUPPORT | W | Die Protokollfamilie wird nicht unterstützt |
| WSAEPROCLIM | W | Zu viele Prozesse |
| WSAEPROTONOSUPPORT | W | Das Protokoll wird nicht unterstützt |
| WSAEPROTOTYPE | W | Das Protokoll passt nicht zu dem Socket |
| WSAEREMOTE | W | Element nicht lokal verfügbar |
| WSAESHUTDOWN | W | Kein Senden nach dem Beenden des Sockets möglich |
| WSAESOCKTNOSUPPORT | W | Socket-Typ wird nicht unterstützt |
| WSAESTALE | W | Datei-Handle nicht mehr verfügbar |
| WSAETIMEDOUT | W | Die Wartezeit für die Verbindung ist abgelaufen |
| WSAETOOMANYREFS | W | Zu viele Referenzen auf ein Kernel-Objekt |
| WSAEUSERS | W | Quote überschritten |
| WSAEWOULDBLOCK | W | Die Ressource ist vorübergehend nicht verfügbar |
| WSANOTINITIALISED | W | Der WSA Startup wurde nicht erfolgreich durchgeführt |
| WSASYSNOTREADY | W | Das Netzwerk-Untersystem ist nicht verfügbar |
| WSAVERNOTSUPPORTED | W | Die Winsock.dll-Version ist nicht im gültigen Bereich |

*Siehe auch:* OS (Seite 159)

····· **fcntl** ···················

*Verfügbarkeit:* U

Das Modul `fcntl` führt Datei- und Ein-/Ausgabeoperationen auf Unix-Dateideskriptoren durch. Auf Dateideskriptoren kann man mit der Methode `fileno()` eines Datei- oder Socket-Objektes zugreifen. Dieses Modul ist abhängig von einer großen Anzahl von Konstanten, die im Modul `FCNTL` definiert sind (das auch importiert werden sollte).

`fcntl(fd, cmd [, arg])`

> Führt den Befehl `cmd` auf einem geöffneten Dateideskriptor `fd` durch. `cmd` ist ein ganzzahliger Befehlscode. `arg` ist ein optionales Argument, das entweder ein String oder eine Ganzzahl ist. Wenn `arg` ein String ist, wird er als binäre Datenstruktur interpretiert, und der Rückgabewert des Aufrufs ist der Inhalt des Puffers, der in einen String zurückkonvertiert wurde. Folgende Befehle sind verfügbar (diese Konstanten sind im Modul `FCNTL` definiert):

| Befehl | Beschreibung |
|--------|--------------|
| F_DUPFD | Dupliziert einen Dateideskriptor. `arg` ist die kleinste Zahl, die der neue Dateideskriptor annehmen kann. Ähnlich zum Systemaufruf `os.dup()`. |
| F_SETFD | Setzt die Flagge close-on-exec von `arg` (0 oder 1). Wenn gesetzt, wird die Datei beim Systemaufruf `exec()` geschlossen. |
| F_GETFD | Gibt die Flagge close-on-exec zurück. |
| F_SETFL | Setzt Statusflaggen auf `arg`, das eine bitweise Oder-Verknüpfung von Folgendem ist: |
| | O_NDELAY    Nichtblockierender I/O (nur System V) |
| | O_APPEND    Anfügemodus (nur System V) |
| | O_SYNC    Synchrones Schreiben (nur System V) |
| | FNDELAY    Nichtblockierender I/O (nur BSD) |
| | FAPPEND    Anfügemodus (nur BSD) |
| | FASYNC    Sendet `SIGIO`-Signal an (nur BSD) die Prozessgruppe, wenn I/O möglich ist. |
| F_GETFL | Holt von `F_SETFL` gesetzte Statusflaggen. |
| F_GETOWN | Holt Prozess- oder Prozessgruppenkennung, um die Signale `SIGIO` und `SIGURG` zu empfangen (nur BSD). |
| F_SETOWN | Setzt Prozess- oder Prozessgruppenkennung so, dass die Signale `SIGIO` und `SIGURG` empfangen werden (nur BSD). |
| F_GETLK | Gibt die Struktur flock zurück, die bei Dateisperren benutzt wird. |
| F_SETLK | Sperrt eine Datei, gibt `-1` zurück, wenn sie schon gesperrt ist. |
| F_SETLKW | Sperrt eine Datei, wartet aber, wenn keine Sperre erhältlich ist. |

> Die Ausnahme `IOError` wird ausgelöst, wenn die Funktion `fcntl()` fehlschlägt. Die Befehle `F_GETLK` und `F_SETLK` werden mit der Funktion `lockf()` unterstützt.

`ioctl(fd, op, arg)`

> Diese Funktion ist identisch mit der Funktion `fcntl()`, außer dass die Operationen im Bibliotheksmodul `IOCTL` definiert sind. Das Modul `IOCTL` steht auf einigen Plattformen evtl. nicht zur Verfügung. Wenn Sie diese Funktion benutzen, sollten Sie vielleicht Ihren Entwurf überdenken.

`flock(fd, op)`

Führt eine Sperroperation `op` auf einem Dateideskriptor `fd` aus. Dabei ist `op` die bitweise Oder-Verknüpfung folgender Werte:

| Wert | Beschreibung |
|------|--------------|
| LOCK_EX | Exklusive Sperre |
| LOCK_NB | Beim Speren nicht sperren |
| LOCK_SH | Gemeinsame Sperre |
| LOCK_UN | Entsperren |

Im nicht-blockierenden Modus wird eine `IOError`-Ausnahme ausgelöst, wenn die Sperre nicht erhalten werden kann.

`lockf(fd, op, [len, [start, [whence]]])`

Sperrt einen Teil einer Datei, einen Eintrag oder einen Bereich. `op` ist das Gleiche wie bei der Funktion `flock()`. `len` bezeichnet die Anzahl der zu sperrenden Bytes. `start` ist die Startposition der Sperre relativ zum Wert von `whence`. `whence` ist 0 beim Dateianfang, 1 bei der aktuellen Position und 2 beim Dateiende.

*Beispiel*

```
import fcntl, FCNTL

# Setzt das Bit close-on-exec für ein Dateiobjekt f.
fcntl.fcntl(f.fileno(), FCNTL.F_SETFD, 1)

# Sperrt eine Datei (blockierend).
fcntl.flock(f.fileno(), FCNTL.LOCK_EX)

# Sperrt die ersten 8192 Bytes einer Datei (nicht-blockierend).
try:
    fcntl.lockf(f.fileno(), FCNTL.LOCK_EX | FCNTL.LOCK_NB, 8192, 0, 0)
except IOError, e:
    print "Keine Sperre erhältlich.", e
```

*Bemerkungen*

- Die Menge der verfügbaren Befehle und Optionen von `fcntl()` ist systemabhängig.
- Viele der Funktionen dieses Moduls können auch auf Dateideskriptoren von Sockets angewendet werden.

*Siehe auch:* os (Seite 159), socket (Seite 218)

····· **fileinput** ···················

*Verfügbarkeit:* A

Das Modul `fileinput` iteriert über eine Liste von Eingabedateien und liest Zeile für Zeile deren Inhalt. Die Hauptschnittstelle zu diesem Modul ist folgende Funktion:

```
input([files [, inplace [, backup]]])
```
Erzeugt eine Instanz der Klasse FileInput. files ist eine optionale Liste von zu lesenden Dateinamen (ein einziger Name ist ebenfalls erlaubt). Falls weggelassen, werden die Dateien von der Kommandozeile in sys.argv[1:] gelesen. Eine leere Liste impliziert die Eingabe von stdin, genauso wie der Dateiname '-'. Wenn inplace auf 1 gesetzt ist, wird von jeder Eingabedatei eine Sicherheitskopie angelegt und sys.stdout wird umgeleitet, um die Originaldatei zu überschreiben. Die Sicherheitskopie wird anschließend gelöscht, wenn die Ausgabe geschlossen wird. Die Option backup gibt eine Erweiterung für Dateinamen an, z.B. '.bak', die bei den Sicherheitskopien verwendet werden soll. Falls angegeben, wird die Sicherheitskopie nicht gelöscht.

Eine Instanz der Klasse FileInput kennt folgende Methoden. Diese Methoden sind auch als Funktionen verfügbar (die auf die letzte durch die Funktion input() erzeugte Instanz angewendet werden).

| Methode | Beschreibung |
|---|---|
| filename() | Gibt den Namen der Datei zurück, die gerade gelesen wird. |
| lineno() | Gibt die (kumulativ aufsummierte) gerade gelesene Zeilennummer zurück. |
| filelineno() | Gibt die Zeilennummer der gerade gelesenen Datei zurück. |
| isfirstline() | Ergibt wahr, wenn die gerade gelesene Zeile die erste in der Datei ist. |
| isstdin() | Ergibt wahr, wenn die Eingabe gleich stdin ist. |
| nextfile() | Schließt aktuelle Datei und springt zur nächsten. |
| close() | Schließt die Folge aller Dateien. |

Zusätzlich kann die von input() zurückgegebene Instanz als Iterator benutzt werden, um alle Eingabezeilen zu lesen.

*Beispiel*

```
import fileinput
for line in fileinput.input():
    print '%5d %s' % (fileinput.lineno(), line),
```

*Bemerkungen*

- Alle von diesem Modul geöffneten Dateien werden im Textmodus geöffnet.
- Eine IOError-Ausnahme wird ausgelöst, wenn eine Datei nicht geöffnet werden kann.
- Leere Dateien werden sofort wieder geschlossen, nachdem sie geöffnet wurden.
- Alle zurückgegebenen Zeilen beinhalten abschließende Zeilenvorschübe, außer wenn es sich um die letzte Zeile einer Datei handelt und diese keinen Zeilenvorschub enthält.
- Dateinamen im Format MS-DOS 8+3 werden nicht unterstützt.

*Siehe auch:* glob (Seite 151), fnmatch (Seite 149)

····· **findertools** ····················

*Verfügbarkeit:* M
Das Modul findertools wird benutzt, um auf einen Teil der Funktionalität des Finders zuzugreifen. Alle Datei- und Ordnerparameter können entweder mit vollständigem Pfadnamen oder als FSSpec-Objekte mit dem Modul macfs angegeben werden.

`launch(file)`
>  Startet die Datei `file`, indem entweder eine Anwendung gestartet oder ein Dokument mit der richtigen Anwendung aufgerufen wird.

`Print(file)`
>  Druckt die Datei `file` aus.

`copy(file, destdir)`
>  Kopiert `file` in den Ordner `destdir`.

`move(file, destdir)`
>  Verschiebt `file` in den Ordner `destdir`.

`sleep()`
>  Versetzt den Macintosh in den Ruhezustand (falls unterstützt).

`restart()`
>  Bewirkt einen Neustart des Rechners.

`shutdown()`
>  Schaltet den Rechner ab.

*Siehe auch:* `macfs` (Seite 153), `macostools` (Seite 157)

····· **fnmatch** ···················

*Verfügbarkeit:* A

Das Modul `fnmatch` bietet Unterstützung beim Vergleich von Dateinamen mit unter Unix üblichen Joker-Zeichen, wie sie in Shells verwendet werden:

| Zeichen | Beschreibung |
| --- | --- |
| `*` | Passt zu allem. |
| `?` | Passt auf ein einziges Zeichen. |
| `[seq]` | Passt auf alle Zeichen in `seq`. |
| `[!seq]` | Passt auf alle Zeichen, die nicht in `seq` vorkommen. |

Folgende Funktionen können verwendet werden, um auf eine Übereinstimmung mit einem Joker zu testen:

`fnmatch(filename, pattern)`
>  Gibt wahr oder falsch zurück, je nachdem, ob `pattern` auf `filename` passt oder nicht. Groß- und Kleinschreibung hängt vom Betriebssystem ab (auf gewissen Plattformen wie Windows gibt es keinen Unterschied).

`fnmatchcase(filename, pattern)`
>  Führt einen Mustervergleich von `filename` mit `pattern` durch, wobei die Schreibweise berücksichtigt wird.

*Beispiele*

```
fnmatch("foo.gif", "*.gif")         # Ergibt wahr.
fnmatch("part37.html", "part3[0-5].html" # Ergibt falsch.
```

*Siehe auch:* `glob` (Seite 151)

##### getopt

*Verfügbarkeit:* A

Das Modul getopt wird verwendet, um Optionen in der Kommandozeile zu parsen (normalerweise an sys.argv übergeben).

getopt(args, options [, long_options])

Parst die Optionen in der Kommandozeile, die in der Liste args angegeben werden. options ist ein String aus Buchstaben, die zu den einbuchstabigen Optionen korrespondieren, die ein Programm erkennen möchte (z.B. '-x'). Wenn eine Option ein Argument verlangt, muss dem Buchstaben der Option ein Doppelpunkt folgen. Falls angegeben, ist long_options eine Liste von Strings, die mit langen Optionsnamen korrespondieren. Wenn in args angegeben, geht diesen Optionen immer ein '-' voraus wie in '-exclude' (das vorangestellte '-' wird nicht an long_options übergeben). Langen Optionsnamen, zu denen ein Argument verlangt wird, sollte ein Gleichzeichen ('=') nachgestellt werden. Die Funktion gibt eine Liste von erkannten (Option, Wert)-Paaren zurück sowie eine Liste von Programmargumenten, die nach allen Optionen angegeben wurden. Die Optionen erscheinen in der gleichen Reihenfolge in der Liste, in der sie vorgefunden wurden. Lange und kurze Optionen können dabei gemischt sein. Optionsnamen werden mit vorangestelltem '-' oder '-' zurückgegeben.

*Ausnahme*

error

Ausnahme, die bei einer unbekannten Option gefunden wird, oder wenn für eine Option, die ein Argument braucht, keines angegeben wird. Das Argument der Ausname ist String, der den Grund des Fehlers angibt.

*Beispiel*

```
>>> import getopt
>>> args = ['-a', '-b', 'foo', '-exclude','bar', 'x1', 'x2']
>>> opts, pargs = getopt.getopt(args, 'ab:', ['exclude='])
>>> opts
[('-a', ''), ('-b', 'foo'), ('-exclude', 'bar')]
>>> pargs
['x1', 'x2']
>>>
```

*Siehe auch:* sys (Seite 115)

##### getpass

*Verfügbarkeit:* U

Das Modul getpass unterstützt das Lesen von Passwörtern und Benutzernamen.

getpass([prompt])

Fragt den Benutzer nach einem Passwort, ohne es im Klartext anzuzeigen, während es eingegeben wird. Die Voreinstellung für die Eingabeaufforderung ist 'Password: '. Gibt das eingegebene Passwort als String zurück.

getuser()

Gibt den Login-Namen des Benutzers zurück, indem zuerst die Umgebungsvariablen $LOGNAME, $USER, $LNAME und $USERNAME und dann die Passwort-Datenbank des Systems geprüft wird. Löst eine KeyError-Ausnahme aus, wenn kein Name gefunden werden kann. Unix und Windows.

*Bemerkungen*

- Ein Beispiel wird in der Dokumentation für das Modul crypt angegeben.
- Dieses Modul hängt vom Modul termios ab, das auf einigen Systemen in der Voreinstellung deaktiviert ist.

*Siehe auch:* pwd (Seite 172), crypt (Seite 140)

## glob

*Verfügbarkeit:* A

Das Modul glob gibt alle Dateinamen in einem Verzeichnis zurück, die mit einem Muster übereinstimmen, das durch die Regeln einer Unix-Shell spezifiziert ist (und wie sie beim Modul fnmatch angegeben sind).

glob(pattern)

Gibt eine Liste von Pfadnamen zurück, auf die pattern passt.

*Beispiel*

```
glob("*.html")
glob("image[0-5]*.gif")
```

*Bemerkung*

Eine Expansion des Tildezeichens ('~') und von Shell-Variablen findet nicht statt. Man verwendet os.path.expanduser() und os.path.expandvars(), um diese Expansionen durchzuführen, bevor glob() aufgerufen wird.

*Siehe auch:* fnmatch (Seite 149), os.path (Seite 169)

## grp

*Verfügbarkeit:* U

Das Modul grp bietet eine Schnittstelle zur Gruppendatenbank von Unix an.

getgrgid(gid)

Gibt den Eintrag einer Gruppendatenbank für eine Gruppenkennung als 4-Tupel zurück: (gr_name, gr_passwd, gr_gid, gr_mem). gr_name ist der Gruppenname, gr_passwd ist das Gruppenpasswort (falls vorhanden), gr_gid ist die ganzzahlige Gruppenkennung und gr_mem ist eine Liste von Benutzernamen in der Gruppe. Löst eine KeyError-Ausnahme aus, falls die Gruppe nicht existiert.

getgrnam(name)

Identisch mit getgrgid(), sucht aber mit einem Namen nach einer Gruppe.

getgrall()

Gibt alle verfügbaren Gruppeneinträge als Liste von Tupeln zurück, wie sie auch von getgrgid() zurückgegeben werden.

*Siehe auch:* pwd (Seite 172)

## gzip

*Verfügbarkeit:* U, W, M

Das Modul gzip enthält die Klasse GzipFile, die dazu benutzt werden kann, Dateien zu lesen und zu schreiben, die kompatibel zum GNU-Programm gzip sind. GzipFile-Objekte funktionieren wie normale Dateien, außer dass Daten darin automatisch komprimiert und dekomprimiert werden.

`GzipFile([filename [, mode [, compresslevel [, fileobj]]]])`

> Öffnet ein `GzipFile`-Objekt. `filename` ist der Name einer Datei und `mode` ist entweder `'r'`, `'rb'`, `'a'`, `'ab'`, `'w'` oder `'wb'`. Die Voreinstellung ist `'rb'`. `compresslevel` ist eine Ganzzahl von 1 bis 9, die die Kompressionsstufe bestimmt. Dabei ist 1 die schnellste und produziert die geringste Kompression. 9 ist die langsamste und produziert die stärkste Kompression (die Voreinstellung). `fileobj` ist ein existierendes Dateiobjekt, das verwendet werden soll. Wenn angegeben, wird es statt der durch `filename` angegebenen Datei benutzt.

`open(filename [, mode [, compresslevel]])`

> Identisch mit `GzipFile(filename, mode, compresslevel)`. Die Voreingestellung für `mode` ist `'rb'` und für `compresslevel` 9.

*Bemerkungen*

- Beim Aufruf der Methode `close()` eines GzipFile-Objektes werden keine Dateien geschlossen, die in `fileobj` übergeben werden. Das erlaubt es, zusätzliche Information nach den komprimierten Daten in eine Datei zu schreiben.
- Dateien, die unter Unix durch das Programm `compress` erzeugt worden sind, werden nicht unterstützt.
- Dieses Modul benötigt das Modul `zlib`.

*Siehe auch:* `zlib` (Seite 187)

····· **locale** ··················

*Verfügbarkeit:* U

Das Modul `locale` bietet Zugang zur POSIX-locale-Datenbank, die es Programmierern erlaubt, gewisse kulturelle Landesunterschiede in Anwendungen zu berücksichtigen, ohne alle Eigenheiten jedes Landes zu kennen, wo die Software benutzt wird. Ein »locale« (Landeseinstellung) definiert eine Menge von Parametern, die die Repräsentation von Strings, Zeitangaben, Zahlen und Währungen bestimmen. Diese Parameter sind in folgende Kategorien-Codes gruppiert:

| Kategorie | Beschreibung |
|---|---|
| LC_CTYPE | Zeichenumwandlung und -vergleich |
| LC_COLLATE | String-Sortierung; betrifft `strcoll()` und `strxfrm()` |
| LC_TIME | Zeitformatierung; betrifft `time.strftime()` |
| LC_MONETARY | Formatierung von währungsbehafteten Werten |
| LC_MESSAGES | Darstellung von Meldungen; dies kann Fehlermeldungen betreffen, die von Funktionen wie z.B. `os.strerror()` zurückgegeben werden |
| LC_NUMERIC | Zahlenformatierung; betrifft `format()`, `atoi()`, `atof()` und `str()` |
| LC_ALL | Kombination aller locale-Einstellungen |

Folgende Funktionen sind verfügbar:

`setlocale(category [, locale])`

> Falls `locale` angegeben wird, ändert diese Funktion die Landeseinstellungen für eine bestimmte Kategorie. `locale` ist ein String, der den Namen der Einstellungen angibt. Wenn er auf `'C'` gesetzt ist, werden übergreifende Einstellungen ausgewählt (die Voreinstellung). Falls es der leere String ist, werden die Voreinstellungen aus der Umgebung des Benutzers

ausgewählt. Wenn locale weggelassen wird, wird ein String zurück gegeben, der die Einstellung für die angegebene Kategorie repräsentiert. Löst die Ausnahme locale.Error bei einem Fehler aus.

localeconv()
  Gibt die Datenbank der lokalen Konventionen als Dictionary zurück.

strcoll(string1, string2)
  Vergleicht zwei Strings gemäß der aktuellen Einstellung für LC_COLLATE. Gibt einen negativen oder positiven Wert bzw. Null zurück, je nachdem ob string1 vor oder nach string2 eingeordnet wird bzw. identisch damit ist.

strxfrm(string)
  Transformiert einen String in einen anderen, der für die eingebaute Funktion cmp() benutzt werden kann und immer noch Ergebnisse liefert, die mit den Landeseinstellungen konform sind.

format(format, val [, grouping = 0])
  Formatiert eine Zahl val gemäß der aktuellen Einstellung für LC_NUMERIC. Das Format folgt den Konventionen des %-Operators. Bei Fließkommawerten wird der Dezimalpunkt modifiziert, wenn erforderlich. Wenn grouping wahr ist, wird die Gruppierung berücksichtigt.

str(float)
  Formatiert eine Fließkommazahl mit dem gleichen Format wie bei der eingebauten Funktion str(float), berücksichtigt jedoch den Dezimalpunkt.

atof(string)
  Konvertiert einen String in eine Fließkommazahl gemäß der aktuellen Einstellung für LC_NUMERIC.

atoi(string)
  Konvertiert einen String in eine Ganzzahl gemäß den Konventionen von LC_NUMERIC.

*Ausnahme*

Error
  Wird bei einem Fehler in der Funktion setlocale() aufgerufen.

*Bemerkung*
Weitere Information ist in der Online-Bibliotheksreferenz verfügbar.

*Siehe auch: http://www.python.org/doc/lib/module-locale.html*

····· **macfs** ··················

*Verfügbarkeit:* M
Das Modul macfs wird benutzt, um Dateien und Aliase unter MacOS zu manipulieren. Bei jeder Funktion oder Methode, die ein Dateiargument erwartet, darf das Argument ein vollständiger oder partieller Macintosh-Pfadnamens-String, ein FSSpec-Objekt oder ein (wdRefNum, parID, name)-Tripel sein.

FSSpec(file)
  Erzeugt ein FSSpec-Objekt für die angegebene Datei file.

RawFSSpec(data)
  Erzeugt ein FSSpec-Objekt aus den angegebenen Rohdaten für die darunter liegende C-Datenstruktur FSSpec als String.

`RawAlias(data)`

Erzeugt ein `Alias`-Objekt aus den angegebenen Rohdaten für die darunter liegende C-Datenstruktur als String.

`FInfo()`

Erzeugt ein mit Nullen gefülltes `FInfo`-Objekt.

`ResolveAliasFile(file)`

Löst eine Alias-Datei auf. Gibt ein Tripel (`fsspec`, `isfolder`, `aliased`) zurück, wobei `fsspec` das resultierende `FSSpec`-Object ist. `isfolder` ist **wahr**, wenn `fsspec` auf einen Ordner zeigt, und `aliased` ist **wahr**, wenn die Datei ein Alias ist.

`StandardGetFile([type, ...])`

Präsentiert einen Dateiauswahl-Dialog und verlangt vom Benutzer, eine Datei auszuwählen. Bis zu vier 4 Zeichen große Dateitypen können übergeben werden, um die Art von Dateien zu begrenzen, aus denen der Benutzer auswählen kann. Gibt ein Tupel zurück mit einem `FSSpec`-Objekt und einer Flagge, die anzeigt, ob der Benutzer den Dialog abgeschlossen hat, ohne ihn vorher abzubrechen oder nicht.

`PromptGetFile(prompt[, type, ...])`

Ähnlich zu `StandardGetFile()`, erlaubt jedoch eine Eingabeaufforderung anzugeben.

`StandardPutFile(prompt, [default])`

Präsentiert einen Dateiauswahl-Dialog und verlangt vom Benutzer, eine Datei auszuwählen. `prompt` ist der als Eingabeaufforderung verwendete String und `default` ist der voreingestellte Dateiname. Gibt ein Tupel zurück mit einem `FSSpec`-Objekt und einer Flagge, die anzeigt, ob der Benutzer den Dialog abgeschlossen hat, ohne ihn vorher abzubrechen oder nicht.

`GetDirectory([prompt])`

Präsentiert einen Verzeichnisauswahl-Dialog. `prompt` ist der als Eingabeaufforderung verwendete String. Gibt ein Tupel zurück mit `FSSpec`-Objekt und einem Erfolgsindikator.

`SetFolder([fsspec])`

Setzt den Ordner, der zu Beginn dem Benutzer präsentiert wird, wenn einer der Dateiauswahldialoge präsentiert wird. `fsspec` sollte auf eine Datei in einem Ordner zeigen, nicht auf den Ordner selbst (die Datei muss jedoch nicht existieren). Ohne Argumente wird der Ordner auf den aktuellen Ordner gesetzt.

`FindFolder(where, which, create)`

Findet einen speziellen Macintosh-Ordner, wie z.B. den Papierkorb oder den Ordner für die Einstellungen. `where` ist die Platte, auf der gesucht werden soll, und normalerweise auf `MACFS.kOnSystemDisk` gesetzt, `which` ist ein 4 Zeichen großer String, der den gesuchten Ordner bezeichnet (mit einem der Symbole aus der unten angegebenen Tabelle), und `create`, falls es auf 1 gesetzt ist, bewirkt, dass der Ordner erzeugt wird, wenn er nicht existiert. Gibt ein Tupel (`vrefnum`, `dirid`) zurück. Die Elemente dieses Tupels können als die ersten beiden Elemente des Tripels (`vrefnum`, `dirid`, `name`) zur Verwendung als Dateiname verwendet werden.

| | |
|---|---|
| `kALMLocationsFolderType` | `kMacOSReadMesFolderType` |
| `kALMModulesFolderType` | `kModemScriptsFolderType` |
| `kALMPreferencesFolderType` | `kOpenDocEditorsFolderType` |
| `kAppleExtrasFolderType` | `kOpenDocFolderType` |
| `kAppleMenuFolderType` | `kOpenDocLibrariesFolderType` |
| `kApplicationAliasType` | `kOpenDocShellPlugInsFolderType` |
| `kApplicationSupportFolderType` | `kPreferencesFolderType` |

| | |
|---|---|
| kApplicationsFolderType | kPrintMonitorDocsFolderType |
| kAssistantsFolderType | kPrinterDescriptionFolderType |
| kChewableItemsFolderType | kPrinterDriverFolderType |
| kColorSyncProfilesFolderType | kScriptingAdditionsFolderType |
| kContextualMenuItemsFolderType | kSharedLibrariesFolderType |
| kControlPanelDisabledFolderType | kShutdownItemsDisabledFolderType |
| kControlPanelFolderType | kStartupFolderType |
| kControlStripModulesFolderType | kStartupItemsDisabledFolderType |
| kDesktopFolderType | kStationeryFolderType |
| kDocumentsFolderType | kSystemExtensionDisabledFolderType |
| kEditorsFolderType | kSystemFolderType |
| kExtensionDisabledFolderType | kTemporaryFolderType |
| kExtensionFolderType | kTextEncodingsFolderType |
| kFavoritesFolderType | kThemesFolderType |
| kFontsFolderType | kTrashFolderType |
| kGenEditorsFolderType | kUtilitiesFolderType |
| kHelpFolderType | kVoicesFolderType |
| kInternetPlugInFolderType | kVolumeRootFolderType |
| | kWhereToEmptyTrashFolderType |

NewAliasMinimalFromFullPath(pathname)

Gibt ein minimales Alias-Objekt zurück, das auf die angegebene Datei zeigt, die als vollständiger Pfadname angegeben werden muss. Dies ist der einzige Weg, einen Alias auf eine nicht existierende Datei zu erzeugen.

FindApplication(creator)

Findet die Anwendung mit dem 4 Zeichen großen Erzeugercode creator. Die Funktion gibt ein FSSpec-Objekt zurück, das auf die Anwendung zeigt.

Eine Instanz f eines FSSpec-Objektes hat folgende Attribute und Methoden:

f.data

Die Rohdaten vom darunter liegenden FSSpec-Objekt.

f.as_pathname()

Gibt den vollständigen Pfadnamen zurück.

f.as_tuple()

Gibt das Tripel (wdRefNum, parID, name) der Datei zurück.

f.NewAlias([file])

Erzeugt ein Alias-Objekt, das auf die durch f beschriebene Datei zeigt. Falls der optionale Parameter file angegeben wird, wird der Alias relativ zu dieser Datei erzeugt, sonst ist er absolut.

f.NewAliasMinimal()

Erzeugt einen minimalen Alias, der auf diese Datei zeigt.

f.GetCreatorType()

Gibt die 4 Zeichen großen Erzeuger- und Typcodes der Datei zurück.

f.SetCreatorType(creator, type)

Setzt die 4 Zeichen großen Erzeuger- und Typcodes der Datei.

f.GetFInfo()

Gibt ein FInfo-Objekt zurück, das die Finder-Information der Datei beschreibt.

`f.SetFInfo(finfo)`
Setzt die Finder-Information für die Datei auf die Werte im `FInifo`-Objekt `finfo`.

`f.GetDates()`
Gibt ein Tupel mit drei Fließkommawerten zurück, die die Zeitpunkte der Erzeugung, Veränderung und Archivierung der Datei repräsentieren.

`f.SetDates(crdate, moddate, backupdate)`
Setzt die Zeitstempel für die Erzeugung, Veränderung und Archivierung der Datei.

Ein `Alias`-Objekt a hat folgende Attribute und Methoden:

`a.data`
Die Rohdaten für den `Alias`-Eintrag in Form eines Binär-Strings.

`a.Resolve([file])`
Löst den Alias auf und gibt ein Tupel zurück mit dem `FSSpec` für die Zieldatei und eine Flagge, die anzeigt, ob das `Alias`-Objekt während des Suchprozesses verändert wurde. Falls die Datei nicht existiert, aber der Pfad bis zu ihr existiert, wird ein gültiges `fsspec` zurückgegeben. `file` ist eine optionale Datei, die angegeben werden muss, falls der Alias ursprünglich als relativer Alias erzeugt worden ist.

`a.GetInfo(num)`
Eine Schnittstelle zur C-Routine `GetAliasInfo()`.

| Wert | Beschreibung |
|------|--------------|
| -3 | Zonenname |
| -2 | Servername |
| -1 | Volume-Name |
| 0 | Zielname |
| 1 | Elternverzeichnisname |

`a.Update(file, [file2])`

Aktualisiert den Alias so, dass er auf `file` zeigt. Falls `file2` angegeben wird, wird ein relativer Alias erzeugt.

Ein `FInfo`-Objekt `finfo` hat folgende Attribute:

`finfo.Creator`
Der 4 Zeichen große Erzeugercode der Datei.

`finfo.Type`
Der 4 Zeichen große Typcode der Datei.

`finfo.Flags`
Die Finder-Flaggen für die Datei als 16-Bit-Ganzzahl. Die Bit-Werte in `Flags` werden definiert durch folgende im Modul `MACFS` definierte Konstanten: `kHasBeenInited`, `kHasBundle`, `kHasCustomIcon`, `kIsAlias`, `kIsInvisible`, `kIsOnDesk`, `kIsShared`, `kIsStationary`, `kNameLocked`.

`finfo.Location`
Ein Zeiger auf die Position der Datei-Ikone in ihrem Ordner.

`finfo.Fldr`
Der Ordner, in dem sich die Datei befindet (als Ganzzahl).

*Siehe auch:* macostools (Seite 157), findertools (Seite 148), *http://www.python.org/doc/mac* (Macintosh-Bibliotheksreferenz)

##### ·····◖ macostools ◗ ····················

*Verfügbarkeit:* M

Das Modul macostools enthält Funktionen zur Manipulation von Dateien unter MacOS.

copy(src, dst [, createpath [, copytimes]])

> Kopiert Datei src nach dst. Falls createpath nicht Null ist, muss dst ein Pfadname sein und die zur Zieldatei führenden Ordner werden erzeugt, wenn notwendig. In der Voreinstellung werden Daten- und Ressourcenzweige (engl. data and resource forks) ebenso wie einige weitere Finder-Information mitkopiert. Falls copytimes nicht Null ist, werden die Zeitstempel für die Erzeugung, Änderung und Archivierung ebenfalls mitkopiert. Eigene Ikonen, Kommentare und Ikonen-Positionen werden nicht kopiert. Falls src ein Alias ist, wird das Original, auf das der Alias zeigt, kopiert, und nicht die Aliasdatei.

copytree(src, dst)

> Kopiert rekursiv einen Dateibaum von src nach dst, wobei Ordner erzeugt werden, wenn nötig. src und dst müssen Strings mit Pfadnamen sein.

mkalias(src, dst)

> Erzeugt einen Finder-Alias dst, der auf src zeigt.

touched(dst)

> Teilt dem Finder mit, dass die Finder-Information für dst verändert wurde und dass der Finder die Ikonen- und andere gerade sichtbare Informationen aktualisieren sollte.

BUFSIZ

> Die Puffergröße, die beim Kopieren benutzt wird (in Bytes). Die Voreinstellung ist ein Megabyte.

*Bemerkung*

Außer für copytree() können Dateinamen als Strings oder als FSSpec-Objekte vom Modul macfs erzeugt werden.

*Siehe auch:* macfs (Seite 153)

##### ·····◖ msvcrt ◗ ····················

*Verfügbarkeit:* W

Das Modul msvcrt erlaubt den Zugriff auf eine Reihe von nützlichen Funktionen in der Microsoft-Visual-C++-Laufzeit-Bibliothek.

getch()

> Liest einen Tastendruck und gibt das entsprechende Zeichen zurück. Dieser Aufruf blockiert, falls kein Tastendruck verfügbar ist. Falls die gedrückte Taste eine spezielle Funktionstaste war, gibt der Aufruf '\000' oder '\xe0' zurück und der nächste Aufruf gibt den Tastencode zurück. Diese Funktion gibt weder die Zeichen auf der Konsole aus, noch kann sie dazu benutzt werden, Strg+C zu lesen.

getche()

> Identisch mit getch(), außer dass die Zeichen ausgegeben werden (falls sie druckbar sind).

get_osfhandle(fd)

> Gibt den Datei-Handle für den Dateideskriptor fd zurück. Löst IOError aus, falls fd nicht erkannt wird.

heapmin()

> Diese Funktion zwingt Pythons interne Speicherverwaltung, ungenutzte Blöcke an das Betriebssystem zurückzugeben. Sie funktioniert nur unter Windows NT und löst IOError bei einem Fehler aus.

kbhit()

> Gibt wahr zurück, falls ein Tastendruck darauf wartet, gelesen zu werden.

locking(fd, mode, nbytes)

> Sperrt einen Teil einer Datei mit einem Dateideskriptor aus der C-Laufzeitumgebung. nbytes ist die Anzahl von zu sperrenden Bytes relativ zum aktuellen Dateizeiger. mode ist eine der folgenden Ganzzahlen:

| Einstellung | Beschreibung |
|---|---|
| 0 | Entsperre den Dateibereich (LK_UNLCK) |
| 1 | Sperre den Dateibereich (LK_LOCK) |
| 2 | Sperre den Dateibereich. Nicht blockierend. (LK_NBLCK) |
| 3 | Sperre zum Schreiben (LK_RLCK) |
| 4 | Sperre zum Schreiben. Nicht blockierend. (LK_NBRLCK) |

Versuche, eine Sperre zu erhalten, die länger als ungefähr 10 Sekunden dauern, resultieren in einem Fehler.

open_osfhandle(handle, flags)

> Erzeugt einen C-Laufzeit-Dateideskriptor vom Datei-Handle handle. flags ist die bitweise Oder-Verknüpfung von os.O_APPEND, os.O_RDONLY und os.O_TEXT. Gibt einen ganzzahligen Dateideskriptor zurück, der als Parameter für os.fdopen() benutzt werden kann, um ein Dateiobjekt zu erzeugen.

putch(char)

> Gibt das Zeichen char ohne Pufferung auf die Konsole aus.

setmode(fd, flags)

> Setzt den Zeilenende-Übersetzungsmodus für den Dateideskriptor fd. flags ist os.O_TEXT im Textmodus und os.O_BINARY im Binärmodus.

ungetch(char)

> Bewirkt, dass das Zeichen char in den Konsolenpuffer »zurückgedrückt« wird. Es wird das nächste Zeichen sein, das von getch() oder getche() gelesen wird.

*Bemerkung*

Eine große Anzahl von Win32-Erweiterungen sind verfügbar, die Zugriff auf die Microsoft Foundation Classes, COM-Komponenten, grafische Benutzeroberflächen usw. bieten. Diese Themen gehen weit über den Rahmen dieses Buches hinaus, aber detaillierte Information zu vielen dieser Themen ist in dem Buch »*Python Programming on Win32*« von Mark Hammond und Andy Robinson (O'Reilly & Associates, 1999, ISBN 1-56592-621-8) verfügbar. Die Site *http://www.python.org* unterhält auch eine umfassende Liste von beigetragenen Modulen zum Gebrauch unter Windows.

····· **os** ··················

*Verfügbarkeit:* A

Das Modul os bietet eine portable Schnittstelle zu üblichen Betriebssystemdiensten. Dies tut es, indem es nach einem betriebssystemabhängigen eingebauten Modul sucht, etwa mac oder posix, und die dort vorgefundenen Funktionen und Daten exportiert. Wenn nicht anderes vermerkt wird, sind Funktionen unter Windows, Macintosh und Unix verfügbar.

Folgende allgemeinen Variablen sind definiert:

environ

> Eine Abbildung, die die aktuellen Umgebungsvariablen repräsentiert. Veränderungen an dieser Abbildung werden in der aktuellen Umgebung reflektiert.

linesep

> Der String, der als Trennzeichen zwischen verschiedenen Zeilen auf der aktuellen Plattform dient. Dies kann ein einzelnes Zeichen wie '\n' unter POSIX oder '\r' unter MacOS oder mehrere Zeichen wie '\r\n' unter Windows sein.

name

> Der Name des betriebssystemabhängigen importierten Moduls: 'posix', 'nt', 'dos', 'mac', 'os2'.

path

> Das betriebssystemabhängige Standardmodul für Operationen auf Pfadnamen. Dieses Modul kann auch mit import os.path geladen werden.

····· **Prozessumgebung** ··················

Folgende Funktionen werden benutzt, um auf verschiedene Parameter zuzugreifen und diese zu verändern, die mit der Umgebung zusammenhängen, in der ein Prozess abläuft. Die Kennungen von Prozessen, Gruppen, Prozessgruppen und Sitzungen sind Ganzzahlen, sofern nichts anderes dazu bemerkt wird.

chdir(path)
> Ändert das aktuelle Arbeitsverzeichnis zu path.

getcwd()
> Gibt einen String mit dem aktuellen Arbeitsverzeichnis zurück.

getegid()
> Gibt die effektive Gruppenkennung zurück. Unix.

geteuid()
> Gibt die effektive Benutzerkennung zurück. Unix.

getgid()
> Gibt die echte Gruppenkennung des Prozesses zurück. Unix.

getpgrp()
> Gibt die Kennung der aktuellen Prozessgruppe zurück. Prozessgruppen werden normalerweise im Zusammenhang mit Job-Steuerung verwendet. Die Prozessgruppe ist nicht identisch mit der Gruppenkennung des Prozesses. Unix.

getpid()
> Gibt die echte Prozesskennung des aktuellen Prozesses zurück. Unix und Windows.

`getppid()`

Gibt die Prozesskennung des Elternprozesses zurück. Unix.

`getuid()`

Gibt die echte Benutzerkennung des aktuellen Prozesses zurück. Unix.

`putenv(varname, value)`

Setzt die Umgebungsvariable `varname` auf `value`. Änderungen betreffen Unterprozesse, die mit `os.system()`, `popen()`, `fork()` und `execv()` gestartet wurden. Zuweisungen an Elemente in `os.environ` rufen automatisch `putenv()` auf. Allerdings aktualisieren Aufrufe von `putenv()` nicht `os.environ`. Unix und Windows.

`setgid(gid)`

Setzt die Gruppenkennung des aktuellen Prozesses. Unix.

`setpgrp()`

Erzeugt eine neue Prozessgruppe, indem der Systemaufruf `setpgrp()` oder `setpgrp(0, 0)` ausgeführt wird, je nachdem, welche Version implementiert ist (falls überhaupt). Gibt die Kennung der neuen Prozessgruppe zurück. Unix.

`setpgid(pid, pgrp)`

Weist den Prozess `pid` der Prozessgruppe `pgrp` zu. Unix.

`setsid()`

Erzeugt eine neue Sitzung und gibt die neu erzeugte Sitzungskennung zurück. Sitzungen sind normalerweise mit Konsolengeräten und der Job-Steuerung von Prozessen, die darin gestartet werden, assoziiert. Unix.

`setuid(uid)`

Setzt die echte Benutzerkennung des aktuellen Prozesses. Diese Funktion ist privilegiert und kann oftmals nur von Prozessen ausgeführt werden, die unter root-Rechten laufen. Unix.

`strerror(code)`

Gibt die Fehlermeldung zurück, die zum Fehler `code` korrespondiert. Unix und Windows. Siehe das Modul `errno`.

`umask(mask)`

Setzt die aktuelle numerische umask und gibt die vorherige umask zurück. Die umask wird benutzt, um Zugriffs-Bits auf vom Prozess erzeugten Dateien zu löschen. Siehe Funktion `os.open()`. Unix und Windows.

`uname()`

Gibt ein Tupel (`sysname`, `nodename`, `release`, `version`, `machine`) von Strings zurück, das den Systemtyp identifiziert. Unix.

····· **Dateierzeugung und Dateideskriptoren** ···················

Die folgenden Funktionen bieten eine einfache Schnittstelle, um Dateien und Kanäle zu manipulieren. In diesen Funktionen werden Dateien über einen ganzzahligen Dateideskriptor `fd` manipuliert. Der Dateideskriptor kann aus einem Dateiobjekt entnommen werden, indem dessen `fileno()`-Methode aufgerufen wird.

`close(fd)`

Schließt den zuvor von `open()` oder `pipe()` zurückgegebenen Dateideskriptor `fd`.

dup(fd)

Dupliziert den Dateideskriptor fd. Gibt einen neuen Dateideskriptor mit dem innerhalb eines Prozesses kleinsten Wert der ungenutzten Dateideskriptoren zurück. Sowohl der neue wie auch der alte Dateideskriptor kann jeweils an Stelle des anderen benutzt werden. Außerdem verfügen sie über den gleichen gemeinsamen Zustand, z.B. bzgl. des Dateizeigers und der Sperren. Unix und Windows.

dup2(oldfd, newfd)

Dupliziert Dateideskriptor oldfd auf newfd. Falls newfd bereits mit einem gültigen Dateideskriptor übereinstimmt, wird dieser zuerst geschlossen. Unix und Windows.

fdopen(fd [, mode [, bufsize]])

Erzeugt ein geöffnetes Dateiobjekt, das mit dem Dateideskriptor fd verbunden ist. Die Argumente mode und bufsize haben die gleiche Bedeutung wie bei der eingebauten Funktion open().

fstat(fd)

Gibt den Status des Dateideskriptors fd zurück. Gibt dabei die gleichen Werte zurück wie die Funktion os.stat(). Unix und Windows.

fstatvfs(fd)

Gibt Informationen über das Dateisystem zurück, das die mit dem Dateideskriptor fd assoziierte Datei enthält. Gibt die gleichen Werte zurück wie Funktion os.statvfs(). Unix.

ftruncate(fd, length)

Schneidet die Datei, die mit dem Dateideskriptor fd assoziiert ist, so ab, dass sie höchstens length Bytes groß ist. Unix.

lseek(fd, pos, how)

Setzt die aktuelle Position des Dateideskriptors fd auf Position pos. how kann folgende Werte annehmen: 0 setzt die Position relativ zum Dateianfang, 1 setzt sie relativ zur aktuellen Position und 2 setzt sie relativ zum Dateiende.

open(file [, flags [, mode]])

Öffnet die Datei file. flags ist die bitweise Oder-Verknüpfung folgender Konstanten:

| Wert | Beschreibung |
| --- | --- |
| O_RDONLY | Öffnet Datei zum Lesen |
| O_WRONLY | Öffnet Datei zum Schreiben |
| O_RDWR | Öffnet zum Lesen und Schreiben (Aktualisierungen) |
| O_APPEND | Fügt Bytes an das Dateiende an |
| O_CREAT | Erzeugt die Datei, wenn sie nicht existiert |
| O_NONBLOCK | Blockiert nicht beim Öffnen, Lesen oder Schreiben (Unix) |
| O_NDELAY | Identisch mit O_NONBLOCK (Unix) |
| O_DSYNC | Synchrones Schreiben |
| O_NOCTTY | Setzt nicht die Steuerkonsole beim Öffnen eines Gerätes |
| O_TRUNC | Schneidet Datei auf Länge Null ab, wenn Datei existiert |
| O_RSYNC | Synchrones Lesen (Unix) |
| O_SYNC | Synchrones Schreiben (Unix) |
| O_EXCL | Fehler, wenn O_CREAT und die Datei bereits existiert |

| Wert | Beschreibung |
|------|--------------|
| O_TEXT | Text-Modus (Windows) |
| O_BINARY | Binär-Modus (Windows) |

Synchrone I/O-Modi (O_SYNC, O_DSYNC, O_RSYNC) zwingen I/O-Operationen so lange zu blockieren, bis sie auf der Hardware-Ebene beendet werden (z.B. wird eine Schreiboperation blockieren, bis die Bytes physisch auf die Platte geschrieben worden sind). Der Parameter mode enthält die Dateirechte, die als bitweise Oder-Verknüpfung folgender oktaler Werte repräsentiert sind:

| Modus | Beschreibung |
|-------|--------------|
| 0100 | Benutzer hat Ausführungsrecht |
| 0200 | Benutzer hat Schreibrecht |
| 0400 | Benutzer hat Leserecht |
| 0010 | Gruppe hat Ausführungsrecht |
| 0020 | Gruppe hat Schreibrecht |
| 0040 | Gruppe hat Leserecht |
| 0001 | Andere haben Ausführungsrecht |
| 0002 | Andere haben Schreibrecht |
| 0004 | Andere haben Leserecht |

Der voreingestellte Modus einer Datei ist (0777 & ~umask), wobei die umask-Einstellung dazu benutzt wird, ausgewählte Rechte zu entfernen. Eine umask von 0022 z.B. entfernt das Schreibrecht für Gruppen und andere. Die umask kann mit der Funktion os.umask() geändert werden.

pipe()

Erzeugt einen Kanal, mit dem eine uni-direktionale Kommunikation mit einem anderen Prozess hergestellt werden kann. Gibt ein Paar von Dateideskriptoren (r, w) zurück, mit denen jeweils gelesen und geschrieben werden kann. Diese Funktion wird normalerweise vor einem Aufruf einer fork()-Funktion aufgerufen. Nach dem fork() schließt der sendende Prozess das lesende Ende des Kanals und der empfangende Prozess schließt das schreibende Ende des Kanals. An diesem Punkt wird der Kanal aktiviert und Daten können mit den Funktionen read() und write() von einem Prozess zum anderen gesendet werden. Unix und Windows.

popen(command [, mode [, bufsize]])

Öffnet einen Kanal zu oder von einem Befehl. Der Rückgabewert ist ein mit dem Kanal verbundenes, geöffnetes Dateiobjekt, in das gelesen oder von dem geschrieben werden kann, je nachdem, ob der Modus 'r' (die Voreinstellung) oder 'w' ist. bufsize hat die gleiche Bedeutung wie in der eingebauten Funktion open(). Der Exit-Status des Befehls wird von der Methode close() des zurückgegebenen Dateiobjekts zurückgegeben. Nur wenn der Exit-Status Null ist, wird None zurückgegeben. Unix und Windows.

read(fd, n)

Liest höchstens n Bytes vom Dateideskriptor fd. Gibt einen String mit den gelesenen Bytes zurück.

`tcgetpgrp(fd)`

Gibt die Prozessgruppe zurück, die mit der durch `fd` gegebenen Steuerkonsole assoziiert ist. Unix.

`tcsetpgrp(fd, pg)`

Setzt die Prozessgruppe, die mit der durch `fd` gegebenen Steuerkonsole assoziiert ist, auf `pg`. Unix.

`ttyname(fd)`

Gibt einen String zurück, der das Konsolengerät angibt, das mit dem Dateideskriptor `fd` assoziiert ist. Falls `fd` nicht mit einem Konsolengerät assoziiert ist, wird eine Ausnahme ausgelöst. Unix.

`write(fd, str)`

Schreibt den String `str` auf den Dateideskriptor `fd`. Gibt die Anzahl der geschriebenen Bytes zurück.

····· **Dateien und Verzeichnisse** ···················

Die folgenden Funktionen und Variablen dienen der Manipulation von Dateien und Verzeichnissen im Dateisystem. Um Unterschiede in den Dateinamenskonventionen zu berücksichtigen, enthalten die folgenden Variablen Informationen über den Aufbau von Pfadnamen:

| Variable | Beschreibung |
|----------|--------------|
| `altsep` | Ein alternatives Trennzeichen, das vom Betriebssystem benutzt wird, um Komponenten von Pfadnamen voneinander zu trennen, oder `None`, wenn nur ein Trennzeichen existiert. Unter DOS und Windows ist dies auf `'/'` gesetzt, wobei `sep` der Rückwärtsschrägstrich ist. |
| `curdir` | Der String, der für das aktuelle Arbeitsverzeichnis steht. Unter POSIX ist dieser gleich `'.'` und beim Macintosh ist er `':'`. |
| `pardir` | Der String, der für das Elternverzeichnis steht. Unter POSIX ist dieser gleich `'..'` und beim Macintosh ist er `'::'`. |
| `pathsep` | Das Trennzeichen, mit dem Komponenten des Suchpfades voneinander getrennt werden (in der Umgebungsvariablen `$PATH` enthalten). Unter POSIX ist dieses gleich `':'` und unter DOS und Windows `';'`. |
| `sep` | Das Trennzeichen, mit dem Komponenten in Pfadnamen voneinander getrennt werden. Unter POSIX ist dieses gleich `'/'` und beim Macintosh `':'`. |

Die folgenden Funktionen werden zur Manipulation von Dateien verwendet:

`access(path, accessmode)`

Prüft Lese-/Schreibe-/Ausführungs-Rechte für diesen Prozess oder diese Datei. `accessmode` ist einer der Werte `R_OK`, `W_OK`, `X_OK` oder `F_OK` für das Lesen, Schreiben und Ausführen, bzw. für die Existenz. Gibt 1 zurück, wenn der Zugriff erlaubt ist, sonst 0. Unix.

`chmod(path, mode)`

Ändert den Modus von `path`. `mode` hat die gleichen Werte, die bei der Funktion `open()` beschrieben sind. Unix und Windows.

`chown(path, uid, gid)`

Ändert die Besitzer- und Gruppenkennung von `path` auf die numerischen Werte `uid` und `gid`. Unix.

`getbootbol()`

Gibt den Namen der Festplatte zurück, von der das System hochgefahren wird. Macintosh.

`link(src, dst)`

Erzeugt eine harte Verknüpfung namens `dst`, die auf `src` zeigt. Unix.

`listdir(path)`

Gibt eine Liste mit den Namen der Einträge im Verzeichnis `path` zurück. Die Reihenfolge der Listenelemente ist nicht definiert und die Liste beinhaltet nicht die speziellen Einträge '.' und '..'.

`lstat(path)`

Ähnlich zu `stat()`, folgt jedoch nicht symbolischen Verknüpfungen. Unix.

`mkfifo(path [, mode])`

Erzeugt ein FIFO (einen mit Namen bekannten Kanal) namens `path` mit dem numerischen Modus `mode`. Der voreingestellte Wert für den Modus ist `0666`. Unix.

`mkdir(path [, mode])`

Erzeugt ein Verzeichnis namens `path` mit dem numerischen Modus `mode`. Der voreingestellte Modus ist `0777`, obwohl er bei einigen Systemen evtl. ignoriert wird.

`makedirs(path [, mode])`

Rekursive Funktion zur Erzeugung von Verzeichnissen. Ähnlich zu `mkdir()`, erzeugt jedoch alle Zwischenverzeichnisse, die notwendig sind, um das Blattverzeichnis aufzunehmen. Löst eine `OSError`-Ausnahme aus, wenn das Blattverzeichnis bereits existiert oder nicht erzeugt werden kann.

`readlink(path)`

Gibt einen String zurück, der den Pfad darstellt, auf den die symbolische Verknüpfung `path` zeigt. Unix.

`remove(path)`

Löscht die Datei `path`. Identisch mit der Funktion `unlink()`.

`removedirs(path)`

Rekursive Funktion zum Löschen von Verzeichnissen. Funktioniert wie `rmdir()`, außer dass, nachdem das Blattverzeichnis erfolgreich gelöscht wurde, jene Verzeichnisse, die den am weitesten rechts vorkommenden Pfadsegmenten entsprechen, ebenfalls entfernt werden, bis entweder der gesamte Pfad abgearbeitet ist oder ein Fehler ausgelöst wird. Ein solcher Fehler wird jedoch ignoriert, da er im Allgemeinen bedeutet, dass ein Elternverzeichnis nicht leer ist. Löst eine `OSError`-Ausnahme aus, falls das Blattverzeichnis nicht gelöscht werden konnte.

`rename(src, dst)`

Benennt die Datei oder das Verzeichnis `src` auf `dst` um.

`renames(old, new)`

Rekursive Funktion zur Umbenennung von Verzeichnissen oder Dateien. Funktioniert wie `rename()`, außer dass zuerst versucht wird, Zwischenverzeichnisse anzulegen, die notwendig sind, um den neuen Pfadnamen zu bilden. Nach der Umbenennung werden Verzeichnisse, die den am weitesten rechts stehenden Pfadsegmenten des alten Namens entsprechen, mit der Funktion `removedirs()` entfernt.

`rmdir(path)`

Löscht das Verzeichnis `path`.

`stat(path)`
> Führt den Systemaufruf `stat()` auf dem angegebenen Pfad aus, um Informationen über eine Datei zu gewinnen. Der Rückgabewert ist ein Tupel mit mindestens 10 Ganzzahlen in der Reihenfolge `st_mode`, `st_ino`, `st_dev`, `st_nlink`, `st_uid`, `st_gid`, `st_size`, `st_atime`, `st_mtime`, `st_ctime`. Weitere Elemente können von einigen Implementierungen sowie von anderen Plattfomen als Unix angefügt werden. Einige Elemente sind mit Pseudo-Werten belegt. Das Standardmodul `stat` definiert Funktionen und Konstanten, die bei der Interpretation eines stat-Tupels nützlich sein können.

`statvfs(path)`
> Führt den Systemaufruf `statvfs()` auf dem angegebenen Pfad aus, um Informationen über das Dateisystem zu gewinnen. Der Rückgabewert ist ein Tupel mit 10 Ganzzahlen in der Reihenfolge `f_bsize`, `f_frsize`, `f_blocks`, `f_bfree`, `f_bavail`, `f_files`, `f_ffree`, `f_favail`, `f_flag`, `f_namemax`. Das Standardmodul `statvfs` definiert Konstanten, die bei der Interpretation eines statvfs-Tupels nützlich sein können. Unix.

`symlink(src, dst)`
> Erzeugt eine symbolische Verknüpfung namens `dst`, die auf `src` zeigt.

`sync()`
> Synchronisiert das Dateisystem. Macintosh.

`unlink(path)`
> Löscht die Datei `path`. Identisch mit `remove()`.

`utime(path, (atime, mtime))`
> Setzt die Zugriffs- und Änderungszeitstempel der Datei auf die angegebenen Werte. (Das zweite Argument ist ein Tupel mit zwei Elementen.) Die Zeitangaben werden mit den gleichen Zahlen angegeben, wie sie von der Funktion `time.time()` zurückgegeben werden.

`xstat(path)`
> Identisch mit `stat()`, wobei aber das zurückgegebene Tupel drei weitere Felder mit der Größe des Ressourcenzweiges (engl. resource fork) und den 4 Zeichen großen Erzeuger- und Typ-Codes enthält. Macintosh.

····· **Prozessverwaltung** ····················

Mit den folgenden Funktionen und Variablen werden Prozesse erzeugt, verwaltet und zerstört.

`defpath`
> Diese Variable enthält den voreingestellten Suchpfad, der von den `exec*p*()`-Funktionen benutzt wird, wenn die Umgebung keine Variable namens `'PATH'` enthält.

`execl(path, arg0, arg1, ...)`
> Äquivalent zu `execv(path, (arg0, arg1, ...))`. Unix und Windows.

`execle(path, arg0, arg1, ..., env)`
> Äquivalent zu `execve(path, (arg0, arg1, ...), env)`. Unix und Windows.

`execlp(path, arg0, arg1, ...)`
> Äquivalent zu `execvp(path, (arg0, arg1, ...))`. Unix und Windows.

`execv(path, args)`
> Führt das ausführbare Programm `path` mit der Argumentliste `args` aus, wobei der aktuelle Prozess, d.h. der Python-Interpreter, ersetzt wird. Die Argumentliste darf ein Tupel oder eine Liste von Strings sein. Unix und Windows.

Betriebssystemdienste

execve(path, args, env)

Führt ein neues Programm wie execv() aus, akzeptiert jedoch zusätzlich ein Dictionary env, das die Umgebung definiert, in der das Programm abläuft. env muss ein Dictionary sein, das Strings auf Strings abbildet. Unix und Windows.

execvp(path, args)

Ähnlich zu execv(path, args), dupliziert jedoch die Aktionen der Shell bei der Suche nach einer ausführbaren Datei in einer Liste von Verzeichnissen. Die Verzeichnisliste wird von environ['PATH'] erhalten. Unix und Windows.

execvpe(path, args, env)

Identisch mit execvp(), aber mit einer zusätzlichen Umgebungsvariablen wie in der Funktion execve(). Unix und Windows.

_exit(n)

Terminiert sofort mit Status n, ohne irgendwelche Aufräumaktionen durchzuführen. Bemerkung: Die normale Art, zu terminieren, ist mit sys.exit(n). Unix und Windows.

fork()

Erzeugt einen Kindprozess. Gibt 0 im neu erzeugten Kindprozess und die Kennung des Kindprozesses im Originalprozess zurück. Der Kindprozess ist ein Klon des Originalprozesses und teilt sich mit diesem viele Ressourcen, wie z.B. geöffnete Dateien. Unix.

kill(pid, sig)

Sendet dem Prozess pid das Signal sig. Eine Liste von Signalnamen findet man im Modul signal. Unix.

nice(increment)

Addiert einen Wert increment zur Ablaufpriorität des Prozesses hinzu. Gibt den neuen, auch »niceness« genannten, Wert zurück. Normalerweise können Benutzer die Priorität eines Prozesses nur erniedrigen, da ihre Erhöhung Superuser-Rechte braucht. Unix.

plock(op)

Sperrt Programmsegmente im Hauptspeicher. Der Wert von op (definiert in <sys/lock.h>) bestimmt, welche Segmente gesperrt werden. Diese Funktion ist nicht auf allen Plattformen verfügbar und kann oftmals nur von einem Prozess ausgeführt werden, der mit der effektiven Benutzerkennung root abläuft. Unix.

spawnv(mode, path, args)

Führt das Programm path in einem neuen Prozess aus, wobei die in args angegebenen Argumente als Kommandozeilen-Parameter übergeben werden. args kann eine Liste oder ein Tupel sein. mode ist eine der folgenden Konstanten:

| Konstante | Beschreibung |
| --- | --- |
| P_WAIT | Führt Programm aus und wartet auf seine Terminierung. Gibt den Exit-Code des Programmes zurück. |
| P_NOWAIT | Führt Programm aus und gibt den Prozess-Handle zurück. |
| P_NOWAITO | Identisch mit P_NOWAIT. |
| P_OVERLAY | Führt Programm aus und zerstört den aufrufenden Prozess (identisch mit den exec-Funktionen). |
| P_DETACH | Führt Programm aus und löst sich davon. Das aufrufende Programm läuft weiter, kann aber nicht auf den abgezweigten Prozess warten. |

Die Funktion `spawnv()` ist nur unter Windows verfügbar.

`spawnve(mode, path, args, env)`

Führt das Programm `path` in einem neuen Prozess aus, wobei die in `args` angegebenen Argumente als Kommandozeilenparameter und der Inhalt der Abbildung `env` als Umgebung übergeben werden. `args` darf eine Liste oder ein Tupel sein. `mode` hat die gleiche Bedeutung wie bei der der Funktion `spawn()`. Windows.

`system(command)`

Führt den Befehl im String `command` in einer Unter-Shell aus. Änderungen an `posix.environ`, `sys.stdin`, etc. werden nicht in der Umgebung des ausgeführten Befehls reflektiert. Der Rückgabewert ist der Exit-Status des Prozesses, wie er von `wait()` zurückgegeben wird. Unix und Windows.

`times()`

Gibt ein 5-Tupel mit Fließkommazahlen zurück, das akkumulierte Zeiten in Sekunden darstellt. Unter Unix beinhaltet das Tupel die Benutzerzeit, Systemzeit, Benutzerzeit der Kinder, Systemzeit der Kinder, sowie die echte verstrichene Realzeit. Unter Windows beinhaltet das Tupel die Benutzerzeit und Systemzeit, sowie Nullen bei den anderen drei Werten. Unix und Windows. Wird unter Windows 95/98 nicht unterstützt.

`wait([pid])`

Wartet auf die Terminierung eines Kindprozesses und gibt ein Tupel mit dessen Prozesskennung und Exit-Status zurück. Der Exit-Status ist eine 16-Bit-Zahl, deren niederwertiges Byte die Nummer des Signals ist, das den Prozess terminiert hat, und deren höherwertiges Byte der Exit-Status ist (falls die Signalnummer Null ist). Das höchstwertige Bit des niederwertigen Bytes ist dann gesetzt, wenn eine Core-Datei produziert wurde. Falls `pid` angegeben wird, gibt es den Prozess an, auf den gewartet werden soll. Sonst terminiert `wait()` dann, wenn ein beliebiger Kindprozess terminiert. Unix.

`waitpid(pid, options)`

Wartet auf eine Zustandsänderung eines Kindprozesses, der mit seiner Prozesskennung `pid` angegeben ist, und gibt ein Tupel mit seiner Prozesskennung und seinem Exit-Status zurück (kodiert wie bei `wait()`). `options` sollte 0 sein bei normalem Betrieb oder `WNOHANG`, um ein Hängenbleiben zu vermeiden, wenn kein Kindprozess-Status sofort verfügbar ist. Diese Funktion kann auch dazu verwendet werden, Informationen über Kindprozesse zu gewinnen, die aus irgendeinem Grund angehalten worden sind. Unix.

Die folgenden Funktionen erwarten einen Prozess-Status-Code als Eingabe, wie er von `waitpid()` zurückgegeben wird, und werden dazu verwendet, den Zustand des Prozesses zu untersuchen. (Nur Unix.)

`WIFSTOPPED(status)`

Gibt wahr zurück, falls der Prozess angehalten wurde.

`WIFSIGNALED(status)`

Gibt wahr zurück, falls der Prozess mit einem Signal terminiert wurde.

`WIFEXITED(status)`

Gibt wahr zurück, falls der Prozess mit dem Systemaufruf `exit()` terminiert wurde.

`WEXITSTATUS(status)`

Gibt den ganzzahligen Wert zurück, mit dem der Systemaufruf `exit()` aufgerufen wurde, falls `WIFEXITED(status)` wahr ist. Falls nicht, ist der Rückgabewert bedeutungslos.

Betriebssystemdienste

```
WSTOPSIG(status)
```
Gibt das Signal zurück, das den Prozess angehalten hat.

```
WTERMSIG(status)
```
Gibt das Signal zurück, das den Prozess terminiert hat.

*Ausnahme*

error

Eine Ausnahme, die ausgelöst wird, wenn eine Funktion einen systembezogenen Fehler zurück gibt. Identisch mit der eingebauten Ausnahme OSError. Die Ausnahme beinhaltet zwei Werte, errno und strerr. Der Erste enthält den ganzzahligen Fehler-Code, der im Modul errno beschrieben wird. Der Zweite enthält einen String mit einer Fehlermeldung. Bei Ausnahmen im Zusammenhang mit dem Dateisystem enthält die Ausnahme auch ein drittes Attribut namens filename, das den an die Funktion übergebenen Dateinamen darstellt.

*Beispiel*

Das folgende Beispiel implementiert mit dem Modul os eine minimalistische Unix-Shell, die Programme ausführen und die Ein-/Ausgabe umleiten kann.

```
import os, sys, string

print "Willkommen zur Python-Shell!"
while 1:
    cmd = string.split(raw_input('pysh % '))
    if not cmd:
        continue
    progname = cmd[0]
    outfile = None
    infile = None
    args = [progname]
    for c in cmd[1:]:
        if c[0] == '>':
            outfile = c[1:]
        elif c[0] == '<':
            infile = c[1:]
        else:
            args.append(c)
    # Prüfe einen Wechsel des Arbeitsverzeichnisses.
    if progname == 'cd':
        if len(args) > 1:
            try:
            os.chdir(args[1])
            except OSError, e:
                print e
        continue
    # Verlasse Shell.
    if progname == 'exit':
        sys.exit(0)
    # Zweige einen Prozess ab, um den Befehl auszuführen.
    pid = os.fork()
    if not pid:
```

```
        # Öffne Eingabedatei (Umleitung).
        if infile:
            ifd = os.open(infile,os.O_RDONLY)
            os.dup2(ifd, sys.stdin.fileno())
        # Öffne Ausgabedatei (Umleitung).
        if outfile:
            ofd = os.open(outfile,os.O_WRONLY | os.O_CREAT | os.O_TRUNC)
            os.dup2(ofd, sys.stdout.fileno())
        # Führe Befehl aus.
        os.execvp(progname, args)
    else:
        childpid,ec = os.wait(pid)
        if ec:
            print "Exit-Code ", ec
```

*Siehe auch:* os.path (nachfolgend), stat (Seite 178), vfstat (Seite ), time (Seite 184), popen2 (Seite 171), signal (Seite 176), fcntl (Seite 146)

····· **os.path** ····················

*Verfügbarkeit:* A

Das Modul os.path dient der Manipulation von Pfadnamen in einer plattformübergreifenden Art und Weise. Es wird vom os-Modul importiert.

abspath(path)

Gibt eine absolute Version des Pfadnamens path zurück, wobei das aktuelle Arbeitsverzeichnis mitberücksichtigt wird. So könnte abspath("../Python/foo") beispielsweise "/home/beazley/Python/foo" zurückgeben.

basename(path)

Gibt den Basisnamen des Pfadnamens path zurück. basename("/usr/local/python") gibt z.B. "python" zurück.

commonprefix(list)

Gibt den längsten String zurück, der ein gemeinsamer Präfix für alle Strings in list ist. Falls list leer ist, wird ein leerer String zurück gegeben.

dirname(path)

Gibt den Verzeichnisnamen des Pfadnamens path zurück. dirname("/usr/local/python") gibt z.B. "/usr/local" zurück.

exists(path)

Gibt wahr zurück, falls path einen existierenden Pfad bezeichnet.

expanduser(path)

Expandiert Pfadnamen der Form "~user" mit dem Heimatverzeichnis des Benutzers. Falls die Expansion fehlschlägt oder path nicht mit "~" beginnt, wird der Pfad unverändert zurückgegeben.

expandvars(path)

Expandiert Umgebungsvariablen der Form "$name" oder "${name}" in path. Falsch geformte oder nicht existierende Variablennamen werden nicht verändert.

getatime(path)

Gibt den letzten Zugriffszeitpunkt als Anzahl von Sekunden seit der Epoche zurück (siehe time-Modul).

`getmtime(path)`
> Gibt den letzten Änderungszeitpunkt als Anzahl von Sekunden seit der Epoche zurück (siehe time-Modul).

`getsize(path)`
> Gibt die Dateigröße in Bytes zurück.

`isabs(path)`
> Gibt wahr zurück, falls `path` ein absoluter Pfadname ist, d.h. mit einem Schrägstrich beginnt.

`isfile(path)`
> Gibt wahr zurück, falls `path` eine reguläre Datei ist. Diese Funktion folgt symbolischen Verknüpfungen so, dass sowohl `islink()` als auch `isfile()` beim gleichen Pfad wahr sein können.

`isdir(path)`
> Gibt wahr zurück, falls `path` ein Verzeichnis ist. Folgt symbolischen Verknüpfungen.

`islink(path)`
> Gibt wahr zurück, falls `path` eine symbolische Verknüpfung darstellt. Gibt falsch zurück, falls symbolische Verknüpfungen nicht unterstützt werden.

`ismount(path)`
> Gibt wahr zurück, falls `path` ein Montagepunkt ist.

`join(path1 [, path2 [, ...]])`
> Verbindet ein oder mehrere Pfadkomponenten auf intelligente Weise zu einem Pfadnamen. `join('/home', 'beazley', 'Python')` gibt beispielsweise `"/home/beazley/Data"` zurück.

`normcase(path)`
> Normalisiert die Schreibweise von `pathname`. Bei Schreibweise-unabhängigen Dateisystemen wird dabei `path` in Kleinbuchstaben konvertiert. Unter Windows werden auch normale Schrägstriche zu Rückwärtsschrägstrichen konvertiert.

`normpath(path)`
> Normalisiert einen Pfadnamen. Dies reduziert redundante Trennzeichen und Referenzen auf übergeordnete Ebenen so, dass `"A//B"`, `"A/./B"` und `"A/foo/../B"` alle zu `"A/B"` konvertiert werden. Unter Windows werden auch normale Schrägstriche zu Rückwärtsschrägstrichen konvertiert.

`samefile(path1, path2)`
> Gibt wahr zurück, falls `path1` und `path2` dieselbe Datei oder dasselbe Verzeichnis angeben. Macintosh und Unix.

`sameopenfile(fp1, fp2)`
> Gibt wahr zurück, falls die geöffneten Dateiobjekte `fp1` und `fp2` dieselbe Datei angeben. Macintosh und Unix.

`samestat(stat1, stat2)`
> Gibt wahr zurück, falls die stat-Tupel `stat1` und `stat2`, wie sie von `fstat()`, `lstat()` oder `stat()` zurückgegeben werden, dieselbe Datei angeben. Macintosh und Unix.

`split(path)`
> Teilt `path` in ein Paar `(head, tail)` auf, wobei `tail` die letzte Komponente des Pfadnamens und `head` alles davor ist. `"/home/user/foo"` z.B: wird in (`"/home/user"`, `"foo"`) aufgeteilt.

`splitdrive(path)`

Teilt `path` in ein Paar (`drive`, `filename`), wobei `drive` entweder ein Laufwerkbezeichner oder ein leerer String ist. `drive` ist auf Rechnern ohne Laufwerkbezeichnern immer der leere String.

`splitext(path)`

Teilt einen Pfadnamen in einen Basisdateinamen und in eine Erweiterung auf. `splitext` (`'foo.txt'`) gibt z.B. (`"foo"`, `".txt"`) zurück.

`walk(path, visitfunc, arg)`

Diese Funktion läuft rekursiv alle Unterverzeichnisse von `path` ab und ruft die Funktion `visitfunc(arg, dirname, names)` für jedes Verzeichnis auf. `dirname` gibt das besuchte Verzeichnis an und `names` ist eine Liste von Dateien in diesem Verzeichnis, wie sie mit `os.listdir(dirname)` erhalten wurde. Die Funktion `visitfunc` kann den Inhalt von Namen ändern, um den Suchvorgang wenn nötig zu verändern.

*Siehe auch:* `fnmatch` (Seite 149) , `glob` (Seite 151), `os` (Seite 159)

····· **popen2** ····················

*Verfügbarkeit:* U

Das Modul `popen2` wird dazu benutzt, Prozesse abzuzweigen und um sich mit Kanälen zu ihren Ein-/Aus-/Fehler-Stömen zu verbinden.

`popen2(cmd [, bufsize])`

Führt `cmd` als Unterprozess aus und gibt ein Paar von Dateiobjekten (`child_stdout`, `child_stdin`) zurück, das den Ein- und Ausgabeströmen der Unterprozesse entspricht. `bufsize` gibt die Puffergröße für die I/O-Kanäle an.

`popen3(cmd [, bufsize])`

Führt `cmd` als Unterprozess wie `popen2()` aus, gibt jedoch ein Tripel (`child_stdout`, `child_stdin`, `child_stderr`) zurück, das die Standardfehlerausgabe beinhaltet.

Zusätzlich zu den obigen Funktionen kann folgende Klasse benutzt werden, um Prozesse zu steuern:

`Popen3(cmd [, capturestderr [, bufsize]])`

Diese Klasse repräsentiert einen Kindprozess. `cmd` ist der Shell-Befehl, der im Unterprozess ausgeführt werden soll. Die Flagge `capturestderr` gibt an, dass das Objekt die Standardfehlerausgabe des Kindprozesses übernehmen sollte. `bufsize` ist die Größe der I/O-Puffer.

Eine Instanz p der `Popen3`-Klasse kennt folgende Methoden und Attribute:

`p.poll()`

Gibt den Rückgabe-Code des Kindes oder -1 zurück, falls der Kindprozess noch nicht beendet wurde.

`p.wait()`

Wartet auf die Terminierung des Kindprozesses und gibt seinen Rückgabe-Code zurück.

`p.fromchild`

Ein Dateiobjekt, das die Ausgabe des Kindprozesses übernimmt.

`p.tochild`

Ein Dateiobjekt, das eine Eingabe an den Kindprozess sendet.

p.childerr

>Ein Dateiobjekt, das die Standardfehlerausgabe des Kindprozesses übernimmt. Darf None sein.

*Siehe auch:* commands (Seite 139)

#### pwd

*Verfügbarkeit:* U

Das Modul pwd bietet Zugriff auf die Unix-Passwort-Datenbank.

getpwuid(uid)

>Gibt den Eintrag in der Passwort-Datenbank für eine numerische Benutzerkennung uid zurück. Gibt ein 7-Tupel (pw_name, pw_passwd, pw_uid, pw_gid, pw_gecos, pw_dir, pw_shell) zurück. Die Elemente pw_uid und pw_gid sind Ganzzahlen, alle anderen sind Strings. KeyError wird ausgelöst, wenn der Eintrag nicht gefunden werden kann.

getpwnam(name)

>Gibt den Eintrag in der Passwort-Datenbank für den Benutzer name zurück.

getpwall()

>Gibt eine Liste aller verfügbaren Einträge in der Password-Datenbank zurück. Jeder Eintrag ist ein Tupel wie bei getpwduid().

*Beispiel*

```
>>> import pwd
>>> pwd.getpwnam('beazley')
('beazley', 'x', 100, 1, 'David M. Beazley', '/home/beazley',
'/usr/local/bin/tcsh')
>>>
```

*Siehe auch:* grp (Seite 151), getpass (Seite 150), crypt (Seite 140)

#### readline

*Verfügbarkeit:* Optional, U

Das Modul readline bietet eine Schnittstelle zur GNU-Bibliothek readline und aktiviert sie. Diese Bibliothek erweitert Pythons interaktiven Modus um Eingeschaften zur Verwaltung einer Befehlshistorie, der Fortsetzung von Befehlen sowie fortgeschrittenere Editiermöglichkeiten. Diese Eigenschaften sind auch bei Funktionen wie raw_input() und input() präsent.

Das readline-Modul aktiviert folgende Tastenkombinationen, wenn es interaktiv läuft:

| Schlüssel | Beschreibung |
|---|---|
| Strg + a | Geht zum Zeilenanfang |
| Strg + b | Geht ein Zeichen zurück |
| Esc  b | Geht ein Wort zurück |
| Esc  c | Macht ersten Buchstaben des aktuellen Wortes groß |
| Strg + d | Löscht Zeichen unter dem Cursor |
| Esc  d | Löscht bis zum Ende des aktuellen Wortes |
| Del | Löscht Zeichen links vom Cursor |
| Esc  Del | Löscht bis zum Anfang des vorangehenden Wortes |
| Strg + e | Geht zum Zeilenende |

| Schlüssel | Beschreibung |
|-----------|--------------|
| `Strg`+`f` | Geht ein Zeichen vorwärts |
| `Esc` `f` | Geht ein Wort vorwärts |
| `Strg`+`k` | Löscht Text bis zum Zeilenende |
| `Strg`+`l` | Löscht Bildschirm |
| `Esc` `l` | Konvertiert aktuelles Wort in Kleinbuchstaben |
| `Strg`+`n` | Blättert in der Befehlsliste nach unten |
| `Strg`+`p` | Blättert in der Befehlsliste nach oben |
| `Strg`+`r` | Rückwärts gerichtete inkrementelle Suche durch die Liste |
| `Strg`+`t` | Tauscht Zeichen aus |
| `Esc` `t` | Tauscht Worte aus |
| `Esc` `u` | Konvertiert aktuelles Wort in Großbuchstaben |
| `Strg`+`w` | Löscht vom Cursor bis zum vorangehenden Leerzeichen |
| `Strg`+`y` | Fügt den zuletzt gelöschten Text wieder ein |
| `Esc` `y` | Rotiert den Puffer-Ring und kopiert den Inhalt des obersten Elementes |
| `Esc` `<` | Geht zur ersten Zeile der Befehlsliste |
| `Esc` `>` | Geht zur letzten Zeile der Befehlsliste |

*Bemerkungen*

- Tastenkombinationen mit `Esc` sind manchmal über die Meta-Taste verfügbar, wenn vorhanden.
- Viele Befehle akzeptieren ein numerisches Argument, das mit »Esc nnn« eingegeben wird. So bewegt z.B. der Befehl »Esc 5 0 Strg+f« den Cursor um 50 Zeichen nach vorne.

*Siehe auch:* `rlcompleter` (*http://www.python.org/doc/lib/module-rlcompleter.html*)

····· **resource** ···················

*Verfügbarkeit:* Optional, U

Das Modul `resource` wird dazu verwendet, die von einem Programm benutzten System-Ressourcen zu messen und zu steuern.

Der Ressourcenverbrauch wird mit der Funktion `setrlimit()` beschränkt. Jede Ressource wird von einer weichen und einer harten Beschränkung gesteuert. Die weiche ist die aktuelle Beschränkung und darf von einem Prozess über die Zeit hinweg erniedrigt oder erhöht werden. Die harte Beschränkung kann auf jeden Wert verringert werden, der größer als der weiche Wert ist, kann aber nie erhöht werden (außer vom Superuser).

`getrlimit(resource)`

Gibt ein Tupel `(soft, hard)` mit den aktuellen weichen und harten Beschränkungen einer Ressource zurück. `resource` ist eine der folgenden symbolischen Konstanten:

| Konstante | Beschreibung |
|-----------|--------------|
| `RLIMIT_CORE` | Die maximale Größe der Core-Datei (in Bytes) |
| `RLIMIT_CPU` | Die maximale CPU-Zeit (in Sekunden). Wenn überschritten, wird ein `SIGXCPU`-Signal an den Prozess geschickt. |
| `RLIMIT_FSIZE` | Die maximale Größe einer Datei, die erzeugt werden kann |

| Konstante | Beschreibung |
|---|---|
| RLIMIT_DATA | Die maximale Größe (in Bytes) des Prozess-Haufens (engl. heap) |
| RLIMIT_STACK | Die maximale Größe (in Bytes) des Prozess-Stapels |
| RLIMIT_RSS | Die maximal residente set-Größe |
| RLIMIT_NPROC | Die maximale Anzahl von Prozessen, die erzeugt werden kann |
| RLIMIT_NOFILE | Die maximale Anzahl von offenenen Dateideskriptoren |
| RLIMIT_OFILE | Der BSD-Name für RLIMIT_NOFILE |
| RLIMIT_MEMLOC | Die maximale Größe an Hauptspeicher, der gesperrt sein kann |
| RLIMIT_VMEM | Der größte Bereich von Mapped-Memory, der genutzt werden kann |
| RLIMIT_AS | Der maximale Adressraum-Bereich (in Bytes), der verwendet werden kann |

setrlimit(resource, limits)

Setzt neue Beschränkungen für eine Ressource. limits ist ein Tupel (soft, hard) von zwei Ganzzahlen, das die neuen Beschränkungen beschreiben. Der Wert -1 kann verwendet werden, um die maximal mögliche Obergrenze anzugeben.

getrusage(who)

Diese Funktion gibt ein großes Tupel zurück, das die vom aktuellen Prozess oder seinen Kindprozessen verbrauchten Ressourcen beschreibt. who ist einer der folgenden Werte:

| Wert | Beschreibung |
|---|---|
| RUSAGE_SELF | Information über den aktuellen Prozess |
| RUSAGE_CHILDREN | Information über den Kindprozess |
| RUSAGE_BOTH | Information über beide, aktuellen und Kindprozess |

Das zurückgegebene Tupel enthält Verbrauchsdaten über die System-Ressourcen in folgender Reihenfolge:

| Offset | Ressource |
|---|---|
| 0 | Zeit im Benutzer-Modus (Fließkommazahl) |
| 1 | Zeit im System-Modus (Fließkommazahl) |
| 2 | Maximale residente set-Größe (Seiten) |
| 3 | Größe des gemeinsamen Speichers (Seiten) |
| 4 | Größe des nicht gemeinsamen Speichers (Seiten) |
| 5 | Größe des nicht gemeinsamen Stapels (Seiten) |
| 6 | Seitenfehler, die keinen I/O brauchen |
| 7 | Seitenfehler, die I/O brauchen |
| 8 | Anzahl von Swap-out-Operationen |
| 9 | Block-Eingabe-Operationen |
| 10 | Block-Ausgabe-Operationen |
| 11 | Versendete Nachrichten |
| 12 | Empfangene Nachrichten |

| Offset | Ressource |
|--------|-----------|
| 13 | Empfangene Signale |
| 14 | Freiwillige Kontextwechsel |
| 15 | Unfreiwillige Kontextwechsel |

getpagesize()

Gibt die Anzahl von Bytes in einer Speicherseite auf dem System zurück.

*Ausnahme*

error

Ausnahme, die bei unerwartetem Versagen der Systemaufrufe getrlimit() und setrlimit() ausgelöst wird.

*Bemerkung*

Nicht alle Ressourcennamen stehen auf allen Systemen zur Verfügung.

*Siehe auch:* Unix-man-Seiten für getrlimit(2).

····· **shutil** ·················

*Verfügbarkeit:* A

Das Modul shutil wird für globale Operationen wie Kopieren, Löschen und Umbenennen von Dateien verwendet.

copyfile(src, dst)

Kopiert den Inhalt von src nach dst.

copymode(src, dst)

Kopiert die Rechte-Bits von src nach dst.

copystat(src, dst)

Kopiert die Rechte-Bits sowie den letzten Zugriffs- und Änderungszeitpunkt von src nach dst. Inhalt, Besitzer und Gruppe von dst bleiben unverändert.

copy(src, dst)

Kopiert die Datei src in die Datei oder das Verzeichnis dst, wobei alle Rechte beibehalten werden.

copy2(src, dst)

Ähnlich zu copy(), kopiert jedoch auch die letzten Zugriffs- und Änderungszeitpunkte mit.

copytree(src, dst [, symlinks])

Kopiert rekursiv einen gesamten Verzeichnisbaum mit der Wurzel in src. Das Zielverzeichnis dst wird erzeugt (und sollte nicht etwa schon existieren). Einzelne Dateien werden mit copy2() kopiert. Falls symlinks wahr ist, werden symbolische Verknüpfungen im Ausgangsbaum als symbolische Verknüpfungen im neuen Baum repräsentiert. Falls symlinks falsch ist oder weggelassen wird, wird der Inhalt der verknüpften Dateien in den neuen Verzeichnisbaum kopiert. Fehler werden auf die Standardausgabe ausgegeben.

rmtree(path [, ignore_errors [, onerror]])

Löscht einen gesamten Verzeichnisbaum. Falls ignore_errors wahr ist, werden Fehler ignoriert. Sonst werden Fehler von der Funktion onerror behandelt (wenn angegeben). Diese Funktion muss drei Parameter akzeptieren (func, path, excinfo), wobei func die Funktion ist, die den Fehler verursacht hat (os.remove() oder os.rmdir()), path der Pfadname, der an die Funktion übergeben wurde, und `excinfo` die Ausnahmeinformation, die von `sys.exc_info()` zurückgegeben wird. Falls ein Fehler auftritt und `onerror` weggelassen wird, wird eine Ausnahme ausgelöst.

*Bemerkung*

Unter MacOS wird der Ressourcenzweig (engl. resource fork) bei Dateikopien ignoriert.

*Siehe auch:* `os.path` (Seite 169), `macostools` (Seite 157)

━━━ **( signal )** ━━━━━━━━━━━

*Verfügbarkeit:* U, W, M

Das Modul `signal` wird für die Entwicklung von Signalbehandlern in Python verwendet. Signale entsprechen normalerweise asynchronen Ereignissen, die an ein Programm gesendet werden, weil ein Zeitgeber abgelaufen, Eingabedaten angekommen oder irgendeine Aktion vom Benutzer durchgeführt worden ist. Diese Signal-Schnittstelle emuliert die von Unix, obwohl das Modul auch auf anderen Plattformen unterstützt wird.

`alarm(time)`

Falls `time` ungleich Null ist, wird ein in `time` Sekunden an das Programm zu schickendes SIGALRM-Signal eingeplant. Jeglicher zuvor eingeplanter Alarm wird aufgehoben. Falls `time` gleich Null ist, wird kein Alarm eingeplant und jeglicher zuvor eingeplanter Alarm wird aufgehoben. Gibt die Anzahl der Sekunden bis zu einem vorher eingeplanten Alarm zurück oder Null, falls kein Alarm geplant war.

`getsignal(signalnum)`

Gibt den Signalbehandler für das Signal `signalnum` zurück. Das zurückgegebene Objekt ist ein aufrufbares Python-Objekt. Diese Funktion kann ebenso `signal.SIG_IGN` für ein ignoriertes Signal, `signal.SIG_DFL` für den voreingestellten Signalbehandler oder `None` zurückgeben, falls der Signalbehandler vom Python-Interpreter nicht installiert wurde.

`pause()`

Macht eine Pause, bis das nächste Signal empfangen wird.

`signal(signalnum, handler)`

Setzt einen Signalbehandler für das Signal `signalnum` auf die Funktion `handler`. `handler` muss ein aufrufbares Python-Objekt sein, das zwei Argumente annimmt: die Signalnummer und ein Frame-Objekt. `signal.SIG_IGN` bzw. `signal.SIG_DFL` können auch angegeben werden, um ein Signal zu ignorieren bzw. den voreingestellten Signalbehandler zu benutzen. Der vorherige Signalbehandler wird zurückgegeben. Wenn Threads aktiviert sind, kann diese Funktion nur aus dem Haupt-Thread aufgerufen werden. Sonst wird eine `ValueError`-Ausnahme ausgelöst.

Individuelle Signale werden mit symbolischen Konstanten der Form SIG* identifiziert. Diese Namen entsprechen ganzzahligen Werten, die rechnerspezifisch sind. Übliche Werte dafür sind folgende:

| Signalname | Beschreibung | Signalname | Beschreibung |
|---|---|---|---|
| SIGABRT | Fehlerhafter Abbruch | SIGPWR | Stromversorgungsfehler |
| SIGALRM | Alarm | SIGQUIT | Ende-Zeichen der Konsole |
| SIGBUS | Bus-Fehler | SIGSEGV | Segmentation-Fehler |
| SIGCHLD | Änderung im Kind-Status | SIGSTOP | Stop |
| SIGCLD | Änderung im Kind-Status | SIGTERM | Terminierung |
| SIGCONT | Setze fort | SIGTRAP | Hardware-Fehler |
| SIGFPE | Fließkomma-Fehler | SIGTSTP | Stop-Zeichen der Konsole |
| SIGHUP | Hangup | SIGTTIN | Steuer-tty |
| SIGILL | Ungültige Instruktion | SIGTTOU | Steuer-tty |
| SIGINT | Unterbrechungszeichen der Konsole | SIGURG | Dringende Bedingung |
| SIGIO | Asynchrone Ein-/Ausgabe | SIGUSR1 | Benutzerdefiniert |
| SIGIOT | Hardware-Fehler | SIGUSR2 | Benutzerdefiniert |
| SIGKILL | Terminiere | SIGVTALRM | Virtueller Zeitalarm |
| SIGPIPE | Schreiben in Kanal, keine Leser | SIGWINCH | Änderung der Fenstergröße |
| SIGPOLL | Abfragbares Ereignis | SIGXCPU | CPU-Limit überschritten |
| SIGPROF | Profiling-Alarm | SIGXFSZ | Dateigrößen-Limit überschritten |

Zusätzlich definiert das Modul folgende Variablen:

| Variable | Beschreibung |
|---|---|
| SIG_DFL | Signalbehandler, der den voreingestellten Signalbehandler anstößt |
| SIG_IGN | Signalbehandler, der ein Signal ignoriert |
| NSIG | Eins höher als die höchste Signalnummer |

*Beispiel*
Das folgende Beispiel illustriert ein Zeitlimit bei der Herstellung einer Netzwerkverbindung:

```
import signal, socket
def handler(signum, frame):
    print 'Timeout!'
    raise IOError, "Host antwortet nicht."

sock = socket.socket(socket.AF_INET, socket.SOCK_STREAM)
signal.signal(signal.SIGALRM, handler)
signal.alarm(5)                     # 5-Sekunden-Alarm
sock.connect("www.python.org", 80)  # Verbinde
signal.alarm(0)                     # Lösche Alarm
```

*Bemerkungen*

• Signalbehandler bleiben so lange installiert, bis sie explizit zurückgesetzt werden, mit Ausnahme von SIGCHLD (dessen Verhalten abhängig von der Implementierung ist).

- Es ist nicht möglich, Signale temporär zu deaktivieren.
- Signale werden nur zwischen den atomaren Instruktionen des Python-Interpreters behandelt. Die Ankunft eines Signals kann durch lang anhaltende, in C geschriebene Berechnungen (z.B. in einem Erweiterungsmodul) verzögert werden.
- Wenn ein Signal während einer Ein-/Ausgabeoperation auftritt, kann die Ein-/Ausgabeoperation mit einer Ausnahme fehlschlagen. In diesem Fall wird der Wert von errno auf errno.EINTR gesetzt, um einen unterbrochenen Systemaufruf anzuzeigen.
- Gewisse Signale wie SIGSEGV und SIGFPE können aus Python nicht behandelt werden.
- Python installiert eine kleine Anzahl von voreingestellten Signalbehandlern. SIGPIPE wird ignoriert, SIGINT wird übersetzt in eine KeyboardInterrupt-Ausnahme und SIGTERM wird abgefangen, um Aufräumaktionen durchzuführen und sys.exitfunc aufzurufen.
- Extreme Vorsicht ist nötig, wenn Signale und Threads im gleichen Programm benutzt werden. Zurzeit kann nur der Haupt-Thread neue Signalbehandler setzen oder Signale empfangen.
- Signalbehandlung auf Windows und MacOS ist nur mit sehr eingeschränkter Funktionalität vorhanden. Die Anzahl der unterstützten Signale ist auf diesen Plattformen extrem reduziert.

*Siehe auch:* thread (Seite 190), errno (Seite 141)

····· **stat** ····················

*Verfügbarkeit:* U, W

Das Modul stat definiert Konstanten und Funktionen zur Interpretation der Ergebnisse von os.stat(), os.fstat() und os.lstat(). Diese Funktionen geben ein 10-Tupel mit Dateiinformation zurück. Folgende Variablen definieren die Indizes innerhalb des Tupels für gewisse Elemente:

| Variable | Beschreibung |
|----------|--------------|
| ST_MODE | Inode-Schutzmodus |
| ST_INO | Inode-Nummer |
| ST_DEV | Gerät, auf dem die Inode angesiedelt ist |
| ST_NLINK | Anzahl der Links zur Inode |
| ST_UID | Benutzerkennung des Besitzers |
| ST_GID | Gruppenkennung des Besitzers |
| ST_SIZE | Dateigröße in Bytes |
| ST_ATIME | Zeitpunkt des letzten Zugriffs |
| ST_MTIME | Zeitpunkt der letzten Änderung |
| ST_CTIME | Zeitpunkt des letzten Statuswechsels |

Die folgenden Funktionen können verwendet werden, um Dateieigenschaften aus dem von os.stat(path)[stat.ST_MODE] zurückgegebenen Modus zu prüfen:

| Funktion | Beschreibung |
|----------|--------------|
| S_ISDIR(mode) | Gibt Nicht-Null zurück, falls mode von einem Verzeichnis stammt. |
| S_ISCHR(mode) | Gibt Nicht-Null zurück, falls mode von einer speziellen zeichenorientierten Gerätedatei stammt. |

| Funktion | Beschreibung |
|---|---|
| S_ISBLK(mode) | Gibt Nicht-Null zurück, falls mode von einer speziellen blockorientierten Gerätedatei stammt. |
| S_ISREG(mode) | Gibt Nicht-Null zurück, falls mode von einer regulären Datei stammt. |
| S_ISFIFO(mode) | Gibt Nicht-Null zurück, falls mode von einem FIFO (ein mit Namen versehener Kanal) stammt. |
| S_ISLNK(mode) | Gibt Nicht-Null zurück, falls mode von einer symbolischen Verknüpfung stammt. |
| S_ISSOCK(mode) | Gibt Nicht-Null zurück, falls mode von einem Socket stammt. |
| S_IMODE(mode) | Gibt den Teil des Dateimodus zurück, der mit os.chmod() gesetzt werden kann. Dies sind die Bits für die Dateirechte, dessen Sticky-Bit sowie die Bits für die set-group- und set-user-Kennung. |
| S_IFMT(mode) | Gibt den Teil des Dateimodus zurück, der die Dateiart beschreibt (verwendet von den obigen Funktionen S_IS*()). |

*Bemerkung*
Ein Großteil der Funktionalität dieses Moduls wird auch vom Modul os.path in einer portableren Form zur Verfügung gestellt.

*Siehe auch:* os (Seite 159), os.path (Seite 169), statvfs (nachfolgend)

····· **statvfs** ··················

*Verfügbarkeit:* U
Das Modul statvfs definiert Konstanten, die zur Interpretation des Ergebnisses der Funktion os.statvfs() dienen. Die hierin definierten Konstanten definieren die Indizes in das von os.statvfs() zurückgegebene Tupel für spezifische Information.

| Konstante | Beschreibung |
|---|---|
| F_BSIZE | Bevorzugte Blockgröße des Dateisystems |
| F_FRSIZE | Fundamentale Blockgröße des Dateisystems |
| F_BFREE | Gesamtzahl der freien Blöcke |
| F_BAVAIL | Freie Blöcke für Nicht-Superuser |
| F_FILES | Gesamtzahl von Dateiknoten |
| F_FFREE | Gesamtzahl von freien Dateiknoten |
| F_FAVAIL | Freie Knoten für Nicht-Superuser |
| F_FLAG | Flaggen. Systemabhängig. |
| F_NAMEMAX | Maximale Länge von Dateinamen |

*Siehe auch:* os (Seite 159), stat (Seite 178)

····· **tempfile** ··················

*Verfügbarkeit:* A
Das Modul tempfile wird zur Erzeugung von temporären Dateinamen benutzt:

Betriebssystemdienste

Betriebssysteme

mktemp([suffix])

Gibt einen eindeutigen temporären Dateinamen zurück. suffix ist eine optionale Dateiendung, die an den Dateinamen angehängt wird. Diese Funktion erzeugt lediglich einen Dateinamen. Sie erzeugt oder öffnet keine temporäre Datei.

TemporaryFile([mode [, bufsize [, suffix]]])

Erzeugt eine temporäre Datei und gibt ein dateiähnliches Objekt zurück, das die gleichen Methoden wie ein gewöhnliches Dateiobjekt unterstützt. mode gibt den Dateimodus an und ist auf 'w+b' voreingestellt. bufsize gibt das Pufferverhalten an und hat die gleiche Bedeutung wie bei der Funktion open(). suffix ist die an den Dateinamen anzuhängende Erweiterung (falls angegeben). Das von dieser Funktion zurückgegebene Objekt ist lediglich eine Hülle um ein eingebautes Dateiobjekt, welches über das file-Attribut zugänglich ist. Die von dieser Funktion erzeugte Datei wird automatisch zerstört, wenn das temporäre Dateiobjekt zerstört wird.

Um einen temporären Namen zu erzeugen werden zwei globale Variablen benutzt. Man darf ihnen neue Werte zuweisen, falls dies erwünscht ist.

| Variable | Beschreibung |
|----------|--------------|
| tempdir | Das Verzeichnis, in dem sich die von mktemp() zurückgegebenen Dateinamen befinden. |
| template | Der Präfix von durch mktemp() erzeugten Dateinamen. Ein String aus Dezimalziffern wird an template angefügt, um eindeutige Dateinamen zu erhalten. |

····· **termios** ···················

*Verfügbarkeit:* Optional, U

Das Modul termios bietet eine POSIX-ähnliche Schnittstelle zur Steuerung des Verhaltens von konsolenähnlichen Geräten (tty) und anderen seriellen Kommunikationsgeräten. Alle Funktionen operieren auf ganzzahlige Dateideskriptoren wie jene, die von der Funktion os.open() oder der Methode fileno() eines Dateiobjektes zurückgegeben werden. Zusätzlich verlässt sich das Modul auf eine große Sammlung von Konstanten, die im Modul TERMIOS definiert sind, das auch geladen werden sollte.

tcgetattr(fd)

Gibt eine Liste [iflag, oflag, cflag, lflag, ispeed, ospeed, cc] mit tty-Attributen für einen Dateideskriptor fd zurück. Die Bedeutung dieser Felder ist folgende:

| Feld | Beschreibung |
|------|--------------|
| iflag | Eingabe-Modi (ganzzahlig) |
| oflag | Ausgabe-Modi (ganzzahlig) |
| cflag | Steuer-Modi (ganzzahlig) |
| lflag | Lokale Modi (ganzzahlig) |
| ispeed | Eingabegeschwindigkeit (ganzzahlig) |
| ospeed | Ausgabegeschwindigkeit (ganzzahlig) |
| cc | Eine Liste von Steuerzeichen (als Strings) |

Die Modi-Felder iflag, oflag, cflag und lflag sind Bit-Felder, die mit Konstanten in TERMIOS interpretiert werden.

## Eingabe-Modi

| Modus | Beschreibung |
|---|---|
| TERMIOS.IGNBRK | Ignoriert Unterbrechungsbedingung bei Eingabe |
| TERMIOS.BRKINT | Generiert SIGINT-Signal bei Unterbrechung, falls IGNBRK nicht gesetzt |
| TERMIOS.IGNPAR | Ignoriert Framing- und Paritäts-Fehler |
| TERMIOS.PARMRK | Markiert Zeichen mit einem Paritäts-Fehler |
| TERMIOS.INPCK | Aktiviert Paritätsprüfung auf der Eingabe |
| TERMIOS.ISTRIP | Entfernt achtes Bit |
| TERMIOS.INLCR | Übersetzt Zeilenvorschübe in Wagenrückläufe |
| TERMIOS.IGNCR | Ignoriert Wagenrückläufe |
| TERMIOS.ICRNL | Übersetzt Wagenrückläufe in Zeilenvorschübe |
| TERMIOS.IUCLC | Bildet Großbuchstaben auf Kleinbuchstaben ab |
| TERMIOS.IXON | Aktiviert XON/XOFF-Flusssteuerung auf der Ausgabe |
| TERMIOS.IXANY | Aktiviert erneute Ausgabe durch beliebiges Zeichen |
| TERMIOS.IXOFF | Aktiviert XON/XOFF-Flusssteuerung auf der Eingabe |
| TERMIOS.IXMAXBEL | Läutet Glocke, wenn Eingabeschlange voll ist |

## Ausgabe-Modi

| Modus | Beschreibung |
|---|---|
| TERMIOS.OPOST | Implementierungsdefinierte Ausgabeverarbeitung |
| TERMIOS.OLCUC | Bildet Klein- auf Großbuchstaben in der Ausgabe ab |
| TERMIOS.ONLCR | Bildet Zeilenvorschübe auf Wagenrückläufe ab |
| TERMIOS.OCRNL | Bildet Wagenrückläufe auf Zeilenvorschübe ab |
| TERMIOS.ONLRET | Gibt Wagenrückläufe nicht aus |
| TERMIOS.OFILL | Sendet Füllzeichen bei Verzögerungen |
| TERMIOS.OFDEL | Setzt Füllzeichen aus ASCII-DEL |
| TERMIOS.NLDLY | Verzögerungsmaske für Zeilenvorschübe. Werte sind NL0 und NL1. |
| TERMIOS.CRDLY | Verzögerungsmaske für Wagenrücklauf. Werte sind CR0, CR1, CR2, CR3. |
| TERMIOS.TABDLY | Verzögerungsmaske für horizontalen Tabulator. TAB0, TAB1, TAB2, TAB3, XTABS. |
| TERMIOS.BSDLY | Verzögerungsmaske für Rückschritt-Taste. BS0, BS1. |
| TERMIOS.VTDLY | Verzögerungsmaske für vertikalen Tabulator. VT0, VT1. |
| TERMIOS.FFDLY | Verzögerungsmaske für Seitenvorschub. FF0, FF1. |

## Steuer-Modi

| Modus | Beschreibung |
|---|---|
| TERMIOS.CSIZE | Zeichengrößen-Maske. CS5, CS6, CS7, CS8. |
| TERMIOS.CSTOPB | Setzt zwei Stop-Bits |

| Modus | Beschreibung |
|-------|--------------|
| TERMIOS.CREAD | Aktiviert Empfänger |
| TERMIOS.PARENB | Aktiviert Erzeugung und Prüfung der Parität |
| TERMIOS.PARODD | Benutzt ungerade Parität |
| TERMIOS.HUPCL | Verringert Intensität auf Modem-Steuerleitungen, wenn Gerät geschlossen ist |
| TERMIOS.CLOCAL | Ignoriert Modem-Steuerleitungen |
| TERMIOS.CRTSCTS | Flusssteuerung |

##### Lokale Modi

| Modus | Beschreibung |
|-------|--------------|
| TERMIOS.ISIG | Generiert korrespondierende Signale, wenn die Zeichen INTR, QUIT, SUSP oder DSUSP empfangen werden |
| TERMIOS.ICANON | Aktiviert kanonischen Modus |
| TERMIOS.XCASE | Kehrt Schreibweise um, wenn ICANON gesetzt ist |
| TERMIOS.ECHO | Zeigt Zeichen bei der Eingabe an |
| TERMIOS.ECHOE | Wenn ICANON gesetzt ist, löscht das ERASE-Zeichen das vorangehende Eingabezeichen. WERASE löscht das vorangehende Wort. |
| TERMIOS.ECHOK | Wenn ICANON gesetzt ist, löscht das KILL-Zeichen die aktuelle Zeile. |
| TERMIOS.ECHONL | Wenn ICANON gesetzt ist, werden Zeilenvorschübe angezeigt. |
| TERMIOS.ECHOCTL | Wenn ECHO gesetzt ist, werden Steuerzeichen wie ^X angezeigt. |
| TERMIOS.ECHOPRT | Gibt Zeichen aus, sobald sie gelöscht werden. |
| TERMIOS.ECHOKE | Zeigt KILL an, indem jedes Zeichen einzeln gelöscht wird. |
| TERMIOS.FLUSHO | Ausgabe wird abgespeichert |
| TERMIOS.NOFLSH | Deaktiviert Speicherung der I/O-Schlangen, wenn die Signale SIGINT und SIGQUIT erzeugt werden. |
| TERMIOS.TOSTOP | Sendet das Signal SIGTTOU an die Prozessgruppe eines Hintergrundprozesses, der in seine Steuerkonsole schreibt. |
| TERMIOS.PENDIN | Gibt alle Zeichen der Eingabeschlange aus, wenn das nächste Zeichen eingetippt wird. |
| TERMIOS.IEXTEN | Aktiviert implementierungsdefinierte Eingabeverarbeitung |

##### Geschwindigkeiten

Geschwindigkeiten werden definiert durch Konstanten wie TERMIOS.B0, TERMIOS.B50, TERMIOS.B75, TERMIOS.B230400, die eine Baud-Rate angeben. Die verfügbaren Werte sind abhängig von der Implementierung und sind in TERMIOS definiert.

##### Steuerzeichen

Folgende Symbole in TERMIOS sind Indizes in die cc-Liste. Damit können verschiedene Tastenkombinationen verändert werden.

| Zeichen | Beschreibung |
|---------|--------------|
| TERMIOS.VINTR | Unterbrechungszeichen (normalerweise Strg+C) |
| TERMIOS.VQUIT | Beendet |
| TERMIOS.VERASE | Löscht vorheriges Zeichen (Normalerweise Del) |
| TERMIOS.VWERASE | Löscht vorheriges Wort (Strg+w) |
| TERMIOS.VKILL | Löscht gesamte Zeile |
| TERMIOS.VREPRINT | Gibt erneut alle Zeichen aus, die noch nicht gelesen wurden. |
| TERMIOS.VEOF | Dateiende (Strg+D) |
| TERMIOS.VNL | Zeilentrennzeichen (line feed) |
| TERMIOS.VSUSP | Setzt aus (Strg+Z) |
| TERMIOS.VSTOP | Stoppt Ausgabe (Strg+S) |
| TERMIOS.VSTART | Beginnt Ausgabe (Strg+Q) |

`tcsetattr(fd, when, attributes)`

Setzt die tty-Attribute für einen Dateideskriptor `fd`. `attributes` ist eine Liste in der gleichen Form wie von `tcgetattr()` zurückgegeben. Das Argument `when` bestimmt, wenn die Änderungen wirksam werden:

| Argument | Beschreibung |
|----------|--------------|
| TERMIOS.TCSANOW | Änderung wird sofort wirksam |
| TERMIOS.TCSADRAIN | Änderung nach Übermittlung der Ausgabe in der Schlange |
| TERMIOS.TCSAFLUSH | Änderung nach Übermittlung der Ausgabe in der Schlange und Entfernung der Eingabe in der Schlange |

`tcsendbreak(fd, duration)`

Sendet eine Unterbrechung an den Dateideskriptor `fd`. Ein Wert von Null für `duration` sendet eine Unterbrechung für ungefähr 0.25 - 0.5 Sekunden. Ein von Null verschiedener Wert wird durch die Implementierung definiert.

`tcdrain(fd)`

Wartet so lange, bis die gesamte an den Dateideskriptor `fd` geschriebene Ausgabe übermittelt wurde.

`tcflush(fd, queue)`

Entfernt Daten in der Warteschlange für den Dateideskriptor `fd`. `queue` gibt an, welche Daten zu entfernen sind:

| Schlange | Beschreibung |
|----------|--------------|
| TERMIOS.TCIFLUSH | Eingabeschlange |
| TERMIOS.TCOFLUSH | Ausgabeschlange |
| TERMIOS.TCIOFLUSH | Beide Schlangen |

`tcflow(fd, action)`

Setzt Ein- oder Ausgabe auf Dateideskriptor `fd` aus oder nimmt sie wieder auf. `action` ist einer der folgenden Werte:

| Aktion | Beschreibung |
|---|---|
| TERMIOS.TCOOFF | Setzt Ausgabe aus |
| TERMIOS.TCOON | Setzt Ausgabe weiter fort |
| TERMIOS.TCIOFF | Setzt Eingabe aus |
| TERMIOS.TCION | Setzt Eingabe weiter fort |

*Beispiel*
Die folgende Funktion fragt nach einem Passwort, wobei eine lokale Wiedergabe auf dem Bildschirm ausgeschaltet ist:

```
def getpass():
    import termios, TERMIOS, sys
    fd = sys.stdin.fileno()
    tc = termios.tcgetattr(fd)
    old = tc[3] & TERMIOS.ECHO
    tc[3] = tc[3] & ~TERMIOS.ECHO      # Deaktiviere Echo
    try:
        termios.tcsetattr(fd, TERMIOS.TCSADRAIN, tc)
        passwd = raw_input("Password: ")
    finally:
        tc[3] = tc[3] | old             # Restauriere alte Echo-Einstellung
        termios.tcsetattr(fd, TERMIOS.TCSADRAIN, tc)
    return passwd
```

*Siehe auch:* tty (Seite 187), curses (Seite 261), getpass (Seite 150), signal (Seite 176)

····· **time** ··················

*Verfügbarkeit:* A
Das Modul time stellt verschiedene zeitbezogene Funktionen zur Verfügung. In Python wird Zeit in einer Anzahl von Sekunden seit der »Epoche« gemessen. Diese epoch markiert den Beginn der Zeit (der Punkt, an dem Zeit=0 Sekunden ist). Als Epoche gilt der 1. Januar 1970 unter Unix und Windows und der 1. Januar 1990 unter MacOS.
Folgende Variablen sind definiert:

accept2dyear
    Ein boolescher Wert, der angibt, ob Jahreszahlen mit zwei Ziffern akzeptiert werden. Normalerweise ist dieser Wert wahr, aber er ist auf falsch gesetzt, wenn die Umgebungsvariable $PYTHONY2K ein nicht-leerer String ist. Der Wert kann auch manuell verändert werden.

altzone
    Die verwendete Zeitzone während der Sommerzeit (DST für engl. daylight savings time) falls anwendbar.

daylight
    Auf einen von Null verschiedenen Wert gesetzt, falls eine Sommerzeitzone definiert wurde.

timezone
    Die lokale (Nicht-Sommerzeit-) Zeitzone.

tzname

> Ein Tupel mit dem Namen der lokalen Zeitzone und dem der lokalen Sommerzeitzone (falls definiert).

Folgende Funktionen können benutzt werden:

asctime(tuple)

> Wandelt ein Tupel, das eine Zeit darstellt, wie sie von gmtime() oder localtime() zurückgegeben wird, in einen String der Form 'Mon Jul 12 14:45:23 1999'.

clock()

> Gibt die aktuelle CPU-Zeit in Sekunden als Fließkommazahl zurück.

ctime(secs)

> Wandelt eine in Sekunden seit der Epoche angegebene Zeit in einen String, der die lokale Zeit repräsentiert. ctime(secs) ist identisch mit asctime(localtime(secs)).

gmtime(secs)

> Wandelt eine in Sekunden seit der Epoche angegebene Zeit in ein Zeittupel in der Universellen Zeit (gleich GMT, Greenwich Mean Time) um. Das zurückgegebene Tupel besteht aus neun Ganzzahlen der Form (Jahr, Monat, Tag, Stunde, Minute, Sekunde, Wochentag, Tag, Sommerzeit). Folgende numerischen Wertebereiche werden für die Tupelelemente benutzt:

| Element | Wert |
|---------|------|
| Jahr | Ein Wert aus vier Ziffern, z.B. 1998 |
| Monat | 1-12 |
| Tag | 1-31 |
| Stunde | 0-23 |
| Minute | 0-59 |
| Sekunde | 0-59 |
| Wochentag | 0-6 |
| Tag | 1-366 |
| Sommerzeit | -1, 0, 1 |

> Das Feld Sommerzeit ist 1 falls gerade Sommerzeit gilt, 0 falls nicht und -1, wenn keine Information darüber verfügbar ist.

localtime(secs)

> Gibt wie gmtime() ein Zeittupel zurück, jedoch in der lokalen Zeitzone.

mktime(tuple)

> Diese Funktion wandelt ein Tupel, das eine Zeit in der lokalen Zeitzone darstellt (im gleichen Format, wie von localtime() zurückgegeben), in eine Fließkommazahl für die Anzahl der Sekunden seit der Epoche um. Wenn das Tupel keine gültige Zeit darstellt, wird eine OverflowError-Ausnahme ausgelöst.

sleep(secs)

> Versetzt den aktuellen Prozess für secs Sekunden in den Schlafmodus. secs ist eine Fließkommazahl.

`strftime(format, tuple)`

Wandelt ein Zeittupel im Format, das von `gmtime()` oder `localtime()` verwendet wird, in einen String. `format` ist ein Format-String, in dem folgende Formatierungscodes eingebettet werden können:

| Code | Bedeutung |
| --- | --- |
| %a | Abgekürzter Wochentag gemäß Landeseinstellungen |
| %A | Vollständiger Wochentag gemäß Landeseinstellungen |
| %b | Abgekürzter Monatsname gemäß Landeseinstellungen |
| %B | Vollständiger Monatsname gemäß Landeseinstellungen |
| %c | Datum- und Zeitdarstellung gemäß Landeseinstellungen |
| %d | Tag im Monat als Dezimalzahl [01-31] |
| %H | Stunde (24-Uhr-Darstellung) als Dezimalzahl [00-23] |
| %I | Stunde (12-Uhr-Darstellung) als Dezimalzahl [01-12] |
| %j | Tag des Jahres als Dezimalzahl [001-366] |
| %m | Monat als Dezimalzahl [01-12] |
| %M | Minute als Dezimalzahl [00-59] |
| %p | Äquivalent zu AM oder PM gemäß Landeseinstellungen |
| %S | Sekunde als Dezimalzahl [00-59] |
| %U | Woche des Jahres als Dezimalzahl [00-53] (Sonntag als erster Tag) |
| %w | Wochentag als Dezimalzahl [0(Sonntag)-6] |
| %W | Woche des Jahres als Dezimalzahl (Montag als erster Tag) |
| %x | Datumsdarstellung gemäß Landeseinstellungen |
| %X | Zeitdarstellung gemäß Landeseinstellungen |
| %y | Jahr ohne Jahrhundert als Dezimalzahl [00-99] |
| %Y | Jahr mit Jahrhundert als Dezimalzahl |
| %Z | Zeitzonenname (oder keine Zeichen, wenn keine Zeitzone existiert) |
| %% | Das %-Zeichen |

Die Formatcodes dürfen optional eine Breiten- und Genauigkeitsangabe enthalten, genauso wie sie auch beim %-Operator auf Strings benutzt werden.

`strptime(string [, format])`

Parst einen Zeit-String und gibt ein Zeittupel im gleichen Format zurück, wie es von `localtime()` oder `gmtime()` zurückgegeben wird. Der Parameter `format` verwendet die gleichen Bezeichner wie `strftime()` und hat `"%a %b %d %H:%M:%S %Y"` als Voreinstellung. Es ist das gleiche Format, das von der Funktion `ctime()` verwendet wird. Wenn der Strig nicht geparst werden kann, wird die Ausnahme `ValueError` ausgelöst.

`time()`

Gibt die aktuelle Zeit als Anzahl von Sekunden seit der Epoche in UTC (Coordinated Universal Time) zurück.

*Bemerkungen*

• Werden Jahreszahlen mit zwei Ziffern akzeptiert, dann werden diese gemäß POSIX X/Open-Standard zu solchen mit vier Ziffern konvertiert, wobei die Werte 69-99 auf 1969-1999 und 0-68 auf 2000-2068 abgebildet werden.

- Die Funktionen dieses Moduls sind nicht dafür gedacht, Datums- und Zeitangaben zu verarbeiten, die weit in der Vergangenheit oder Zukunft liegen. Insbesondere sind Angaben vor der Epoche ungültig, genauso wie jene über der maximal darstellbaren Zeit (auf vielen Rechnern gleich 2 hoch 31 Sekunden seit der Epoche).

*Siehe auch:* `locale` (Seite 152)

## tty

*Verfügbarkeit:* Optional, U

Das Modul `tty` bietet Funktionen, um ein TTY in den cbreak- und Roh-Modus zu versetzen. Der *Roh-Modus* zwingt einen Prozess dazu, jedes Zeichen in einer Konsole ohne jede Interpretation durch das System zu empfangen. Der *cbreak-Modus* gestattet eine Verarbeitung durch das System von speziellen Tasten, wie z.B. einer Unterbrechung und Abbruch-Tasten (die Signale erzeugen).

`setraw(fd [, when])`

Ändert den Modus des Dateideskriptors `fd` auf Roh-Modus. `when` gibt an, wann die Änderung erfolgt, und ist einer der Werte `TERMIOS.TCSANOW`, `TERMIOS.TCSADRAIN` oder `TERMIOS.TCSAFLUSH` (die Voreinstellung).

`setcbreak(fd [, when])`

Ändert den Modus des Dateideskriptors `fd` auf cbreak-Modus. `when` hat die gleiche Bedeutung wie oben.

*Bemerkung:* Benötigt das `termios`-Modul.

*Siehe auch:* `termios` (Seite 180), `curses` (Seite 261)

## zlib

*Verfügbarkeit:* Optional, U, W, M

Das Modul `zlib` unterstützt Datenkompression, indem es einen Zugriff auf die zlib-Bibliothek ermöglicht.

`adler32(string [, value])`

Berechnet die Adler-32-Prüfsumme von `string`. `value` wird als Startwert benutzt (der verwendet werden kann, um eine Prüfsumme über eine Verkettung verschiedener Strings hinweg zu berechnen). Sonst wird ein fester voreingestellter Wert benutzt.

`compress(string [, level])`

Komprimiert Daten in `string`, wobei `level` eine Ganzzahl von 1 bis 9 ist, die die Kompressionsstufe steuert. 1 ist die geringste (schnellste) Kompression und 9 ist die beste (langsamste) Kompression. Der voreingestellte Wert ist 6. Gibt einen String mit den komprimierten Daten zurück oder löst `error` aus, wenn ein Fehler auftritt.

`compressobj([level])`

Gibt ein Kompressionsobjekt zurück. `level` hat die gleiche Bedeutung wie in der Funktion `compress()`.

`crc32(string [, value])`

Berechnet eine CRC-Prüfsumme von `string`. Falls `value` angegeben wird, wird es als Startwert der Prüfsumme benutzt. Sonst wird ein fester Wert benutzt.

`decompress(string [, wbits [, buffsize]])`

Dekomprimiert Daten in `string`. `wbits` steuert die Größe des Pufferfensters und `buffsize` ist die Startgröße des Ausgabepuffers. Löst `error` aus, wenn ein Fehler auftritt.

decompressobj([wbits])

Gibt ein Kompressionsobjekt zurück. Der wbits-Parameter steuert die Größe des Fensterpuffers.

Ein Kompressionsobjekt c kennt folgende Methoden:

c.compress(string)

Komprimiert string. Gibt einen String mit komprimierten Daten für mindestens einen Teil der Daten in string zurück. Diese Daten sollten mit Daten aus vorherigen Aufrufen dieser Methode verkettet werden, um den Ausgabestrom zusammenzustellen. Einige Eingabedaten können in internen Puffern zur späteren Verarbeitung gespeichert werden.

c.flush([mode])

Komprimiert die gesamte anstehende Eingabe und gibt einen String mit der verbleibenden komprimierten Ausgabe zurück. mode ist einer der Werte Z_SYNC_FLUSH, Z_FULL_FLUSH oder Z_FINISH (die Voreinstellung). Z_SYNC_FLUSH und Z_FULL_FLUSH erlauben eine weitere Komprimierung und werden dazu benutzt, eine partielle Fehlerkorrektur bei der Dekompression vorzunehmen. Z_FINISH beendet den Kompressionsstrom.

Ein Dekompressionsobjekt d kennt folgende Methoden:

d.decompress(string)

Dekomprimiert string und gibt einen String mit unkomprimierten Daten für mindestens einen Teil der Daten in string zurück. Diese Daten sollten mit Daten aus vorherigen Aufrufen dieser Methode verkettet werden, um den Ausgabestrom zusammenzustellen. Einige Eingabedaten können in internen Puffern zur späteren Verarbeitung gespeichert werden.

d.flush()

Die gesamte noch ausstehende Eingabe wird verarbeitet und ein String mit der verbleibenden unkomprimierten Ausgabe wird zurückgegeben. Das Dekompressionsobjekt kann nach diesem Aufruf nicht mehr weiter verwendet werden.

*Ausnahme*

error

Ausnahme, die bei Kompressions- und Dekompressionsfehlern ausgelöst wird.

*Bemerkung*

Die zlib-Bibliothek ist unter *http://www.cdrom.com/pub/infozip/zlib* verfügbar.

*Siehe auch:* gzip (Seite 151)

# Threads

Dieser Abschnitt beschreibt Module, mit denen Anwendungen entwickelt werden können, die die Eigenschaft haben, mehrere Teilprozesse (engl. threads) parallel ausführen zu können. Zuerst wird jedoch ein wenig Terminologie und Hintergrundinformation vorgestellt.

····· **Grundlagen von Threads** ··················

Ein laufendes Programm wird auch ein »Prozess« genannt. Mit jedem Prozess assoziiert das Betriebssystem eine Reihe von Zustandsparametern, darunter solche über den Hauptspeicher, die Liste aller geöffneten Dateien, den Programmzähler, der anzeigt, welche Anweisung ausgeführt wird, sowie über den Stapel, der die lokalen Variablen der Funktionen enthält. Normalerweise werden die Anweisungen von einem Prozess in einer einzigen Folge ausgeführt. Diese Folge wird manchmal als Thread bezeichnet (oder Haupt-Thread).

Wenn ein Programm neue Prozesse mit Systemaufrufen wie `os.system()`, `os.fork()`, `os.spawn()` oder ähnlichen erzeugt, laufen diese Prozesse als unabhängige Programme – jedes mit seinem eigenen Satz von Systemressourcen und einem Haupt-Ausführungs-Thread. Es ist jedoch auch möglich, dass ein Programm zusätzliche Ausführungs-Threads erzeugt, die innerhalb des aufrufenden Prozesses existieren und sich Daten und Ressourcen mit dem Original-Thread teilen. Threads sind besonders nützlich, wenn eine Anwendung gleichzeitig verschiedene Aufgaben verfolgen möchte, ohne sich in Kindprozesse zu verzweigen, oder verschiedene Unteraktivitäten sich die gleichen Daten teilen müssen.

Ein Programm, das mehrere Teilprozesse gleichzeitig bearbeiten kann, wird ausgeführt, indem seine Prozessorzeit zwischen allen aktiven Threads aufgeteilt wird. Ein Programm z.B. mit 10 aktiven Threads würde ungefähr ein Zehntel seiner CPU-Zeit jedem Thread zur Verfügung stellen und zyklisch schnell zwischen den Threads umschalten.

Da Threads gemeinsamen Zugriff auf die gleichen Daten haben, wird ein extremes Maß an Vorsicht verlangt, wann immer solche gemeinsam benutzten Datenstrukturen von einem der Threads aktualisiert werden. Insbesondere alle Versuche, eine Datenstruktur von mehreren Threads zum ungefähr gleichen Zeitpunkt zu aktualisieren, können zum fehlerhaften und inkonsistenten Zustand des Programmes führen (ein Problem, das formal als »race condition« bekannt ist). Um diese Probleme zu beheben, müssen Programme mit mehreren Threads kritische Abschnitte des Codes für den gegenseitigen Zugriff sperren, z.B. mit Mutex-Sperren oder ähnlichen Synchronisierungsmechanismen.

Weiterführende Information über die Theorie und Implementierung von Threads und Sperren kann man in den meisten Büchern über Betriebssysteme finden.

## Python-Threads

Python unterstützt Threads unter Windows, Solaris und Systemen, die die POSIX-Thread-Bibliothek unterstützen (`pthreads`). Allerdings ist die Thread-Unterstützung oftmals per Voreinstellung deaktiviert, und daher kann es notwendig sein, den Interpreter neu zu übersetzen, damit er Threads auch unterstützt, bevor die Module aus diesem Abschnitt benutzt werden können.

Die Ablaufplanung von Threads und das Umschalten zwischen Threads wird streng von einer globalen Interpreter-Sperre gesteuert, die zu jedem Zeitpunkt nur eine einzige Aktivität, d.h. einen Thread, im Interpreter erlaubt. Weiterhin kann ein Umschalten zwischen Threads nur zwischen der Ausführung von einzelnen Byte-Codes im Interpreter erfolgen. Die Häufigkeit, mit der der Interpreter ein Umschalten zu einem anderen Thread prüft, wird von der Funktion `sys.setcheckinterval()` bestimmt. Per Voreinstellung prüft der Interpreter eine Thread-Umschaltung einmal nach jeweils 10 Byte-Code-Anweisungen.

Wenn man mit Erweiterungsmodulen arbeitet, kann der Interpreter Funktionen aufrufen, die in C oder C++ geschrieben sind. Solange diese Funktionen nicht ausdrücklich so geschrieben worden sind, dass sie mit einem Thread-fähigen Python-Interpreter interagieren können, werden sie die Ausführung aller anderen Threads so lange blockieren, bis ihre eigene Ausführung beendet ist. Eine längere Zeit anhaltende Berechnung in einem Erweiterungsmodul kann daher die Effektivität von Threads beeinflussen. Die meisten Ein-/Ausgabefunktionen der Standardbibliothek wurden jedoch so geschrieben, dass sie auch in einer Umgebung funktionieren, in der Threads benutzt werden.

Schließlich sollten Programmierer wissen, dass Threads auf seltsame Weise mit Signalen und Unterbrechungen interagieren können. Die `KeyboardInterrupt`-Ausnahme z.B. kann von einem beliebigen Thread erhalten werden, während Signale, die mit dem Modul `signal` benutzt werden, nur vom Haupt-Thread empfangen werden können.

····· **thread** ··················

*Verfügbarkeit:* Optional, U, W

Das Modul thread bietet einfache Funktionen für das Arbeiten mit Threads.

allocate_lock()
> Erzeugt eine neue Sperre vom Typ LockType. Sperren sind zu Beginn geöffnet, d.h. nicht wirksam.

exit()
> Löst die Ausnahme SystemExit aus. Zwingt einen Thread, sich zu beenden.

get_ident()
> Gibt den ganzzahligen »Thread-Bezeichner« des aktuellen Threads zurück.

start_new_thread(func, args [, kwargs])
> Führt die Funktion func in einem neuen Thread aus. func wird mit apply(func, args, kwargs) aufgerufen. Bei Erfolg wird die Kontrolle sofort an den Aufrufer zurückgegeben. Wenn die Funktion func beendet wird, terminiert der Thread. Wenn die Funktion mit einer unbehandelten Ausnahme terminiert, wird ein Stacktrace ausgegeben und der Thread terminiert (andere Threads werden jedoch weiter ausgeführt).

Eine von allocate_lock() zurückgegebene Sperre lck kennt folgende Methoden:

lck.acquire([waitflag])
> Erwirbt die Sperre, wobei wenn nötig bis zur Freigabe der Sperre durch einen anderen Thread gewartet wird. Falls waitflag weggelassen wird, gibt die Funktion None zurück, wenn die Sperre erworben wird. Falls waitflag auf 0 gesetzt ist, wird die Sperre nur dann erworben, wenn sie sofort und ohne zu warten erworben werden kann. Falls waitflag ungleich Null ist, blockiert die Methode so lange, bis die Sperre freigegeben wird. Wenn waitflag angegeben wird, gibt die Funktion 1 zurück, falls die Sperre erfolgreich erworben worden ist, und 0, falls nicht.

lck.release()
> Gibt die Sperre frei.

lck.locked()
> Gibt den Status der Sperre zurück, 1 falls gesperrt, 0 falls nicht.

*Beispiel*

Das folgende Beispiel zeigt einen einfachen Thread, der alle fünf Sekunden die aktuelle Zeit ausgibt:

```
import thread
import time

def print_time(delay):
    while 1:
        time.sleep(delay)
        print time.ctime(time.time())

# Starte den neuen Thread.
thread.start_new_thread(print_time, (5,))

# Nun tue etwas anderes, während der Thread läuft.
while 1:
    pass
```

*Ausnahme*

error

> Ausnahme bei Thread-spezifischen Fehlern.

*Bemerkungen*

- Der Aufruf von sys.exit() oder das Auslösen der SystemExit-Ausnahme ist äquivalent zum Aufruf von thread.exit().
- Die Methode acquire() auf einer Sperre kann nicht unterbrochen werden.
- Wenn der Haupt-Thread beendet wird, hängt es vom System ab, ob die anderen Threads überleben. Auf den meisten Systemen werden sie sofort terminiert, ohne dass irgendeine Aufräumaktion stattfindet. Außerdem sind die Aufräumaktionen des Haupt-Threads etwas beschränkt. Insbesondere werden weder Standardein- und -ausgabedateien gespeichert, noch werden Destruktoren von Objekten aufgerufen.

*Siehe auch:* threading (nachfolgend)

## threading

*Verfügbarkeit:* Optional, U, W

Das Modul threading bietet umfassende Unterstützung für Threads mit Hilfe einer Thread-Klasse und Klassen für verschiedene Synchronisationsmechanismen. Es baut auf dem einfacheren thread-Modul auf.

Folgende Hilfsfunktionen sind verfügbar:

activeCount()

> Gibt die Anzahl der gerade aktiven Thread-Objekte zurück.

currentThread()

> Gibt das Thread-Objekt zurück, das dem Steuer-Thread des Aufrufers entspricht.

enumerate()

> Gibt eine Liste aller gerade aktiven Thread-Objekte zurück.

## Thread-Objekte

Die Thread-Klasse wird verwendet, um einen separaten Teilprozess zu repräsentieren. Ein neuer Thread kann wie folgt erzeugt werden:

Thread(group=None, target=None, name=None, args=(), kwargs={})

> Erzeugt eine neue Thread-Instanz. group ist None und für zukünftige Erweiterungen reserviert. target ist ein aufrufbares Objekt, das von der Methode run() aufgerufen wird, wenn der Thread beginnt. In der Voreinstellung ist es None, d.h. es wird nichts aufgerufen. name ist der Name des Threads. Per Voreinstellung wird ein eindeutiger Name der Form »Thread-N« erzeugt. args ist ein Tupel von Argumenten, die an die Funktion target übergeben werden. kwargs ist ein Dictionary mit Schlüsselargumenten, die an target übergeben werden.

Ein Thread-Objekt t unterstützt folgende Methoden:

t.start()

> Startet den Thread, indem die Methode run() in einem separaten Steuer-Thread aufgerufen wird. Diese Methode kann nur einmal aufgerufen werden.

`t.run()`

Diese Methode wird aufgerufen, wenn der Thread startet. Per Voreinstellung ruft er die Ziel-funktion auf, die im Konstruktor übergeben wird. Diese Methode kann in Unterklassen von Thread überschrieben werden.

`t.join([timeout])`

Wartet bis der Thread terminiert oder ein Timeout auftritt. timeout ist eine Fließkom-mazahl, die den Timeout in Sekunden angibt. Ein Thread kann nicht auf sich selbst warten und es ist ein Fehler, auf einen Thread zu warten, bevor er gestartet wurde.

`t.getName()`

Gibt den Namen des Threads zurück.

`t.setName(name)`

Setzt den Namen des Threads. name ist ein String, der nur zur Identifikation benutzt wird.

`t.isAlive()`

Gibt 1 zurück, falls der Thread am Leben ist, sonst 0. Ein Thread ist ab dem Moment am Leben, an dem die Methode start() beendet ist, und bis seine run()-Methode terminiert.

`t.isDaemon()`

Gibt die daemon-Flagge des Threads zurück.

`t.setDaemon(daemonic)`

Setzt die deamon-Flagge des Threads auf den booleschen Wert daemonic. Diese Methode muss vor start() aufgerufen werden. Der Startwert wird vom erzeugenden Thread geerbt. Das gesamte Python-Programm terminiert, wenn keine aktiven Nicht-Dämon-Threads mehr übrig sind.

Ein Thread kann mit der Methode setDaemon() als »Dämon-Thread« markiert werden. Wenn nur Dämon-Threads übrig bleiben, terminiert ein Programm. Alle Programme haben einen »Haupt-Thread«, der den ursprünglichen Steuer-Thread repräsentiert. Dieser ist kein Dämon-Thread.

In einigen Fällen werden Pseudo-Thread-Objekte erzeugt. Dies sind Steuer-Threads, die außer-halb des Moduls threading, z.B. von einem C-Erweiterungsmodul, gestartet werden. Pseudo-Threads werden immer als lebendig, aktiv und dämonisch betrachtet und man kann nicht auf sie warten. Weiterhin werden sie nie gelöscht, sodass es unmöglich ist, das Ende solcher Threads festzustellen.

Alternativ dazu kann von der Klasse Thread abgeleitet werden. Bei diesem Ansatz kann die Methode run() überschrieben werden, um die Aktivität des Threads auszuführen. Der Kons-truktor kann ebenfalls überschrieben werden, aber in diesem Fall ist es sehr wichtig, den Kons-truktor der Oberklasse Thread.__init__() aufzurufen. Irgendeine andere Methode der Klasse Thread zu überschreiben ist ein Fehler.

##### ⬤ Lock-Objekte

Eine einfache Sperre (oder Mutex-Sperre) ist ein Synchronisationsmechanismus, der in genau einem der beiden Zustände »gesperrt« oder »offen« ist. Zwei Methoden namens acquire() und release() werden benutzt, um den Zustand der Sperre zu verändern. Wenn die Sperre gesperrt ist, werden alle Versuche, die Sperre zu erwerben, so lange blockiert, bis die Sperre wieder offen ist. Falls mehr als ein Thread auf den Erwerb der Sperre wartet, darf nur einer davon fortfahren, wenn die Sperre freigegeben wird. Die Reihenfolge, in der wartende Threads fortfahren, ist nicht definiert.

Eine neue Sperre wird als Instanz der Klasse Lock mit dem folgenden Konstruktor erzeugt:

Lock()

Erzeugt eine neue Sperre, die zu Beginn offen ist.

Ein Lock-Objekt lck unterstützt folgende Methoden:

lck.acquire([blocking = 1])

Erwirbt die Sperre und blockiert wenn nötig so lange, bis die Sperre wieder freigegeben wird. Wenn blocking angegeben wird und Null ist, wird die Funktion sofort mit einem Rückgabewert von 0 beendet, falls die Sperre nicht erworben werden konnte, sonst mit 1, wenn die Sperre erhalten worden ist.

lck.release()

Gibt die Sperre frei. Es ist ein Fehler, diese Methode aufzurufen, wenn die Sperre in einem offenen Zustand ist.

##### ····· **RLock-Objekte** ·····················

Eine wiederbetretbare Sperre (engl. reentrant lock) ist ein Synchronisationmechanismus, der ähnlich zu einer Sperre ist, aber vom gleichen Thread mehrfach erworben werden kann. Dies erlaubt es dem Thread, der die Sperre besitzt, verschachtelte acquire()- und release()-Operationen auszuführen. In diesem Fall kann nur die äußerste release()-Operation die Sperre wieder in den offenen Zustand zurücksetzen.

Ein neues RLock-Objekt wird mit dem folgenden Konstruktor erzeugt:

RLock()

Erzeugt eine neue, wiederbetretbare Sperre.

Ein RLock-Objekt rlck unterstützt folgende Methoden:

rlck.acquire([blocking = 1])

Erwirbt die Sperre, wobei wenn nötig so lange blockiert wird, bis die Sperre freigegeben wird. Falls die Sperre keinem Thread gehört, wird sie gesperrt und das Rekursionsniveau wird auf eins gesetzt. Falls dieser Thread die Sperre bereits besitzt, wird das Rekursionsniveau der Sperre um eins erhöht und die Funktion wird sofort beendet.

rlck.release()

Gibt eine Sperre frei, indem ihr Rekursionsniveau um eins verringert wird. Falls anschließend das Rekursionsniveau Null ist, wird die Sperre wieder in den offenen Zustand zurückgesetzt. Sonst bleibt die Sperre gesperrt. Diese Funktion sollte nur von jenem Thread aufgerufen werden, dem die Sperre gerade gehört.

##### ····· **Bedingungsvariablen** ·····················

Ein Bedingungsvariable ist ein Synchronisationsmechanismus, der auf einer anderen Sperre aufbaut, die dann verwendet wird, wenn der Thread an einem speziellen Zustandswechsel oder Ereignis interessiert ist. Eine typische Anwendung ist ein Erzeuger-Verbraucher-Problem, bei dem ein Thread Daten erzeugt, die von einem anderen verbraucht werden sollen.

Eine neue Condition-Instanz wird mit folgendem Konstruktor erzeugt:

Condition([lock])

Erzeugt eine neue Bedingungsvariable. lock ist eine optionale Lock- oder RLock-Instanz. Wenn keine solche Sperre angegeben wird, wird eine neue RLock-Instanz zum Gebrauch mit der Bedingungsvariablen erzeugt.

Eine Bedingungsvariable cv unterstützt folgende Methoden:

cv.acquire(*args)

Erwirbt die darunter liegende Sperre. Diese Methode ruft die korrespondierende acquire(args)-Methode der darunter liegenden Sperre auf und gibt ihren Rückgabewert zurück.

cv.release()

Gibt die darunter liegende Sperre frei. Diese Methode ruft die korrespondierende release()-Methode der darunter liegenden Sperre auf.

cv.wait([timeout])

Wartet bis zu einer Benachrichtigung oder bis ein Timeout auftritt. Diese Methode wird aufgerufen, nachdem der aufrufende Thread die Sperre bereits erworben hat. Beim Aufruf wird die darunter liegende Sperre freigegeben und der Thread schläft so lange ein, bis er durch den Aufruf eines anderen Threads von notify() oder notifyAll() auf der Bedingungsvariable geweckt wird. Sobald er wieder wach ist, erwirbt der Thread die Sperre erneut und die Methode wird beendet. timeout ist eine Fließkommazahl in Sekunden. Falls diese Zeit verstreicht, wird der Thread geweckt, die Sperre wird wieder erworben und die Kontrolle zurückgegeben.

cv.notify()

Weckt einen Thread auf, der auf diese Bedingungsvariable wartet. Diese Methode wird nur dann aufgerufen, nachdem der aufrufende Thread die Sperre erworben hat, und tut nichts, wenn keine Threads darauf warten. Zurzeit weckt diese Funktion nur einen wartenden Thread. Außerdem kehrt der geweckte Thread so lange nicht aus seinem wait()-Aufruf zurück, bis er die Sperre wieder erwerben kann.

cv.notifyAll()

Weckt alle Threads auf, die auf diese Bedingung warten.

Das folgende Beispiel illustriert den Gebrauch von Bedingungsvariablen bei einem Erzeuger-Verbraucher-Problem:

```
# Erzeuge ein Element.              # Verbrauche ein Element.
cv.acquire()                        cv.acquire()
while not an_item_is_available():    make_an_item_available()
    # Warte, bis ein Element auftaucht.  # Benachrichtige den Verbraucher.
    cv.wait()                       cv.notify()
get_an_available_item()             cv.release()
```

## Semaphore

Ein Semaphor ist ein Synchronisationsmechanismus, der auf einem Zähler basiert, der bei jedem Aufruf von acquire() verringert und bei jedem Aufruf von release() erhöht wird. Falls der Zähler jemals Null wird, blockiert die Methode acquire() so lange, bis irgendein anderer Thread release() aufruft.

Semaphore([value])

Erzeugt einen neuen Semaphor. value ist der Startwert des Zählers. Falls weggelassen, wird der Zähler auf den Wert 1 gesetzt.

Eine Semaphore-Instanz s unterstützt folgende Methoden:

s.acquire([blocking])

Erwirbt einen Semaphor. Falls der interne Zähler beim Erwerb größer als Null ist, wird dieser um eins verringert und die Methode terminiert sofort. Falls er Null ist, blockiert sie, bis ein anderer Thread release() aufruft. Das blocking-Argument hat das gleiche Verhalten, wie zuvor bei Lock- und RLock-Objekten beschrieben.

s.release()

Gibt einen Semaphor frei, indem der interne Zähler um eins erhöht wird. Falls der Zähler Null ist und ein anderer Thread gerade wartet, wird dieser Thread geweckt. Falls mehrere Threads warten, wird nur einer davon seinen Aufruf von acquire() beenden. Die Reihenfolge, in der Threads freigegeben werden, ist nicht deterministisch.

····· **Ereignisse** ···················

Ereignisse werden zur Kommunikation zwischen Threads benutzt. Ein Thread signalisiert ein »Ereignis« und ein odere mehrere andere Threads warten darauf. Eine Event-Instanz verwaltet eine interne Flagge, die mit der Methode set() auf wahr und mit der Methode clear() auf falsch gesetzt werden kann. Die Methode wait() blockiert, bis die Flagge wahr ist.

Event()

Erzeugt eine neue Event-Instanz mit einer internen Flagge, die auf falsch gesetzt ist.

Eine Event-Instanz e unterstützt folgende Methoden:

e.isSet()

Gibt genau dann wahr zurück, wenn die interne Flagge wahr ist.

e.set()

Setzt die interne Flagge auf wahr. Alle Threads, die darauf warten, dass die Flagge wahr wird, werden geweckt.

e.clear()

Setzt die interne Flagge auf falsch zurück.

e.wait([timeout])

Blockiert, bis die interne Flagge wahr ist. Falls die interne Flagge beim Entritt wahr ist, wird die Methode sofort terminiert. Sonst blockiert sie, bis ein anderer Thread set() aufruft, um die Flagge auf wahr zu setzen, oder bis der optionale Timeout auftritt. timeout ist eine Fließkommazahl, die eine Timeout-Zeit in Sekunden angibt.

*Beispiel*

```
import threading
import urllib

class FetchUrlThread(threading.Thread):
    def __init__(self, url,filename):
        threading.Thread.__init__(self)
        self.url = url
        self.filename = filename
    def run(self):
        print self.getName(), "Laden ", self.url
        urllib.urlretrieve(self.url,self.filename)
        print self.getName(), "Speichern in ", self.filename
```

```
urls = [ ('http://www.python.org', '/tmp/index.html'),
         ('ftp://ftp.python.org/pub/python/src/py152.tgz', '/tmp/py152.tgz'),
         ('ftp://ftp.swig.org/pub/swig1.1p5.tar.gz', '/tmp/swig1.1p5.tar.gz'),
         ('http://www.jarjarmustdie.com', '/tmp/jarjar.html')
       ]

# Lade eine Anzahl von URLs in separaten Threads.
for url, file in urls:
    t = FetchUrlThread(url, file)
    t.start()
```

*Siehe auch:* thread (Seite 190), Queue (nachfolgend)

····· **Queue** ··················

*Verfügbarkeit:* Optional, U, W

Das Modul Queue implementiert eine FIFO-Schlange mit mehreren Erzeugern und Verbrauchern, die benutzt werden kann, um Information zwischen mehreren Threads sicher auszutauschen. Es ist nur dann verfügbar, wenn die Thread-Unterstützung aktiviert worden ist.
Das Modul Queue definiert die folgende Klasse:

Queue(maxsize)
  Erzeugt eine neue Schlange, wobei maxsize die maximale Anzahl von Elementen der Schlange ist. Falls maxsize kleiner oder gleich Null ist, ist die Größe der Schlange unendlich.

Eine Schlange q kennt folgende Methoden:

q.qsize()
  Gibt die ungefähre Größe der Schlange zurück. Da andere Threads die Schlange gerade aktualisieren könnten, ist diese Zahl nicht ganz zuverlässig.

q.empty()
  Gibt 1 zurück, falls die Schlange leer ist, sonst 0.

q.full()
  Gibt 1 zurück, falls die Schlange voll ist, sonst 0.

q.put(item [, block])
  Fügt item in die Schlange ein. Falls das optionale Argument block gleich 1 ist (die Voreinstellung), blockiert der Aufrufer, bis ein freier Platz verfügbar ist. Sonst (block=0) wird die Ausnahme Full ausgelöst, wenn die Schlange voll ist.

q.put_nowait(item)
  Äquivalent zu put(item, 0).

q.get([block])
  Entfernt ein Element aus der Schlange und gibt es zurück. Falls das optionale Argument block gleich 1 ist (die Voreinstellung), blockiert der Aufrufer, bis ein Element verfügbar ist. Sonst (block=0) wird die Empty-Ausnahme ausgelöst, wenn die Schlange leer ist.

q.get_nowait()
  Äquivalent zu get(0).

*Ausnahmen*

Empty

Ausnahme, wenn nicht-blockierendes get() (oder get_nowait()) auf einer leeren oder gesperrten Schlange aufgerufen wird.

Full

Ausnahme, wenn nicht-blockierendes put() (oder put_nowait()) auf einer vollen oder gesperrten Schlange aufgerufen wird.

*Siehe auch:* thread (Seite 190), threading (Seite 191)

# Netzwerkprogrammierung

Dieser Abschnitt beschreibt Module, die zur Implementierung von Servern und Clients in Netzwerken verwendet werden. Python bietet eine umfangreiche Netzwerkunterstützung zur Entwicklung eigener Anwendungen an, vom einfachen Zugriff auf Netzwerk-Schnittstellen bis hin zu hoch entwickelten Clients und Rahmenwerken. Bevor es losgeht, wird eine sehr kurze (und zugegebenermaßen dicht gepackte) Einführung in die Netzwerk-Programmierung vorgestellt. Dem Leser wird empfohlen, z.B. das Buch »*Unix Network Programming, Volume 1: Networking APIs – Sockets and XTI*« von W. Richard Stevens (Prentice-Hall, 1997, ISBN 0-13-490012-X) bei komplizierteren Details zu konsultieren.

Die Python-Module zur Netzwerk-Programmierung unterstützen primär zwei Internet-Protokolle: TCP und UDP. Das *TCP*-Protokoll ist ein verlässliches, verbindungsorientiertes Protokoll, das für bidirektionale Datenströme zur Kommunikation zwischen zwei Rechnern verwendet wird. *UDP* ist ein einfacheres, paketorientiertes (verbindungsloses) Protokoll, bei dem Rechner diskrete Datenpakete senden und empfangen, ohne formal eine durchgehende Verbindung aufzubauen. Im Gegensatz zu TCP ist der Datenaustausch über UDP unzuverlässig und daher bei Anwendungen, die eine verlässliche Kommunikation brauchen, notwendigerweise komplizierter zu bewerkstelligen. Konsequenterweise nutzen die meisten Internet-Protokolle TCP-Verbindungen.

Beide Netzwerk-Protokolle werden mit Hilfe einer Software-Abstraktion namens »Socket« gehandhabt. Ein Socket (engl. für Fassung) ist ein Objekt, das, ähnlich einer Datei, einem Programm erlaubt, hereinkommende Verbindungen zu akzeptieren, hinausgehende Verbindungen aufzumachen sowie Daten zu senden und zu empfangen. Bevor zwei Rechner eine Verbindung herstellen können, müssen beide ein Socket-Objekt erzeugen. Weiterhin muss der Rechner, der die Verbindung empfängt (der Server), sein Socket-Objekt mit einem so genannten Port verbinden. Ein Port ist eine 16-Bit-Zahl im Intervall von 0 bis 65535, die vom Betriebssystem verwaltet und von Clients benutzt wird, um einen Server eindeutig zu identifizieren. Die Port-Nummern von 0 bis 1023 sind vom Betriebssystem reserviert und werden von gängigen Netzwerk-Protokollen benutzt. Folgende Tabelle zeigt die Zuordnung von Ports für eine Reihe von Protokollen:

| Dienst | Port-Nummer |
| --- | --- |
| FTP-Data | 20 |
| FTP-Control | 21 |
| Telnet | 23 |
| SMTP (Mail) | 25 |
| Finger | 79 |

| Dienst | Port-Nummer |
|--------|-------------|
| HTTP (WWW) | 80 |
| NNTP (News) | 119 |

Der Aufbau einer TCP-Verbindung vollzieht sich mit einer präzisen Folge von Systemaufrufen sowohl beim Server wie auch beim Client und wird in folgender Abbildung dargestellt:

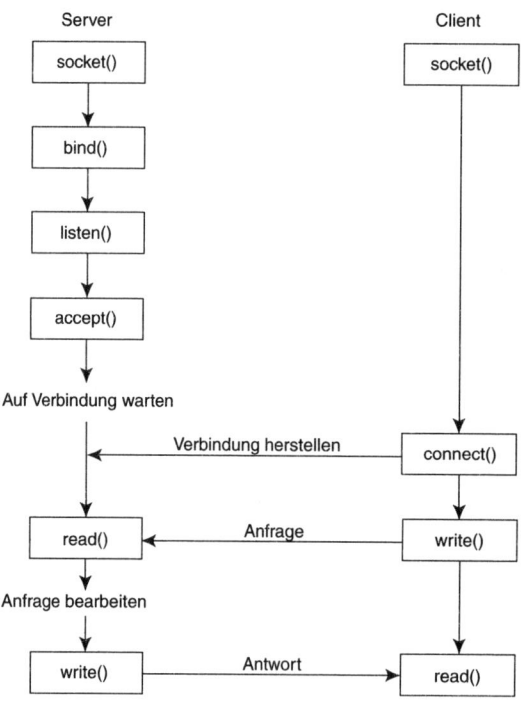

**Abbidung 10.1: TCP-Verbindungsprotokoll**

Bei TCP-Servern ist das Socket-Objekt, mit dem Verbindungen angenommen werden, nicht identisch mit dem Socket, das anschließend zur Kommunikation mit dem Client verwendet wird. Insbesondere gibt der Systemaufruf accept() ein neues Socket-Objekt zurück, das tatsächlich für die Verbindung benutzt wird. Das erlaubt es einem Server, gleichzeitig Verbindungen mit einer großen Zahl von Clients zu verwalten.

Eine Kommunikation über UDP wird ähnlich abgewickelt, außer dass Client und Server keine echte Verbindung miteinander aufbauen. Beispiel:

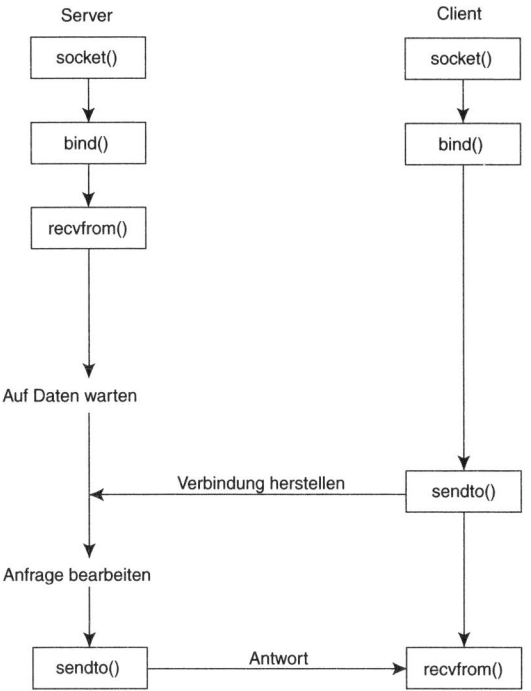

**Abbidung 10.2: UDP-Verbindungsprotokoll**

Das folgende Beispiel illustriert das TCP-Protokoll mit einem Server und einem Client, die beide das Modul socket benutzen. In diesem Fall gibt der Server einfach nur die aktuelle Zeit als String an den Client zurück.

```
# Zeit-Server.
from socket import *
import time

s = socket(AF_INET, SOCK_STREAM)   # Erzeuge ein TCP-Socket.
s.bind("", 8888)                   # Verbinde es mit Port 8888.
s.listen(5)                        # Horche, erlaube maximal
                                   # 5 laufende Verbindungen.
while 1:
    client, addr = s.accept()      # Empfange eine Verbindung.
    print "Verbindung erhalten von", addr
    client.send(time.ctime(time.time()))   # Sende an Client.
    client.close()
```

Hier ist der entsprechende Client:

```
# Zeit-Client.
from socket import *

s = socket(AF_INET, SOCK_STREAM)   # Erzeuge ein TCP-Socket.
s.connect("foo.bar.com", 8888)     # Verbinde mit dem Server.
```

```
tm = s.recv(1024)                    # Empfange max. 1024 Bytes.
s.close()

print "Die aktuelle Zeit ist", tm
```

Der Rest dieses Abschnitts beschreibt zweierlei Module: einmal Module und Rahmenwerke für die Programmierung von Sockets und zum anderen eine Anzahl von Modulen, die Schnittstellen für die Client-Seite gängiger Internet-Protokolle implementieren. Mit Ausnahme von HTTP werden Details zu diesen Protokollen nicht vorgestellt. Man findet diese jedoch in der Online-Dokumentation sowie in den relevanten *Internet Request for Comments* (RFCs), die unter *http://www.ietf.org* verfügbar sind. Wann immer möglich, werden RFC-Nummern sowie weitere Informationsquellen angegeben.

····· **asyncore** ···················

*Verfügbarkeit:* U, W, M

Das Modul asyncore wird für Netzwerk-Anwendungen benutzt, in denen sich die Netz-Aktivität asynchron als Folge von Ereignissen abspielt, die von einer Ereignisschleife abgearbeitet wird (mit dem Systemaufruf select()). Solch ein Ansatz ist sinnvoll bei Netzwerk-Programmen, die Nebenläufigkeit bieten wollen, ohne Threads oder Prozesse zu benutzen. Die gesamte Funktionalität dieses Moduls wird von der dispatcher-Klasse bereitgestellt, die eine dünne Hülle um ein gewöhnliches Socket-Objekt darstellt.

dispatcher([sock])

Eine Basisklasse, die ein ereignisgesteuertes, nicht-blockierendes Socket-Objekt definiert. sock ist ein existierendes Socket-Objekt. Falls es weggelassen wird, muss ein Socket erst mit der unten beschriebenen Methode create_socket() erzeugt werden. Sobald es existiert, werden Netzwerk-Ereignisse von speziellen unten beschriebenen Behandlungsmethoden bearbeitet. Zusätzlich werden alle geöffneten dispatcher-Instanzen in einer internen Liste gespeichert, die von einer Reihe von Abfragefunktionen benutzt wird.

Die folgenden Methoden der dispatcher-Klasse werden aufgerufen, um Netzwerk-Ereignisse zu behandeln. Sie sollten in von dispatcher abgeleiteten Klassen definiert werden.

d.handle_read()

Wird aufgerufen, wenn es von einem Socket neue Daten zu lesen gibt.

d.handle_write()

Wird aufgerufen, wenn ein Versuch unternommen wird, Daten zu schreiben.

d.handle_expt()

Wird aufgerufen, wenn »out of band«-Daten (OOB) für ein Socket erhalten werden.

d.handle_connect()

Wird aufgerufen, wenn eine Verbindung hergestellt wird.

d.handle_close()

Wird aufgerufen, wenn der Socket geschlossen wird.

d.handle_accept()

Wird für horchende Sockets aufgerufen, wenn eine neue Verbindung hereinkommt.

d.readable()

Wird von der select()-Schleife benutzt, um zu testen, ob das Objekt bereit ist, Daten zu lesen. Gibt 1 zurück, wenn dem so ist, 0 wenn nicht. Diese Methode wird aufgerufen, um zu testen, ob die Methode handle_read() mit neuen Daten aufgerufen werden sollte.

```
d.writeable()
```
Wird von der `select()`-Schleife aufgerufen, um zu testen, ob das Objekt Daten schreiben möchte. Gibt 1 zurück, wenn ja, 0 wenn nein. Diese Methode wird immer aufgerufen, um zu testen, ob die Methode `handle_write()` aufgerufen werden sollte, um eine Ausgabe zu produzieren.

Zusätzlich zu den obigen Methoden werden folgende Methoden verwendet, um rudimentärere Socket-Operationen auszuführen. Sie sind ähnlich denen, die einem Socket-Objekt zur Verfügung stehen.

```
d.create_socket(family, type)
```
Erzeugt ein Socket. Die Argumente sind identisch mit denen von `socket.socket()`.

```
d.connect(address)
```
Stellt eine Verbindung her. `address` ist ein `(host, port)`-Tupel.

```
d.send(data)
```
Sendet Daten.

```
d.recv(size)
```
Empfängt höchstens `size` Bytes.

```
d.listen([backlog])
```
Horcht auf hereinkommende Verbindungen.

```
d.bind(address)
```
Verbindet das Socket mit `address`. Dabei ist `address` normalerweise ein `(host, port)`-Tupel.

```
d.accept()
```
Nimmt eine Verbindung an. Gibt ein Paar `(client, addr)` zurück, wobei `client` ein Socket-Objekt ist, mit dem Daten auf der Verbindung gesendet und empfangen werden, und `addr` ist die Adresse des Clients.

```
d.close()
```
Schließt den Socket.

Die folgenden Funktionen werden bei der Behandlung von Ereignissen benutzt:

```
poll([timeout [, ignore_exception]])
```
Fragt alle geöffneten `dispatcher`-Instanzen mit `select()` nach Netzwerk-Ereignissen ab und ruft, wenn notwendig, die entsprechenden Behandlungsfunktionen auf. `timeout` ist ein optionaler Timeout-Wert, der in der Voreinstellung auf 0.0 Sekunden gesetzt ist. `ignore_exception` bewirkt, falls gesetzt, dass alle in den Ereignisbehandlern ausgelösten Ausnahmen ignoriert werden (was auch die Voreinstellung ist).

```
loop([timeout])
```
Fragt unendlich lange nach Ereignissen. Tut nichts weiter als wiederholt `poll()` aufzurufen. `timeout` ist die Timeout-Periode und ist in der Voreinstellung auf 30 Sekunden eingestellt.

*Beispiel*
Im folgenden Beispiel wird ein minimalistischer Webserver mit `asyncore` implementiert. Dabei werden zwei Klassen verwendet: `asynhttp`, um Verbindungen zu akzeptieren, und `asynclient`, um Anfragen von Clients zu bearbeiten.

```
# Ein minimaler HTTP-Server ohne Fehlerbehandlung.
import asyncore, socket,
import string, os, stat, mimetypes
```

```
# Eine Klasse, die nichts tut, außer Verbindungen anzunehmen.
class asynhttp(asyncore.dispatcher):
    def __init__(self, port):
        asyncore.dispatcher.__init__(self)
        self.create_socket(socket.AF_INET, socket.SOCK_STREAM)
        self.bind(("", port))
        self.listen(5)

    # Nimmt eine hereinkommende Verbindung an und erzeugt einen Client.
    def handle_accept(self):
        client, addr = self.accept()
        print "Verbindung von ", addr
        return asynclient(client)


# Behandelt Clients.
class asynclient(asyncore.dispatcher):
    def __init__(self, sock = None):
        asyncore.dispatcher.__init__(self, sock)
        self.got_request = 0        # Liest HTTP-Anfrage?
        self.request_data = []
        self.responsef = None       # Antwort-Datei
        self.sent_headers = 0       # Sendet HTTP-Köpfe?
        self.clientf = sock.makefile("r+", 0)  # Anfrage-Datei

    # Lesbar nur, wenn Anfragekopf noch nicht gelesen.
    def readable(self):
        if not self.got_request:
            return 1

    # Liest Anfragekopf (bis zur Leerzeile).
    def handle_read(self):
        data = string.strip(self.clientf.readline())
        if data:
            self.request_data.append(data)
            return
        self.got_request = 1
        request = string.split(self.request_data[0])
        if request[0] == 'GET':
            filename = request[1][1:]
            self.responsef = open(filename)
            self.content_type, enc = mimetypes.guess_type(filename)
            self.content_length = os.stat(filename)[stat.ST_SIZE]
        else:
            self.close()

    # Schreibbar nur, wenn eine Antwort fertig ist.
    def writable(self):
        if self.responsef:
            return 1
        return 0
```

```
    # Schreibt Antwortdaten.
    def handle_write(self):
        # Sendet HTTP-Köpfe, wenn noch nicht gesendet.
        if not self.sent_headers:
            self.send("HTTP/1.0 200 OK\n")
            if not self.content_type:
                self.content_type = "text/plain"
            self.send("Content-type: %s\n" % (self.content_type,))
            self.send("Content-length: %d\n\n" % (self.content_length,))
            self.sent_headers = 1
        # Liest einige Daten und verschickt sie.
        data = self.responsef.read(8192)
        if data:
            sent = self.send(data)
            # Zurücksetzen auf ungesendete Daten.
            self.response.seek(sent-len(data), 1)
        else:
            self.response.close()
            self.close()

# Erzeuge den Server.
a = asynhttp(80)

# Frage ewig ab.
asyncore.loop()
```

*Bemerkung*
Dieses Modul benötigt das `select`-Modul.

*Siehe auch:* socket (Seite 218), select (Seite 215), httplib (Seite 211), SocketServer (Seite 223)

##### ·····🔵 BaseHTTPServer 🔵 ···················

*Verfügbarkeit:* A
Das Modul `BaseHTTPServer` definiert zwei Basisklassen, mit denen HTTP-Server implementiert werden können.

`HTTPServer(server_address, request_handler)`
Erzeugt ein neues `HTTPServer`-Objekt. `server_address` ist ein Tupel der Form `(host, port)` unter der der Server horchen wird. `request_handler` ist ein Klassenobjekt, mit dem Anfragen behandelt werden (unten beschrieben).

Die `HTTPServer`-Klasse ist von `SocketServer.TCPServer` abgeleitet und unterstützt die gleichen Methoden. Besonders die folgenden beiden gehören zu den Wichtigsten:

| Funktion | Beschreibung |
| --- | --- |
| `h.handle_request()` | Verarbeitet eine einzelne Anfrage. |
| `h.serve_forever()` | Behandelt eine unendliche Anzahl von Anfragen. |

Anfragen werden bearbeitet, indem ein Behandler von folgender Klasse abgeleitet wird:

BaseHTTPRequestHandler(request, client_address, server)

Diese Klasse wird benutzt, um HTTP-Anfragen zu behandeln. Wenn eine Verbindung hereinkommt, werden die Anfrage und die HTTP-Köpfe geparst. Dann wird ein Versuch unternommen, eine Methode der Form do_REQUEST je nach Anfrage-Typ auszuführen. Eine »GET«-Methode ruft z.B. do_GET() und eine »POST«-Methode ruft do_POST auf. Per Voreinstellung tut diese Klasse nichts, d.h. diese Methoden müssen in Unterklassen implementiert werden.

Folgende Klassenvariablen sind für BaseHTTPRequestHandler definiert:

BaseHTTPRequestHandler.server_version

Gibt den Versions-String des Servers an, z.B. "ServerName/1.2".

BaseHTTPRequestHandler.sys_version

Gibt die Versionsnummer des Python-Systems an, z.B. "Python/1.5".

BaseHTTPRequestHandler.error_message_format

Dieser Formatierungs-String wird benutzt, um Fehlermeldungen zu konstruieren, die an den Client geschickt werden. Der Formatierungs-String wird auf ein Dictionary mit den Attributen code, message, und explain angewendet. Beispiel:

```
"""<head>
    <title>Error response</title>
    </head>
    <body>
    <h1>Error response</h1>
    <p>Error code %(code)d.
    <p>Message: %(message)s.
    <p>Error code explanation: %(code)s = %(explain)s.
    </body>"""
```

BaseHTTPRequestHandler.protocol_version

Die HTTP-Protokollversion, die bei Antworten verwendet wird. Voreinstellung ist 'HTTP/1.0'.

BaseHTTPRequestHandler.MessageClass

Eine Klasse, mit der HTTP-Köpfe geparst werden. Voreinstellung ist mimetools.Message.

BaseHTTPRequestHandler.responses

Eine Abbildung von ganzzahligen Fehlercodes auf (message, explain)-Paare, die das Problem beschreiben.

Eine Instanz b der Klasse BaseHTTPRequestHandler hat folgende Attribute:

| Attribut | Beschreibung |
|---|---|
| b.client_address | Client-Adresse als Tupel (host, port). |
| b.command | Anfrage-Typ, z.B. 'GET', 'POST', 'HEAD', etc. |
| b.path | Enthält den Anfrage-Pfad. |
| b.request_version | HTTP-Versions-String aus der Anfrage, z.B. 'HTTP/1.0'. |
| b.headers | HTTP-Köpfe, normalerweise ein mimetools.Message-Objekt. |
| b.rfile | Eingabestrom für optionale Eingabedaten. |
| b.wfile | Ausgabestrom zum Schreiben einer Antwort an den Client. |

Folgende Methoden werden benutzt:

`b.handle()`

Der Anfrage-Behandler. Parst die Anfrage und ruft eine Methode der Form `do_*()` auf.

`b.send_error(code [, message])`

Sendet eine Fehlerantwort an den Client. `code` ist der numerische HTTP-Fehlercode. `message` ist eine optionale Fehlermeldung.

`b.send_response(code [, message])`

Sendet einen Antwortkopf. Es wird eine HTTP-Antwortzeile gesendet, gefolgt von `Server`- und `Date`-Köpfen.

`b.send_header(keyword, value)`

Schreibt einen Eintrag eines MIME-Kopfes auf den Ausgabestrom. `keyword` ist das Schlüsselwort des Kopfes, `value` ist dessen Wert.

`b.end_headers()`

Sendet eine Leerzeile, um das Ende der MIME-Köpfe zu signalisieren.

`b.log_request([code [, size]])`

Logt eine erfolgreiche Anfrage. `code` ist der HTTP-Code und `size` ist die Größe der Antwort in Bytes (falls verfügbar).

`b.log_error(format, ...)`

Logt eine Fehlermeldung. Per Voreinstellung wird `log_message()` aufgerufen.

`b.log_message(format, ...)`

Logt eine beliebige Meldung auf `sys.stderr`. `format` ist ein Formatierungs-String, der auf alle weiteren übergebenen Argumente angewendet wird. Jeder Nachricht wird die Client-Adresse sowie die aktuelle Zeit vorangestellt.

`b.version_string()`

Gibt den Versions-String der Server-Software zurück – eine Kombination der Variablen `server_version` und `sys_version`.

`b.date_time_string()`

Gibt das aktuelle Datum und die aktuelle Zeit (formatiert für einen Kopf) zurück.

`b.log_data_time_string()`

Gibt das aktuelle Datum und die aktuelle Zeit (formatiert für eine Log-Datei) zurück.

`b.address_string()`

Führt einen Namenszugriff auf die IP-Adresse des Clients durch und gibt einen Rechnernamen (formatiert für eine Log-Datei) zurück.

*Beispiel*

Im folgenden Beispiel werden GET-Methoden behandelt. Die Anfrage wird einfach nur in einer Webseite an den Client zurückgegeben.

```
import BaseHTTPServer
class EchoHandler(BaseHTTPServer.BaseHTTPRequestHandler):
    # Gibt die Anfragedaten in einer Webseite zurück.
    def do_GET(self):
        self.send_response(200)
        self.send_header("Content-type", "text/html")
        self.end_headers()
        self.wfile.write("""
```

```
<html><head><title>Ihre Anfrage</title></head>
<body>
<pre>
Sie haben Folgendes angefragt: %s

Die Köpfe der Anfrage waren:

%s
</pre></body></html>
""" % (self.path, self.headers))

server = BaseHTTPServer.HTTPServer(('', 80), EchoHandler)
server.serve_forever()
```

*Bemerkung*
Der Inhalt dieses Moduls wird selten direkt benutzt. Siehe Module SimpleHTTPServer und CGIHTTPServer.

*Siehe auch:* SimpleHTTPServer (Seite 217), CGIHTTPServer (Seite 210), SocketServer (Seite 223), httplib (Seite 211), mimetools (Seite 231)

····· **cgi** ····················

*Verfügbarkeit:* A
Das Modul cgi wird für die Implementierung von CGI-Skripten in Webanwendungen benutzt. CGI-Skripte sind Programme, die von einem Webserver ausgeführt werden, wenn dieser eine Benutzereingabe bearbeitet, die über ein HTML-Formular wie das folgende abgeschickt wurde:

```
<FORM ACTION="/cgi-bin/foo.cgi" METHOD="GET">
Ihr Name: <INPUT type="Text" name="name" size="30">
Ihre E-Mail-Adresse: <INPUT type="Text" name="email" size="30">
<INPUT type="Submit" name="submit-button" value="Anmelden">
</FORM>
```

Wenn das Formular abgeschickt wird, führt der Webserver das CGI-Programm foo.cgi aus. CGI-Programme erhalten ihre Eingabe aus zwei Quellen: sys.stdin und Umgebungsvariablen, die vom Server gesetzt wurden. Die folgende Tabelle listet einige übliche Umgebungsvariablen auf:

| Variable | Beschreibung |
| --- | --- |
| AUTH_TYPE | Authentifizierungsmethode |
| CONTENT_LENGTH | Länge der in sys.stdin übergebenen Daten |
| CONTENT_TYPE | Typ der Anfragedaten |
| DOCUMENT_ROOT | Dokument-Wurzelverzeichnis |
| GATEWAY_INTERFACE | CGI-Versions-String |
| HTTP_ACCEPT | Vom Client akzeptierte MIME-Typen |
| HTTP_COOKIE | Persistenter Wert eines Netspace-Cookies |
| HTTP_FROM | E-Mail-Adresse des Clients (oft deaktiviert) |
| HTTP_REFERER | Verweisender URL |
| HTTP_USER_AGENT | Client-Browser |

| Variable | Beschreibung |
|---|---|
| PATH_INFO | Zusätzlich übergebene Pfad-Daten |
| PATH_TRANSLATED | Übersetzte Version von PATH_INFO |
| QUERY_STRING | Anfrage-String |
| REMOTE_ADDR | Entfernte IP-Adresse des Clients |
| REMOTE_HOST | Entfernter Rechnername des Clients |
| REMOTE_IDENT | Benutzer, der die Anfrage stellt |
| REMOTE_USER | Authentifizierter Benutzername |
| REQUEST_METHOD | Methode ('GET' oder 'POST') |
| SCRIPT_NAME | Name des Programmes |
| SERVER_NAME | Rechnername des Servers |
| SERVER_PORT | Port-Nummer des Servers |
| SERVER_PROTOCOL | Protokoll des Servers |
| SERVER_SOFTWARE | Name und Version der Server-Software |

**Tabelle 10.1: CGI-Umgebungsvariablen**

Ein CGI-Programm schreibt seine Ausgabe auf die Standardausgabe sys.stdout. Die gemeinen Details der CGI-Programmierung kann man z.B. im Buch *CGI-Programmierung mit Perl, 2. Auflage* von Shishir Gundavaram (O'Reilly 2001, ISBN 3-89721-167-X) nachlesen. Für unsere Zwecke muss man lediglich zwei Dinge wissen. Erstens: der Inhalt eines HTML-Formulars wird als Textsequenz an ein CGI-Programm übergeben, die auch als Anfrage-String (engl. query string) bekannt ist. In Python greift man auf den Inhalt des Anfrage-Strings mit der Klasse FieldStorage zu. Beispiel:

```
import cgi
form = cgi.FieldStorage()
name = form["name"].value     # Holt Feld 'name' aus dem Formular.
email = form["email"].value   # Holt Feld 'email' aus dem Formular.
```

Zweitens: die Ausgabe eines CGI-Programms besteht aus zwei Teilen, einem HTTP-Kopf und den Rohdaten (normalerweise HTML). Ein einfacher HTTP-Kopf sieht wie folgt aus:

```
print "Content-type: text/html"   # HTML-Ausgabe.
print                             # Leerzeile (notwendig!).
```

Der Rest ist die eigentliche Ausgabe. Beispiel:

```
print "<TITLE>Mein CGI-Skript</TITLE>"
print "<H1>Hello World!</H1>"
print "Sie sind %s (%s)" % (name, email)
```

Die meiste Arbeit im cgi-Modul wird beim Erzeugen einer Instanz der Klasse FieldStorage verrichtet. Diese Klasse liest den Inhalt eines Formulars, indem sie den Anfrage-String liest und parst, der in einer Umgebungsvariablen oder in der Standardeingabe übergeben worden ist. Da die Eingabe von der Standardeingabe gelesen werden könnte, sollte nur eine Instanz erzeugt werden. Eine FieldStorage-Instanz f hat folgende Attribute:

| Attribut | Beschreibung |
|---|---|
| f.name | Der Feldname, falls angegeben. |
| f.filename | Client-seitiger Dateiname bei der Aufspielung einer Datei auf den Server. |
| f.value | Der Wert als String. |
| f.file | Dateiähnliches Objekt, aus dem Daten gelesen werden können. |
| f.type | Typ des Inhalts (content-type). |
| f.type_options | Dictionary mit Optionen, die in der Zeile content-type der HTTP-Anfrage angegeben werden. |
| f.disposition | Das Feld 'content-disposition' oder None, wenn nicht angegeben. |
| f.disposition_options | Dictionary mit Optionen für 'f.disposition'. |
| f.headers | Ein Dictionary-ähnliches Objekt mit allen HTTP-Köpfen. |

Zusätzlich definiert das Modul cgi die Klasse MiniFieldStorage, die nur die Attribute name und value enthält. Diese Klasse wird dazu benutzt, individuelle Felder des im Anfrage-String übergebenen Formulars zu repräsentieren. FieldStorage hingegen enthält mehrere Felder und mehrteilige Daten.

Auf FieldStorage-Instanzen wird wie auf Python-Dictionaries zugegriffen, wobei die Schlüssel die Feldnamen des Formulars sind. Bei einem Zugriff dieser Art sind die zurückgegebenen Objekte ihrerseits Instanzen von FieldStorage bei mehrteiligen Daten oder Datei-Aufspielungen, von MiniFieldStorage bei einfachen Feldern oder eine Liste solcher Instanzen in solchen Fällen, bei denen ein Formular mehrere Felder gleichen Namens enthält.

Falls ein Feld eine aufgespielte Datei repräsentiert, bewirkt der Zugriff auf das Attribut value, dass die gesamte Datei als String in den Hauptspeicher gelesen wird. Da dies einen großen Teil des Speichers vom Server belegen könnte, ist es möglicherweise vorzuziehen, die aufgespielten Daten in kleineren Portionen direkt aus dem Dateiattribut zu lesen. Im folgenden Beispiel werden aufgespielte Daten Zeile für Zeile gelesen:

```
fileitem = form["userfile"]
if fileitem.file:
    # Es ist eine aufgespielte Datei; Zähle die Zeilen.
    linecount = 0
    while 1:
        line = fileitem.file.readline()
        if not line:
            break
        linecount = linecount + 1
```

Die folgenden Funktionen bieten eine rudimentärere CGI-Schnittstelle:

escape(s [, quote])

Wandelt die Zeichen '&', '<' und '>' im String s in sichere HTML-Zeichenketten wie '&amp;', '&lt;' und '&gt;' um. Falls die optionale Flagge quote wahr ist, wird auch das doppelte Anführungszeichen (") übersetzt.

`parse([fp, [environ, [keep_blank_values, [strict_parsing]]]])`

Parst ein Formular in ein Dictionary. `fp` ist ein Dateiobjekt, aus dem Daten gelesen werden (die Voreinstellung dafür ist `stdin`). `environ` ist ein Verzeichnis mit Umgebungsvariablen (in der Voreinstellung identisch mit `os.environ`). `keep_blank_values` weist den Parser an, falls gesetzt, leere Einträge auf leere Strings abzubilden. Sonst werden leere Einträge ignoriert (die Voreinstellung). Die Option `strict_parsing` gibt an, was bei Parsing-Fehlern passieren soll. In der Voreinstellung werden diese ignoriert. Ist die Option jedoch gesetzt, resultieren solche Fehler in einer `ValueError`-Ausnahme. Gibt ein Dictionary zurück, das Feldnamen auf Listen von Werten abbildet.

`parse_header(string)`

Parst Daten nach einem HTTP-Kopffeld wie z.B. `'content-type'`. Die Daten werden in einen Primär-Wert und ein Dictionary mit Sekundär-Parametern getrennt, die dann beide als Tupel zurück gegeben werden. Der Befehl `parse_header('text/html; a=hello; b="world"')` z.B. gibt `("text/html", {'a':'hello', 'b':'world'})` zurück.

`parse_multipart(fp, pdict)`

Parst Eingabe vom Typ `'multipart/form-data'`, das oftmals bei Dateiaufspielungen verwendet wird. `fp` ist die Eingabedatei und `pdict` ist ein Dictionary mit Parametern, der den Inhaltstyp beschreibt. Gibt ein Dictionary zurück, das Feldnamen auf Listen von Werten abbildet. Diese Funktion funktioniert nicht bei verschachtelten mehrteiligen Daten. Stattdessen sollte die `FieldStorage`-Klasse benutzt werden.

`parse_qs(qs, [keep_blank_values, [strict_parsing]]):`

Parst einen Anfrage-String `qs`. Die optionalen Argumente `keep_blank_values` und `strict_parsing` haben die gleiche Bedeutung wie bei `parse()`. Gibt ein Dictionary zurück, das Feldnamen auf Listen von Werten abbildet.

`print_directory()`

Formatiert den Inhalt des aktuellen Verzeichnisses in HTML. Wird zur Fehlersuche verwendet.

`print_environ()`

Formatiert die Shell-Umgebung in HTML. Wird zur Fehlersuche verwendet.

`print_environ_usage()`

Gibt eine Liste nützlicher Umgebungsvariablen in HTML aus. Wird zur Fehlersuche verwendet.

`print_form(form)`

Formatiert die in einem Formular enthaltenen Daten in HTML. `form` muss eine `FieldStorage`-Instanz sein. Wird zur Fehlersuche verwendet.

`test()`

Schreibt einen minimalen HTTP-Kopf und gibt die gesamten an das Skript übergebenen Daten in HTML aus. Wird vorwiegend zur Fehlersuche verwendet.

*Bemerkungen*

- Der Vorgang der Installation eines CGI-Programmes variiert sehr stark, je nachdem, welche Art von Webserver benutzt wird. Normalerweise werden Programme in ein besonderes Verzeichnis namens »cgi-bin« gelegt. Beim Server können noch weitere Konfigurationsschritte notwendig sein.
- Unter Unix, kann es sein, dass CGI-Programme in Python eine spezielle erste Zeile wie die folgende benötigen:

```
#!/usr/local/bin/python
import cgi

...
```

- Um die Fehlersuche zu vereinfachen, ist es manchmal nützlich, den Wert von sys.stderr auf sys.stdout zu setzen. Das bewirkt, dass Python-Fehlermeldungen auf den Ausgabestrom ausgegeben werden (damit dieser im Text erscheint, der an den Browser geschickt wird).
- Wenn man ein externes Programm aufruft (z.B. mit den Funktionen os.system() oder os.popen()), sollte man aufpassen, keine beliebigen vom Client erhaltenen Strings an die Shell weiterzugeben. Dies ist ein altbekanntes Sicherheitsloch, das Hacker benutzen können, um beliebige Shell-Befehle auf dem Server auszuführen. Insbesondere sollte man niemals irgendeinen Teil eines URL oder von Formulardaten an einen Shell-Befehl weitergeben, ohne dass dieser vorher eingehend geprüft wird, z.B. indem sichergestellt wird, dass der String nur alphanumerische Zeichen, Minuszeichen, Unterstriche und Punkte enthält.
- Unter Unix sollte man einem CGI-Programm den set-uid-Modus nicht vergeben. Dies ist eine Sicherheitsmaßname und wird nicht auf allen Rechnern unterstützt.
- Bei diesem Modul sollte man keinen Import der Form 'from cgi import *' benutzen.

*Siehe auch:* CGIHTTPServer **(nachfolgend)**

····· **CGIHTTPServer** ·····················

*Verfügbarkeit:* A

Das Modul CGIHTTPServer bietet einen einfachen HTTP-Server, der CGI-Skripte ausführen kann. Der Server wird von der folgenden Anfragebehandlungsklasse definiert, die zum Gebrauch mit dem BaseHTTPServer-Modul gedacht ist:

CGIHTTPRequestHandler(request, client_address, server)
    Gibt Dateien aus dem aktuellen Verzeichnis und all seinen Unterverzeichnissen aus. Zusätzlich wird eine Datei als CGI-Skript ausgeführt, wenn sie sich in einem speziellen CGI-Verzeichnis befindet. Es werden sowohl GET- als auch POST-Methoden unterstützt.

Die Liste der gültigen CGI-Verzeichnisse ist in folgendem Attribut enthalten:

CGIHTTPRequestHandler.cgi_directories
    Liste aller CGI-Verzeichnisse. Die Voreinstellung dafür lautet ['/cgi-bin', '/htbin'].

*Beispiel*

```
from BaseHTTPServer import HTTPServer
from CGIHTTPServer import CGIHTTPRequestHandler
import os

# Wechsle ins Dokumenten-Wurzelverzeichnis.
os.chdir("/home/httpd/html")

# Starte den CGI-Server.
serv = HTTPServer(("", 80), CGIHTTPRequestHandler)
serv.serve_forever()
```

*Bemerkungen*

- Aus Sicherheitsgründen werden CGI-Skripte unter der Benutzerkennung von nobody ausgeführt.
- Fehler im CGI-Skript werden in den Fehler 403 übersetzt.

- Anfragen werden mit den Methoden do_GET und do_POST bearbeitet, von denen beide in Unterklassen überschrieben werden können.

*Siehe auch:* BaseHTTPServer (Seite 203), SimpleHTTPServer (Seite 217), cgi (Seite 206), httplib (Seite 211)

····· **ftplib** ·····················

*Verfügbarkeit:* A

Das Modul ftplib implementiert die Client-Seite des FTP-Protokolls. Es ist selten notwendig, dieses Modul direkt zu benutzen, da das Modul urllib eine ausgereiftere Schnittstelle bietet. Das folgende Beispiel illustriert eine mögliche Verwendung dieses Moduls:

```
>>> import ftplib
>>> ftp = ftplib.FTP('ftp.python.org')
>>> ftp.login()
>>> ftp.retrlines('LIST')
total 40
drwxrwxr-x  12 root     4127          512 Apr  6 19:57 .
drwxrwxr-x  12 root     4127          512 Apr  6 19:57 ..
drwxrwxr-x   2 root     4127          512 Aug 25  1998 RCS
lrwxrwxrwx   1 root     bin            11 Jun 29 18:34 README -> welcome.msg
drwxr-xr-x   3 root     wheel         512 May 19  1998 bin
...
>>> ftp.retrbinary('RETR README', open('README', 'wb').write)
'226 Transfer complete.'
>>> ftp.quit()
```

Für eine vollständige Darstellung der Funktionalität dieses Moduls ziehe man die Online-Dokumentation zu Rate.

*Siehe auch:* urllib (Seite 226), *http://www.python.org/doc/lib/module-ftplib.html*, Internet RFC 959

····· **httplib** ·····················

*Verfügbarkeit:* A

Dieses Modul implementiert die Client-Seite des HTTP-Protokolls (HyperText Transfer Protocol), das in Webanwendungen benutzt wird. HTTP ist ein einfaches, Text-basiertes Protokoll, das wie folgt funktioniert:

1. Ein Client stellt eine Verbindung zu einem Webserver her und erstellt einen Kopf für die Anfrage, der folgende Form hat:

```
GET /document.html HTTP/1.0
Connection: Keep-Alive
User-Agent: Mozilla/4.61 [en] (X11; U; SunOS 5.6 sun4u)
Host: rustler.cs.uchicago.edu:8000
Accept: image/gif, image/x-xbitmap, image/jpeg, image/pjpeg, image/png, */*
Accept-Encoding: gzip
Accept-Language: en
Accept-Charset: iso-8859-1,*,utf-8
```

```
<blank line>
Data (optional)
...
```

Die erste Zeile definiert den Typ der Anfrage, das Dokument (den Selektor) und die Version des Protokolls. Nach dieser Anfragezeile kommt eine Folge von Kopfzeilen mit verschiedenen Daten über den Client, wie z.B. Passwörter, Cookies, Einstellungen für den Cache-Speicher und die verwendete Client-Software. Nach diesen Kopfzeilen erscheint eine einzelne Leerzeile, die das Ende des Kopfes anzeigt. Nach dem Kopf können Daten vorkommen, etwa solche, die aus einem Formular in die Anfrage übernommen werden, oder solche in Form einer übertragenen Datei. Jede Kopfzeile sollte mit einem Wagenrücklauf und einem Zeilenvorschub beendet werden (`'\r\n'`).

2. Der Server sendet eine Antwort zurück, die folgende Form hat:

```
HTTP/1.0  200  OK
Content-type: text/html
Content-length:  72883 bytes
...
Kopf: Daten
<Leerzeile>
Daten
...
```

Die erste Zeile der Server-Antwort bezeichnet die Version des HTTP-Protokolls, einen Erfolgscode und eine Rückmeldung. Nach dieser Zeile kommt eine Reihe von Kopffeldern, die Daten über den Typ des zurückgegebenen Dokuments, dessen Größe, die Webserver-Software, Cookies usw. enthalten. Der Kopf wird durch eine einzelne Leerzeile beendet, nach der die Rohdaten des angeforderten Dokuments folgen.

Folgende Anfragemethoden sind die meistbenutzten:

| Methode | Beschreibung |
|---------|--------------|
| GET | Holt ein Dokument. |
| POST | Schickt Daten an ein Formular. |
| HEAD | Gibt nur Kopfdaten zurück. |
| PUT | Lädt Daten auf den Server. |

Folgende Antwort-Codes werden von einem Server zurückgegeben:

| Code | Beschreibung |
|------|--------------|
| *Erfolgs-Codes (2xx)* | |
| 200 | OK |
| 201 | Erzeugt |
| 202 | Akzeptiert |
| 204 | Kein Inhalt |
| *Umleitung (3xx)* | |
| 300 | Mehrere Auswahlmöglichkeiten |
| 301 | Permanent umgezogen |

| Code | Beschreibung |
|------|-------------|
| 302 | Temporär umgezogen |
| 303 | Nicht verändert |
| *Client-Fehler (4xx)* | |
| 400 | Falsche Anfrage |
| 401 | Nicht autorisiert |
| 403 | Verboten |
| 404 | Nicht gefunden |
| *Server-Fehler (5xx)* | |
| 500 | Interner Server-Fehler |
| 501 | Nicht implementiert |
| 502 | Falsches Gateway |
| 503 | Dienst nicht verfügbar |

Sowohl in den Anfrage- wie auch in den Antwortköpfen kann eine breite Palette von Feldern auftauchen. Diese Felder werden in einem durch RFC 822 definierten Format angegeben, in dem die Köpfe in der Form "header: data erscheinen. Beispiel:

```
Date: Fri, 16 Jul 1999 17:09:33 GMT
Server: Apache/1.3.6 (Unix)
Last-Modified: Mon, 12 Jul 1999 19:08:14 GMT
ETag: "741d3-44ec-378a3d1e"
Accept-Ranges: bytes
Content-Length: 17644
Connection: close
Content-Type: text/html
```

Die folgende Funktion erzeugt eine Instanz einer HTTP-Klasse, mit der eine Verbindung hergestellt wird:

HTTP([host [, port]])

> Stellt eine Verbindung mit einem HTTP-Server her. host ist der Rechnername und port ist die optionale Port-Nummer. Wenn keine Port-Nummer angegeben wird, wird der Port aus dem Rechnernamen extrahiert, falls er die Form host:port hat. Sonst wird der Port 80 verwendet. Wird host nicht angegeben, wird keine Verbindung hergestellt und die connect()-Methode sollte benutzt werden, um die Verbindung manuell herzustellen.

Eine Instanz h der HTTP-Klasse kennt folgende Methoden:

h.connect(host [, port])

> Verbindet mit dem Server, der durch host und port angegeben wird. Dies sollte nur dann aufgerufen werden, wenn die Instanz ohne eine Rechnerangabe erzeugt worden ist.

h.send(data)

> Sendet Daten an den Server. Dies sollte nur nach der Methode endheaders() benutzt werden.

h.putrequest(request, selector)

> Sendet eine Zeile mit dem Anfrage-String, den Selektor-String und der HTTP-Version (HTTP/1.0) an den Server.

```
h.putheader(header, argument [, ...])
```
Sendet einen RFC 822-konformen Kopf an den Server. Es wird eine Zeile an den Server geschickt, die aus dem Kopf, einem Doppelpunkt, einem Leerzeichen und dem ersten Argument besteht. Wenn mehrere Argumente angegeben werden, werden Fortsetzungszeilen gesendet, von denen jede aus einem Tabulator und einem Argument besteht.

```
h.endheaders()
```
Sendet eine Leerzeile an den Server, die das Ende der Köpfe anzeigt.

```
h.getreply()
```
Beendet die sendende Seite der Verbindung, liest die Antwort vom Server und gibt ein Tripel (replycode, message, headers) zurück. replycode ist der ganzzahlige Antwort-Code für die Anfrage, z.B. 200 bei Erfolg. message ist der String mit der Nachricht, die dem Antwort-Code entspricht. headers ist eine Instanz der Klasse mimetools.Message mit den vom Server empfangenen HTTP-Köpfen.

```
h.getfile()
```
Gibt ein Dateiobjekt zurück, von dem die vom Server zurück gegebenen Daten mit den Methoden read(), readline() oder readlines() gelesen werden können.

*Beispiel*

```python
import httplib
h = httplib.HTTP('www.python.org')
h.putrequest('GET', '/index.html')
h.putheader('Accept', 'text/html')
h.putheader('Accept', 'text/plain')
h.endheaders()
errcode, errmsg, headers = h.getreply()
print errcode   # Sollte 200 sein.
f = h.getfile()
data = f.read() # Hole HTML-Rohdaten.
f.close()
```

*Bemerkungen*

- Dieses Modul wird vom urllib-Modul benutzt.
- Zurzeit werden nur HTTP 0.9 und HTTP 1.0 unterstützt.

*Siehe auch:* urllib (Seite 226), mimetools (Seite 231), asyncore (Seite 200), BaseHTTPServer (Seite 203), SimpleHTTPServer (Seite 217), CGIHTTPServer (Seite 210)

····· **imaplib** ··················

*Verfügbarkeit:* A

Das Modul imaplib gestattet eine einfache Client-seitige Schnittstelle für eine Verbindung mit einem IMAP4-Mail-Server über das IMAP4rev1-Protokoll. Dokumente, die das Protokoll beschreiben, und Quellcode sowie Binärdateien, die es implementieren, findet man beim *IMAP Information Center* der University of Washington.

Das folgende Beispiel zeigt, wie das Modul benutzt wird, indem eine Mailbox geöffnet wird und alle Nachrichten darin ausgedruckt werden:

```python
import getpass, imaplib, string
m = imaplib.IMAP4()
m.login(getpass.getuser(), getpass.getpass())
m.select()
```

```
typ, data = m.search(None, 'ALL')
for num in string.split(data[0]):
    typ, data = m.fetch(num, '(RFC822)')
    print 'Nachricht %s\n%s\n' % (num, data[0][1])
m.logout()
```

*Siehe auch:* poplib (Seite 215) sowie *http://www.python.org/doc/lib/module-imaplib.html*, *http://www.cac.washington.edu/imap*, Internet RFC 1730, RFC 2060

##### ..... nntplib .....................

*Verfügbarkeit:* A

Das Modul nntplib bietet eine einfache Client-seitige Schnittstelle zum NNTP-Protokoll (Network News Transfer Protocol). Details darüber, wie man dieses Modul benutzt, sind in der Online-Dokumentation nachzulesen. Das folgende Beispiel zeigt, wie man das Modul benutzen kann, um aus einer Datei mit gültigen News-Köpfen eine Nachricht an eine Gruppe abzuschicken:

```
s = NNTP('news.foo.com')
f = open('article')
s.post(f)
s.quit()
```

*Siehe auch:* *http://www.python.org/doc/lib/module-nntplib.html*, Internet RFC 977

##### ..... poplib .....................

*Verfügbarkeit:* A

Das Modul poplib bietet eine einfache Client-seitige Verbindung an einen POP3-Mail-Server. Der Leser sollte die Online-Referenz für spezifische Details konsultieren. Das folgende Beispiel öffnet eine Mailbox und greift auf alle Nachrichten darin zu:

```
import getpass, poplib

M = poplib.POP3('localhost')
M.user(getpass.getuser())
M.pass_(getpass.getpass())
numMessages = len(M.list()[1])
for i in range(numMessages):
    for j in M.retr(i+1)[1]:
        print j
```

*Siehe auch:* *http://www.python.org/doc/lib/module-poplib.html*, Internet RFC 1725

##### ..... select .....................

*Verfügbarkeit:* U, W, M

Das Modul select bietet eine Schnittstelle zum Systemaufruf select(). Dieser wird normalerweise benutzt, um Abfragemechanismen (engl. polling) zu implementieren oder um eine Multiplex-Verarbeitung über mehrere Ein-/Ausgabeströme zu implementieren, ohne dass Threads oder Unterprozesse verwendet werden. Unter Unix und MacOS funktioniert das Modul für Dateien, Sockets, Kanäle und die meisten anderen Dateitypen. Unter Windows funktioniert es nur für Sockets.

**Netzwerkprogrammierung**

```
select(iwtd, owtd, ewtd [, timeout])
```
Erfragt den Eingabe-, Ausgabe- und Ausnahmestatus einer Gruppe von Dateideskriptoren. Die ersten drei Argumente sind Listen mit entweder ganzzahligen Dateideskriptoren oder Objekte mit einer `fileno()`-Methode, mit der ein Dateideskriptor zurückgegeben werden kann. Der Parameter `iwtd` bezeichnet Objekte, die auf eine Eingabe warten, `owtd` bezeichnet Objekte, die auf eine Ausgabe warten, und `ewtd` bezeichnet Objekte, die auf eine besondere Bedingung warten. Jede der Listen darf leer sein. `timeout` ist eine Fließkommazahl, die eine Timeout-Periode in Sekunden bezeichnet. Falls sie weggelassen wird, wartet die Funktion, bis mindestens ein Dateideskriptor bereit ist. Falls sie Null ist, führt die Funktion lediglich eine Abfrage durch und wird sofort beendet.

Der Rückgabewert ist ein Tripel von Listen, mit den Objekten, die bereit sind. Diese sind Untermengen der ersten drei Argumente. Falls keines der Objekte bereit ist, bevor der Timeout eintritt, werden drei leere Listen zurückgegeben.

*Ausnahme*

```
error
```
Wird ausgelöst, wenn ein Fehler auftritt. Der Wert der Ausnahme ist der gleiche, der von `IOError` und `OSError` zurückgegeben wird.

*Beispiel*

Der folgende Code zeigt, wie `select()` in einer Ereignisschleife verwendet werden könnte, die periodisch eine Ansammlung von Sockets nach einer hereinkommenden Verbindung fragt:

```
import socket, select
# Erzeuge einige Sockets.
s1 = socket.socket(socket.AF_INET, socket.SOCK_STREAM)
s1.bind("", 8888)
s1.listen(5)
s2 = socket.socket(socket.AF_INET, socket.SOCK_STREAM)
s2.bind("", 8889)
s2.listen(5)

# Ereignisschleife
while 1:
    ... Verarbeitung ...
    # Frage Aktivität der Sockets ab.
    input, output, exc = select.select([s1, s2], [], [], 0)
    # Iteriere über alle Sockets, die eine Eingabe erwarten.
    for sock in input:
        # Akzeptiere eine hereinkommende Verbindung.
        client = sock.accept()
        ... behandle Client ...
        client.close()
    # Erledigt. Mache weiter.
    ... weitere Verarbeitung ...
```

*Bemerkung*

Es gibt eine obere Grenze für die Anzahl der Dateiselektoren, die an `select()` übergeben werden kann. Unter Windows sind dies oft 64 und unter Unix sind es 256.

*Siehe auch:* asyncore (Seite 200), socket (Seite 218), os (Seite 159)

##### ····· **SimpleHTTPServer** ·····················

*Verfügbarkeit:* A

Das Modul `SimpleHTTPServer` bietet einen einfachen HTTP-Server-Behandler, der Dateien aus dem aktuellen Verzeichnis anbieten kann. Das Modul definiert die folgende Behandlerklasse, die für den Gebrauch mit dem `BaseHTTPServer`-Modul gedacht ist:

`SimpleHTTPRequestHandler(request, client_address, server)`

> Gibt Dateien aus dem aktuellen Verzeichnis und allen Unterverzeichnissen davon aus. Die Klasse implementiert die Methoden `do_HEAD()` und `do_GET()`, um HEAD- und GET-Anfragen zu beantworten. Alle `IOError`-Ausnahmen resultieren in dem Fehler `404`, `Datei nicht gefunden`. jedweder Versuch, auf ein Verzeichnis zuzugreifen, resultiert in einem Fehler `403`, `Verzeichnisliste nicht unterstützt`.

Folgende Klassenattribute sind verfügbar:

`SimpleHTTPRequestHandler.server_version`

> Versions-String des Servers.

`SimpleHTTPRequestHandler.extensions_map`

> Ein Dictionary, das Dateiendungen auf MIME-Typen abbildet. Bei unbekannten Dateitypen wird der Typ `'text/plain'` angenommen.

*Beispiel*

```
from BaseHTTPServer import HTTPServer
from SimpleHTTPServer import SimpleHTTPRequestHandler
import os

# Wechsle ins Dokument-Wurzelverzeichnis.
os.chdir("/home/httpd/html")

# Starte den SimpleHTTP-Server.
serv = HTTPServer(("", 80), SimpleHTTPRequestHandler)
serv.serve_forever()
```

*Siehe auch:* `BaseHTTPServer` (Seite 203), `CGIHTTPServer` (Seite 210), `httplib` (Seite 211)

##### ····· **smtplib** ·····················

*Verfügbarkeit:* A

Das Modul `smtplib` bietet eine einfache Schnittstelle zu SMTP-Anwendungen, mit denen E-Mail versendet werden kann. Spezifische Details zu diesem Modul finden sich in der Online-Referenz. Das folgende Beispiel zeigt, wie das Modul verwendet werden könnte, indem es den Benutzer nach einer Adresse fragt und eine Nachricht versendet:

```
import string, sys
import smtplib

def prompt(prompt):
    sys.stdout.write(prompt + ": ")
    return string.strip(sys.stdin.readline())

fromaddr = prompt("From")
toaddrs  = string.splitfields(prompt("To"), ',')
```

```
print "Nachricht eingeben, beenden mit ^D:"
msg = ""
while 1:
    line = sys.stdin.readline()
    if not line:
        break
    msg = msg + line
print "Nachrichtenlänge ist " + `len(msg)`

server = smtplib.SMTP('localhost')
server.sendmail(fromaddr, toaddrs, msg)
server.quit()
```

*Siehe auch:* poplib (Seite 215) , imaplib (Seite 214), *http://www.python.org/doc/lib/module-smtplib.html*, Internet RFC 821 (Simple Mail Transfer Protocol), Internet RFC 1869 (SMTP-Erweiterungen)

····· **socket** ··················

*Verfügbarkeit:* A

Das Modul socket bietet einen Zugang zur BSD-Socket-Schnittstelle. Obwohl es auf Unix basiert, ist dieses Modul auf allen Plattformen verfügbar.

gethostbyname(hostname)
> Übersetzt einen Rechnernamen, z.B. 'www.python.org', in eine IP-Adresse, die als String zurückgegeben wird, z.B. '132.151.1.90'.

gethostbyname_ex(hostname)
> Übersetzt einen Rechnernamen in eine IP-Adresse, gibt jedoch ein Tripel (hostname, aliaslist, ipaddrlist) zurück, wobei hostname der primäre Rechnername, aliaslist ein Liste von alternativen Rechnernamen für die gleiche Adresse und ipaddrlist eine Liste von IP-Adressen für die gleiche Schnittstelle auf dem gleichen Rechner ist. Zum Beispiel gibt gethostbyname_ex("www.python.org") Folgendes zurück: ('parrot.python.org', ['www.python.org'], ['132.151.1.90']).

gethostname()
> Gibt den Rechnernamen des lokalen Rechners zurück.

gethostbyaddr(ip_address)
> Gibt die gleichen Daten wie gethostbyname_ex() von einer IP-Adresse ausgehend zurück, z.B. '132.151.1.90'.

getprotobyname(protocolname)
> Übersetzt einen Internet-Protokoll-Namen, z.B: 'icmp', in eine Konstante, z.B. IPPROTO_CMP, die als drittes Argument an die Funktion socket() übergeben werden kann.

getservbyname(servicename, protocolname)
> Übersetzt einen Internet-Dienst- und -Protokollnamen in eine Port-Nummer für diesen Dienst. getservbyname('ftp', 'tcp') gibt z.B. 21 zurück. Der Protokollname sollte 'tcp' oder 'udp' sein.

socket(family, type [, proto])
> Erzeugt einen neuen Socket, ausgehend von der angegebenen Adressfamilie, Socket-Typ und Protokollnummer. family ist dabei eine der folgenden Konstanten:

| Konstante | Beschreibung |
|-----------|--------------|
| AF_INET | IPv4-Protokolle (TCP, UDP) |
| AF_UNIX | Unix-Domain-Protokolle |

Der Socket-Typ ist eine der folgenden Konstanten:

| Konstante | Beschreibung |
|-----------|--------------|
| SOCK_STREAM | Strom-Socket (TCP) |
| SOCK_DGRAM | Datagramm-Socket (UDP) |
| SOCK_RAW | Roh-Socket (nur mit AF_INET verfügbar) |
| SOCK_SEQPACKET | Sequenzierter Transfer von Datensätzen im Verbindungsmodus |

Die Protokollnummer wird normalerweise weggelassen (die Voreinstellung ist 0). Sie wird für gewöhnlich nur im Zusammenhang mit Roh-Sockets (SOCK_RAW) verwendet und ist dann auf eine der folgenden Konstanten gesetzt: IPPROTO_ICMP, PPROTO_IP, IPPROTO_RAW, IPPROTO_TCP, IPPROTO_UDP.

Um eine TCP-Verbindung zu öffnen, verwendet man socket(AF_INET, SOCK_STREAM). Für eine UDP-Verbindung verwendet man socket(AF_INET, SOCK_DGRAM). Die Funktion gibt eine SocketType-Instanz zurück, die unten beschrieben wird.

fromfd(fd, family, type [, proto])

Erzeugt ein Socket-Objekt aus einem ganzzahligen Dateideskriptor fd. Die Adressfamilie, der Socket-Typ und die Protokollnummer sind identisch zu denen bei socket(). Der Dateideskriptor muss auf einen zuvor erzeugten Socket verweisen. Gibt eine SocketType-Instanz zurück.

ntohl(x)

Wandelt eine 32-Bit-Ganzzahl aus der Netzwerk- (»big-endian«) in die Byte-Ordnung des Rechners um.

ntohs(x)

Wandelt eine 16-Bit-Ganzzahl aus der Netzwerk- in die Byte-Ordnung des Rechners um.

htonl(x)

Wandelt eine 32-Bit-Ganzzahl von der Rechner- in die Netzwerk-Byte-Ordnung um.

htons(x)

Wandelt eine 16-Bit-Ganzzahl von der Rechner- in die Netzwerk-Byte-Ordnung um.

Sockets werden durch eine SocketType-Instanz repräsentiert. Folgende Methoden sind auf einem Socket s verfügbar:

s.accept()

Akzeptiert eine Verbindung und gibt ein Paar (conn, address) zurück, wobei conn ein neues Socket-Objekt ist, mit dem Daten über die Verbindung gesendet und empfangen werden können, und address die Adresse des Sockets auf der anderen Seite der Verbindung ist.

s.bind(address)

Verbindet den Socket mit einer Adresse. Das Format von address hängt von der Adressfamilie ab. In den meisten Fällen ist es ein Tupel der Form (hostname, port). Bei IP-Adressen repräsentiert der leere String INADDR_ANY und der String '<broadcast>' repräsentiert INADDR_BROADCAST.

`s.close()`

    Schließt den Socket. Sockets werden auch dann geschlossen, wenn sie speicherbereinigt werden.

`s.connect(address)`

    Verbindet mit einem entfernten Socket unter der Adresse `address`. Das Format von `address` hängt von der Adressfamilie ab, ist aber normalerweise das Paar `(hostname, port)`. Löst `error` aus, wenn ein Fehler aufritt. Falls man eine Verbindung mit einem Server auf dem gleichen Rechner herstellt, kann man den Namen `"localhost"` als erstes Argument bei `s.connect()` verwenden.

`s.connect_ex(address)`

    Identisch mit `connect(address)`, gibt jedoch 0 bei Erfolg oder den Wert von `errno` bei einem Fehler zurück.

`s.fileno()`

    Gibt den Dateideskriptor des Sockets zurück.

`s.getpeername()`

    Gibt die entfernte Adresse zurück, mit der der Socket über das Paar `(ipaddr, port)` verbunden ist. Wird nicht auf allen Systemen unterstützt.

`s.getsockname()`

    Gibt die eigene Adresse des Sockets als Paar `(ipaddr, port)` zurück.

`s.getsockopt(level, optname [, buflen])`

    Gibt den Wert einer Socket-Option zurück. `level` definiert die Ebene der Option und ist `SOL_SOCKET` bei Socket-Ebenenoptionen oder eine Protokollnummer wie z.B. `IPPROTO_IP` bei protokollbezogenen Optionen. `optname` wählt eine spezifische Option aus. Falls `buflen` weggelassen wird, wird eine ganzzahlige Option angenommen und der Wert dieser Ganzzahl wird zurückgegeben. Falls `buflen` angegeben wird, bezeichnet es die maximale Länge des Puffers, der zum Aufnehmen der Option verwendet wird. Dieser Puffer wird als String zurückgegeben, wobei es am Aufrufer liegt, seinen Inhalt mit dem Modul `struct` oder mit anderen Mitteln zu dekodieren. Die folgende Liste führt oft benutzte Optionsnamen für die Ebene `SOL_SOCKET` auf:

| Optionsname | Wert | Beschreibung |
|---|---|---|
| `SO_KEEPALIVE` | 0, 1 | Testet periodisch die andere Seite der Verbindung und terminiert, wenn diese halboffen ist. |
| `SO_RCVBUF` | Ganzzahl | Größe des Empfangspuffers (in Bytes). |
| `SO_SNDBUF` | Ganzzahl | Größe des Sendepuffers (in Bytes). |
| `SO_REUSEADDR` | 0, 1 | Erlaubt Wiederverwendung lokaler Adressen. |
| `SO_RCVLOWAT` | Ganzzahl | Anzahl der gelesenen Bytes, bevor `select()` den Socket als lesbar ausweist. |
| `SO_SNDLOWAT` | Ganzzahl | Anzahl der Bytes, die im Sendepuffer zur Verfügung stehen, bevor `select()` den Socket als schreibbar ausweist. |
| `SO_RCVTIMEO` | `tvalue` | Timeout bei Empfangsaufrufen in Sekunden. |
| `SO_SNDTIMEO` | `tvalue` | Timeout bei Sendeaufrufen in Sekunden. |
| `SO_OOBINLINE` | 0, 1 | Platziert »out-of-band«-Datum in der Eingabeschlange. |

| Optionsname | Wert | Beschreibung |
|---|---|---|
| SO_LINGER | linger | Verbliebene Restdaten (engl. linger) bei close(), falls im Sendepuffer noch Daten vorhanden sind. |
| SO_DONTROUTE | 0, 1 | Umgeht Zugriffe auf die Routing-Tabelle. |
| SO_ERROR | Ganzzahl | Holt Fehlerstatus. |
| SO_BROADCAST | 0, 1 | Erlaubt Versand von Broadcast-Datagrammen. |
| SO_TYPE | Ganzzahl | Holt Socket-Typ. |
| SO_USELOOPBACK | 0, 1 | Ein Routing-Socket erhält eine Kopie dessen, was es sendet. |

tvalue ist eine Binärstruktur, die zu (second, microsec) = struct.unpack("ll", tvalue) dekodiert wird.

linger ist eine Binärstruktur, die zu (linger_onoff, linger_sec) = struct.unpack("ii", linger) dekodiert wird.

Folgende Optionen sind für die Ebene IPPROTO_IP verfügbar:

| Optionsname | Wert | Beschreibung |
|---|---|---|
| IP_ADD_MEMBERSHIP | ipmreg | Betrete Multicast-Gruppe (nur bei set) |
| IP_DROP_MEMBERSHIP | ipmreg | Verlasse Multicast-Gruppe (nur bei set) |
| IP_HDRINCL | int | In Daten enthaltener IP-Kopf |
| IP_MULTICAST_IF | inaddr | Schnittstelle nach außen |
| IP_MULTICAST_LOOP | uchar | Loopback |
| IP_MULTICAST_TTL | uchar | Lebenszeit |
| IP_OPTIONS | char[44] | IP-Kopfoptionen |
| IP_TOS | int | Dienst-Typ |
| IP_TTL | int | Lebenszeit |

inaddr ist eine 32-Bit-Ganzzahl mit der IP-Adresse. ipmreg ist das Paar (inaddr, inaddr). uchar ist ein einzelnes Byte als vorzeichenlose Ganzzahl. char[44] ist ein Puffer mit maximal 44 Bytes.

Nicht alle Optionen sind auf allen Rechnern verfügbar. Für spezifische Details zu einer Option wende man sich an ein Netzwerk-Buch für Fortgeschrittene.

s.listen(backlog)

Beginnt mit dem Horchen auf hereinkommende Verbindungen. backlog gibt die maximale Anzahl der ausstehenden Verbindungen an, die das Betriebssystem in einer Warteschlange aufreiht, bevor eine Verbindung zurückgewiesen wird. Dieser Wert sollte mindestens 1 sein. 5 reicht bei den meisten Anwendungen aus.

s.makefile([mode [, bufsize]])

Erzeugt ein Dateiobjekt, das mit dem Socket assoziiert ist. mode und bufsize haben die gleiche Bedeutung wie bei der eingebauten Funktion open(). Das Dateiobjekt benutzt ein Duplikat des Socket-Dateideskriptors (erzeugt mit os.dup()), sodass Datei- und Socket-Objekt unabhängig voneinander geschlossen oder speicherbereinigt werden können.

`s.recv(bufsize [, flags])`

Empfängt Daten vom Socket. Die Daten werden als String zurückgegeben. Die maximale zu empfangende Datenmenge wird durch `bufsize` angegeben. `flags` stellt zusätzliche Information über die Nachricht bereit und wird normalerweise weggelassen (wobei es dann implizit Null ist). Wenn es verwendet wird, wird es normalerweise auf eine der folgenden systemabhängigen Konstanten gesetzt:

| Konstante | Beschreibung |
|---|---|
| MSG_PEEK | Liest Daten, verwirft sie aber nicht (nur beim Empfangen). |
| MSG_WAITALL | Beendet erst, wenn die verlangte Anzahl von Bytes gelesen wurde (nur beim Empfangen). |
| MSG_OOB | Empfängt/sendet »out-of-band«-Datum. |
| MSG_DONTROUTE | Umgeht Zugriff auf Routing-Tabelle (nur beim Senden). |

`s.recvfrom(bufsize [, flags])`

Ähnlich zur Methode `recv()`, außer dass der Rückgabewert ein Paar (`data`, `address`) ist, wobei `data` ein String mit den empfangenen Daten und `address` die Adresse des Sockets ist, das die Daten sendet. Das optionale Argument `flags` hat die gleiche Bedeutung wie bei `recv()`. Diese Methode wird vorwiegend im Zusammenhang mit dem UDP-Protokoll verwendet.

`s.send(string [, flags])`

Sendet Daten in `string` an einen verbundenen Socket. Das optionale Argument `flags` hat die gleiche Bedeutung wie bei `recv()` oben. Gibt die Anzahl der gesendeten Bytes zurück.

`s.sendto(string [, flags], address)`

Sendet Daten an den Socket. `flags` hat die gleiche Bedeutung wie bei `recv()`. `address` ist ein Tupel der Form (`host`, `port`), das die entfernte Adresse bezeichnet. Der Socket sollte noch nicht verbunden sein. Gibt die Anzahl der gesendeten Bytes zurück. Diese Funktion wird vorwiegend im Zusammenhang mit dem UDP-Protokoll verwendet.

`s.setblocking(flag)`

Falls `flag` Null ist, wird der Socket in den nicht-blockierenden Modus versetzt. Sonst wird der Socket in den blockierenden Modus versetzt (die Voreinstellung). Im nicht-blockierenden Modus wird die `error`-Ausnahme ausgelöst, wenn ein `recv()`-Aufruf keine Daten findet oder wenn ein `send()`-Aufruf die Daten nicht sofort senden kann. Im blockierenden Modus blockieren diese Aufrufe so lange, bis sie fortfahren können.

`s.setsockopt(level, optname, value)`

Setzt den Wert der angegebenen Socket-Option. `level` und `optname` haben die gleiche Bedeutung wie bei `getsockopt`. Der Wert kann eine Ganzzahl sein oder ein String, der den Pufferinhalt repräsentiert. Im letzteren Fall liegt es am Aufrufer, sicherzustellen, dass der String die korrekten Daten enthält. Siehe `getsockopt()` für Socket-Optionsnamen, -werte und -beschreibungen.

`s.shutdown(how)`

Beendet eine oder beide Hälften einer Verbindung. Wenn `how` gleich 0 ist, sind weitere Empfangsoperationen nicht mehr erlaubt. Wenn `how` gleich 1 ist, sind weitere Sendeoperationen nicht mehr erlaubt. Wenn es gleich 2 ist, sind weitere Sende- und Empfangsoperationen nicht mehr erlaubt.

*Ausnahme*

error
>   Diese Ausnahme wird bei Socket- oder Adressfehlern ausgelöst. Sie gibt ein Paar (errno, mesg) mit dem vom darunter liegenden Systemaufruf zurückgegebenen Fehler zurück.

*Beispiel*

Ein einfaches Beispiel für eine TCP-Verbindung wurde in der Einleitung des Abschnitts »Netzwerkprogrammierung« vorgestellt. Das folgende Beispiel illustriert einen einfachen UDP-Client und -Server:

```
# UDP-Nachrichten-Server
# Empfange kleine Pakete von sonstwo und gib sie aus.
import socket
s = socket.socket(socket.AF_INET, socket.SOCK_DGRAM)
s.bind("", 10000)
while 1:
    data, address = s.recvfrom(256)
    print address[0], "sagte : ", data


# UDP-Nachrichten-Client
# Sende ein Nachrichtenpaket an den Server.
import socket
s = socket.socket(socket.AF_INET, socket.SOCK_DGRAM)
while 1:
    msg = raw_input("Sage etwas: ")
    if msg:
        s.sendto(msg, ("servername", 10000))
    else:
        break
s.close()
```

*Bemerkungen*

- Nicht alle Konstanten und Socket-Optionen sind auf allen Plattformen verfügbar.
- Zurzeit werden vom socket-Modul eine Reihe von anderen Netzwerkprotokollen wie IPX und IPv6 nicht unterstützt. Es ist jedoch wahrscheinlich, dass in zukünftigen Versionen von Python einige Erweiterungen zum socket-Modul erscheinen werden.

*Siehe auch:* SocketServer (nachfolgend), asyncore (Seite 200), select (Seite 215)

····· **SocketServer** ··················

*Verfügbarkeit:* A

Das Modul SocketServer wird zur Entwicklung von TCP-, UDP- und Unix-Domain-Socket-Servern benutzt. Anstatt einen Server mit dem einfachen socket-Modul zu schreiben, bietet dieses Modul vier Klassen, die die genannten Protokolle implementieren:

TCPServer(address, handler)
>   Ein Server, der das TCP-Protokoll unterstützt. address ist ein (host, port)-Tupel, wobei host der Rechnername und port die Port-Nummer ist. Normalerweise ist host auf den leeren String gesetzt. handler ist eine Instanz der Klasse BaseRequestHandler, die unten beschrieben wird.

`UDPServer(address, handler)`

Ein Server, der das Internet-UDP-Protokoll unterstützt. Für `address` und `handler` gilt, was bereits oben beschrieben wurde.

`UnixStreamServer(address, handler)`

Ein Server, der ein Stream-orientiertes Protokoll mit Unix-Domain-Sockets implementiert.

`UnixDatagramServer(address, handler)`

Ein Server, der ein Datagramm-Protokoll mit Unix-Domain-Sockets implementiert.

Instanzen von allen vier Server-Klassen haben folgende Methoden und Attribute:

`s.fileno()`

Gibt den ganzzahligen Dateideskriptor für den Server-Socket zurück.

`s.handle_request()`

Wartet auf eine Anfrage und bedient sie, indem eine Instanz der unten beschriebenen Behandlerklasse erzeugt und ihre Methode `handle()` aufgerufen wird.

`s.serve_forever()`

Behandelt eine unendliche Anzahl von Anfragen.

`s.address_family`

Gibt die Protokoll-Familie des Servers an und ist entweder gleich `socket.AF_INET` oder `socket.AF_UNIX`.

`s.RequestHandlerClass`

Die vom Benutzer angegebene Anfragebehandlungsklasse, die im Konstruktor des Servers übergeben wurde.

`s.server_address`

Die Adresse, auf der der Server Anfragen erwartet, z.B. `('127.0.0.1',80)`.

`s.socket`

Das Socket-Objekt, das für hereinkommende Anfragen verwendet wird.

Zusätzlich definieren die Server-Klassen folgende Klassenvariablen (`<ServerClass>` sollte mit dem Namen einer der vier verfügbaren Klassen ersetzt werden):

`<ServerClass>.request_queue_size`

Die Länge der Anfrageschlange, die an die Methode `listen()` des Sockets übergeben wird. Der voreingestellte Wert beträgt 5.

`<ServerClass>.socket_type`

Der Socket-Typ, der vom Server benutzt wird, z.B. `socket.SOCK_STREAM` oder `socket.SOCK_DGRAM`.

Anfragen werden behandelt, indem eine Unterklasse der Klasse `BaseRequestHandler` definiert wird. Wenn der Server eine Verbindung erhält, erzeugt er eine Instanz `h` der Behandlungsklasse und ruft die folgenden Methoden auf:

`h.finish()`

Wird aufgerufen, um Aufräumaktionen durchzuführen, nachdem die Methode `handler()` beendet wurde. Per Voreinstellung passiert nichts. Wird nicht aufgerufen, wenn entweder die Methode `setup()` oder `handle()` eine Ausnahme auslöst.

`h.handle()`

Diese Methode wird aufgerufen, um die eigentliche Arbeit zur Behandlung einer Anfrage zu erledigen. Sie wird ohne Argumente aufgerufen, aber mehrere Instanzvariablen sind auf nützliche Werte gesetzt. `self.request` enthält die Anfrage, `self.client_address` enthält die

Client-Adresse und `self.server` enthält eine Instanz des Servers, der das Behandlungsobjekt aufgerufen hat. Bei Strom-orientierten Diensten wie TCP ist das Attribut `self.request` ein Socket-Objekt. Bei Datagramm-Diensten ist es ein String mit den empfangenen Daten.

`h.setup()`

Diese Methode wird vor der `handle()`-Methode aufgerufen, um Initialisierungsaktionen durchzuführen. Per Voreinstellung passiert nichts.

Die Erzeugung eines Servers vollzieht sich in folgenden Schritten:

1. Definiere eine Anfragebehandlungsklasse durch Ableitung von `BaseRequestHandler`.
2. Erzeuge ein Instanz einer der Server-Klassen, indem die Adresse des Servers und die Anfragebehandlungsklasse übergeben werden.
3. Rufe die Methode `handle_request()` oder `server_forever()` des Servers auf, um Verbindungen zu bearbeiten.

Der folgende Beispiel-Code illustriert diesen Vorgang für einen sehr einfachen HTTP-Server, der einfach die HTTP-Anfrage auf einer Webseite wieder ausgibt.

```
import SocketServer
import socket
import string

# Lese eine HTTP-Anfrage von einem Client und gib sie in einer Webseite zurück.
class EchoHandler(SocketServer.BaseRequestHandler):
    def handle(self):
        f = self.request.makefile()
        self.request.send("HTTP/1.0 200 OK\r\n")
        self.request.send("Content-type: text/plain\r\n\r\n")
        self.request.send("Verbindung erhalten von %s\r\n\r\n" %
                          (self.client_address,))
        while 1:
            line = f.readline()
            self.request.send(line)
            if not string.strip(line):
                break
        f.close()

# Erzeuge den Server und starte ihn.
serv = SocketServer.TCPServer(("", 80), EchoHandler)
serv.serve_forever()
```

Per Voreinstellung bearbeiten die Server-Klassen Anfragen synchron eine nach der anderen ab. Alternativ dazu können die Server Anfragen in einem Unterprozess (mit `os.fork()`) oder in einem separaten Thread bearbeiten, indem eine der folgenden Server-Klassen anstelle der vier zuvor aufgeführten Klassen instantiiert werden:

- `ForkingUDPServer(address, handler)`
- `ForkingTCPServer(address, handler)`
- `ThreadingUDPServer(address, handler)`
- `ThreadingTCPServer(address, handler)`

Und schließlich können zwei weitere Klassen als Basisklassen für Anfragebehandler dienen: `StreamRequestHandler` und `DatagramRequestHandler`. Diese Klassen überschreiben die Methoden `setup()` und `finish()`, um zwei Dateiattribute `self.rfile` und `self.wfile` zur Verfügung zu stellen, die benutzt werden können, um Daten in bzw. aus dem Client zu schreiben bzw. zu lesen. Beispiel:

```
# Lese eine HTTP-Anfrage von einem Client und gib sie zurück.
class EchoHandler(SocketServer.StreamRequestHandler):
    def handle(self):
        self.wfile.write("HTTP/1.0 200 OK\r\n")
        self.wfile.write("Content-type: text/plain\r\n\r\n")
        self.wfile.write("Verbindung erhalten von %s\r\n\r\n" %
                         (self.client_address,))
        while 1:
            line = self.rfile.readline()
            self.wfile.write(line)
            if not string.strip(line):
                break
```

*Bemerkung*

Alle Server-Klassen können durch Ableitung spezialisiert werden. Die Online-Dokumentation enthält dazu weitere Informationen.

*Siehe auch:* `socket` (Seite 218), `BaseHTTPServer` (Seite 203), `SimpleHTTPServer` (Seite 217), `CGIHTTPServer` (Seite 210), `thread` (Seite 190), `os` (Seite 159)

····· **urllib** ··················

*Verfügbarkeit:* A

Das Modul `urllib` wird benutzt, um Daten aus dem World Wide Web zu laden.

`urlopen(url [, data])`
> Öffnet eine Netzwerk-Verbindung und gibt ein dateiähnliches Objekt für den angegebenen URL (engl. uniform resource locator), beispielsweise `"http://www.python.org"` oder `"ftp://foo.com/pub/foo.tar"`, zurück. Falls der URL keinen Schema-Bezeichner enthält wie z.B. `"ftp:"` oder `"http:"`, oder falls dieser identisch mit `"file:"` ist, wird eine lokale Datei geöffnet. Wenn eine Verbindung nicht hergestellt werden kann oder ein Fehler auftritt, wird eine `IOError`-Ausnahme ausgelöst. Falls der URL eine HTTP-Anfrage darstellt, gibt das optionale Argument `data` an, dass die Anfrage mit der POST-Methode erfolgen soll, wobei die Daten auf den Server geladen werden. In diesem Fall müssen die Daten im Format `'application/x-www-form-urlencoded'` kodiert sein, wie es von der Funktion `urlencode()` zurückgegeben wird.

`urlretrieve(url [, filename [, hook]])`
> Öffnet einen URL und kopiert seine Daten, wenn notwendig, in eine Datei. Falls `url` eine lokale Datei ist oder bereits eine Kopie der Daten im Cache-Speicher existiert, wird nichts kopiert. `filename` gibt den Namen der lokalen Datei an, in die die Daten gespeichert werden. Falls er weggelassen wird, wird eine temporäre Datei erzeugt. `hook` ist eine Funktion, die aufgerufen wird, nachdem eine Verbindung hergestellt wurde und nachdem je ein Datenblock gelesen wurde. Sie wird mit drei Argumenten aufgerufen: der Anzahl bisher übertragener Blöcke, der Blockgröße und der gesamten Dateigröße in Bytes.
> Die Funktion gibt ein Tupel `(filename, headers)` zurück, wobei `filename` der Name der lokalen Datei ist, in die die Daten gespeichert wurden, und `headers` die von der

info()-Methode zurückgegebene Information ist, wie sie bei urlopen() beschrieben wird. Falls der URL einer lokalen Datei entspricht oder eine Kopie im Cache-Speicher verwendet wurde, wird headers gleich None sein. Löst eine IOError-Ausnahme auf, wenn ein Fehler auftritt.

urlcleanup()
: Löscht den von urlretrieve() erzeugten lokalen Cache-Speicher.

quote(string [, safe])
: Ersetzt besondere Zeichen in string mit Maskierungscodes, die in einem URL erlaubt sind. Buchstaben, Ziffern sowie die Zeichen "_.-" bleiben unverändert. Alle anderen Zeichen werden in eine Folge von Zeichen der Form "%xx" umgewandelt. safe gibt zusätzliche Zeichen an, die nicht ersetzt werden sollen, und ist in der Voreinstellung auf '/' gesetzt.

quote_plus(string [, safe])
: Ruft quote() auf und ersetzt zusätzlich alle Leerzeichen durch Plus-Zeichen.

unquote(string)
: Ersetzt Maskierungssequenzen der Form "%xx" mit dem Zeichen, zu dem sie äquivalent sind.

unquote_plus(string)
: Identisch mit unquote(), ersetzt jedoch zusätzlich Plus-Zeichen durch Leerzeichen.

urlencode(dict)
: Konvertiert ein Dictionary in einen URL-kodierten String für den Gebrauch als Argument bei der Funktion urlopen(). Der resultierende String besteht aus einer Folge von Paaren der Form "key=value", die durch '&' getrennt sind, wobei sowohl Schlüssel als auch Wert mit quote_plus() zitiert sind.

Ein von urlopen() zurückgegebenes dateiähnliches Objekt u unterstützt folgende Methoden:

| Methode | Beschreibung |
| --- | --- |
| u.read([nbytes]) | Liest nbytes an Daten. |
| u.readline() | Liest eine einzelne Textzeile. |
| u.readlines() | Liest alle Eingabezeilen und gibt eine Liste zurück. |
| u.fileno() | Gibt den ganzzahligen Dateideskriptor zurück. |
| u.close() | Schließt die Verbindung. |
| u.info() | Gibt das mimetools.Message-Objekt mit Meta-Information zum URL zurück. Bei HTTP enthält der Kopf die vom Server zurückgegebene Antwort. Bei FTP enthält der Kopf das Feld content-length. Bei lokalen Dateien enthält der Kopf das Datum, und die Felder content-length und content-type. |
| u.geturl() | Gibt den echten URL der zurückgegebenen Daten zurück, wobei alle etwaigen Umleitungen berücksichtigt werden. |

*Bemerkungen*

- Die einzigen Protokolle, die unterstützt werden, sind HTTP (Version 0.9 und 1.0), FTP, Gopher und lokale Dateien.
- Die Verwendung von Cache-Speichern ist bisher nicht implementiert.
- Falls ein URL auf eine lokale Datei zeigt, die nicht geöffnet werden kann, wird der URL mit dem FTP-Protokoll geöffnet.

*Siehe auch:* `httplib` (Seite 211), `ftplib` (Seite 211), `gopherlib` (Seite ), `urlparse` (nachfolgend), `mimetools` (Seite 231)

##### ▸ urlparse ◂

*Verfügbarkeit:* A

Das Modul `urlparse` wird zur Manipulation von URL-Strings wie `"http://www.python.org"` benutzt. Die allgemeine Form eines URL (uniform resource locator) lautet `"scheme:/netloc/path;parameters?query#fragment"`.

`urlparse(urlstring [, default_scheme [, allow_fragments]])`

> Parst den URL in `urlstring` und gibt ein Tupel (`scheme`, `netloc`, `path`, `parameters`, `query`, `fragment`) zurück. `default_scheme` bezeichnet das Schema (`"http"`, `"ftp"`, etc.), das benutzt wird, wenn keines in dem URL angegeben wird. Falls `allow_fragments` Null ist, sind Fragmentbezeichner nicht erlaubt.

`urlunparse(tuple)`

> Konstruiert einen URL-String aus einem Tupel, wie er von `urlparse()` zurückgegeben wird.

`urljoin(base, url [, allow_fragments])`

> Konstruiert einen absoluten URL, indem ein Basis-URL `base` mit einem relativen URL `url` kombiniert wird. `allow_fragments` hat die gleiche Bedeutung wie bei `urlparse()`. Falls die letzte Komponente des Basis-URL kein Verzeichnis ist, wird sie abgeschnitten.

*Beispiele*

```
>>> urlparse("http://www.python.org/index.html")
('http', 'www.python.org', '/index.html', '', '', '')

>>> urlunparse(('http', 'www.python.org', '/index.html', '', '', ''))
'http://www.python.org/index.html'

>>> urljoin("http://www.python.org/index.html", "Help.html")
'http://www.python.org/Help.html'
```

*Siehe auch:* `urllib` (Seite 226), Internet RFC 1738, Internet RFC 1808

# Datenverarbeitung und Kodierung im Internet

Die Module in diesem Abschnitt werden verwendet, um Datenformate zu kodieren und zu dekodieren, die in Internet-Anwendungen weit verbreitet sind.

##### ▸ base64 ◂

*Verfügbarkeit:* A

Das Modul `base64` wird verwendet, um Daten mit dem base64-Code zu kodieren und zu dekodieren. Der base64-Code wird oft verwendet, um Binärdaten in Anlagen von E-Mails zu kodieren.

`decode(input, output)`

> Dekodiert base64-kodierte Daten. `input` ist ein Dateiname oder ein zum Lesen geöffnetes Dateiobjekt. `output` ist ein Dateiname oder ein zum Schreiben geöffnetes Dateiobjekt.

decodestring(s)

> Dekodiert einen base64-kodierten String s. Gibt einen String mit den dekodierten Binär-
> daten zurück.

encode(input, output)

> Kodiert Daten mit base64. input ist ein Dateiname oder ein zum Lesen geöffnetes Datei-
> objekt. output ist ein Dateiname oder ein zum Schreiben geöffnetes Dateiobjekt.

encodestring(s)

> Kodiert einen String s mit base64.

*Siehe auch:* binascii (nachfolgend), Internet RFC 1421 (*http://www.ietf.org*)

····· **binascii** ····················

*Verfügbarkeit:* A

Das Modul binascii wird verwendet, um Daten zwischen der Binärkodierung und einer Anzahl
von ASCII-Kodierungen wie base64-, binhex- und uuencode zu konvertieren.

a2b_uu(string)

> Konvertiert eine Zeile von UU-kodierten Daten in eine Binärkodierung. Zeilen enthalten
> normalerweise 45 (binäre) Bytes, außer bei der letzten Zeile. Hinter den Daten in einer Zeile
> darf Leerraum stehen.

b2a_uu(data)

> Konvertiert einen String mit Binärdaten in eine Zeile von UU-kodierten ASCII-Zeichen. Die
> Länge von data sollte nicht größer als 45 Bytes sein.

a2b_base64(string)

> Konvertiert einen String mit base64-kodierten Daten in Binärdaten.

b2a_base64(data)

> Konvertiert einen String mit Binärdaten in eine Zeile von base64-kodierten ASCII-Zeichen.
> Die Länge von data sollte nicht größer als 57 Bytes sein.

a2b_hqx(string)

> Konvertiert einen String mit binhex4-kodierten Daten in Binärdaten, ohne vorher eine RLE-
> Dekompression (Run-Length Encoding) durchzuführen.

rledecode_hqx(data)

> Führt eine RLE-Dekompression (Run-Length Encoding) der Binärdaten in data durch. Gibt
> die dekomprimierten Daten zurück, außer die Eingabedaten sind unvollständig, wobei dann
> die Ausnahme Incomplete ausgelöst wird.

rlecode_hqx(data)

> Führt eine binhex4-RLE-Kompression von data durch.

b2a_hqx(data)

> Konvertiert die Binärdaten in data in einen String mit binhex4-kodierten ASCII-Zeichen.
> data sollte bereits RLE-kodiert sein und eine durch drei teilbare Länge haben.

crc_hqx(data, crc)

> Berechnet die binhex4-CRC-Prüfsumme von data. crc ist ein Startwert für die Prüfsumme.

*Ausnahmen*

Error

> Ausnahme, die bei Fehlern ausgelöst wird.

`Incomplete`

Ausnahme, die bei unvollständigen Daten ausgelöst wird.

*Siehe auch:* base64 (Seite 228), binhex (nachfolgend), uu (Seite 242)

##### binhex

*Verfügbarkeit:* A

Das Modul binhex wird zur Kodierung und Dekodierung von Dateien im Format binhex4 benutzt, ein Format, das sehr oft für Dateien auf dem Macintosh verwendet wird.

`binhex(input, output)`

Konvertiert eine Binärdatei namens input in eine binhex-Datei. output ist ein Dateiname oder ein geöffnetes dateiähnliches Objekt, das die Methoden write() und close() unterstützt.

`hexbin(input [, output])`

Dekodiert eine binhex-Datei. input ist ein Dateiname oder ein dateiähnliches Objekt, das die Methoden write() und close() unterstützt. output ist der Name der Ausgabedatei. Wenn er weggelassen wird, wird der Name von output der binhex-Datei entnommen.

*Bemerkungen*

• Auf dem Macintosh werden sowohl Daten- als auch Ressourcenzweige (engl. data and resource forks) behandelt.
• Auf anderen Plattformen werden nur die Datenzweige behandelt.

*Siehe auch:* binascii (Seite 229), macostools (Seite 157)

##### mailcap

*Verfügbarkeit:* U

Das Modul mailcap wird verwendet, um mailcap-Dateien zu lesen. Mailcap-Dateien werden benutzt, um E-Mail-Anwendungen und Webbrowsern zu erklären, wie Dateien unterschiedlichen MIME-Typs behandelt werden sollen. Der Inhalt einer mailcap-Datei sieht üblicherweise etwa wie folgt aus:

```
video/mpeg; xmpeg %s
application/pdf; acroread %s
```

Wenn Daten eines gewissen MIME-Typs angetroffen werden, wird die mailcap-Datei konsultiert, um dafür die entsprechende Anwendung zu finden.

`getcaps()`

Liest alle verfügbaren mailcap-Dateien und gibt ein Dictionary zurück, das MIME-Typen auf mailcap-Einträge abbildet. mailcap-Dateien werden von $HOME/.mailcap, /etc/mailcap, /usr/etc/mailcap und /usr/local/etc/mailcap gelesen.

`findmatch(caps, mimetype [, key [, filename [, plist]]])`

Sucht im Dictionary caps nach einem mailcap-Eintrag, der zu mimetype passt. key ist ein String, der eine Aktion angibt und normalerweise 'view', 'compose' oder 'edit' ist. filename ist der Name der Datei, die für den Schlüssel %s im mailcap-Eintrag ersetzt wird. plist ist eine Liste von mit Namen versehenen Parametern und wird in der Online-Dokumentation weiter beschrieben. Gibt ein Tupel (cmd, mailcap) zurück mit dem Befehl aus der mailcap-Datei und dem rohen mailcap-Eintrag selbst.

*Beispiel*

```
import mailcap
caps = mailcap.getgaps()
cmd, mc = mailcap.findmatch(caps, 'application/pdf', filename='/tmp/tmp1234')
if cmd:
    os.system(cmd + " &")
except:
    print "Keine Anwendung für den Typ application/pdf."
```

*Siehe auch:* mimetypes (Seite 233), *http://www.python.org/doc/lib/module-mailcap.html*, Internet RFC 1524

····· **mimetools** ··················

*Verfügbarkeit:* A

Das Modul mimetools bietet eine Reihe von Funktionen zur Manipulation von MIME-kodierten Nachrichten. MIME (Multipurpose Internet Mail Extensions) ist ein Standard für den Versand von mehrteiligen Multimedia-Daten durch E-Mail-Anwendungen im Internet. Teile dieses Standards werden auch in anderen Bereichen verwendet, wie z.B. im HTTP-Protokoll. Eine MIME-kodierte Nachricht sieht ungefähr wie folgt aus:

```
Content-Type: multipart/mixed; boundary="====_931526447=="
Date: Fri, 09 Jul 1999 03:20:47 -0500
From: John Doe <johndoe@foo.com>
To: Jane Doe (janedoe@foo.com>
Subject: Important Message From John Doe


-====_931526447==
Content-Type: text/plain; charset="us-ascii"

Here is that document you asked for ... don't show anyone else ;-)


-====_931526447==
Content-Type: application/msword; name="list.doc"
Content-Transfer-Encoding: base64
Content-Disposition: attachment; filename="list.doc"

```

```
SXQgd2FzIGEgbG9uZyBob3QgZGF5IGluIHRoZSBtb25oaCBvZiBKdWx5LCB3aGVuIExhcmJ5IHNO
YXJ0ZWQgdGGFsa21uZwphYm91dCBzb2Npbly1wb2xpdGljYWwgc2NhbGFibGUaW1tZXJzaXZlIHZp
cnR1YWwgdGVtcG9yYWwwKY29sbGFib3JhdGl2ZSBwYXJhbGxlbCBCbaWdoIHBlcmZvcm1hbmNlIHdl
Yi1iYXNlZCBtb2JpbGUKb2JqZWNOLW9yaWVudGVkIHNjaWVudGlmaWMgY29tcHV0aW5nIGVudmly
b25tZW50cy4gZIEZvcnR1bmF0ZWx5LCBQZXRlciCmhhZCB5ZW1lbWJlcmVkIHRvIGJyaW5nIGhpcyAu
NDUuLi4KCg==
```

```

-====_931526447==-
```

MIME-Nachrichten werden durch Trennzeilen wie "-====_931526447==" im obigen Beispiel in mehrere Abschnitte getrennt. Die letzte Trennzeile enthält ein abschließendes "-", um das Ende der Nachricht anzugeben. Unmittelbar nach jeder Trennzeile kommt eine Menge von RFC-822-Köpfen, die die Art des Nachrichtentyps und seiner Kodierung beschreiben. Die darauf folgenden Daten sind von diesen Köpfen durch eine Leerzeile getrennt.

Das Modul `mimetools` definiert die folgenden Funktionen, um Köpfe zu parsen und Daten zu dekodieren.

`Message(file [, seekable])`

Parst MIME-Köpfe und gibt ein `Message`-Objekt zurück, das von der Klasse `rfc822.Message` abgeleitet ist. `file` und `seekable` haben die gleiche Bedeutung wie bei `rfc822.Message`.

`choose_boundary()`

Erzeugt einen eindeutigen String der Form `'hostipaddr.uid.pid.timestamp.random'`, der bei der Erzeugung einer Nachricht als Grenze zwischen zwei Abschnitten benutzt werden kann.

`decode(input, output, encoding)`

Liest kodierte Daten aus dem geöffneten Dateiobjekt `input` und schreibt dekodierte Daten in das geöffnete Dateiobjekt `output`. `encoding` gibt die Kodierung an und ist einer der Strings `'base64'`, `'quoted-printable'` oder `'uuencode'`.

`encode(input, output, encoding)`

Liest Daten aus dem geöffneten Dateiobjekt `input`, dekodiert und schreibt sie in das geöffnete Dateiobjekt `output`. Die Kodierungsart ist die gleiche wie bei `decode()`.

`copyliteral(input, output)`

Liest Textzeilen aus dem geöffneten Dateiobjekt `input` bis zum Erreichen von EOF und schreibt sie in das geöffnete Dateiobjekt `output`.

`copybinary(input, output)`

Liest Blöcke von Binärdaten aus dem geöffneten Dateiobjekt `input` bis zum Erreichen von EOF und schreibt sie in das geöffnete Dateiobjekt `output`.

Instanzen der Klasse `Message` unterstützen alle der für das Modul `rfc822` beschriebenen Methoden. Darüber hinaus stehen folgende Methoden zur Verfügung:

`m.getplist()`

Gibt die Parameter für den Kopf, der den Typ des Inhalts beschreibt, als eine Liste von Strings zurück. Wenn die Nachricht z.B. den Kopf `"Content-type: text/html; charset=US-ASCII"` enthält, gibt diese Funktion `['charset=US-ASCII']` zurück. Bei Parametern der Form `"key=value"` wird der Schlüssel (`key`) in Kleinbuchstaben umgewandelt, während der Wert nicht verändert wird.

`m.getparam(name)`

Gibt den Wert des ersten Parameters der Form `"name=value"` aus dem `"content-type"`-Kopf zurück. Wenn der Wert von Anführungszeichen der Form `<...>` oder `"..."` umschlossen ist, werden diese entfernt.

`m.getencoding()`

Gibt die Kodierung zurück, wie sie im `"content-transfer-encoding"`-Kopf der Nachricht angegeben wird. Wenn kein solcher Kopf existiert, wird `'7bit'` zurückgegeben.

`m.gettype()`

Gibt den Nachrichtentyp aus dem `"content-type"`-Kopf als String der Form `"type/subtype"` zurück. Wenn kein `content-type`-Kopf verfügbar ist, wird `"text/plain"` zurückgegeben.

`m.getmaintype()`

Gibt den Primär-Typ aus dem `"content-type"`-Kopf zurück. Wenn kein solcher Kopf existiert, wird `"text"` zurückgegeben.

`m.getsubtype()`

Gibt den Sekundär-Typ aus dem `"content-type"`-Kopf zurück. Wenn kein solcher Kopf existiert, wird `"plain"` zurückgegeben.

*Siehe auch:* rfc822 (Seite 239), mimetypes (**nachfolgend**), MimeWriter (Seite 236), multifile (Seite 237), mailcap (Seite 230), Internet RFC 1521 (*http://www.ietf.org*)

····· **mimetypes** ···················

*Verfügbarkeit:* A

Das Modul mimetypes wird benutzt, um den mit einer Datei assoziierten MIME-Typ mit Hilfe ihrer Dateierweiterung zu raten. Es konvertiert auch MIME-Typen in ihre Standard-Dateinamenserweiterungen. MIME-Typen bestehen aus einem Typ/Untertyp-Paar. Die folgende Tabelle zeigt die von diesem Modul erkannten MIME-Typen:

| Dateierweiterung | MIME-Typ |
|---|---|
| .a | application/octet-stream |
| .ai | application/postscript |
| .aif | audio/x-aiff |
| .aifc | audio/x-aiff |
| .aiff | audio/x-aiff |
| .au | audio/basic |
| .avi | video/x-msvideo |
| .bcpio | application/x-bcpio |
| .bin | application/octet-stream |
| .cdf | application/x-netcdf |
| .cpio | application/x-cpio |
| .csh | application/x-csh |
| .dll | application/octet-stream |
| .dvi | application/x-dvi |
| .exe | application/octet-stream |
| .eps | application/postscript |
| .etx | text/x-setext |
| .gif | image/gif |
| .gtar | application/x-gtar |
| .hdf | application/x-hdf |
| .htm | text/html |
| .html | text/html |
| .ief | image/ief |
| .jpe | image/jpeg |
| .jpeg | image/jpeg |
| .jpg | image/jpeg |
| .latex | application/x-latex |
| .man | application/x-troff-man |
| .me | application/x-troff-me |
| .mif | application/x-mif |
| .mov | video/quicktime |
| .movie | video/x-sgi-movie |
| .mpe | video/mpeg |

| Dateierweiterung | MIME-Typ |
|---|---|
| .mpeg | video/mpeg |
| .mpg | video/mpeg |
| .ms | application/x-troff-ms |
| .nc | application/x-netcdf |
| .o | application/octet-stream |
| .obj | application/octet-stream |
| .oda | application/oda |
| .pbm | image/x-portable-bitmap |
| .pdf | application/pdf |
| .pgm | image/x-portable-graymap |
| .pnm | image/x-portable-anymap |
| .png | image/png |
| .ppm | image/x-portable-pixmap |
| .py | text/x-python |
| .pyc | application/x-python-code |
| .ps | application/postscript |
| .qt | video/quicktime |
| .ras | image/x-cmu-raster |
| .rgb | image/x-rgb |
| .rdf | application/xml |
| .roff | application/x-troff |
| .rtf | application/rtf |
| .rtx | text/richtext |
| .sgm | text/x-sgml |
| .sgml | text/x-sgml |
| .sh | application/x-sh |
| .shar | application/x-shar |
| .snd | audio/basic |
| .so | application/octet-stream |
| .src | application/x-wais-source |
| .sv4cpio | application/x-sv4cpio |
| .sv4crc | application/x-sv4crc |
| .t | application/x-troff |
| .tar | application/x-tar |
| .tcl | application/x-tcl |
| .tex | application/x-tex |
| .texi | application/x-texinfo |
| .texinfo | application/x-texinfo |
| .tif | image/tiff |
| .tiff | image/tiff |
| .tr | application/x-troff |
| .tsv | text/tab-separated-values |

| Dateierweiterung | MIME-Typ |
|---|---|
| `.txt` | `text/plain` |
| `.ustar` | `application/x-ustar` |
| `.wav` | `audio/x-wav` |
| `.xbm` | `image/x-xbitmap` |
| `.xml` | `text/xml` |
| `.xsl` | `application/xml` |
| `.xpm` | `image/x-xpixmap` |
| `.xwd` | `image/x-xwindowdump` |
| `.zip` | `application/zip` |

`guess_type(filename)`

Errät den MIME-Typ einer Datei aus ihrem Dateinamen oder ihrem URL. Gibt ein (`type`, `encoding`)-Tupel zurück, wobei `type` ein String der Form Typ/Untertyp und `encoding` das Programm zur Kodierung der Daten ist (z.B. `compress` oder `gzip`). Gibt (`None`, `None`) zurück, falls der Typ nicht geraten werden kann.

`guess_extension(type)`

Errät die Standard-Dateierweiterung für eine Datei aus deren MIME-Typ. Gibt einen String mit der Dateierweiterung zurück, inklusive des führenden Punktes (`.`). Gibt `None` bei unbekannten Typen zurück.

`init([files])`

Initialisiert das Modul. `files` ist eine Sequenz von Dateinamen, die gelesen werden, um Typdaten zu extrahieren. Diese Dateien enthalten Zeilen, die einen MIME-Typ wie folgt auf eine Liste von akzeptablen Dateierweiterungen abbilden:

```
image/jpeg:      jpe jpeg jpg
text/html:       htm html
```

`read_mime_types(filename)`

Lädt Typ-Abbildungen aus einer angegebenen Datei. Gibt ein Dictionary zurück, das Dateierweiterungen auf Strings von Strings von MIME-Typen abbildet. Gibt `None` zurück, falls `filename` nicht existiert oder nicht gelesen werden kann.

`knownfiles`

Eine Liste bekannter Namen für `mime.types`-Dateien.

`suffix_map`

Ein Dictionary, das Dateierweiterungen auf Dateierweiterungen abbildet. Dies wird verwendet, um die Erkennung von kodierten Dateien zu ermöglichen, bei denen die Kodierung und der Typ durch die gleiche Erweiterung angegeben werden. Die Erweiterung `.tgz` wird z.B. auf `.tar.gz` abgebildet, um die Kodierung und den Typ separat erkennen zu können.

`encodings_map`

Ein Dictionary, das Dateierweiterungen auf Kodierungstypen abbildet.

`types_map`

Ein Dictionary, das Dateierweiterungen auf MIME-Typen abbildet.

*Siehe auch:* `mimetools` (Seite 231)

····· **MimeWriter** ···················

*Verfügbarkeit:* A

Das Modul `MimeWriter` definiert die gleichnamige Klasse `MimeWriter`, die zur Erzeugung von mehrteiligen MIME-kodierten Dateien verwendet wird.

`MimeWriter(fp)`

Erzeugt eine neue Instanz einer `MimeWriter`-Klasse. `fp` ist ein geöffnetes Dateiobjekt, in das geschrieben wird. Ein `StringIO`-Objekt kann ebenfalls benutzt werden.

Eine Instanz `m` der Klasse `MimeWriter` kennt folgende Methoden:

`m.addheader(key, value [, prefix])`

Fügt eine Kopfzeile der Form `"key: value"` an eine MIME-Nachricht an. `prefix` bestimmt, wo der Kopf eingefügt wird: 0 (die Voreinstellung) fügt am Ende und 1 fügt am Anfang ein.

`m.flushheaders()`

Schreibt alle bisher angesammelten Köpfe.

`m.startbody(ctype [, plist [, prefix]])`

Gibt ein dateiähnliches Objekt zurück, das dazu benutzt wird, den Inhalt der Nachricht zu schreiben. `ctype` gibt den Typ des Inhalts an und `plist` ist eine Liste von Tupeln der Form (`name`, `value`) mit weiteren Parametern für die Deklaration des Inhaltstyps. `prefix` hat die gleiche Bedeutung wie bei der Methode `addheader()`, nur ist hier die Voreinstellung so gesetzt, dass am Anfang eingefügt wird.

`m.startmultipartbody(subtype [, boundary [, plist [, prefix]]])`

Gibt ein dateiähnliches Objekt zurück, um den Inhalt einer mehrteiligen Nachricht zu schreiben. `subtype` gibt den Untertyp der mehrteiligen Nachricht an, wie z.B. `'mixed'`, und `boundary` kann benutzt werden, um einen benutzerdefinierten Trennungsbezeichner anzugeben. `plist` ist eine Liste mit optionalen Parametern für den Untertyp und `prefix` hat die gleiche Bedeutung wie bei der Methode `startbody()`. Unterabschnitte werden mit `nextpart()` erzeugt.

`m.nextpart()`

Gibt eine neue `MimeWriter`-Instanz zurück, die einen individuellen Abschnitt einer mehrteiligen Nachricht repräsentiert. `startmultipartbody()` muss vor dieser Methode aufgerufen werden.

`m.lastpart()`

Diese Methode wird benutzt, um den letzten Abschnitt einer mehrteiligen Nachricht anzugeben. Sie sollte immer aufgerufen werden, um eine mehrteilige Nachricht abzuschließen.

*Beispiel*

Im folgenden Beispiel wird aus einer in der Kommandozeile übergebenen Liste von Dateien ein mehrteiliges MIME-Dokument hergestellt, in dem jede Datei mit base64 kodiert ist:

```python
import sys
import mimetools, mimetypes, MimeWriter

# Öffne die Ausgabedatei und erzeuge einen MimeWriter.
out = open("output.txt", "w")
writer = MimeWriter.MimeWriter(out)

# Beginne eine mehrteilige Nachricht.
writer.startmultipartbody("mixed")
```

```
writer.flushheaders()

# Iteriere über Dateien in der Kommandozeile.
for file in sys.argv[1:]:
    subpart = writer.nextpart()  # Erzeuge neuen Unterabschnitt.
    # Versuche MIME-Typ und Kodierung der Datei zu raten.
    type, encoding = mimetypes.guess_type(file)
    if encoding:
        subpart.addheader("Content-encoding", encoding)
    subpart.addheader("Content-transfer-encoding", "base64")
    if type:
        pout = subpart.startbody(type, [("name", file)])
    else:
        pout = subpart.startbody("text/plain", [("name", file)])
    infile = open(file, "rb")
    # Kodiere Rohdaten mit base64.
    mimetools.encode(infile, pout, 'base64')
    infile.close()

# Räume auf.
writer.lastpart()
out.close()
```

*Siehe auch:* mimetypes (Seite 233), mimetools (Seite 231), rfc822 (Seite 239), multifile (nachfolgend)

##### multifile

*Verfügbarkeit:* A

Das Modul multifile definiert eine Klasse, die benutzt werden kann, um mehrteilige Textdateien zu lesen, wie sie in MIME-kodierten Nachrichten vorkommen. Ein MultiFile-Objekt spaltet eine Datei in eine Folge von logischen, dateiähnlichen Objekten, die von einem eindeutigen String wie folgt voneinander getrennt sind:

```
-128.135.11.144.100.4397.932677969.082.3036
Part 1
...
-128.135.11.144.100.4397.932677969.082.3036
Part 2
...
-128.135.11.144.100.4397.932677969.082.3036-
```

In diesem Fall hat der Trenn-String die Form, die von der Funktion mimetools .choose_boundary() zurückgegeben wird. Der letzte Trenn-String (mit abschließendem '-') markiert das Ende der mehrteiligen Daten.

MultiFile(fp [, seekable])

    Erzeugt ein MultiFile-Objekt. fp ist ein dateiähnliches Objekt mit Eingabedaten. Die readline()-Methode des Eingabeobjektes wird benutzt, um Daten zu lesen. Falls die Option seekable gesetzt ist, erlaubt das MultiFile-Objekt wahlfreien Zugriff mit den Methoden seek() und tell().

Ein MultiFile-Objekt m unterstützt folgende Methoden:

`m.push(str)`

Übergibt einen Trenn-String an den Leser. Wenn dieser String in der Eingabe angetroffen wird, signalisiert der Leser das Ende eines Abschnittes oder der Nachricht. Es kann mehr als eine Trennmarkierung übergeben werden, um verschachtelte mehrteilige Daten zu behandeln. Das Erreichen einer Trennmarkierung jedoch, die nicht der zuletzt übergebenen entspricht, löst einen Fehler aus.

`m.readline()`

Liest eine Textzeile. Wenn die Zeile mit der zuletzt übergebenen Trennmarkierung übereinstimmt, wird '' zurückgegeben, um das Ende des Abschnittes anzuzeigen. Wenn außerdem die Trennmarkierung mit einer Endmarkierung übereinstimmt, wird das Attribut `m.last` auf 1 gesetzt. Löst einen Fehler aus, wenn ein EOF angetroffen wird, bevor alle Trenn-Strings entfernt wurden.

`m.readlines()`

Gibt alle im aktuellen Abschnitt verbliebenen Zeilen als Liste von Strings zurück.

`m.read()`

Liest alle im aktuellen Abschnitt verbliebenen Zeilen und gibt sie als einen einzigen String zurück.

`m.next()`

Springt weiter zum nächsten Abschnitt. Gibt wahr zurück, falls ein nächster Abschnitt existiert und falsch, wenn eine Endmarkierung angetroffen wird.

`m.pop()`

Entfernt eine Abschnitts-Trennmarkierung. Diese Markierung wird fortan nicht mehr als EOF interpretiert.

`m.seek(pos [, whence])`

Sucht eine neue Position innerhalb des aktuellen Abschnitts auf. Die Argumente `pos` und `whence` werden wie bei der Methode `seek()` auf einer Datei interpretiert.

`m.tell()`

Gibt die Dateiposition relativ zum Anfang des aktuellen Abschnittes zurück.

Und schließlich haben `MultiFile`-Instanzen zwei öffentliche Instanzvariablen:

| Variable | Beschreibung |
|---|---|
| `m.level` | Verschachtelungstiefe des aktuellen Abschnittes. |
| `m.last` | Wahr, falls die letzte EOF-Markierung eine Nachrichtenende-Markierung war. |

*Beispiel*

```
# Packt Abschnitte einer MIME-kodierten E-Mail aus.
import mimetools, multifile, sys

def unpack_part(file, partno):
    headers = mimetools.Message(file)     # Hole Köpfe.
    type = headers.getmaintype()          # Hole Haupt-Inhaltstyp.
    if type == 'multipart':               # Mehrteilig?
        boundary = headers.getparam("boundary")
        file.push(boundary)
        file.readlines()
```

```
    while not mf.last:
        file.next()
        partno = partno + 1
        unpack_part(mf, partno)
    file.pop()
    return
name = headers.getparam("name")    # Hole Dateinamen.
if not name:
    name = "part%d" % (partno,)
encoding = headers.getencoding()
print "Auspacken von '%s'. Kodierung = %s" % (name, encoding)
if encoding == '7bit':
    outfile = open(name, "w")
    mimetools.copyliteral(file, outfile)
else:
    outfile = open(name,"wb")
    mimetools.decode(file, outfile, encoding)
outfile.close()

f = open(sys.argv[1])
mf = multifile.MultiFile(f, 0)
unpack_part(mf)
```

*Bemerkung*

Die Klasse MultiFile definiert eine Reihe von Methoden, die in Unterklassen spezialisiert (über-schrieben) werden können. Man wende sich dafür an die Online-Bibliotheksreferenz.

*Siehe auch:* mimetools (Seite 231), MimeWriter (Seite 236), *http://www.python.org/doc/lib/modu-le-multifile.html*

····· **quopri** ···················

*Verfügbarkeit:* A

Das Modul quopri führt eine »quoted-printable« Transport-Kodierung und -Dekodierung durch. Dieses Format wird primär zur Kodierung von Textdateien verwendet.

decode(input, output)

> Dekodiert. input und output sind Dateiobjekte.

encode(input, output, quotetabs)

> Kodiert. input und output sind Dateiobjekte. Der Parameter quotetabs erzwingt, wenn er auf wahr gesetzt ist, dass zusätzlich zu den normalen Regeln auch Tabulatorzeichen in Anführungszeichen gesetzt werden.

*Siehe auch:* binascii (Seite 229), Internet RFC 1521 (*http://www.ietf.org*)

····· **rfc822** ···················

*Verfügbarkeit:* A

Das Modul rfc822 wird benutzt, um die Köpfe von E-Mails zu parsen, die in einem Format sind, das vom Internet-Standard RFC 822 definiert wird. Köpfe in dieser Form werden in verschiede-nen Kontexten benutzt, darunter bei der Behandlung von E-Mails und beim HTTP-Protokoll. Eine Ansammlung von RFC-822-Köpfen sieht etwa so aus:

Datenverarbeitung und Kodierung im Internet

```
Return-Path: <beazley@cs.uchicago.edu>
Date: Sat, 17 Jul 1999 10:18:21 -0500 (CDT)
Message-Id: <199907171518.KAA24322@gargoyle.cs.uchicago.edu>
References: <s78caef3.037@mail.conservation.state.mo.us>
        <Pine.WNT.4.04.9907150938330.210-100000@rigoletto.ski.org>
        <199907170324.WAA21001@gargoyle.cs.uchicago.edu>
        <37909181.892EF733@callware.com>
Reply-To: beazley@cs.uchicago.edu
Mime-Version: 1.0 (generated by tm-edit 7.78)
Content-Type: text/plain; charset=US-ASCII
From: David Beazley <beazley@cs.uchicago.edu>
To: psa-members@python.org
Subject: Re: [PSA MEMBERS] Python Conferences

Hi, this is just a reminder...
```

Jede Kopfzeile hat die Form 'headername: values' und darf sich über mehrere Zeilen erstrecken, vorausgesetzt, zusätzliche Zeilen sind mit Leerraum eingerückt. Die Namen in Köpfen sind unabhängig von der Schreibweise, d.h. der Feldname "Content-Type" ist identisch mit "content-type". Eine Liste von Köpfen wird durch eine einzige Leerzeile beendet.
RFC-822-Köpfe werden geparst, indem eine Instanz der Klasse Message erzeugt wird.

Message(file [, seekable])

> Liest RFC-822-Köpfe aus einem dateiähnlichen Objekt file und gibt ein Message-Objekt zurück. Köpfe werden so lange mit der Methode file.readline() gelesen, bis eine Leerzeile angetroffen wird. seekable ist eine Flagge, die auf Null gesetzt ist, wenn in der Datei nicht gesucht werden kann (wie z.B. in einer Datei, die von einem Socket erzeugt wird).

Ein Message-Objekt m verhält sich genau wie ein Dictionary, außer dass seine Schlüsselwerte unabhängig von der Schreibweise sind und es einige Operationen von Dictionaries wie update() und clear() nicht unterstützt.

| Methode | Beschreibung |
|---|---|
| m[name] | Gibt den Wert für den Kopf name an. |
| m[name]=value | Fügt einen Kopf hinzu. |
| m.keys() | Gibt eine Liste von Kopfnamen zurück. |
| m.values() | Gibt eine Liste von Kopfwerten zurück. |
| m.items() | Gibt eine Liste von Kopfpaaren zurück (name, value). |
| m.has_key(name) | Prüft die Existenz eines Kopfnamens. |
| m.get(name [, default]) | Holt einen Kopfwert. Gibt default zurück, wenn nichts gefunden wird. |
| len(m) | Gibt die Anzahl von Köpfen zurück. |
| str(m) | Konvertiert Köpfe in einen RFC-822-formatierten String. |

Zusätzlich sind folgende Methoden verfügbar:

m.getallmatchingheaders(name)

> Gibt eine Liste mit allen Zeilen zurück, die mit name übereinstimmen, inklusive Fortsetzungszeilen, falls vorhanden.

`m.getfirstmatchingheader(name)`

Gibt die Liste von Zeilen für den Kopf zurück, der als Erster mit `name` übereinstimmt, inklusive Fortsetzungszeilen. Gibt `None` zurück, falls `name` mit keinem der Köpfe übereinstimmt.

`m.getrawheader(name)`

Gibt einen String mit dem Rohtext nach dem Doppelpunkt für den ersten Kopf zurück, der mit `name` übereinstimmt. Gibt `None` zurück, wenn keine Übereinstimmung gefunden wird.

`m.getheader(name [, default])`

Wie `getrawheader(name)`, entfernt jedoch jeglichen führenden und abschließenden Leerraum. `default` gibt einen Wert an, der zurückgegeben wird, wenn kein passender Kopf gefunden wird.

`m.getaddr(name)`

Gibt ein Paar (`vollständiger Name, E-Mail-Adresse`) für einen Kopf zurück, der eine E-Mail-Adresse enthält. Falls kein Kopf mit `name` übereinstimmt, wird (`None, None`) zurückgegeben.

`m.getaddrlist(name)`

Parst einen Kopf mit einer Liste von E-Mail-Adressen und gibt eine Liste von Tupeln zurück, wie sie von der Methode `getaddr()` zurückgegeben werden. Wenn mehrere Köpfe passen, werden sie alle nach Adressen geparst (z.B. mehrere CC-Köpfe).

`m.getdate(name)`

Parst einen Kopf mit einem Datum und gibt ein 9-Tupel zurück, das kompatibel zu `time.mktime()` ist. Gibt `None` zurück, falls kein passender Kopf gefunden wird oder das Datum nicht geparst werden kann.

`m.getdate_tz(name)`

Parst einen Kopf mit einem Datum und gibt ein 10-Tupel zurück, wobei die ersten neun Elemente identisch sind mit den von `getdate()` zurückgegebenen und das zehnte eine Zahl mit der Abweichung der Zeitzone des Datums von UTC (Greenwich Mean Time) ist. Gibt `None` zurück, falls kein passender Kopf gefunden wird oder das Datum nicht geparst werden kann.

Und schließlich haben Nachrichten zwei Instanzvariablen:

| Variable | Beschreibung |
| --- | --- |
| `m.headers` | Eine Liste mit der vollständigen Menge aller Kopfzeilen. |
| `m.fp` | Das dateiähnliche Objekt, das übergeben wird, wenn die Nachricht erzeugt wird. |

Zusätzlich zu `Message` definiert das Modul `rfc822` folgende Hilfsfunktionen:

`parsedate(date)`

Parst ein RFC-822-formatiertes Datum `date` wie z.B. `'Mon, 19 Jul 1999 17:30:08 -0600'` und gibt ein 9-Tupel zurück, das kompatibel ist mit der Funktion `time.mktime()`. Gibt `None` zurück, falls `date` nicht geparst werden kann.

`parsedate_tz(date)`

Parst ein Datum, gibt jedoch ein 10-Tupel zurück, wobei die ersten neunen Elemente identisch sind mit denen von `parsedate()` und das zehnte die Abweichung der Zeitzone von `date` zu UTC ist. Gibt `None` zurück, falls `date` nicht geparst werden kann.

`mktime_tz(tuple)`

Wandelt ein von `parsedate_tz()` zurückgegebenes 10-Tupel in einen UTC-Zeitstempel um. Falls das Zeitzonen-Element `None` ist, wird die lokale Zeit angenommen.

`AddressList(addrlist)`

Konvertiert einen String mit einer Liste von E-Mail-Adressen in ein `AddressList`-Objekt. Folgende Operationen können auf `AddressList`-Objekten ausgeführt werden:

| Operation | Beschreibung |
|-----------|--------------|
| `len(a)`  | Anzahl der Adressen in der Liste. |
| `str(a)`  | Konvertiert `a` zurück in einen String von E-Mail-Adressen. |
| `a + b`   | Kombiniert zwei Adresslisten, entfernt Duplikate. |
| `a - b`   | Entfernt alle Adressen in Liste `b` aus der Liste `a`. |

*Beispiel*

```
import rfc822

# Öffne eine Nachricht.
f = open("mailmessage")

# Lies Köpfe.
m = rfc822.Message(f)

# Extrahiere einige Felder.
m_from = m["From"]
m_to = m.getaddr("To")
m_subject = m["Subject"]
```

*Bemerkung*

Die `Message`-Klasse definiert einige weitere Methoden, die in Unterklassen spezialisiert werden können. Man wende sich an die Online-Dokumentation für die Details.

*Siehe auch:* `mimetools` (**Seite 231**), `MimeWriter` (**Seite 236**), `mimetypes` (**Seite 233**), `mailcap` (**Seite 230**), Internet RFC 822 (*http://www.ietf.org*), *http://www.python.org/doc/lib/module-rfc822.html*

*Verfügbarkeit:* A

Das Modul `uu` wird zur Kodierung und Dekodierung von Dateien im uuencode-Format für den Transport von Binärdaten über eine reine ASCII-Verbindung verwendet.

`encode(input, output [, name [, mode]])`

Uu-kodiert eine Datei. `input` ist ein zum Lesen geöffnetes Dateiobjekt oder ein Dateiname. `output` ist ein zum Schreiben geöffnetes Dateiobjekt oder ein Dateiname. `name` gibt den Namen der Datei an, die in der uu-kodierten Datei kodiert enthalten ist. `mode` gibt den Dateimodus der Datei an. In der Voreinstellung werden sowohl `name` wie auch `mode` von der Eingabedatei übernommen.

decode(input [, output [, mode]])

Dekodiert eine uu-kodierte Datei. input ist ein zum Lesen geöffnetes Dateiobjekt oder ein Dateiname. output ist ein zum Schreiben geöffnetes Dateiobjekt oder ein Dateiname. mode wird zum Setzen von Rechte-Bits verwendet und überschreibt die Einstellung der kodierten Eingabedatei.

*Siehe auch:* binascii (Seite 229)

····· **xdrlib** ····················

*Verfügbarkeit:* A

Das Modul xdrlib wird benutzt, um Daten in und aus dem von der Firma Sun definierten XDR-Format (External Data Representation) zu kodieren und zu dekodieren. XDR wird oft benutzt, um binäre Daten bei Netzwerk-Anwendungen portabel zu kodieren. Es wird ausgiebig in Anwendungen benutzt, in denen sehr viel von Prozeduraufrufen auf entfernten Rechnern (RPC) Gebrauch gemacht wird.

Die Kodierung und Dekodierung wird durch die Verwendung von zwei Klassen gesteuert.

Packer()

Erzeugt ein Objekt, das Daten in eine XDR-Repräsentation verpackt.

Unpacker(data)

Erzeugt ein Objekt zum Auspacken von XDR-kodierten Daten. data ist ein String mit XDR-kodierten Datenwerten.

Eine Instanz p der Klasse Packer unterstützt folgende Methoden:

p.get_buffer()

Gibt den aktuellen Verpackungspuffer als String zurück.

p.reset()

Setzt den Verpackungspuffer auf den leeren String zurück.

p.pack_uint(x)

Verpackt eine vorzeichenlose 32-Bit-Ganzzahl x.

p.pack_int(x)

Verpackt eine vorzeichenbehaftete 32-Bit-Ganzzahl x.

p.pack_enum(x)

Verpackt eine Aufzählung (engl. enumeration) x (eine Ganzzahl).

p.pack_bool(x)

Verpackt einen booleschen Wert x.

p.pack_uhyper(x)

Verpackt eine vorzeichenlose 64-Bit-Ganzzahl x.

p.pack_hyper(x)

Verpackt eine vorzeichenbehaftete 64-Bit-Ganzzahl x.

p.pack_float(x)

Verpackt eine Fließkommazahl einfacher Genauigkeit.

p.pack_double(x)

Verpackt eine Fließkommazahl doppelter Genauigkeit.

p.pack_fstring(n, s)

Verpackt einen String mit fester Länge n.

`p.pack_fopaque(n, data)`
> Verpackt einen undurchsichtigen Datenstrom fester Länge. Ähnlich zu `pack_fstring()`.

`p.pack_string(s)`
> Verpackt einen String `s` variabler Länge.

`p.pack_opaque(data)`
> Verpackt einen undurchsichtigen Datenstring `data` variabler Länge. Ähnlich zu `pack_string()`.

`p.pack_bytes(bytes)`
> Verpackt einen Byte-Strom `bytes` variabler Länge. Ähnlich zu `pack_string()`.

`p.pack_list(list, pack_func)`
> Verpackt eine Liste homogener Elemente. `pack_func` ist die Funktion, die aufgerufen wird, um jedes Datenelement zu verpacken (z.B. `p.pack_int`). Bei jedem Element der Liste wird zunächst die vorzeichenlose Ganzzahl 1 vor dem eigentlichen Element verpackt. Am Ende der Liste wird die vorzeichenlose Ganzzahl 0 verpackt.

`p.pack_farray(n, array, pack_func)`
> Verpackt eine Liste fester Länge von homogenen Elementen. `n` ist die Länge der Liste, `array` ist eine Liste mit den Daten und `pack_func` ist die Funktion, die aufgerufen wird, um jedes Datenelement zu verpacken.

`p.pack_array(list, pack_func)`
> Verpackt eine Liste variabler Länge von homogenen Elementen, wobei zuerst ihre Länge verpackt wird und dann die Methode `pack_farray()` aufgerufen wird.

Eine Instanz `u` der Klasse `Unpacker` unterstützt folgende Methoden:

`u.reset(data)`
> Setzt den String-Puffer auf die angegebenen Daten in `data` zurück.

`u.get_position()`
> Gibt die aktuelle Auspack-Position im Datenpuffer zurück.

`u.set_position(position)`
> Setzt die Auspack-Position des Datenpuffers auf `position`.

`u.get_buffer()`
> Gibt den aktuellen Auspack-Datenpuffer als String zurück.

`u.done()`
> Zeigt die Fertigstellung des Auspackens an. Löst eine `Error`-Ausnahme aus, falls nicht alle Daten ausgepackt wurden.

Zusätzlich kann jeder Datentyp, der mit einem `Packer` verpackt werden kann, auch mit einem `Unpacker` ausgepackt werden. Auspack-Methoden haben die Form `unpack_type()` und erwarten keine Argumente. Sie geben das jeweils ausgepackte Objekt zurück.

`u.unpack_int()`
> Packt eine vorzeichenbehaftete 32-Bit-Ganzzahl aus.

`u.unpack_uint()`
> Packt eine vorzeichenlose 32-Bit-Ganzzahl aus.

`u.unpack_enum()`
> Packt eine Aufzählung (engl. enumeration) aus (eine Ganzzahl).

`u.unpack_bool()`
>   Packt einen booleschen Wert aus.

`u.unpack_hyper()`
>   Packt eine vorzeichenbehaftete 64-Bit-Ganzzahl aus.

`u.unpack_uhyper()`
>   Packt eine vorzeichenlose 64-Bit-Ganzzahl aus.

`p.unpack_float()`
>   Packt eine Fließkommazahl einfacher Genauigkeit aus.

`p.unpack_double()`
>   Packt eine Fließkommazahl doppelter Genauigkeit aus.

`u.unpack_fstring(n)`
>   Packt einen String fester Länge aus. `n` ist die Anzahl der erwarteten Bytes.

`u.unpack_fopaque(n)`
>   Packt einen undurchsichtigen Datenstrom fester Länge aus, ähnlich zu `unpack_fstring()`.

`u.unpack_string()`
>   Packt einen String variabler Länge aus.

`u.unpack_opaque()`
>   Packt einen undurchsichtigen Datenstring variabler Länge aus und gibt ihn zurück.

`u.unpack_bytes()`
>   Packt einen Byte-Strom variabler Länge aus und gibt ihn zurück.

`u.unpack_list(unpack_func)`
>   Packt eine Liste homogener Elemente aus, die mit `pack_list()` verpackt worden ist. `unpack_func` ist die Funktion, die aufgerufen wird, um jedes Element auszupacken (z.B. `unpack_int`).

`u.unpack_farray(n, unpack_func)`
>   Packt ein Feld fester Länge von homogenen Elementen aus und gibt dieses (als Liste) zurück. `n` ist die Anzahl der zu erwartenden Listenelemente und `unpack_func` ist die Funktion, mit der jedes Element ausgepackt wird.

`u.unpack_array(unpack_func)`
>   Packt eine Liste variabler Länge von homogenen Elementen aus und gibt diese zurück. `unpack_func` ist die Funktion, mit der jedes Element ausgepackt wird.

*Ausnahmen*

`Error`
>   Die Basisklasse für Ausnahmen. `Error` hat ein einziges öffentliches Datenattribut `msg`, das eine Beschreibung des Fehlers enthält.

`ConversionError`
>   Von `Error` abgeleitete Klasse. Enthält keine weiteren Instanzvariablen.

*Bemerkung*

Objekte, die mit `xdrlib` erzeugt worden sind, können mit `pickle` serialisiert werden.

*Siehe auch:* `struct` (Seite 132), `array` (Seite 120), Internet RFC 1014 (*http://www.ietf.org*)

# Eingeschränkte Ausführung

Normalerweise hat ein Python-Programm vollständigen Zugriff auf den Rechner, auf dem es läuft. Insbesondere kann es Dateien und Netzwerkverbindungen öffnen und andere, potenziell sensitive, Operationen ausführen. In manchen Anwendungen ist dies jedoch nicht erwünscht, besonders bei Internet-Anwendungen, in denen ein Programm das Objekt von Angreifern sein kann oder Code aus einer nicht vertrauenswürdigen Quelle ausgeführt wird.

Um ein gewisses Maß an Sicherheit zu bieten, unterstützt Python eine eingeschränkte Ausführung, die auf dem Konzept der Trennung zwischen vertrauenswürdigem und nicht vertrauenswürdigem Code basiert. Insbesondere kann ein als vertrauenswürdig eingestuftes (Überwachungs-) Programm eine Ablaufumgebung erzeugen (einen sog. Sandkasten), in dem nicht vertrauenswürdiger Code mit beschränkten Rechten ausgeführt werden kann. Die Möglichkeiten des nicht vertrauenswürdigen Codes werden vom Überwachungsprogramm streng kontrolliert, das die Menge von zugänglichen Objekten wie auch das Verhalten einzelner Funktionen einschränken kann.

Pythons Modus zur eingeschränkten Abarbeitung ist mit Hilfe einer Reihe von Tricks mit Dictionaries, Namensräumen und der Ablaufumgebung implementiert, in der nicht vertrauenswürdiger Code ausgeführt wird. Das Ergebnis ist, dass nicht vertrauenswürdiger Code die exakt gleiche Menge von Funktionen und Methoden benutzt, die auch in einem normalen Programm verwendet würden (im Gegensatz zu einem separaten sicheren API). Der einzige Unterschied ist der, dass gewisse eingebaute Funktionen evtl. nicht zur Verfügung stehen (oder auf andere, sichere Varianten davon umdefiniert sind).

Intern bestimmt der Interpreter, ob ein Stück Code eingeschränkt ist, indem er die Identität des Objektes `__builtins__` in seinem globalen Namensraum inspiziert. Falls es die Gleiche ist wie die des Standardmoduls `__builtin__`, ist der Code nicht eingeschränkt. Im Modus der eingeschränkten Abarbeitung erzwingt der Interpreter eine Reihe weiterer Einschränkungen, die verhindern sollen, dass nicht vertrauenswürdiger Code sich priviligierte Rechte verschafft:

- Bei Klassen und Instanzen ist das Attribut `__dict__` nicht verfügbar.
- Bei Funktionen ist das Attribut `func_globals` nicht verfügbar.

Diese Einschränkungen werden vorgenommen, um zu verhindern, dass nicht vertrauenswürdiger Code seinen globalen Namensraum verändert (der vom Überwachungsprogramm zur Einschränkung der zugänglichen Menge von Objekten verwendet wird).

Schließlich sollte erwähnt werden, dass Pythons eingeschränkte Ablaufumgebung keine Leistungsverweigerungsangriffe (engl. denial of service) verhindern kann, obwohl sie den Zugriff auf kritische Operationen verhindert. Bei solchen Angriffen könnte ein nicht vertrauenswürdiges Programm versuchen, für sich den Hauptspeicher auszuschöpfen oder eine unbegrenzte Prozessorzeit zu erlangen.

Die eingeschränkte Ausführung wird mit Hilfe von zwei Modulen unterstützt, `rexec` und `Bastion`. `rexec` wird benutzt, um die Ablaufumgebung von Code einzuschränken. `Bastion` wird benutzt, um den Zugriff von nicht vertrauenswürdigem Code auf Objekte einzuschränken, die vom Überwachungsprogramm erzeugt wurden.

········ **rexec** ·················

*Verfügbarkeit:* A

Das Modul `rexec` wird benutzt, um Code in einer eingeschränkten Umgebung auszuführen. Die Umgebung ist in einer Klasse namens `RExec` gekapselt, deren Attribute die Möglichkeiten des auszuführenden Codes angeben.

RExec([hooks [, verbose]])

Erzeugt eine Instanz der Klasse RExec, die eine eingeschränkte Umgebung darstellt. hooks ist eine Instanz einer Klasse, die zur Implementierung von Nicht-Standardmethoden zur Importierung von Modulen benutzt wird und wird hier nicht weiter beschrieben. verbose ist eine Flagge, die gewisse Debugging-Daten auf die Standardausgabe ausgibt.

Folgende Klassenvariablen werden von der Methode __init__() benutzt, wenn eine Instanz der Klasse RExec erzeugt wird. Sie in einer Instanz zu ändern, hat keinerlei Effekt, daher ist es besser, eine Unterklasse von RExec abzuleiten, die deren Werte verändert.

RExec.nok_builtin_names

Ein Tupel mit Strings, das die Namen der eingebauten Funktionen enthält, die eingeschränkten Programmen nicht zur Verfügung stehen. Der voreingestellte Wert lautet ('open', 'reload', '__import__').

RExec.ok_builtin_modules

Ein Tupel mit Strings, das die Namen der eingebauten Funktionen enthält, die sicher importiert werden können. Der voreingestellte Wert lautet ('audioop', 'array', 'binascii', 'cmath', 'errno', 'imageop', 'marshal', 'math', 'md5', 'operator', 'parser', 'regex', 'rotor', 'select', 'strop', 'struct', 'time').

RExec.ok_path

Die Liste von Verzeichnissen, die durchsucht wird, wenn in der eingeschränkten Umgebung ein Import durchgeführt wird. Der voreingestellte Wert ist identisch mit sys.path.

RExec.ok_posix_names

Ein Tupel mit Namen jener Funktionen des Moduls os, die eingeschränkten Programmen zur Verfügung stehen. Der voreingestellte Wert lautet ('error', 'fstat', 'listdir', 'lstat', 'readlink', 'stat', 'times', 'uname', 'getpid', 'getppid', 'getcwd', 'getuid', 'getgid', 'geteuid', 'getegid').

RExec.ok_sys_names

Ein Tupel mit Namen jener Funktionen des Moduls sys, die eingeschränkten Programmen zur Verfügung stehen. Der voreingestellte Wert lautet ('ps1', 'ps2', 'copyright', 'version', 'platform', 'exit', 'maxint').

Eine Instanz r von RExec benutzt folgende Methoden, um eingeschränkten Code auszuführen:

r.r_eval(code)

Identisch mit eval(), außer dass code in der eingeschränkten Umgebung ausgeführt wird. code ist ein String oder ein übersetztes Code-Objekt. Gibt den Wert des resultierenden Ausdrucks zurück.

r.r_exec(code)

Identisch mit der exec-Anweisung, außer dass die Ausführung in der eingeschränkten Umgebung stattfindet. code ist ein String oder ein übersetztes Code-Objekt.

r.r_execfile(filename)

Identisch mit execfile(), außer dass der Code in der eingeschränkten Umebung ausgeführt wird.

r.s_eval(code)

Identisch mit r_eval(), außer dass der Zugriff auf sys.stdin, sys.stdout und sys.stderr erlaubt ist.

`r.s_exec(code)`

Identisch mit `r_exec()`, außer dass der Zugriff auf `sys.stdin`, `sys.stdout` und `sys.stderr` erlaubt ist.

`r.s_execfile(code)`

Identisch mit `r_execfile()`, außer dass der Zugriff auf `sys.stdin`, `sys.stdout` und `sys.stderr` erlaubt ist.

Folgende Methoden werden implizit von Code aufgerufen, der in der eingeschränkten Umgebung ausgeführt wird und können in Unterklassen von `RExec` überschrieben werden.

`r.r_import(modulename [, globals [, locals [, fromlist]]])`

Importiert das Modul namens `modulename`. Eine `ImportError`-Ausnahme sollte ausgelöst werden, wenn das Modul nicht sicher ist.

`r.r_open(filename [, mode [, bufsize]])`

Öffnet eine Datei in der eingeschränkten Umgebung. Die Argumente sind die gleichen wie bei der eingebauten Funktion `open()`. Als Voreinstellung werden Dateien mit Lese-, aber ohne Schreibzugriff geöffnet.

`r.r_reload(module)`

Lädt erneut das Modulobjekt `module`.

`r.r_unload(module)`

Widerruft das vorherige Laden des Modulobjekts `module`.

`r.s_import(modulename [, globals[, locals[, fromlist]]])`

Identisch mit `r_import()`, aber mit Zugriff auf Standard-I/O-Ströme.

`r.s_reload(module)`

Identisch mit `r_reload()`, aber mit Zugriff auf Standard-I/O-Ströme.

`r.s_unload(module)`

Identisch mit `r_unload()`, aber mit Zugriff auf Standard-I/O-Ströme.

*Beispiel*

Das folgende Programm führt Python-Code, der von einem CGI-Skript übergeben wurde, in einer eingeschränkten Umgebung mit Beschränkungen auf CPU und Hauptspeicher aus.

```
#!/usr/local/bin/python
import rexec
import cgi, StringIO, sys, string, resource

form = cgi.FieldStorage()
code = form["code"].value        # Hole irgendeinen auszuführenden Code.
code = string.replace(code, "\015", "")

sys.stderr = sys.stdout          # Lasse Fehlermeldungen auftauchen.

print "Content-type: text/plain\n\n"
print """Die Ausgabe Ihres Programmes ist : \n\n"""

class CGIExec(rexec.RExec):
    def r_open(*args):
        raise SystemError, "Öffnen nicht unterstützt"
```

```
r = CGIExec()                     # Erzeuge Sandkasten.
# Schränke Speicherverbrauch auf 4 MB ein.
resource.setrlimit(resource.RLIMIT_DATA, (4000000, 4000000))

# Setze CPU Zeitlimit auf 10 Sekunden.
resource.setrlimit(resource.RLIMIT_CPU, (10, 10))

# Führe Code aus.
r.s_exec(code)                    # Führe nicht-vertrauenswürdigen Code aus.
```

*Siehe auch:* Bastion (nachfolgend)

····· **Bastion** ··················

*Verfügbarkeit:* A

Das Modul Bastion wird verwendet, um den Zugriff auf Attribute eines Objektes einzuschränken. Es wird vorwiegend in Verbindung mit dem Modul rexec benutzt, wenn ein privilegiertes Programm anderen, eingeschränkten Programmen den Zugriff auf nicht eingeschränkte Objekte erlauben möchte. Die Idee hinter einer Bastion ist einfach: Ein Objekt wird in eine Hülle verpackt, die jeden Methodenzugriff auf eine Filterfunktion umleitet, die entscheidet, ob der Zugriff erlaubt wird oder nicht. Darüber hinaus wird jeder weitere Zugriff auf Datenattribute (also nicht Methoden) unterbunden.

Bastion(object [, filter [, name [, class]]])

Gibt eine Bastion für das Objekt object zurück. filter ist eine Funktion, die einen String mit einem Methodennamen akzeptiert, und gibt wahr oder falsch zurück, je nachdem, ob der Zugriff auf das Objekt erlaubt ist oder nicht. name ist der Name des Objektes, der von der Methode str() der Bastion ausgegeben wird. class ist das Klassenobjekt, das Bastion-Objekte implementiert, und wird hier nicht weiter beschrieben (es ist selten nötig, es anzugeben).

*Beispiel*

Angenommen, man wollte den Zugriff auf ein StringIO-Objekt so einschränken, dass nur Lese-Operationen erlaubt sind (siehe StringIO-Modul).

```
import StringIO, Bastion

str = StringIO("")
...
strbast = Bastion.Bastion(str, lambda x: x in ['read', 'readline', 'readlines'])
strbast.readline()         # OK.
strbast.write("Ha ha")     # Schlägt fehl. AttributeError: write
```

*Bemerkungen*

- Wenn die Filterfunktion weggelassen wird, verhindert eine Bastion alle Zugriffe auf Methoden, deren Namen mit einem Unterstrich beginnen.
- Bastionen können nicht um eingebaute Typen wie Dateien und Sockets angelegt werden.

# Verschiedene Module

Die Module dieser Kategorie werden für verschiedene Aufgaben benutzt, die in keine der anderen Kategorien hineinpassen.

····· **bisect** ·················

*Verfügbarkeit:* A

Das Modul bisect stellt eine Möglichkeit zur Verfügung, um die Ordnung von Listen, d.h. die Sortierung ihrer Element beizubehalten. Es verwendet einen Bisektionsalgorithmus für die meiste Arbeit dabei.

bisect(list, item [, low [, high]])

Gibt den korrekten Index in der Liste list an, wo das Element item eingefügt werden muss, damit die Ordnung auf der Liste erhalten bleibt. low und high sind Indizes, die einen Teilbereich der Liste angeben, der dabei betrachtet werden soll.

insort(list, item [, low [, high]])

Fügt das Element item in der Liste list ein, sodass ihre Ordnung erhalten bleibt.

····· **cmd** ·················

*Verfügbarkeit:* A

Das Modul cmd stellt die Klasse Cmd zur Verfügung, die als Rahmenwerk für die Konstruktion eines zeilenorientierten Befehlsinterpreters dient. Die Cmd-Klasse wird nie direkt instantiiert, sondern wird als Basisklasse für eine Klasse verwendet, die den Interpreter erst implementiert. Eine Instanz c der Klasse Cmd kennt folgende Methoden:

c.cmdloop([intro)

Gibt die Bannermeldung in intro und wiederholt eine Eingabeaufforderung aus, liest eine Zeile als Eingabe und führt eine dazu geeignete Aktion durch. Bei jeder Zeile wird das erste Wort abgetrennt und als Befehlsname verwendet. Bei einem Befehl namens 'foo' wird versucht, die Methode do_foo() mit dem Rest der Zeile als String-Argument aufzurufen. Wenn eine Zeile nur ein Fragezeichen enthält, wird die vordefinierte Methode do_help() aufgerufen. Falls der Befehl '!' lautet, wird die Methode do_shell() aufgerufen (sofern definiert). Eine Dateiende-Markierung wird in den String 'EOF' konvertiert und anschließend do_EOF() aufgerufen. Unterklassen von Cmd erben eine vordefinierte Methode namens do_help(). Wenn diese Methode mit einem Argument 'bar' aufgerufen wird, versucht sie, die Methode help_bar() aufzurufen. Ohne Argumente listet do_help() alle verfügbaren Hilfethemen, indem es alle Befehle auflistet mit entsprechenden help-*-Methoden, undokumentierte Befehle (solche ohne entsprechende help-*-Methoden) und verschiedene Themen (Hilfemethoden ohne entsprechenden Befehl). Jede Befehlsmethode sollte einen ganzzahligen Code zurückgeben, der Erfolg oder Fehler anzeigt. Ein negativer Wert gibt einen Fehler an und veranlasst den Interpreter zu terminieren. Sonst liest der Interpreter nach jedem Befehl weitere Eingaben. Wenn das readline-Modul geladen wurde, verfügt der Befehlseditor über Zeileneditier- und -wiederholungseigenschaften.

c.onecmd(str)

Interpretiert str als eine einzelne Eingabezeile.

c.emptyline()

Wird aufgerufen, wenn eine leere Eingabezeile eingegeben wird. Sie sollte vom Benutzer definiert werden. Falls sie nicht überschrieben wird, wiederholt sie den letzten nicht-leeren eingegebenen Befehl.

`c.default(line)`

Wird aufgerufen, wenn ein unbekannter Befehl eingegeben wird. Als Voreinstellung wird eine Fehlermeldung ausgegeben und terminiert.

`c.precmd()`

Wird ausgeführt, bevor die Eingabeaufforderung ausgegeben wird. Sollte von abgeleiteten Klassen überschrieben werden.

`c.postcmd()`

Wird sofort aufgerufen, nachdem die Befehlsausführung beendet wurde.

`c.preloop()`

Wird einmal aufgerufen, wenn `cmdloop()` ausgeführt wird.

`c.postloop()`

Wird aufgerufen, kurz bevor `cmdloop()` beendet wird.

Folgende Instanzvariablen sollten in Unterklassen von `Cmd` ebenfalls definiert sein:

| Variable | Beschreibung |
| --- | --- |
| `c.prompt` | Eingabeaufforderung. |
| `c.identchars` | String mit Zeichen, die für den Befehlspräfix akzeptiert werden. |
| `c.lastcmd` | Der letzte bisherige nicht-leere Befehl. |
| `c.intro` | Eingangstextbanner. Überschrieben mit dem Argument von `cmdloop()`. |
| `c.doc_header` | Der auszugebende Kopf, falls der Hilfe-Abschnitt einen Abschnitt für dokumentierte Befehle hat. |
| `c.misc_header` | Der bei verschiedenen Hilfe-Themen auszugebende Kopf. |
| `c.undoc_header` | Kopf für undokumentierte Befehle. |
| `c.ruler` | Zeichen, mit dem Trennzeilen unter den Köpfen von Hilfemeldungen gebildet werden. Wenn leer, wird keine Trennzeile ausgegeben. Die Voreinstellung ist `'='`. |

*Beispiel*

Das folgende Beispiel zeigt, wie dieses Modul dazu benutzt werden kann, eine Interpreter-Hülle um die aufrufbaren Objekte eines Moduls herum zu implementieren. Es zeigt auch die interessante Eigenschaft, dass Code in einer Klassendefinition ausgeführt wird.

```
# cmdhelp.py
# Konstruiert einen Befehlsinterpreter, der es erlaubt, beliebige
# Python-Befehle einzugegeben, liest aber ihre Dokumentations-
# strings, um eine Sammlung von Hilfe-Befehlen zu erzeugen.
# Einfach ein execfile(cmdhelp.py) in einem Modul ausführen, um
# es zu benutzen.

import cmd, sys, traceback

# Definiere die Interpreter-Klasse.
class Interpreter(cmd.Cmd):
    symbols = globals()
    prompt = "?>> "
    intro  = "Interpreter for " + __name__
```

Verschiedene Module

```
# Finde alle aufrufbaren Objekte und suche
# deren Dokumentationsstrings.

for n in symbols.keys():
    c = symbols[n]
    if callable(c):
        if c.__doc__:
            exec """
        def help_%s(self):print %s.__doc__
        """ % (n,n)

# Führe eine beliebige Anweisung aus.
def default(self, l):
    try:
        exec self.lastcmd in globals()
    except:
        traceback.print_exc()

# Lasse Leerzeilen unangetastet.
def emptyline(self):
    pass

def do_EOF(self, arg):
    return -1


# Erzeuge eine Instanz.
interp = Interpreter()
```

**Folgendes Beispiel zeigt, wie obiger Code benutzt werden kann:**

```
Python 1.5.2 (#1, Jun 23 1999, 07:54:16)  [GCC 2.7.2.3] on linux2
Copyright 1991-1995 Stichting Mathematisch Centrum, Amsterdam
>>> from socket import *
>>> execfile("cmdhelp.py")
>>> interp.cmdloop()
Interpreter for __main__
?>> help
Miscellaneous help topics:
==========================
getservbyname    gethostbyaddr    htons        socket
ntohs            gethostbyname    fromfd       getprotobyname
gethostname      htonl
Undocumented commands:
======================
EOF              help
?>> help socket
socket(family, type[, proto]) -> socket object
Open a socket of the given type.  The family argument
specifies the address family; it is normally AF_INET,
sometimes AF_UNIX.  The type argument specifies whether this
```

```
is a stream (SOCK_STREAM) or datagram (SOCK_DGRAM) socket.
The protocol argument defaults to 0, specifying the default
protocol.
?>> s = socket(AF_INET, SOCK_STREAM)
?>> s.connect("www.python.org", 80)
...
```

*Siehe auch:* shlex (Seite 254)

## md5

*Verfügbarkeit:* U, W, M

Das Modul md5 implementiert den MD5-Algorithmus der Firma RSA. Man benutzt das Modul, indem man ein md5-Objekt mit der Funktion new() erzeugt. Dann wird dieses Objekt mit Daten gefüttert, um das Ergebnis, einen 128-Bit-Hash-Wert zu berechnen.

new([arg])

Gibt ein neues md5-Objekt zurück. Falls arg angegeben wird, wird auch die Methode update(arg) **aufgerufen.**

Ein md5-Objekt m kennt folgende Methoden:

m.update(arg)

Aktualisiert das md5-Objekt m mit dem String arg. Wiederholte Aufrufe sind äquivalent zu einem einzigen Aufruf mit der Verkettung aller Argumente.

m.digest()

Gibt das Ergebnis für alle bisher mit der Methode update() an das Objekt übergebenen Daten zurück. Gibt einen 16 Byte langen String zurück, der nicht-druckbare Zeichen enthalten kann, inklusive Null-Bytes.

m.copy()

Gibt eine Kopie des md5-Objektes zurück.

*Beispiel*

```
import md5
m = md5.new()             # Erzeuge ein neues MD5-Objekt.
m.update("Hello")
m.update("World")
d = m.digest()            # Berechne Ergebnis.
```

Folgende Abkürzung kann ebenfalls benutzt werden:

```
d = md5.new("Hello World").digest()
```

*Siehe auch:* sha (nachfolgend), Internet RFC 1321

## sha

*Verfügbarkeit:* U

Das Modul sha implementiert den so genannten Secure-Hash-Algorithmus (SHA). SHA bekommt einen Text als Eingabe und produziert daraus einen 160-Bit-Hash-Wert. Um diesen zu berechnen, erzeugt man ein sha-Objekt mit der Funktion new() und füttert es mit Daten.

**Verschiedene Module**

new([string])

    Gibt ein neues sha-Objekt zurück. Wird string angegeben, dann wird auch die Methode update(string) aufgerufen.

blocksize

    Die Größe der Blöcke, die in die Hash-Funktion eingehen. Diese ist immer gleich 1.

digestsize

    Die Größe des Ergebnisses in Bytes. Diese ist immer gleich 20.

Eine Instanz s eines sha-Objektes hat folgende Methoden:

s.update(arg)

    Aktualisiert das sha-Objekt mit dem String arg. Wiederholte Aufrufe sind äquivalent zu einem einzigen Aufruf mit der Verkettung aller Argumente zu einem einzigen Argument.

s.digest()

    Gibt das Ergebnis für alle bisher mit der Methode update() an das Objekt übergebenen Daten zurück. Gibt einen 20 Byte langen String zurück, der nicht-druckbare Zeichen enthalten kann, inklusive Null-Bytes.

s.copy()

    Gibt eine Kopie des sha-Objektes zurück.

s.hexdigest()

    Gibt den Ergebniswert als String von hexadezimalen Ziffern zurück.

*Bemerkung*

Der SHA-Algorithmus wird durch das NIST-Dokument »FIPS PUB 180-1: Secure Hash Standard« definiert. Es ist online verfügbar unter *http://csrc.nist.gov/fips/fip180-1.ps.*

*Siehe auch:* md5 (Seite 253)

····· **shlex** ··················

*Verfügbarkeit:* U, W, M

Das Modul shlex stellt eine Klasse shlex bereit, mit der man eine lexikalische Analyse einer einfachen Syntax wie der von Shells durchführen kann.

shlex([stream])

    Erzeugt eine Instanz der Klasse shlex. Dabei bezeichnet stream eine Datei oder ein Strom-ähnliches Objekt, von dem Zeichen gelesen werden. Dieses Objekt muss über die Methoden read() und readline() verfügen. Falls stream weggelassen wird, wird die Eingabe von sys.stdin gelesen.

Eine Instanz s der Klasse shlex unterstützt folgende Methoden:

s.get_token()

    Gibt ein Token (als String) zurück. Falls Token mit push_token() gespeichert wurden, wird das oberste Token vom Stapel entfernt. Sonst wird der Token vom Eingabestrom gelesen. Ein EOF gibt einen leeren String zurück.

s.push_token(str)

    Legt ein Token auf den Token-Stapel.

Zusätzlich können folgende Instanzvariablen gesetzt werden:

| Variable | Beschreibung |
|---|---|
| s.commenters | String mit Zeichen, die als Anfang eines Kommentars erkannt werden. Kommentare gehen bis zum Zeilenende. Beinhaltet '#' in der Voreinstellung. |
| s.wordchars | String mit Zeichen, die Token aus mehreren Zeichen bilden. Beinhaltet alle alphanumerischen ASCII-Zeichen und den Unterstrich als Voreinstellung. |
| s.whitespace | String von leeren Zeichen, die übersprungen werden. |
| s.quotes | Zeichen, die als Anführungszeichen für Strings betrachtet werden. Beinhaltet einfache und doppelte Anführungszeichen in der Voreinstellung. |
| s.lineno | Quellcode-Zeilennummer. |
| s.token | Der Puffer des Tokens. |

*Bemerkung*
Jedes Zeichen, das nicht als Wort, Leerraum oder Anführungszeichen deklariert ist, wird als singuläres Zeichen/Token zurückgegeben. Außerdem müssen Wörter durch Leerraum getrennt sein. Spezielle Symbole wie Anführungszeichen und Kommentare werden innerhalb von Wörtern nicht erkannt. Daher wird ein Wort wie isn't als einzelnes Token zurückgegeben.

*Siehe auch:* cmd (Seite 250)

# Debugger

Der Python-Debugger wird geladen, indem das Modul pdb importiert wird. Dieses Modul stellt einen interaktiven Quellcode-Debugger bereit, der die Fehlersuche im Post-Mortem-Modus, die Inspektion von Stackframes, das Setzen von Unterbrechungspunkten, die schrittweise Abarbeitung von Quellcodezeilen sowie die Auswertung von Quellcode erlaubt.

····· **pdb** ··················

*Verfügbarkeit:* A
Der Debugger wird gestartet, indem das Modul pdb importiert und eine der folgenden Funktionen aufgerufen wird:

run(statement [, globals [, locals]])
Führt die Anweisung im String statement **unter der Kontrolle des Debuggers aus. Die Eingabeaufforderung des Debuggers erscheint sofort, noch bevor irgendein Code ausgeführt wird. Die Eingabe von** 'continue' **zwingt ihn zur Ausführung.** globals und locals definieren die globalen und lokalen Namensräume, in denen der Code ausgeführt wird.

runeval(expression [, globals [, locals]])
Wertet den String-Ausdruck expression **unter der Kontrolle des Debuggers aus. Die Eingabeaufforderung des Debuggers erscheint wie bei** run(), **bevor irgendein Code ausgeführt wird. Bei Erfolg wird der Wert des Ausdrucks zurückgegeben.**

runcall(function [, argument, ...])
Ruft eine Funktion innerhalb des Debuggers auf. function ist ein aufrufbares Objekt. Die Eingabeaufforderung des Debuggers erscheint, bevor irgendein Code ausgeführt wird. Der Rückgabewert der Funktion wird nach ihrem Beenden zurückgegeben.

**Debugger**

`set_trace()`

Startet den Debugger an dem Punkt, wo diese Funktion aufgerufen wird. Das kann verwendet werden, um einen Unterbrechungspunkt an einer bestimmten Stelle in den Quellcode fest zu kodieren.

`post_mortem(traceback)`

Startet Post-Mortem-Debugging eines Traceback-Objektes.

`pm()`

Geht in den Post-Mortem-Modus über, wobei der Traceback in `sys.last_traceback` benutzt wird.

Der Debugger präsentiert bei seinem Start eine Eingabeaufforderung wie diese:

```
>>> import pdb
>>> import buggymodule
>>> pdb.run('buggymodule.start()')
> <string>(0)?()
(Pdb)
```

`(Pdb)` ist die Eingabeaufforderung des Debuggers, bei der folgende Befehle erkannt werden.

*Bemerkung:*

Einige Befehle haben sowohl eine Kurz- wie auch eine Langform. In diesem Fall werden Klammern benutzt, um beide Formen anzugeben. So bedeutet z.B. `h(elp)`, dass entweder `'h'` oder `'help'` akzeptiert wird.

`h(elp) [command]`

Zeigt die Liste der verfügbaren Befehle. Bei Angabe von `command` wird ein Hilfstext zu diesem Befehl ausgegeben.

`w(here)`

Gibt einen Stacktrace aus.

`d(own)`

Verschiebt den aktuellen Frame im Stacktrace eine Ebene nach unten.

`u(p)`

Verschiebt den aktuellen Frame im Stacktrace eine Ebene nach oben.

`b(reak) [loc [, condition]]`

Setzt einen Unterbrechungspunkt an der Stelle `loc`, wobei `loc` folgende Werte annehmen kann:

| Wert | Beschreibung |
| --- | --- |
| `n` | Eine Zeilennummer in der aktuellen Datei. |
| `filename:n` | Eine Zeilennummer in einer anderen Datei. |
| `function` | Ein Funktionsname in der aktuellen Datei. |
| `filename:function` | Ein Funktionsname in einer anderen Datei. |

Wenn `loc` weggelassen wird, werden alle aktuellen Unterbrechungspunkte ausgegeben. `condition` ist ein Ausdruck, der zu wahr ausgewertet werden muss, bevor der Unterbrechungspunkt beachtet wird.

`tbreak [loc [, condition]]`

Setzt einen temporären Unterbrechungspunkt, der entfernt wird, nachdem er das erste Mal erreicht wird.

`cl(ear) [bpnumber [bpnumber ...]]`

Löscht eine Menge von Unterbrechungspunkten. Wenn keine Unterbrechungspunkte angegeben werden, werden alle Unterbrechungen gelöscht.

`disable [bpnumber [bpnumber ...]]`

Deaktiviert die Menge der angegebenen Unterbrechungspunkte. Im Gegensatz zu `clear` können diese später wieder reaktiviert werden.

`enable [bpnumber [bpnumber ...]]`

Aktiviert die Menge der angegebenen Unterbrechungspunkte.

`ignore bpnumber [count]`

Ignoriert einen Unterbrechungspunkt für `count` weitere Ausführungen.

`condition bpnumber [condition]`

Setzt eine Bedingung für einen Unterbrechungspunkt. `condition` ist ein Ausdruck, der zu wahr ausgewertet werden muss, bevor der Unterbrechungspunkt erkannt wird. Ohne Bedingung wird eine vorherige Bedingung gelöscht.

`s(tep)`

Führt eine einzelne Zeile des Quellcodes aus und hält in aufgerufenen Funktionen an.

`n(ext)`

Läuft weiter bis zur nächsten Zeile der aktuellen Funktion. Überspringt den Code in Funktionsaufrufen.

`r(eturn)`

Läuft so lange, bis die aktuelle Funktion verlassen wird.

`c(ont(inue))`

Setzt die Ausführung fort, bis ein Unterbrechungspunkt erreicht wird.

`l(ist) [first [, last]]`

Listet Quellcode auf. Ohne Argumente werden 11 Zeilen um die aktuelle Zeile herum aufgelistet. Mit einem Argument werden 11 Zeilen um diese Zeile herum aufgelistet. Bei zwei Argumenten werden die Zeilen in einem Intervall aufgelistet. Falls `last` kleiner als `first` ist, wird es als Anzahl interpretiert.

`a(rgs)`

Gibt die Argumentliste der aktuellen Funktion aus.

`p expression`

Wertet den Ausdruck im aktuellen Kontext aus und gibt seinen Wert aus.

`alias [name [command]]`

Erzeugt einen Alias namens `name`, der `command` ausführt. Die Unterstrings `"%1"`, `"%2"`, usw. werden durch Parameter ersetzt, wenn der Alias eingegeben wird. `"%*"` wird durch alle Parameter ersetzt. Wenn kein Befehl angegeben wird, wird die aktuelle Alias-Liste angezeigt. Aliase dürfen verschachtelt sein und können alles enthalten, was bei der `pdb`-Eingabeaufforderung eingegeben werden darf. Beispiel:

Profiler

```
# Gib Instanzvariablen aus (Verwendungsweise: "pi classInst").
alias pi for k in %1.__dict__.keys(): print "%1.", k, "=", %1.__dict__[k]
# Gib Instanzvariablen in self aus.
alias ps pi self
```

unalias name

> Löscht den angegebenen Alias.

[!]statement

> Führt die (einzeilige) Anweisung statement im Kontext des aktuellen Stackframes aus. Das Ausrufezeichen kann weggelassen werden, es sei denn das erste Wort der Anweisung entspricht einem Debugger-Befehl. Um eine globale Variable zu setzen, kann man dem Zuweisungsbefehl einen global-Befehl auf der gleichen Zeile voranstellen wie hier:

```
(Pdb) global list_options; list_options = ['-l']
(Pdb)
```

q(uit)

> Verlässt den Debugger.

*Bemerkungen*

- Die Eingabe einer leeren Zeile wiederholt den zuletzt eingegebenen Befehl.
- Befehle, die der Debugger nicht erkennt, werden als Python-Anweisungen betrachtet und werden im Kontext des zu untersuchenden Programmes ausgeführt.
- Falls eine Datei namens .pdbrc im Heimatverzeichnis des Benutzers oder im aktuellen Verzeichnis existiert, wird sie gelesen und ausgeführt, als ob ihr Inhalt bei der Eingabeaufforderung des Debuggers eingegeben worden wäre.

# Profiler

Dieser Abschnitt beschreibt den Python-Profiler, ein Werkzeug, mit dem die Laufzeitperformanz eines Programmes analysiert werden kann.

····· **profile** ····················

*Verfügbarkeit:* A

Das Modul profile wird benutzt, um Daten über das Laufzeitverhalten zu gewinnen.

run(command [, filename])

> Führt bei der Messung den Inhalt des Strings command mit der exec-Anweisung aus. filename ist der Name einer Datei, in der die rohen Messdaten gespeichert werden. Wenn er weggelassen wird, erscheint ein Bericht ähnlich dem folgenden auf der Standardausgabe:

```
126 function calls (6 primitive calls) in 5.130 CPU seconds

Ordered by: standard name

ncalls  tottime  percall  cumtime  percall filename:lineno(function)
     1    0.030    0.030    5.070    5.070 <string>:1(?)
 121/1    5.020    0.041    5.020    5.020 book.py:11(process)
     1    0.020    0.020    5.040    5.040 book.py:5(?)
```

```
    2   0.000   0.000   0.000   0.000 exceptions.py:101(__init__)
    1   0.060   0.060   5.130   5.130 profile:0(execfile('book.py'))
    0   0.000           0.000         profile:0(profiler)
```

Die verschiedenen Teile eines solchen Berichts werden wie folgt interpretiert:

| Abschnitt | Beschreibung |
|---|---|
| primitive calls | Anzahl der nicht-rekursiven Funktionsaufrufe. |
| ncalls | Gesamtanzahl aller Aufrufe (inkl. der selbst-rekursiven). |
| tottime | Zeit, die in dieser Funktion verbracht wurde (ohne Unterfunktionen). |
| percall | tottime/ncalls |
| cumtime | Gesamtzeit, die in der Funktion verbracht wurde. |
| percall | cumtime/(primitive calls) |
| filename:lineno(function) | Ort und Name jeder Funktion. |

Wenn in der ersten Spalte zwei Zahlen stehen, z.B. "121/1", bezeichnet Letztere davon die Anzahl der primitiven Aufrufe und Erstere die Anzahl der tatsächlichen Aufrufe.

*Bemerkungen*
- Eine Analyse der gespeicherten Messwerte erfolgt mit dem Modul pstats.
- Um exakte Daten zu erhalten, muss man den Profiler evtl. erst kalibrieren. Die Details dazu schlage man in der Online-Dokumentation nach.

····· **pstats** ···················

*Verfügbarkeit:* A

Das Modul pstats definiert die Klasse Stats, mit der die Daten analysiert werden, die mit dem Modul profile gespeichert wurden.

Stats(filename)

Liest Messdaten aus einer Datei namens filename, die zuvor mit der Funktion profile.run() erzeugt wurde. Gibt ein Statistik-Objekt zurück, mit dem Berichte ausgegeben werden können.

Ein Statistik-Objekt s verfügt über folgende Methoden:

s.strip_dirs()

Entfernt Pfadinformation am Anfang von Dateinamen.

s.add(filename [, ...])

Sammelt zusätzliche Messdaten in der aktuellen Messung an. filename ist der Name einer Datei mit Messdaten, die zuvor mit profile.run() gespeichert wurden.

s.sort_stats(key [, ...])

Sortiert statistische Daten gemäß einer Folge von Schlüsseln. Jeder Schlüssel kann einen der folgenden Werte annehmen:

| Schlüsselname | Beschreibung |
|---|---|
| `'calls'` | Anzahl der Aufrufe |
| `'cumulative'` | Kumulative Zeit |
| `'file'` | Dateiname |
| `'module'` | Modulname |
| `'pcalls'` | Anzahl primitiver Aufrufe |
| `'line'` | Zeilennummer |
| `'name'` | Funktionsname |
| `'nfl'` | Name/Datei/Zeile |
| `'stdname'` | Standardname |
| `'time'` | Interne Zeit |

Zeitangaben und Aufrufzahlen sind absteigend sortiert, Zeilennummern und Dateinamen sind aufsteigend sortiert.

`s.print_stats(restriction [, ...])`
Gibt einen Bericht über die Messung auf die Standardausgabe aus. Die Reihenfolge ist die gleiche wie bei der letzten `sort_stats()`-Methode. Die Argumente werden dazu benutzt, Einträge im Bericht zu entfernen. Jede Einschränkung kann eine Ganzzahl sein, um eine maximale Anzahl von Zeilen auszuwählen, eine Dezimalzahl, um einen Prozentsatz der Zeilen auszuwählen, oder ein regulärer Ausdruck, für einen Mustervergleich mit den Namen, die ausgegeben werden.

`s.print_callers(restrictions [, ...])`
Gibt eine Liste aller Funktionen aus, die jede Funktion in der Messdatenbank aufgerufen haben. Die Reihenfolge ist identisch mit der von `print_stats()`. Das Argument `restrictions` hat die gleiche Bedeutung wie bei `print_stats()`.

`s.print_callees(restrictions [, ...])`
Gibt eine Liste aller Funktionen aus, die von jeder Funktion aufgerufen wurden. Das Argument `restrictions` hat die gleiche Bedeutung wie bei `print_stats()`.

# Undokumentierte Module

Die in diesem Abschnitt aufgeführten Module werden in diesem Buch nicht im Detail beschrieben. Es gibt jedoch Beschreibungen davon in der Online-Bibliotheksreferenz und an anderer Stelle.

····· **Python-Dienste** ····················

| Modul | Beschreibung |
|---|---|
| code | Unterstützung für Code-Objekte |
| codeop | Übersetzung von Python-Code |
| compileall | Byte-Übersetzung von Python-Dateien in einem Verzeichnis |
| dis | Disassemblierer |
| imp | Zugriff auf die Implementierung der import-Anweisung |

| Modul | Beschreibung |
|---|---|
| keyword | Prüft, ob ein String ein Schlüsselwort in Python ist |
| linecache | Lädt Zeilen aus Dateien |
| parser | Zugriff auf Parse-Bäume von Python-Quellcode |
| pprint | Schöne Darstellung von Objekten |
| pyclbr | Extrahiert Information für Klassen-Browser |
| py_compile | Übersetzt Python-Quellcode in Bytecode-Dateien |
| repr | Alternative Implementierung der Funktion repr() |
| symbol | Konstanten zur Repräsentation interner Knoten von Parse-Bäumen |
| token | Terminal-Knoten des Parse-Baumes |
| tokenize | Scanner für Python-Quellcode |
| user | Parsen von Benutzer-Konfigurationsdateien |

## String-Verarbeitung

| Modul | Beschreibung |
|---|---|
| fpformat | Formatierung von Fließkommazahlen |
| regex | Übereinstimmung mit regulären Ausdrücken (überholt) |
| regsub | Ersetzung mit regulären Ausdrücken (überholt) |

## Betriebssystem-Module

| Modul | Beschreibung |
|---|---|
| curses | Schnittstelle zur Curses-Bibliothek |
| dl | Zugriff auf shared libraries in Unix |
| dircache | Verzeichnis-Cache |
| mutex | Mutex-Sperren |
| pty | Pseudo-terminal handling |
| pipes | Schnittstelle zu Shell-Kanälen |
| posixfile | Dateisperren |
| nis | Schnittstelle zu Suns NIS |
| sched | Ereignis-Scheduler |
| statcache | Version der Funktion stat() mit Cache |
| syslog | Schnittstelle zum syslog-Dämon in Unix |

## Netzwerk

| Modul | Beschreibung |
|---|---|
| gopherlib | Gopher-Protokoll |
| telnetlib | Telnet-Protokoll |

Undokumentierte Module

Undokumentierte Module

····· **Internet-Datenverarbeitung** ··················

| Modul | Beschreibung |
|---|---|
| `formatter` | Generische Ausgabeformatierung |
| `htmllib` | Parsen von HTML |
| `mailbox` | Lesen verschiedener Mailbox-Formate |
| `mhlib` | Zugriff auf MH-Mailboxen |
| `mimify` | MIME-Verarbeitung von E-Mails |
| `netrc` | `netrc`-Dateiverarbeitung |
| `sgmllib` | Einfaches Parsen von SGML |
| `xmllib` | Einfaches Parsen von XML |

····· **Multimedia-Dienste** ··················

| Modul | Beschreibung |
|---|---|
| `audioop` | Manipulation von rohen Audiodaten |
| `imageop` | Manipulation von rohen Bilddaten |
| `aifc` | Lesen und Schreiben von AIFF- und AIFC-Dateien |
| `sunau` | Lesen und Schreiben von Sun-AU-Dateien |
| `wave` | Lesen und Schreiben von WAV-Dateien |
| `chunk` | Lesen von portionierten IFF-Daten |
| `colorsys` | Konvertierung zwischen Farbsystemen |
| `rgbimg` | Lesen und Schreiben von SGI-RGB-Dateien |
| `imghdr` | Bestimmung eines Bildtyps |
| `sndhdr` | Bestimmung eines Audio-Dateityps |

····· **SGI Irix** ··················

| Modul | Beschreibung |
|---|---|
| `al` | Audio-Funktionen auf SGI-Rechnern |
| `cd` | Zugriff auf CD-ROMs von SGI-Rechnern |
| `fl` | FORMS-Bibliothek |
| `flp` | FORMS-Entwurfslader |
| `fm` | Schnittstelle zum Font-Manager |
| `gl` | Schnittstelle zur Graphics Library |
| `imgfile` | Unterstützung für SGI-`imglib`-Dateien |
| `jpeg` | Lesen und Schreiben von JPEG-Dateien |

## Spezielle Sun-Dienste

| Modul | Beschreibung |
|---|---|
| sunaudiodev | Zugriff auf Sun-Audio-Hardware |

## Verschiedenes

| Modul | Beschreibung |
|---|---|
| ConfigParser | Parser für Konfigurationsdateien |
| calendar | Funktionen zur Erzeugung von Kalendern |
| winsound | Abspielen von Tönen unter Windows |

Undokumentierte Module

# Anhang B
# Erweiterung und Einbettung von Python

Dieser Anhang behandelt das C-API, mit dessen Hilfe Erweiterungsmodule hergestellt werden können und der Interpreter in andere Anwendungen eingebettet werden kann. Da es nicht als Tutorium gedacht ist, mag der Leser das unter *http://www.python.org/doc/ext* verfügbare Dokument »Embedding and Extending the Python Interpreter« sowie das unter *http://www.python.org/doc/api* verfügbare Manual »Python/C API Reference Manual« konsultieren. Die hier beschriebenen Funktionen sind die in Python 1.5 aktuellen Funktionen, von denen man ausgehen kann, dass sie mit denen kommender Versionen 1.x kompatibel bleiben werden. Eine solche Aussage für eine Version 2.0 oder höher von Python wird hier jedoch nicht getroffen.

## Aktivierung optionaler Module

Eine Reihe von Modulen der Standardbibliothek sind auf Grund von Systemunterschieden und Abhängigkeiten von Paketen Dritter deaktiviert. Um diese Module zu aktivieren, muss man eine Konfigurationsdatei editieren und den Interpreter neu übersetzen (es sollte erwähnt werden, dass dies vorwiegend unter Unix-Systemen von Bedeutung ist).

Die Datei Python-1.5.2/Modules/Setup in Pythons Quellcode-Distribution enthält Konfigurationsdaten für jene Module, die in den Interpreter eingebaut sind. Einträge in dieser Datei haben die Form:

```
signal signalmodule.c # signal(2)
...
#readline readline.c -lreadline -ltermcap
```

Jede Zeile gibt den Namen eines Moduls an, gefolgt von Quelldateien, Übersetzer-Optionen und Bibliotheken, die zum Übersetzen des Moduls benötigt werden. Eine Zeile, die mit einem Doppelkreuz (#) beginnt, stellt einen Kommentar dar und bezeichnet ein deaktiviertes Modul. Lange Zeilen können in mehrere Zeilen aufgebrochen werden, indem ein Rückwärtsschrägstrich (\) an das Ende von fortzusetzenden Zeilen angefügt wird. Um ein optionales Modul zu aktivieren, sollte die Setup-Datei editiert werden, um den Ort anzugeben, wo benötigte Bibliotheken Dritter installiert sind. Um z.B. das Modul readline zu aktivieren, könnte die Setup-Datei wie folgt modifiziert werden:

```
...
readline readline.c -I/usr/local/include -L/usr/local/lib -lreadline -ltermcap
```

Der Interpreter muss neu übersetzt und installiert werden, indem man 'make' und 'make install' auf oberster Ebene des Quellverzeichnisbaumes eintippt, damit die Änderungen an Setup wirksam werden.

## Beispiel für ein Erweiterungsmodul

Erweiterungsmodule werden benutzt, um den Interpreter mit Funktionen in C oder C++ zu erweitern. Angenommen, man wollte auf die folgenden C-Funktionen in einem Python-Modul namens spam zugreifen:

```c
/* Berechne größten gemeinsamen Teiler positiver ganzer
   Zahlen x und y. */
int gcd(int x, int y) {
    int g;
    g = y;
    while (x > 0) {
        g = x;
        x = y % x;
        y = g;
    }
    return g;
}

/* Gib einige Daten aus. */
void print_data(char *name, char *email, char *phone) {
    printf("Name    : %s\n", name);
    printf("Email   : %s\n", email);
    printf("Phone   : %s\n", phone);
}
```

Um aus einem Erweiterungsmodul auf diese Funktionen zuzugreifen, kann man etwa Code ähnlich zu dem in Listing 10.1 schreiben:

```c
/* Modul "spam". */

/* Importiere das Python C-API. */
#include "Python.h"

/* Externe Deklarationen. */
extern int gcd(int,int);
extern void print_data(char *, char *, char *);

/* Hülle für die Funktion gcd(). */
PyObject *spam_gcd(PyObject *self, PyObject *args) {
    int x, y, g;
    /* Hole Python-Argumente. */
    if (!PyArg_ParseTuple(args, "ii", &x, &y)) {
        return NULL;
    }
    /* Rufe die C-Funktion auf. */
    g = gcd(x,y);
    return Py_BuildValue("i", g);
}

/* Hülle für die Funktion print_data(). */
PyObject *spam_print_data(PyObject *self, PyObject *args, PyObject *kwargs) {
    char *name = "None";
    char *email = "None";
    char *phone = "None";
    static char *argnames[] = {"name", "email", "phone", NULL};
```

```
        /* Hole Python-Argumente. */
        if (!PyArg_ParseTupleAndKeywords(args, kwargs, "|sss", argnames,
            &name, &email, &phone)) {
            return NULL;
        }
        /* Rufe die C-Funktion auf. */
        print_data(name, email, phone);
        return Py_BuildValue("");       /* Gib None zurück. */
}


/* Methodentabelle mit Abbildungen von Namen auf Hüllen. */
static PyMethodDef spammethods[] = {
    {"gcd", spam_gcd, METH_VARARGS},
    {"print_data", spam_print_data, METH_VARARGS | METH_KEYWORDS},
    {NULL, NULL}
};


/* Funktion zur Modulinitialisierung. */
void initspam() {
    Py_InitModule("spam", spammethods);
}
```

**Listing 10.1: Zugriff auf Funktionen in einem Erweiterungsmodul**

Erweiterungsmodule müssen immer "Python.h" importieren. Für jede C-Funktion, auf die zuge-griffen werden soll, wird eine umhüllende Funktion (engl. wrapper function) geschrieben. Diese Hüllfunktionen erwarten entweder zwei Argumente, self und args (beide vom Typ PyObject *), oder drei Argumente, self, args und kwargs (alle vom Typ PyObject *). Der Parameter self bezieht sich auf eine Instanz für Methoden. args ist ein Tupel mit Funktionsargumenten, die vom Interpreter übergeben werden. kwargs ist ein Dictionary mit Schlüsselwort-Argumenten.

Argumente werden mit den Funktionen PyArg_ParseTuple() oder PyArg_ParseTuple-AndKeywords() von Python nach C konvertiert. Ähnlich dazu wird die Funktion Py_BuildValue() verwendet, um einen Rückgabewert zu erzeugen. Diese Funktionen werden im nächsten Abschnitt beschrieben.

Funktionen signalisieren einen Fehler, indem sie NULL zurückgeben. Falls eine Funktion keinen Rückgabewert hat, d.h. void, muss das Objekt None zurückgegeben werden. Beispiel:

```
PyObject *wrap_foo(PyObject *self, PyObject *args) {
    ...
    /* Gib None zurück. */
    return Py_BuildValue("");
}
```

None kann auch wie folgt zurückgegeben werden:

```
PyObject *wrap_foo(PyObject *self, PyObject *args) {
    ...
    /* Gib None zurück. */
    Py_INCREF(Py_None);
    return Py_BuildValue("");
}
```

Die Methodentabelle `spammethods` in Listing B.1 wird verwendet, um Python-Namen mit C-Hüllenfunktionen zu assoziieren. Dies sind die Namen, mit denen die Funktion vom Interpreter aufgerufen wird. Die Flagge `METH_VARARGS` gibt die Aufrufkonventionen einer Hülle an. In diesem Fall werden nur Positionsargumente in Form eines Tupels akzeptiert. Sie darf auch auf `METH_VARARGS | METH_KEYWORDS` gesetzt sein, um eine Hüllfunktion anzuzeigen, die Schlüsselwort-Argumente akzeptiert.

Die Funktion `initspam` für die Modulinitialisierung wird benutzt, um den Inhalt des Moduls zu initialisieren. In diesem Fall erzeugt die Funktion `Py_InitModule("spam", spammethods)` ein Modul `spam` und bevölkert es mit eingebauten Funktionsobjekten, die den Funktionen in der Methodentabelle entsprechen.

## Übersetzen von Erweiterungen

Erweiterungsmodule werden normalerweise in gemeinsame Bibliotheken oder DLLs übersetzt, die dynamisch vom Interpreter geladen werden können. Dieser Vorgang variiert von Rechnertyp zu Rechnertyp, aber die Python-Distribution enthält eine Datei namens `Makefile.pre`, die so konfiguriert ist, dass sie solche Erweiterungen baut, ohne dass man selbst viele Details wissen muss. Um eine Erweiterung zu bauen, befolge man diese Schritte:

1. Erzeuge eine Datei namens `Setup`, z.B. wie folgt:

   ```
   *shared*
   spam spam.c spamwrapper.c
   ```

2. Kopiere die Datei `Makefile.pre.in` aus der Python-Distribution. Sie befindet sich normalerweise im Verzeichnis `python/lib/python1.5/config`, wobei `python` das Verzeichnis ist, in dem die Python-Bibliothek installiert ist.

3. Gebe Folgendes ein:

   ```
   make -f Makefile.pre.in boot
   make
   ```

In diesem Moment wird eine gemeinsame Bibliothek namens `spammodule.so` (oder mit einer Variante dieses Namens) erzeugt. In manchen Fällen mag es notwendig sein, ein Erweiterungsmodul von Hand zu erzeugen. Dazu brucht es fast immer weitreichendes Wissen über verschiedene Übersetzer- und Binder-Optionen. Es folgt ein Beispiel unter Linux:

```
linux % gcc -c -fpic -I/usr/local/include/python1.5 spam.c spamwrapper.c
linux % gcc -shared spam.o spamwrapper.o -o spammodule.so
```

Beim Bau eines Moduls ist es wichtig zu wissen, dass der Name einer gemeinsamen Bibliothek mit dem Modulnamen im Hüll-Code übereinstimmen muss. Wenn z.B. das Modul `spam` heisst, muss die Initialisierungsfunktion `initspam` heissen, und die gemeinsame Bibliothek muss `spammodule.so` (je nach System evtl. mit einer anderen Erweiterung) genannt werden.

Nachdem ein Erweiterungsmodul einmal übersetzt wurde, kann es wie jedes andere Modul einfach mit der `import`-Anweisung benutzt werden:

```
linux % python
Python 1.5.2 (#1, Jul 11 1999, 13:56:14) [C] on linux
Copyright 1991-1995 Stichting Mathematisch Centrum, Amsterdam
>>> import spam
>>> spam.gcd(63, 56)
7
```

```
>>> spam.gcd(71, 89)
1
>>> spam.print_data(name="Dave", phone="555-1212")
Name   : Dave
Email  : None
Phone  : 555-1212
>>>
```

# Datenkonvertierung von Python nach C

Folgende Funktionen werden verwendet, um Argumente zu konvertieren, die von Python nach C übergeben werden.

`int PyArg_ParseTuple(PyObject *args, char *format, ...);`

Parst ein Tupel von Objekten in `args` in eine Folge von C-Variablen. `format` ist ein Format-String, der den erwarteten Inhalt von `args` wie in Tabelle B.1 beschreibt. Alle verbleibenden Argumente enthalten die Adressen von C-Variablen, in die die Ergebnisse platziert werden. Wenn die Argumente nicht geparst werden können, wird Null zurückgegeben.

`int PyArg_ParseTupleAndKeywords(PyObject *arg, PyObject *kwdict, char *format, char **kwlist, ...);`

Parst sowohl ein Argumenttupel als auch ein Dictionary mit Schlüsselargumenten in `kwdict`. `format` hat dieselbe Bedeutung wie in `PyArg_ParseTuple()`. Der einzige Unterschied ist, dass `kwlist` eine Null-terminierte Liste von Strings mit den Namen aller Argumente ist. Gibt bei Erfolg 1, bei Fehler 0 zurück.

| Format | Py-Typ | C-Typ | Beschreibung |
|--------|--------|-------|--------------|
| `"s"` | String | `char *` | Null-terminierter String |
| `"s#"` | String | `char *, int` | String und Länge. Darf Null-Bytes enthalten |
| `"z"` | String oder None | `char *` | Null-terminierter String oder NULL |
| `"z#"` | String oder None | `char *, int` | String und Länge oder NULL |
| `"b"` | Ganzzahl | `char` | Eine 8-Bit-Ganzzahl |
| `"h"` | Ganzzahl | `short` | Eine kurze 16-Bit-Ganzzahl |
| `"i"` | Ganzzahl | `int` | Eine Ganzzahl |
| `"l"` | Ganzzahl | `long` | Lange Ganzzahl |
| `"c"` | String | `char` | Ein einzelnes Zeichen. Der Python-String muss die Länge 1 haben. |
| `"f"` | Fließkommazahl | `float` | Fließkommazahl einfacher Genauigkeit |
| `"d"` | Fließkommazahl | `double` | Fließkommazahl doppelter Genauigkeit |
| `"D"` | Komplexe Zahl | `Py_complex` | Eine komplexe Zahl |
| `"O"` | Beliebig | `PyObject *` | Ein beliebiges Python-Objekt |
| `"O!"` | Beliebig | `type, PyObject *` | Ein Python-Objekt eines speziellen Typs |

| Format | Py-Typ | C-Typ | Beschreibung |
|--------|--------|-------|--------------|
| `"O&"` | Beliebig | `convert, any` | Ein von einer Konvertierungsfunktion `convert` verarbeitetes Python-Objekt |
| `"S"` | String | `PyStringObject *` | Ein Python-String-Objekt |
| `"(items)"` | Tupel | `vars` | Ein Tupel mit items. `items` ist ein String von Formatbezeichnern aus dieser Tabelle. `vars` ist eine Liste von C-Adressvariablen, die zu Elementen in `items` korrespondieren. |
| `"\|"` | – | – | Beginn optionaler Argumente |
| `":"` | – | – | Ende der Argumente – Funktionsname |
| `";"` | – | – | Ende der Argumente – Fehlermeldung |

Tabelle 10.1: Formatbezeichner für PyArg_Parse

Die Konvertierung mit `"O!"` benötigt zwei C-Argumente – einen Zeiger auf ein Objekt eines Python-Typs und einen Zeiger auf ein `PyObject *`, in welches ein Zeiger auf das Objekt platziert wird. Ein `TypeError` wird ausgelöst, wenn der Objekttyp nicht mit dem Typobjekt übereinstimmt. Beispiel:

```
/* Parse ein Listenargument. */
PyObject *listobj1;
PyArg_ParseTuple(args, "O!", &PyList_Type, &listobj1);
```

Die Konvertierung mit `"O&"` verwendet eine Funktion zur Konvertierung eines `PyObject *` in einen C-Datentyp. `converter` ist ein Zeiger auf eine Funktion mit dem Prototyp `int converter(PyObject *obj, void *addr)`, wobei `obj` das übergebene Python-Objekt und `addr` die für `any` angegebene Adresse ist. `converter()` sollte 1 bei Erfolg und 0 bei einem Fehler zurückgeben. Im Fehlerfall sollte der Konverter auch eine Ausnahme auslösen. Beispiel:

```
struct Point {
    int x;
    int y;
};

int convert_point(PyObject *obj, void *addr) {
    Point *paddr = (Point *) addr;
    return PyArg_ParseTuple(obj, "ii", &p->x, &p->y);
}
...
PyObject *wrapper(PyObject *self, PyObject *args) {
    Point p;
    ...
    /* Hole einen 'point'. */
    if (!PyArg_ParseTuple(args, "O&", convert_point, &p))
```

```
        return NULL;
    ...
}
```

"|" gibt an, dass alle verbleibenden Argumente optional sind. Es kann nur einmal in einem Formatbezeichner vorkommen und kann nicht verschachtelt werden.

":" zeigt das Ende der Argumente an. Jeglicher nachfolgende Text wird als Funktionsname in welcher Fehlermeldung auch immer verwendet.

";" signalisiert das Ende der Argumente. Jeglicher nachfolgende Text wird als Fehlermeldung verwendet.

*Bemerkung:* Es sollte nur genau eines der beiden Zeichen : und ; verwendet werden.

*Beispiele*

```
int     ival, ival2, len;
double  dval;
char    *sval;
PyObject *o1, *o2;

/* Parse einen int, double und einen string. */
PyArg_ParseTuple(args, "ids", &ival, &dval, &sval);

/* Parse einen string samt Länge. */
PyArg_ParseTuple(args, "s#", &sval, &len);

/* Parse optionale Argumente. */
PyArg_ParseTuple(args, "id|s", &ival, &dval, &sval);

/* Parse mit einer Fehlermeldung. */
PyArg_ParseTuple(args, "ii; gcd requires 2 integers", &ival, &ival2);

/* Parse zwei Tupel. */
PyArg_ParseTuple(args, "(ii)(ds)", &ival, &ival2, &dval, &sval);
```

# Datenkonvertierung von C nach Python

Folgende Funktion wird benutzt, um Werte in C-Variablen in Python-Objekte zu konvertieren:

`PyObject *Py_BuildValue(format, ...)`

Konstruiert ein Python-Objekt aus einer Folge von C-Variablen. `format` ist ein String, der die gewünschte Konvertierung beschreibt. Die verbleibenden Argumente sind die Werte der zu konvertierenden C-Variablen.

Der `format`-Bezeichner ist ähnlich zu dem, der in den `PyArg_ParseTuple*`-Funktionen benutzt wird, wie in Tabelle B.2 gezeigt.

| Format | PyTyp | C-Typ | Beschreibung |
|--------|-------|-------|--------------|
| `"s"` | String | `char *` | Null-terminierter String. Falls der C-String-Zeiger NULL ist, wird None zurückgegeben. |
| `"s#"` | String | `char *, int` | String und Länge. Darf Null-Bytes enthalten. Falls der C-String-Zeiger NULL ist, wird None zurückgegeben. |
| `"z"` | String oder None | `char *` | Identisch mit `"s"` |
| `"z#"` | String oder None | `char *, int` | Identisch mit `"s#"` |
| `"b"` | Ganzzahl | `char` | Eine 8-Bit-Ganzzahl |
| `"h"` | Ganzzahl | `short` | Eine kurze 16-Bit-Ganzzahl |
| `"i"` | Ganzzahl | `int` | Eine Ganzzahl |
| `"l"` | Ganzzahl | `long` | Eine lange Ganzzahl |
| `"c"` | String | `char` | Ein einzelnes Zeichen. Erzeugt einen Python-String der Länge 1 |
| `"f"` | Fließkommazahl | `float` | Eine Fließkommazahl einfacher Genauigkeit |
| `"d"` | Fließkommazahl | `double` | Eine Fließkommazahl doppelter Genauigkeit |
| `"O"` | Beliebig | `PyObject *` | Ein beliebiges Python-Objekt. Das Objekt wird bis auf seinen Referenzzähler (der um eins erhöht wird) nicht verändert. Wenn ein NULL-Zeiger angegeben, wird, wird auch ein NULL-Zeiger zurückgegeben. |
| `"O&"` | Beliebig | `convert, any` | C-Daten, die von einer converter-Funktion verarbeitet werden |
| `"S"` | String | `PyStringObject *` | Identisch mit `"O"` |
| `"N"` | Beliebig | `PyObject *` | Identisch mit `"O"`, außer dass der Referenzzähler nicht erhöht wird |
| `"(items)"` | Tupel | `vars` | Erzeugt ein Tupel von items. items ist ein String von Formatbezeichnern aus dieser Tabelle. vars ist eine Liste von C-Variablen, die zu den Elementen in items korrespondieren. |
| `"[items]"` | Liste | `vars` | Erzeugt eine Liste von items. items ist ein String von Formatbezeichnern. vars ist eine Liste von C-Variablen, die zu den Elementen in items korrespondieren. |
| `"{items}"` | Dictionary | `vars` | Erzeugt ein Dictionary von items |

**Tabelle 10.2: Formatbezeichner für Py_BuildValue**

*Beispiele*

```
Py_BuildValue("")                       None
Py_BuildValue("i", 37)                  37
Py_BuildValue("ids", 37, 3.4, "hello")  (37, 3.5, "hello")
Py_BuildValue("#s", "hello", 4)         "hell"
Py_BuildValue("()")                     ()
Py_BuildValue("(i)", 37)                (37,)
Py_BuildValue("[ii]", 1, 2)             [1, 2]
Py_BuildValue("[i,i]", 1, 2)            [1, 2]
Py_BuildValue("{s:i,s:i}", "x", 1, "y", 2)  {'x':1, 'y':2}
```

# Fehlerbehandlung

Fehler werden angezeigt, indem NULL an den Interpreter zurückgegeben wird. Bevor NULL zurückgegeben wird, sollte jedoch eine Ausnahme mit einer der folgenden Funktionen ausgerufen oder gelöscht werden:

| Funktion | Beschreibung |
|---|---|
| void PyErr_Clear() | Lösche alle zuvor ausgelösten Ausnahmen |
| PyObject *PyErr_Occurred() | Prüft, ob ein Fehler erzeugt wurde. Falls ja, gibt sie das aktuelle Ausnahme-Objekt zurück, sonst wird NULL zurückgegeben. |
| void PyErr_NoMemory() | Löst eine MemoryError-Ausnahme aus |
| void PyErr_SetFromErrno(PyObject *exc) | Löst eine Ausnahme aus. exc ist ein Ausnahme-Objekt. Der Wert der Ausnahme wird von der Variablen errno der C-Bibliothek entnommen. |
| void PyErr_SetFromErrnoWithFilename( PyObject *exc, char *filename) | Wie PyErr_SetFromErrno, enthält jedoch auch den Dateinamen im Ausnahme-Wert |
| void PyErr_SetObject(PyObject *exc, PyObject *val); | Löst eine Ausnahme aus. exc ist ein Ausnahme-Objekt und val ist ein Objekt mit dem Wert der Ausnahme. |
| void PyErr_SetString(PyObject *exc, char *msg); | Löst eine Ausnahme aus. exc ist ein Ausnahme-Objekt und msg ist eine Meldung, die beschreibt, was schief ging. |

In den obigen Funktionen kann das Argument exc auf folgende Werte gesetzt werden:

| C-Name | Python-Ausnahme |
|---|---|
| PyExc_ArithmeticError | ArithmeticError |
| PyExc_AssertionError | AssertionError |
| PyExc_AttributeError | AttributeError |
| PyExc_EOFError | EOFError |
| PyExc_EnvironmentError | EnvironmentError |
| PyExc_Exception | Exception |

| C-Name | Python-Ausnahme |
|---|---|
| PyExc_FloatingPointError | FloatingPointError |
| PyExc_IOError | IOError |
| PyExc_ImportError | ImportError |
| PyExc_IndexError | IndexError |
| PyExc_KeyError | KeyError |
| PyExc_KeyboardInterrupt | KeyboardInterrupt |
| PyExc_LookupError | LookupError |
| PyExc_MemoryError | MemoryError |
| PyExc_NameError | NameError |
| PyExc_NotImplementedError | NotImplementedError |
| PyExc_OSError | OSError |
| PyExc_OverflowError | OverflowError |
| PyExc_RuntimeError | RuntimeError |
| PyExc_StandardError | StandardError |
| PyExc_SyntaxError | SyntaxError |
| PyExc_SystemError | SystemError |
| PyExc_SystemExit | SystemExit |
| PyExc_TypeError | TypeError |
| PyExc_ValueError | ValueError |
| PyExc_ZeroDivisionError | ZeroDivisionError |

Ein Erweiterungsmodul kann mit folgender Funktion eine neue Ausnahme erzeugen:

```
PyObject *PyErr_NewException(char *excname, PyObject *base, PyObject *dict)
```
Erzeugt ein neues Ausnahme-Objekt. excname ist der Name der Ausnahme der Form "modulename.excname", base ist eine optionale Oberklasse für die Ausnahme und dict ist ein optionales Dictionary, das als __dict__-Attribut der resultierenden Ausnahme-Klasse verwendet wird. Diese Argumente sind normalerweise beide auf NULL gesetzt. Das zurückgegebene Objekt ist ein Klassenobjekt.

Das folgende Beispiel zeigt, wie eine neue Ausnahme in einem Erweiterungsmodul erzeugt wird:

```
static PyObject *SpamError;
...

/* Funktion zur Modulinitialisierung. */
void initspam() {
    PyObject *m, *d;
    m = Py_InitModule("spam", SpamMethods);
    d = PyModule_GetDict(m);
    SpamError = PyErr_NewException("spam.error", NULL, NULL);
    PyDict_SetItemString(d, "error", SpamError);
    ...
}
```

# Referenzzählung

Im Gegensatz zu Programmen, die in Python geschrieben sind, ist es bei Erweiterungen in C manchmal notwendig, explizit den Referenzzähler eines Objektes zu manipulieren. Dies kann mit folgenden Makros bewerkstelligt werden:

| Makro | Beschreibung |
|---|---|
| Py_INCREF(obj) | Erhöht den Referenzzähler von obj, das nicht NULL sein darf. |
| Py_DECREF(obj) | Verringert den Referenzzähler von obj, das nicht NULL sein darf. |
| Py_XINCREF(obj) | Erhöht den Referenzzähler von obj, das NULL sein darf. |
| Py_XDECREF(obj) | Verringert den Referenzzähler von obj, das NULL sein darf. |

Die Manipulation des Referenzzählers von Python-Objekten in C ist ein heikles Thema, und allen Lesern wird wärmstens empfohlen, sich mit dem Dokument »Extending and Embedding the Python Interpreter« vertraut zu machen, das unter *http://www.python.org/doc/ext* verfügbar ist, bevor sie jetzt weitermachen. Dieses wohl wissend werden alle Python-Objekte in C mit Hilfe von Zeigern des Typs PyObject * manipuliert. Weiterhin werden diese Zeiger in zwei Kategorien unterteilt: vergebene und geliehene Referenzen. Eine *vergebene Referenz* (engl. owned reference) ist ein Zeiger auf ein Python-Objekt, dessen Referenzzähler aktualisiert wurde, um die Tatsache widerzuspiegeln, dass irgendein Stück C-Code oder eine C-Datenstruktur einen Zeiger darauf hält. Eine *geliehene Referenz* (engl. borrowed reference) auf der anderen Seite ist ein einfacher Zeiger auf ein Python-Objekt, in dem der Referenzzähler des Objektes nicht aktualisiert wurde.

Vergebene Referenzen werden von Funktionen erzeugt, die ein neues Python-Objekt zurückgeben, z.B. Py_BuildValue(), PyInt_FromLong(), PyList_New(), etc. Bei ihrem Aufruf wird ein neues Python-Objekt erzeugt und man sagt, die aufrufende Funktion besitzt das erzeugte Objekt. Geliehene Referenzen tauchen oft dann auf, wenn eine Funktion einen Zeiger auf ein Python-Objekt von irgendwo sonst erhält oder wenn der Inhalt von Python-Objekten wie Listen und Dictionaries extrahiert wird. Die Parameter self und args einer Hüllfunktion zum Beispiel sind geliehene Referenzen, genauso wie der Zeiger, der von Funktionen wie PyList_GetItem() zurückgegeben wird.

Der Besitzer einer Referenz muss entweder seinen Besitz mit dem Makro Py_DECREF() abgeben oder diesen an einen anderen übertragen. So sollten z.B. temporäre Objekte, die in einer Hüllfunktion erzeugt werden, mit Py_DECREF() zerstört werden, während der Rückgabewert einer Hülle eine vergebene Referenz ist, die an den Interpreter zurückgegeben wird. Entsprechend kann der Halter einer geliehenen Referenz mit dem Makro INCREF() in deren Besitz gelangen. Besondere Vorsicht ist jedoch angebracht. Zum Beispiel kann das Verringern des Referenzzählers einer geliehenen Referenz zu einem Absturz des Interpreters mit einem Segmentierungsfehler zu einem späteren Zeitpunkt der Abarbeitung führen. Ebenso kann der Fehler, eine vergebene Referenz nicht freizugeben, oder die unabsichtliche Erhöhung des Referenzzählers eines Objektes zu Speicherleckstellen führen.

Hinter das Schema der Referenzzählung in Python zu kommen ist nicht ganz einfach, da es einige Inkonsistenzen bei der Behandlung von Referenzen gibt. Es gibt jedoch ein paar allgemeine Regeln:

- Funktionen, die neue Python-Objekte erzeugen, geben immer vergebene Referenzen zurück.
- Wenn eine Referenz auf ein Python-Objekt gespeichert werden soll, sollte der Referenzzähler mit Py_INCREF() erhöht werden.
- Um eine (an sich selbst) vergebene Referenz wieder los zu werden, verwendet man Py_DECREF().

- Viele (aber nicht alle) Funktionen, die Zeiger auf Objekte in Sequenzen und Abbildungen zurückgeben, geben vergebene Referenzen zurück.
- Viele (aber nicht alle) Funktionen, die Objekte in Containern speichern, wie z.B. Sequenzen und Abbildungen, erhöhen den Referenzzähler des Objektes, das sie enthalten.
- Alle C-Hüllfunktionen müssen eine vergebene Referenz zurückgeben.

Ausnahmen von diesen Regeln werden in späteren Abschnitten dieses Anhangs angegeben.

# Abstrakte Objektschicht

Die in diesem Abschnitt beschriebenen Funktionen werden zur Manipulation von Objekten aus C verwendet, ähnlich wie aus dem Interpreter. Funktionen, die einen int zurückgeben, geben normalerweise 0 oder 1 bei Erfolg und -1 bei einem Fehler zurück. Funktionen, die ein PyObject * zurückgeben, geben bei einem Fehler NULL zurück.

Die in den Tabellen B.3 bis B.6 beschriebenen Funktionen werden zur Manipulation von Objekten aus C verwendet, ähnlich wie aus dem Interpreter. Alle Funktionen in diesem Abschnitt, die einen int zurückgeben, geben normalerweise -1 bei einem Fehler zurück. Entsprechend geben Funktionen, die ein PyObject * zurückgeben, bei einem Fehler NULL zurück. Man beachte, dass ein »Fehler« in diesem Zusammenhang nicht gleichzusetzen ist mit einem falschen Ergebnis bei einem Test. Zum Beispiel gibt die Funktion PyNumber_Check(PyObject *obj) zwar 0 zurück, wenn obj keine Zahl ist, aber das ist nicht dasselbe wie ein Fehler. Schließlich geben alle Funktionen, die ein PyObject * zurück geben, gleichzeitig auch den Besitz darüber ab, solange nichts Gegenteiliges dazu bemerkt wird. Es liegt am Aufrufer, wenn notwendig, den Referenzzähler des zurückgegebenen Objektes zu verringern.

| Typ | Funktion |
| --- | --- |
| int | PyCallable_Check(PyObject *o) |
| PyObject * | PyObject_CallFunction(PyObject *callable_object, char *format, ...) |
| PyObject * | PyObject_CallMethod(PyObject *o, char *m, char *format, ...) |
| PyObject * | PyObject_CallObject(PyObject *callable_object, PyObject *args) |
| int | PyObject_Cmp(PyObject *o1, PyObject *o2, int *result) |
| int | PyObject_Compare(PyObject *o1, PyObject *o2) |
| int | PyObject_DelAttr(PyObject *o, PyObject *attr_name) |
| int | PyObject_DelAttrString(PyObject *o, char *attr_name) |
| int | PyObject_DelItem(PyObject *o, PyObject *key) |
| PyObject * | PyObject_GetAttr(PyObject *o, PyObject *attr_name) |
| PyObject * | PyObject_GetAttrString(PyObject *o, char *attr_name) |
| PyObject * | PyObject_GetItem(PyObject *o, PyObject *key) |
| int | PyObject_HasAttr(PyObject *o, PyObject *attr_name) |
| int | PyObject_HasAttrString(PyObject *o, char *attr_name) |
| int | PyObject_Hash(PyObject *o) |
| int | PyObject_IsTrue(PyObject *o) |
| int | PyObject_Length(PyObject *o) |
| int | PyObject_Print(PyObject *o, FILE *fp, int flags) |
| PyObject * | PyObject_Repr(PyObject *o) |
| int | PyObject_SetAttr(PyObject *o, PyObject *attr_name, PyObject *v) |
| int | PyObject_SetAttrString(PyObject *o, char *attr_name, PyObject *v) |

| Typ | Funktion |
|-----|----------|
| int | PyObject_SetItem(PyObject *o, PyObject *key, PyObject *v) |
| PyObject * | PyObject_Str(PyObject *o) |
| PyObject * | PyObject_Type(PyObject *o) |

**Tabelle 10.3: Objekte**

Das Argument flags von PyObject_Print() wird verwendet, um Ausgabeoptionen anzugeben. Im Moment lautet die einzige Option Py_PRINT_RAW, was PyObject_Repr() dazu zwingt, die Ausgabe mit der Funktion PyObject_Str() statt mit PyObject_Repr() zu erzeugen (die Voreinstellung).

PyObject_Hash() und PyObject_Length() geben eine positive Ganzzahl bei Erfolg und -1 bei einem Fehler zurück.

| Typ | Funktion |
|-----|----------|
| PyObject * | PyNumber_Absolute(PyObject *o) |
| PyObject * | PyNumber_Add(PyObject *o1, PyObject *o2) |
| PyObject * | PyNumber_And(PyObject *o1, PyObject *o2) |
| int | PyNumber_Check(PyObject *o) |
| PyObject * | PyNumber_Coerce(PyObject **p1, PyObject **p2) |
| PyObject * | PyNumber_Divide(PyObject *o1, PyObject *o2) |
| PyObject * | PyNumber_Divmod(PyObject *o1, PyObject *o2) |
| PyObject * | PyNumber_Float(PyObject *o) |
| PyObject * | PyNumber_Int(PyObject *o) |
| PyObject * | PyNumber_Invert(PyObject *o) |
| PyObject * | PyNumber_Long(PyObject *o) |
| PyObject * | PyNumber_Lshift(PyObject *o1, PyObject *o2) |
| PyObject * | PyNumber_Multiply(PyObject *o1, PyObject *o2) |
| PyObject * | PyNumber_Negative(PyObject *o) |
| PyObject * | PyNumber_Or(PyObject *o1, PyObject *o2) |
| PyObject * | PyNumber_Positive(PyObject *o) |
| PyObject * | PyNumber_Power(PyObject *o1, PyObject *o2, PyObject *o3) |
| PyObject * | PyNumber_Remainder(PyObject *o1, PyObject *o2) |
| PyObject * | PyNumber_Rshift(PyObject *o1, PyObject *o2) |
| PyObject * | PyNumber_Subtract(PyObject *o1, PyObject *o2) |
| PyObject * | PyNumber_Xor(PyObject *o1, PyObject *o2) |

**Tabelle 10.4: Zahlen**

| Typ | Funktion |
|-----|----------|
| int | PySequence_Check(PyObject *o) |
| PyObject * | PySequence_Concat(PyObject *o1, PyObject *o2) |
| int | PySequence_Count(PyObject *o, PyObject *value) |
| int | PySequence_DelItem(PyObject *o, int i) |

| Typ | Funktion |
|---|---|
| int | PySequence_DelSlice(PyObject *o, int i1, int i2) |
| PyObject * | PySequence_GetItem(PyObject *o, int i) |
| PyObject * | PySequence_GetSlice(PyObject *o, int i1, int i2) |
| int | PySequence_In(PyObject *o, PyObject *value) |
| int | PySequence_Index(PyObject *o, PyObject *value) |
| PyObject * | PySequence_Repeat(PyObject *o, int count) |
| int | PySequence_SetItem(PyObject *o, int i, PyObject *v) |
| int | PySequence_SetSlice(PyObject *o, int i1, int i2, PyObject *v) |
| PyObject * | PySequence_Tuple(PyObject *o) |

**Tabelle 10.5: Sequenzen**

| Typ | Funktion |
|---|---|
| int | PyMapping_Check(PyObject *o) |
| int | PyMapping_Clear(PyObject *o) |
| int | PyMapping_DelItem(PyObject *o, PyObject *key) |
| int | PyMapping_DelItemString(PyObject *o, char *key) |
| PyObject * | PyMapping_GetItemString(PyObject *o, char *key) |
| int | PyMapping_HasKey(PyObject *o, PyObject *key) |
| int | PyMapping_HasKeyString(PyObject *o, char *key) |
| PyObject * | PyMapping_Items(PyObject *o) |
| PyObject * | PyMapping_Keys(PyObject *o) |
| int | PyMapping_Length(PyObject *o) |
| int | PyMapping_SetItemString(PyObject *o, char *key, PyObject *v) |
| PyObject * | PyMapping_Values(PyObject *o) |

**Tabelle 10.6: Abbildungen**

# Einfache Funktionen auf eingebauten Typen

Die Funktionen in den Tabellen B.7 bis B.16 können zur Manipulation von verschiedenen eingebauten Datentypen verwendet werden. Funktionen der Form Py<typ>_Check() werden benutzt, um den Typ eines Objektes zu prüfen. Mit Funktionen der Form Py<typ>_From<typ>() werden aus einem C-Datentyp Python-Objekte erzeugt. Funktionen der Form Py<typ>_As<typ>() dienen der Konvertierung von Python nach C. Diese Funktionen werden hier ohne weitere Beschreibung aufgelistet.

| Typ | Funktion |
|---|---|
| long | PyInt_AsLong(PyObject *iobj); |
| int | PyInt_Check(PyObject *obj) |
| PyObject * | PyInt_FromLong(long); |

| Typ | Funktion |
|-----|----------|
| long | `PyInt_GetMax();` |

**Tabelle 10.7: Ganzzahlen**

| Typ | Funktion |
|-----|----------|
| double | `PyLong_AsDouble(PyObject *lobj);` |
| long | `PyLong_AsLong(PyObject *lobj);` |
| long long | `PyLong_AsLongLong(PyObject *lobj);` |
| unsigned long | `PyLong_AsUnsignedLong(PyObject *lobj);` |
| unsigned long long | `PyLong_AsUnsignedLongLong(PyObject *lobj);` |
| void * | `PyLong_AsVoidPtr(PyObject *lobj);` |
| int | `PyLong_Check(PyObject *obj);` |
| PyObject * | `PyLong_FromDouble(double);` |
| PyObject * | `PyLong_FromLong(long);` |
| PyObject * | `PyLong_FromLongLong(long long);` |
| PyObject * | `PyLong_FromUnsignedLong(unsigned long);` |
| PyObject * | `PyLong_FromUnsignedLongLong(unsigned long long);` |
| PyObject * | `PyLong_FromVoidPtr(void *);` |

**Tabelle 10.8: Lange Ganzzahlen**

| Typ | Funktion |
|-----|----------|
| int | `PyFloat_Check(PyObject *obj);` |
| double | `PyFloat_AsDouble(PyObject *fobj);` |
| PyObject * | `PyFloat_FromDouble(double);` |

**Tabelle 10.9: Fließkommazahlen**

| Typ | Funktion |
|-----|----------|
| Py_complex | `PyComplex_AsCComplex(PyObject *cobj);` |
| int | `PyComplex_Check(PyObject *obj);` |
| PyObject * | `PyComplex_FromCComplex(Py_complex *cobj);` |
| PyObject * | `PyComplex_FromDoubles(double real, double imag);` |
| double | `PyComplex_ImagAsDouble(PyObject *cobj);` |
| double | `PyComplex_RealAsDouble(PyObject *cobj);` |

**Tabelle 10.10: Komplexe Zahlen**

| Typ | Funktion |
|-----|----------|
| char * | PyString_AsString(PyObject *str); |
| int | PyString_Check(PyObject *obj); |
| PyObject * | PyString_FromString(char *str); |
| PyObject * | PyString_FromStringAndSize(char *str, int len); |
| int | PyString_Size(PyObject *str); |

**Tabelle 10.11: Strings**

| Typ | Funktion |
|-----|----------|
| int | PyList_Append(PyObject *list, PyObject *obj); |
| PyObject * | PyList_AsTuple(PyObject *list); |
| int | PyList_Check(PyObject *obj); |
| PyObject | PyList_GetItem(PyObject *list, int index); |
| PyObject | PyList_GetSlice(PyObject *list, int i, int j); |
| int | PyList_Insert(PyObject *list, int index, PyObject *obj); |
| PyObject * | PyList_New(int size); |
| int | PyList_Reverse(PyObject *list); |
| int | PyList_SetItem(PyObject *list, int index, PyObject *obj); |
| int | PyList_SetSlice(PyObject *list, int i, int j, PyObject *slc); |
| int | PyList_Size(PyObject *list); |
| int | PyList_Sort(PyObject *list); |

**Tabelle 10.12: Listen**

*Bemerkung:* PyList_GetItem() gibt eine geliehene Referenz zurück.

| Typ | Funktion |
|-----|----------|
| int | PyTuple_Check(PyObject *obj); |
| PyObject * | PyTuple_GetItem(PyObject *tup, int index); |
| PyObject * | PyTuple_GetSlice(PyObject *tup, int i, int j); |
| PyObject * | PyTuple_New(int size); |
| int | PyTuple_SetItem(PyObject *tup, int index, PyObject *obj); |
| int | PyTuple_Size(PyObject *tup); |

**Tabelle 10.13: Tupel**

*Bemerkung:* PyTuple_SetItem() erhöht auch dann den Referenzzähler von obj, wenn es fehlschlägt. PyTuple_GetItem() gibt eine geliehene Referenz zurück.

| Typ | Funktion |
|-----|----------|
| int | PyDict_Check(PyObject *obj); |
| void | PyDict_Clear(PyObject *dict); |

| Typ | Funktion |
|---|---|
| int | PyDict_DelItem(PyObject *dict, PyObject *key); |
| int | PyDict_DelItemString(PyObject *dict, char *key); |
| PyObject * | PyDict_GetItem(PyObject *dict, PyObject *key); |
| PyObject * | PyDict_GetItemString(PyObject *dict, char *key); |
| PyObject * | PyDict_Items(PyObject *dict); |
| PyObject * | PyDict_Keys(PyObject *dict); |
| PyObject * | PyDict_New(); |
| int | PyDict_SetItem(PyObject *dict, PyObject *key, PyObject *val); |
| int | PyDict_SetItemString(PyObject *dict, char *key, PyObject *val); |
| int | PyDict_Size(PyObject *dict); |
| PyObject * | PyDict_Values(PyObject *dict); |

**Tabelle 10.14: Dictionaries**

*Bemerkung:* PyDict_GetItem() und PyDict_GetItemString() geben geliehene Referenzen zurück.

| Typ | Funktion |
|---|---|
| FILE * | PyFile_AsFile(PyObject *file); |
| int | PyFile_Check(PyObject *obj); |
| PyObject * | PyFile_FromFile(FILE *, char *, char *, int (*)(FILE *)); |
| PyObject * | PyFile_FromString(char *name, char *mode); |
| PyObject * | PyFile_GetLine(PyObject *file, int); |
| PyObject * | PyFile_Name(PyObject *file); |
| void | PyFile_SetBufSize(PyObject *file, int size); |
| int | PyFile_SoftSpace(PyObject *file, int); |
| int | PyFile_WriteObject(PyObject *file, PyObject *obj, int); |
| int | PyFile_WriteString(char *, PyObject *str); |

**Tabelle 10.15: Dateien**

| Typ | Funktion |
|---|---|
| int | PyModule_Check(PyObject *obj); |
| PyObject * | PyModule_GetDict(PyObject *mod); |
| char * | PyModule_GetFilename(PyObject *mod); |
| char * | PyModule_GetName(PyObject *mod); |
| PyObject * | PyModule_New(char *name); |

**Tabelle 10.16: Module**

# Definition neuer Typen

Neue Datentypen können auch in Erweiterungsmodulen definiert werden. Dieser Vorgang ist jedoch wesentlich komplexer, als einfach nur ein paar C-Funktionen aufzurufen. Deswegen sollte man sich nur in folgenden Fällen wirklich überlegen, einen neuen Datentyp auf diese Weise zu implementieren:

- Der Datentyp kann nicht auf einfache Weise aus existierenden Python-Datentypen aufgebaut werden.
- Die Anwendung verlangt hohe Performanz, z.B. wenn man einen effizienten Datentyp für Matrizen braucht.
- Der Datentyp muss eng mit dem Betriebssystem interagieren oder braucht eine spezielle Eigenschaft, die vom Interpreter oder der Standardbibliothek nicht zur Verfügung gestellt wird.
- Der Datentyp wurde noch nicht irgendwo sonst implementiert. Effiziente Matrizen sind z.B. bereits implementiert worden, so dass es wenig Sinn machen würde, sie neu zu erfinden. Es ist immer eine gute Idee, die Python-Bibliotheken und Diskussionsforen zu Rate zu ziehen, bevor man einen neuen Datentyp implementiert.

Der Prozess zur Erstellung eines neuen Python-Datentyps umfasst folgende Schritte:

1. Definiere eine Datenstruktur, die die zu speichernden Daten enthält. Der Typ Liste z.B. hat ein Feld mit Einträgen, in denen die Listenelemente enthalten sind.
2. Definiere die Funktionen, die als Methoden des Datentyps fungieren werden, z.B. die Methode append() eines Listenobjektes.
3. Definiere ein Funktionspaar zur Erzeugung und Zerstörung des Typs.
4. Definiere die Menge der Funktionen, die spezielle Methoden (z.B __add__ und __getitem__) implementieren, die der Datentyp unterstützen soll, wie in Kapitel 3, »Typen und Objekte«, beschrieben.
5. Fülle eine Datenstruktur mit Zeigern auf numerische Operatoren des Typs ein.
6. Fülle eine Datenstruktur mit Zeigern auf Sequenzoperationen des Typs ein.
7. Fülle eine Datenstruktur mit Zeigern auf Abbildungsoperationen des Typs ein.
8. Definiere ein Typobjekt, das über alle Eigenschaften des Objekt und seine assoziierten Methoden verfügt.
9. Registriere alle Methoden und zusätzlichen Funktionen in der Modul-Initialisierungsfunktion beim Interpreter.

Das folgende Beispiel illustriert die Konstruktion eines neuen Python-Datentyps, wobei ein SharedBuffer-Objekt implementiert wird. Ein solcher *gemeinsamer Puffer* ist eine spezielle Datenstruktur, die Daten enthält, auf die verschiedene Python-Interpreter als eigenständige Prozesse gemeinsam Zugriff haben. Immer wenn ein Interpreter eine Modifikation vornimmt, wird diese automatisch in den gemeinsamen Puffern der anderen Interpreter reflektiert. Diese Implementierung eines gemeinsamen Puffers verwendet eine Eigenschaft des Betriebssystems, die als »memory mapped files« (auf den Hauptspeicher abgebildete Dateien) bekannt ist. Dabei wird der Inhalt einer »Datei« in den Adressraum eines Prozesses abgebildet, auf den genauso wie auf den normalen Hauptspeicher zugegriffen werden kann. Solche Dateien werden sowohl unter Unix wie auch Windows unterstützt, obwohl das folgende Beispiel nur die Implementierung für Unix zeigt.

```
/***************************************************************
 * sbuffer.c
 *
 * Ein gemeinsames Pufferobjekt, implementiert mit mmap().
 ***************************************************************/

#include "Python.h"
#include <unistd.h>
#include <fcntl.h>
#include <sys/mman.h>
#include <sys/stat.h>

/***************************************************************
 * Strukturinformation von sbufferobject
 ***************************************************************/
typedef struct {
    PyObject_HEAD
    char        *buffer;    /* Speicherpuffer. */
    int         size;       /* Größe der Struktur. */
    int         fd;         /* Datei-Deskriptor. */
    int         prot;       /* Schutz-Bits. */
    int         offset;     /* Datei-Offset. */
} sbufferobject;

/* Ausnahmeobjekt, das von diesem Modul benutzt wird. */
static PyObject *AccessError;

/* Vorwärtsdeklaration des Typ-Deskriptors. */
staticforward PyTypeObject SharedBufferType;

/***************************************************************
 * Instanzmethoden
 *    sbuffer.lock()   - Sperre gemeinsamen Puffer.
 *    sbuffer.unlock() - Entsperre gemeinsamen Puffer.
 *    sbuffer.get()    - Hole Daten als NULL-begrenzten String.
 *    sbuffer.store()  - Speichere Daten als NULL-begrenzten String.
 ***************************************************************/
static PyObject *
sbuffer_lock(sbufferobject *self, PyObject *args) {
  if (!PyArg_ParseTuple(args, "")) return NULL;
  lockf(self->fd, F_LOCK,0);
  return Py_BuildValue("");
}

static PyObject *
sbuffer_unlock(sbufferobject *self, PyObject *args) {
  if (!PyArg_ParseTuple(args, "")) return NULL;
  lockf(self->fd, F_ULOCK, 0);
  return Py_BuildValue("");
}
```

```
static PyObject *
sbuffer_get(sbufferobject *self, PyObject *args) {
  int i;
  if (!PyArg_ParseTuple(args, "")) return NULL;
  if (self->prot & PROT_READ) {
    for (i = 0; i < self->size; i++) {
      if (!self->buffer[i]) break;
    }
    return PyString_FromStringAndSize(self->buffer, i);
  } else {
    return PyString_FromString("");
  }
}

static PyObject *
sbuffer_store(sbufferobject *self, PyObject *args) {
  char *str;
  int len;
  if (!PyArg_ParseTuple(args, "s", &str)) return NULL;
  if (self->prot & PROT_WRITE) {
    len = strlen(str)+1;
    if (len > self->size) len = self->size;
    memcpy(self->buffer, str, len);
  } else {
    PyErr_SetString(AccessError, "SharedBuffer is read-only");
    return NULL;
  }
  return Py_BuildValue("");
}

/* Tabelle der Instanzmethoden. Verwendet von sbuffer_getattr(). */
static struct PyMethodDef sbuffer_methods[] = {
  {"lock",    sbuffer_lock,    METH_VARARGS},
  {"unlock",  sbuffer_unlock,  METH_VARARGS},
  {"get",     sbuffer_get,     METH_VARARGS},
  {"store",   sbuffer_store,   METH_VARARGS},
  { NULL,     NULL }
};

/***************************************************************
 * Grundlegende Operationen
 ***************************************************************/

/* Erzeuge ein neues gemeinsames Pufferobjekt. */
static sbufferobject *
new_sbuffer(int fd, int size, int offset, int prot)
{
  sbufferobject *self;
  void *buffer;
  buffer = mmap(0, size, prot, MAP_SHARED, fd, offset);
  if (buffer <= 0) {
```

```
    PyErr_SetFromErrno(PyExc_OSError);
    return NULL;
  }
  self = PyObject_NEW(sbufferobject, &SharedBufferType);
  if (self == NULL) return NULL;
  self->buffer = (char *) buffer;
  self->size = size;
  self->offset = offset;
  self->prot = prot;
  self->fd = fd;
  return self;
}

/* Gib einen gemeinsamen Puffer frei. */
static void
sbuffer_dealloc(sbufferobject *self) {
  munmap(self->buffer, self->size);
  close(self->fd);
  PyMem_DEL(self);
}

/* Hole ein Attribut. */
static PyObject *
sbuffer_getattr(sbufferobject *self, char *name) {
  if (strcmp(name, "prot") == 0) {
    return Py_BuildValue("i", self->prot);     /* self.prot */
  } else if (strcmp(name, "fd") == 0) {
    return Py_BuildValue("i", self->fd);       /* self.fd   */
  }
  /* Siehe stattdessen nach einer Methode. */
  return Py_FindMethod(sbuffer_methods, (PyObject *)self, name);
}

/* Funktion repr(). */
static PyObject *
sbuffer_repr(sbufferobject *self) {
  char rbuffer[256];
  sprintf(rbuffer, "<SharedBuffer, fd = %d, length = %d, prot = %d at %x>",
    self->fd, self->size, self->prot, self);
  return PyString_FromString(rbuffer);
}

/***************************************************************
 * Sequenz-Operationen
 ***************************************************************/

/* len() */
static int
sbuffer_length(sbufferobject *self) {
  return self->size;
}
```

Definition neuer Typen

```
/* getitem - Hole ein einzelnes Zeichen. */
static PyObject *
sbuffer_getitem(sbufferobject *self, int index) {
  if (index < 0 || index >= self->size) {
    PyErr_SetString(PyExc_IndexError, "index out-of-bounds");
    return NULL;
  }
  if (!(self->prot & PROT_READ)) {
    PyErr_SetString(AccessError, "SharedBuffer is not readable");
    return NULL;
  }
  return Py_BuildValue("c", self->buffer[index]);
}

/* setitem - Speichere ein einzelnes Zeichen. */
static int
sbuffer_setitem(sbufferobject *self, int index, PyObject *obj)
{
  char *str;
  int   strsize;
  if (!PyString_Check(obj)) {
    PyErr_SetString(PyExc_TypeError, "Expected a string.");
    return 1;
  }
  if (PyString_Size(obj) != 1) {
    PyErr_SetString(PyExc_ValueError, "Expected a one character string.");
    return 1;
  }
  if (index < 0 || index >= self->size) {
    PyErr_SetString(PyExc_IndexError, "index out-of-bounds");
    return 1;
  }
  if (!(self->prot & PROT_WRITE)) {
    PyErr_SetString(AccessError, "SharedBuffer is read-only");
    return 1;
  }
  self->buffer[index] = *(PyString_AsString(obj));
  return 0;
}

/* getslice - Hole einen Teilbereich aus dem Puffer. */
static PyObject *sbuffer_getslice(sbufferobject *self, int start, int end) {
  if (start < 0) start = 0;
  if (end > self->size) end = self->size;
  if (end < start) end = start;
  if (!(self->prot & PROT_READ)) {
    PyErr_SetString(AccessError, "SharedBuffer is not readable");
    return NULL;
  }
  return PyString_FromStringAndSize(self->buffer+start, (end-start));
```

```
}

/* setslice - Setze einen Teilbereich des Puffers. */
static int
sbuffer_setslice(sbufferobject *self, int start, int end, PyObject *obj)
{
  int size;
  if (start < 0) start = 0;
  if (end > self->size) end = self->size;
  if (end < start) end = start;
  if (!PyString_Check(obj)) {
    PyErr_SetString(PyExc_TypeError, "Expected a string.");
    return 1;
  }
  if (!(self->prot & PROT_WRITE)) {
    PyErr_SetString(AccessError, "SharedBuffer is read-only");
    return 1;
  }
  size = PyString_Size(obj);
  if (size < (end-start)) end = start+size;
  memcpy(self->buffer+start, PyString_AsString(obj), (end-start));
  return 0;
}

/* Tabelle der Sequenzmethoden. */
static PySequenceMethods sbuffer_as_sequence = {
  (inquiry)           sbuffer_length,     /* sq_length    : len(x)      */
  (binaryfunc)        0,                  /* sq_concat    : x + y       */
  (intargfunc)        0,                  /* sq_repeat    : x * n       */
  (intargfunc)        sbuffer_getitem,    /* sq_item      : x[i]        */
  (intintargfunc)     sbuffer_getslice,   /* sq_slice     : x[i:j]      */
  (intobjargproc)     sbuffer_setitem,    /* sq_ass_item  : x[i] = v    */
  (intintobjargproc)  sbuffer_setslice,   /* sq_ass_slice : x[i:j] = v */
};

/* Typobjekt für gemeinsame Pufferobjekte. */
static PyTypeObject SharedBufferType = {
  PyObject_HEAD_INIT(&PyType_Type) /* Notwendige Initialisierung. */
  0,                         /* ob_size        : Normal 0    */
  "SharedBuffer",            /* tp_name        : Typname     */
  sizeof(sbufferobject),     /* tp_basicsize   : Objektgröße */
  0,                         /* tp_itemsize    : Normal 0    */

  /* Standardmethoden */
  (destructor) sbuffer_dealloc,  /* tp_dealloc,  : refcount = 0 */
  (printfunc)  0,                /* tp_print     : print x      */
  (getattrfunc) sbuffer_getattr, /* tp_getattr   : x.attr       */
  (setattrfunc) 0,               /* tp_setattr   : x.attr = v   */
  (cmpfunc)    0,                /* tp_compare   : x > y        */
  (reprfunc)   sbuffer_repr,     /* tp_repr      : repr(x)      */
```

```
  /* Typ-Kategorien */
  0,                            /* tp_as_number  : Zahlenmethoden   */
  &sbuffer_as_sequence,         /* tp_as_sequence: Sequenzmethoden  */
  0,                            /* tp_as_mapping : Abbildungsmethoden */
  (hashfunc)   0,               /* tp_hash       : dict[x]         */
  (binaryfunc) 0,               /* tp_call       : x()            */
  (reprfunc)   0,               /* tp_str        : str(x)         */
};

/************************************************************
 * Funktionen auf Modulebene
 ************************************************************/

/* Erzeuge ein neues gemeinsames Pufferobjekt als
   SharedBuffer(filename, size, offset, prot) */
static PyObject *
sbufferobject_new(PyObject *self, PyObject *args) {
  char *filename;
  int size;
  int fd, flags;
  int prot = PROT_READ | PROT_WRITE;
  int offset = 0;
  struct stat finfo;

  if (!PyArg_ParseTuple(args, "si|ii", &filename, &size, &offset, &prot)) {
    return NULL;
  }
  if (stat(filename, &finfo) < 0) {
    PyErr_SetFromErrno(PyExc_OSError);
    return NULL;
  }
  if (size + offset > finfo.st_size) {
    PyErr_SetString(PyExc_IndexError, "Verlangte Größe und Offset ist zu groß.");
    return NULL;
  }
  if ((fd = open(filename, O_RDWR, 0666)) < 0) {
    PyErr_SetFromErrno(PyExc_OSError);
    return NULL;
  }
  return (PyObject *) new_sbuffer(fd, size, offset, prot);
}

/* Methodentabelle des Moduls. */
static struct PyMethodDef sbuffertype_methods[] = {
  { "SharedBuffer", sbufferobject_new, METH_VARARGS },
  { NULL, NULL }
};

/* Funktion zur Modulinitialisierung. */
void initsbuffer() {
  PyObject *m, *d;
```

```
  m = Py_InitModule("sbuffer", sbuffertype_methods);
  d = PyModule_GetDict(m);

  /* Füge ein paar nützliche Konstanten für den Parameter prot hinzu. */
  PyDict_SetItemString(d, "PROT_READ", PyInt_FromLong(PROT_READ));
  PyDict_SetItemString(d, "PROT_WRITE", PyInt_FromLong(PROT_WRITE));

  /* Definiere die Ausnahme. */
  AccessError = PyErr_NewException("sbuffer.AccessError", NULL, NULL);
  PyDict_SetItemString(d, "AccessError", AccessError);
}
```

Hier ist schließlich ein Beispiel, das den neuen SharedBuffer-Typ verwendet. In diesem Fall wird ein gemeinsamer Puffer dazu benutzt, Daten zwischen einem Eltern- und einem mit os.fork() erzeugten Kindprozess auszutauschen. In dem Beispiel (das auf ein Problem zurückgeht, welches auf der Mailing-Liste zu Python gestellt wurde) wird eine Übersetzung eines Rechnernamens in eine IP-Adresse mit Zeitlimit durchgeführt.

```
# Bestimmung des Hostname mit Zeitlimit
# (mit Bedauern an Andy Dustman).

import sbuffer, socket, os, sys, signal

# Erzeuge den abzubildenden Speicherbereich.
buffer = open("address", "w")
buffer.write(" "*2048)
buffer.close()

# Öffne Datei als gemeinsames Pufferobjekt.
buffer = sbuffer.SharedBuffer("address", 2048)

# Gib hostname zurück oder "" falls dieser nicht in
# weniger als einer Sekunde aufgelöst werden kann.
def gethostbyname(hostname):
    buffer.store("")        # Lösche den Adresspuffer.
    pid = os.fork()         # Erzeuge einen Unterprozess.
    if pid == 0:
        # Kindprozess.
        signal.alarm(1)     # Starte die Uhr.
        try:
            name = socket.gethostbyname(hostname)
        except:
            sys.exit()
        buffer.store(name)  # Speichere Namen im Puffer.
        sys.exit()          # Fertig.
    else:
        os.wait()           # Warte auf Beendigung.
        return buffer.get() # Hole Adresse.
```

# Spezielle Methoden für Typen

Die meisten der speziellen Methoden für einen Datentyp sind in drei Datenstrukturen gekapselt: PySequenceMethods, PyMappingMethods und PyNumberMethods. Der Inhalt dieser Strukturen wird in den Tabellen B.17 bis B.20 wieder gegeben:

| C-Datentyp | Name | Python-Methode |
|---|---|---|
| (inquiry) | sq_length | __len__(x) |
| (binaryfunc) | sq_concat | __add__(x, y) |
| (intargfunc) | sq_repeat | __mul__(x, n) |
| (intargfunc) | sq_item | __getitem__(x, n) |
| (intintargfunc) | sq_slice | __getslice__(x, i, j) |
| (intobjargproc) | sq_ass_item | __setitem__(x, n, v) |
| (intintobjargproc) | sq_ass_slice | __setslice__(x, i, j, v) |

**Tabelle 10.17: Struktur von PySequenceMethods**

| C-Datentyp | Name | Python-Methode |
|---|---|---|
| (inquiry) | mp_length | __len__(x) |
| (binaryfunc) | mp_subscript | __getitem__(x, key) |
| (objobjargproc) | mp_ass_subscript | __setitem__(x, key, value) |

**Tabelle 10.18: Struktur von PyMappingMethods**

| C-Datentyp | Name | Python-Methode |
|---|---|---|
| (binaryfunc) | nb_add | __add__(x, y) |
| (binaryfunc) | nb_subtract | __sub__(x, y) |
| (binaryfunc) | nb_multiply | __mul__(x, y) |
| (binaryfunc) | nb_divide | __div__(x, y) |
| (binaryfunc) | nb_remainder | __mod__(x, y) |
| (binaryfunc) | nb_divmod | __divmod__(x, y) |
| (ternaryfunc) | nb_power | __pow__(x, y, n) |
| (unaryfunc) | nb_negative | __neg__(x) |
| (unaryfunc) | nb_positive | __pos__(x) |
| (unaryfunc) | nb_absolute | __abs__(x) |
| (inquiry) | nb_nonzero | __zero__(x) |
| (unaryfunc) | nb_invert | __invert__(x) |
| (binaryfunc) | nb_lshift | __lshift__(x, y) |
| (binaryfunc) | nb_rshift | __rshift__(x, y) |
| (binaryfunc) | nb_and | __and__(x, y) |
| (binaryfunc) | nb_xor | __xor__(x, y) |
| (binaryfunc) | nb_or | __or__(x, y) |
| (coercion) | nb_coerce | __coerce__(x, y) |

| C-Datentyp | Name | Python-Methode |
|---|---|---|
| (unaryfunc) | nb_int | __int__(x) |
| (unaryfunc) | nb_long | __long__(x) |
| (unaryfunc) | nb_float | __float__(x) |
| (unaryfunc) | nb_oct | __oct__(x) |
| (unaryfunc) | nb_hex | __hex__(x) |

**Tabelle 10.19: Struktur von PyNumberMethods**

| C-Datentyp | Prototyp |
|---|---|
| (inquiry) | int (*)(PyObject *) |
| (unaryfunc) | PyObject (*)(PyObject *) |
| (binaryfunc) | PyObject (*)(PyObject *, PyObject *) |
| (ternaryfunc) | PyObject (*)(PyObject *, PyObject *, PyObject *) |
| (coercion) | int (*)(PyObject **, PyObject **) |
| (intargfunc) | PyObject (*)(PyObject *, int) |
| (intintargfunc) | PyObject (*)(PyObject *, int, int) |
| (intobjargproc) | int (*)(PyObject *, int, PyObject *) |
| (intintobjargproc) | int (*)(PyObject *, int, int, PyObject *) |
| (destructor) | void (*)(PyObject *) |
| (printfunc) | int (*)(PyObject *, FILE *, int) |
| (getattrfunc) | PyObject (*)(PyObject *, char *) |
| (getattrofunc) | PyObject (*)(PyObject *, PyObject *) |
| (setattrfunc) | int (*)(PyObject *, char *, PyObject *) |
| (setattrofunc) | int (*)(PyObject *, PyObject *, PyObject *) |
| (cmpfunc) | int (*)(PyObject *, PyObject *) |
| (reprfunc) | PyObject (*)(PyObject *) |
| (hashfunc) | long (*)(PyObject *) |

**Tabelle 10.20: C-Prototypen für in diesem Abschnitt definierte Methoden**

# Threads

Bei der Verwendung von Threads wird eine globale Interpreter-Sperre benutzt, um zu verhindern, dass mehrere Threads gleichzeitig im Interpreter ausgeführt werden. Wenn eine Funktion eines Erweiterungsmoduls längere Zeit für ihre Abarbeitung braucht, wird sie die Ausführung anderer Threads so lange blockieren, bis sie selbst beendet ist. Um das zu beheben, können folgende Makros in einer Hüllfunktion verwendet werden:

| Makro | Beschreibung |
|-------|--------------|
| Py_BEGIN_ALLOW_THREADS | Hebt die globale Interpreter-Sperre auf und erlaubt anderen Threads die Ausführung im Interpreter. C-Erweiterungen dürfen keinerlei Funktionen von Pythons C-API aufrufen, während die Sperre aufgehoben ist. |
| Py_END_ALLOW_THREADS | Stellt die globale Interpreter-Sperre wieder her. Die Erweiterung blockiert in diesem Fall so lange, bis die Sperre erfolgreich hergestellt ist. |

Das folgende Beispiel illustriert die Verwendung dieser Makros:

```
PyObject *spamfunction(PyObject *self, PyObject *self) {
    ...
    PyArg_ParseTuple(args, ...)
    Py_BEGIN_ALLOW_THREADS
    result = run_long_calculation(args);
    Py_END_ALLOW_THREADS
    ...
    return Py_BuildValue(fmt, result);
}
```

Es gibt noch viele subtile Aspekte von Threads, die hier nicht behandelt werden. Den Lesern wird eindringlich empfohlen, das Referenz-Handbuch zum C-API zu konsultieren. Weiterhin müssen evtl. Schritte unternommen werden, damit sichergestellt ist, das die C-Erweiterung Thread-sicher ist, da sie von anderen Python-Threads aufgerufen werden könnte, kurz nachdem die Interpreter-Sperre aufgehoben wird.

# Einbettung

Man kann den Python-Interpreter auch in andere Anwendungen einbetten. Unter Unix muss dazu die Datei config.c (normalerweise ist sie an diesem Platz zu finden: /usr/local/lib/python1.5/config/config.c) importiert und mit der Bibliothek libpython1.5.a gebunden werden. (Ein vergleichbarer, aber komplizierterer Prozess ist unter Windows und MacOS notwendig.) Die Funktionen in Tabelle B.21 werden benutzt, um den Interpreter aufzurufen, entweder, um ihn Code ausführen zu lassen oder seinen Betrieb zu steuern:

| Funktion | Beschreibung |
|----------|--------------|
| int PyRun_AnyFile(FILE *fp, char *filename) | Falls fp ein interaktives Gerät ist, wird PyRun_InteractiveLoop() aufgerufen, sonst PyRun_SimpleFile(). Wenn filename gleich NULL ist, wird "???" als Dateiname benutzt. |
| int PyRun_SimpleString (char *command) | Führt command im Modul __main__ des Interpreters aus. Gibt 0 bei Erfolg zurück und -1 bei einem Fehler. |
| int PyRun_SimpleFile (FILE *fp, char *filename) | Ähnlich zu PyRun_SimpleString(), außer dass das Programm von einer Datei fp gelesen wird. |

| Funktion | Beschreibung |
|---|---|
| `int PyRun_InteractiveOne (FILE *fp, char *filename)` | Führt einen einzelnen interaktiven Befehl aus. |
| `int PyRun_InteractiveLoop (FILE *fp, char *filename)` | Führt den Interpreter im interaktiven Modus aus. |
| `PyObject* PyRun_String (char *str, int start, PyObject *globals, PyObject *locals)` | Führt den Code in `str` in den von `globals` und `locals` definierten globalen und lokalen Namensräumen aus. `start` ist ein Start-Token, das beim Parsen von Quellcode benutzt werden kann. Gibt das Resultat der Ausführung zurück oder `NULL` wenn ein Fehler auftrat. |
| `PyObject* PyRun_File (FILE *fp, char *filename, int start, PyObject *globals, PyObject *locals)` | Identisch mit `PyRun_String()` außer, dass der Code von der Datei `fp` gelesen wird. |
| `PyObject* Py_CompileString (char *str, char *filename, int start)` | Übersetzt Code in `str` in ein Code-Objekt. `start` ist das Anfangstoken und `filename` ist die Datei, die im Code-Objekt gesetzt wird und in Tracebacks benutzt wird. Ergibt ein Code-Objekt bei Erfolg, `NULL` bei einem Fehler. |
| `void Py_Initialize()` | Initialisiert den Python-Interpreter. Diese Funktion sollte aufgerufen werden, bevor irgendeine andere Funktion aus dem C-API aufgerufen wird, mit Ausnahme von `Py_SetProgramName()`, `PyEval_InitThreads()`, `PyEval_ReleaseLock()` und `PyEval_AcquireLock()`. |
| `int Py_IsInitialized()` | Ergibt 1 oder 0, falls der Interpreter initialisiert wurde oder nicht. |
| `void Py_Finalize()` | Diese Funktion räumt im Interpreter auf, indem alle Unterinterpreter und Objekte zerstört werden, die seit dem letzten Aufruf von `Py_Initialize()` erzeugt wurden. Normalerweise gibt diese Funktion den gesamten vom Interpreter allozierten Hauptspeicher frei. Allerdings können zirkuläre Referenzen und Erweiterungsmodule zu Speicherverlusten führen, die mit dieser Funktion nicht zurückgewonnen werden können. |
| `void Py_SetProgramName (char *name)` | Setzt den Programmnamen, der normalerweise im Argument `argv[0]` des Hauptprogramms verfügbar ist. Diese Funktion sollte nur vor `Py_Initialize()` aufgerufen werden. |
| `char* Py_GetProgramName()` | Gibt den durch `Py_SetProgramName();` gesetzten Programmnamen zurück. |
| `char* Py_GetPrefix()` | Gibt den Präfix für plattformunabhängige installierte Dateien zurück. |

| Funktion | Beschreibung |
|---|---|
| `char* Py_GetExecPrefix()` | Gibt den exec-Präfix für plattformabhängige installierte Dateien zurück. |
| `char* Py_GetProgramFullPath()` | Gibt den vollständigen Programmnamen des ausführbaren Python-Programmes zurück. |
| `char* Py_GetPath()` | Gibt den voreingestellten Modulsuchpfad zurück. Der Pfad wird als String mit Verzeichnisnamen zurückgegeben, getrennt durch ein plattformabhängiges Trennzeichen (`:` unter Unix, `;` unter DOS/Windows und `\n` unter MacOS). |
| `const char* Py_GetVersion()` | Gibt die Version des Python-Interpreters zurück. |
| `const char* Py_GetPlatform()` | Gibt die Plattformbezeichnung der verwendeten Plattform zurück. |
| `const char* Py_GetCopyright()` | Gibt die offizielle Copyright-Meldung zurück. |
| `const char* Py_GetCompiler()` | Gibt den Übersetzer-String zurück. |
| `const char* Py_GetBuildInfo()` | Gibt Daten über den Bau des Interpreters zurück. |
| `int PySys_SetArgv(int argc, char **argv)` | Setzt Kommandozeilenoptionen, mit denen der Wert von `sys.argv` gefüllt wird. Das sollte nur vor `Py_Initialize()` aufgerufen werden. |

Tabelle 10.21: API zur Einbettung

# Werkzeuge zum Bau von Erweiterungen

Um den Bau von Python-Erweiterungen weiter zu vereinfachen, sind eine Reihe von Werkzeugen verfügbar.

### Erweiterungsklassen

Die von Jim Fulton entwickelten Erweiterungsklassen sind unter *http://www.digicool.com/ releases/ExtensionClass/* verfügbar und stellen einen Mechanismus zur Definition von Erweiterungstypen bereit, die ähnlicher zu Python-Klassen sind. Insbesondere können davon Unterklassen in C oder Python abgeleitet werden und sie ermöglichen eine bessere Interaktion mit Dokumentations-Strings und anderen Aspekten des Interpreters.

### CXX

Die CXX-Erweiterung, entwickelt von Paul Dubois und unter *ftp://ftp-icf.llnl.gov/pub/python* verfügbar, vereinfacht den Bau von Erweiterungen in C++ und integriert in hohem Maße eingebaute Datentypen in Python mit denen der Standardbibliothek von C++.

# SWIG

SWIG (Simplified Wrapper and Interface Generator) wurde vom Autor entwickelt und ist unter *http://www.swig.org* verfügbar. Man kann es dazu verwenden, Python-Erweiterungen automatisch aus kommentierten Deklarationsdateien in C/C++ zu erzeugen. Es verbirgt die meisten darunter liegenden Details und leistet gute Dienste bei der Entwicklung, der Fehlersuche und dem schnellen Entwurf von Prototypen.

Da eine vollständige Beschreibung von SWIG über den Rahmen dieses Buches hinausgeht, sei hier nur so viel gesagt: Mit SWIG kann man alles, was in diesem Anhang beschrieben ist, zu einem Großteil ignorieren. Insbesondere kann man es dazu verwenden, Erweiterungsmodule für Python zu entwickeln, indem einfache Beschreibungen wie diese erstellt werden:

```
// Datei: spam.i
%module spam
%{
#include "spam.h"
%}

int gcd(int x, int y);
void print_data(char *name, char *email, char *phone);
```

Nun wird SWIG angeworfen:

```
% swig -python spam.i
Generating wrappers for Python...
%
```

Und das ist schon alles. Die Ausgabe von SWIG besteht aus einer Hülldatei namens spamwrap.c, die genauso übersetzt und gebunden wird, wie es im vorherigen Abschnitt »Übersetzen von Erweiterungen« beschrieben wird. Natürlich sind viele weitere Aspekte von SWIG eine Diskussion wert, aber das ist eine andere Geschichte – und der Autor braucht Ruhe.

SWIG

# Über den Autor

David M. Beazley ist der Entwickler von SWIG, einem beliebten Software-Paket, mit dem Software in C und C++ mit interpretierten Sprachen integriert werden kann, inklusive Python, Perl und Tcl. Beazley hat sieben Jahre in der Abteilung für theoretische Physik des Los Alamos National Laboratory verbracht und war ein Vorreiter bei der Integration von Python mit hochperformanter Simulations-Software auf Parallelrechnern. Zurzeit ist er Assistenzprofessor an der Informatik-Fakultät der University of Chicago, wo er sich einen Spaß daraus macht, Studenten mit verrückten Aufgaben in der Systemprogrammierung zu peinigen. Man kann ihn unter beazley@cs.uchicago.edu erreichen.

# Index